中国社会科学院创新工程学术出版资助项目
中国"一带一路"倡议研究丛书
总主编：金碚
丛书主编：杨世伟

宁夏高等学校新型智库建设项目资助
国家民委"双一流"建设应用经济学学科专项引导项目资助
北方民族大学应用经济学科研创新团队平台引导项目资助
北方民族大学校级科研一般项目资助

宁夏融入"一带一路"倡议研究

尹忠明　王瑛　张玉荣　著

Ningxia
The Research of Ningxia Integrates into "Belt and Road" Initiative

经济管理出版社

图书在版编目（CIP）数据

宁夏融入"一带一路"倡议研究／尹忠明等著．—北京：经济管理出版社，2019.5
ISBN 978-7-5096-6644-9

Ⅰ．①宁…　Ⅱ．①尹…　Ⅲ．①区域经济发展—研究—宁夏　Ⅳ．①F127.43

中国版本图书馆 CIP 数据核字（2019）第 106392 号

组稿编辑：张永美
责任编辑：杨国强　张瑞军
责任印制：黄章平
责任校对：陈晓霞

出版发行：经济管理出版社
　　　　　（北京市海淀区北蜂窝 8 号中雅大厦 A 座 11 层　100038）
网　　　址：www.E-mp.com.cn
电　　　话：（010）51915602
印　　　刷：三河市延风印装有限公司
经　　　销：新华书店
开　　　本：720mm×1000mm/16
印　　　张：22
字　　　数：395 千字
版　　　次：2019 年 9 月第 1 版　2019 年 9 月第 1 次印刷
书　　　号：ISBN 978-7-5096-6644-9
定　　　价：88.00 元

·版权所有　翻印必究·

凡购本社图书，如有印装错误，由本社读者服务部负责调换。
联系地址：北京阜外月坛北小街 2 号
电话：（010）68022974　邮编：100836

前　言

建设丝绸之路经济带和21世纪海上丝绸之路，是以习近平同志为总书记的党中央作出的重大战略决策。"一带一路"倡议的提出，得到了丝路沿线国家的充分认同和积极响应，对于进一步优化我国战略空间布局、深化区域合作、推动沿线各国共同繁荣，都具有划时代的重大意义。

"一带一路"是中央提出的倡议，但离不开地方的支持。从地方参与的角度来看，"一带一路"倡议与其他经济外交倡议（包括其他类型外交倡议）相比，具有三大鲜明特点：一是地方参与的规模。超过20个省份直接涉及"一带一路"构建，此前没有任何一个经济外交倡议能够吸引如此多的省份参与其中。二是地方参与的范围。以往地方参与的经济外交倡议带有典型的局部性和区域性，涉及个别区域的少数几个省份，而"一带一路"倡议则实现了两个全覆盖，即地理方位上东南西北的全覆盖、经济发展程度上的发达地区与欠发达地区全覆盖。三是地方参与的热情。"一带一路"倡议自提出以来，各地给予了高度关注，纷纷结合各自的经济特点和区位特点主动与"一带一路"倡议进行对接，甚至连台湾地区和香港、澳门特别行政区都高度关注大陆"一带一路"倡议，希望积极参与其中，提升各自在地区经济合作中的地位。虽然全国各地都被纳入"一带一路"这一开放平台，但显然各个地方都不是处于同一起跑线上，具体到省级层面应如何融入（落实）"一带一路"倡议，就成为一个需要高度关注和深入研究的课题。

宁夏是古丝绸之路的重要驿站，要牢牢抓住"一带一路"倡议的机遇期，打好"开放牌"，走好"开放路"，让丝路驿站在新时期焕发新活力，就是要把宁夏放在国家"一带一路"建设中去定位，充分利用国际国内"两个市场""两种资源"，坚持"引进来"与"走出去"并举，着力服务于丝路沿线国家和地区之间的政策沟通、道路联通、贸易畅通、资金融通和民心相通，打造丝绸之路经济带这重要的一环。宁夏应主动融入"一带一路"建设，以打造战略支点为主攻方向，将主要开放与合作交流对象界定在一个战略三角支点上，即以西亚、欧洲国家为主体，以中亚国家为延伸，以南亚国家为辅助，坚持扩大开放与深化改革相结合、"引进来"与"走出去"相结合、全面开放与重点突破相结合，用好内陆开放型经济试验区和中阿博览会两个"金字品牌"，全面落实宁夏内陆开放型经济试验区规划，先行先试国家深化改革重大举措、先行先试扩大开放试点政策、先行先试国际通行规则标准、先行先试促进内陆开放体制机制、先行先试"一带一路"重大项目合作方式，着力提升开放型经济产业支撑能力，着力提升基础设施互联互通能力，着力提升开放平台辐射带动能力，着力提升市场主体国际竞争能力，着力提升人文经贸互融互动能力。进一步解放思想、创新机制、搭建平台、优化环境，着力提升对外开放水平，推动开放宁夏建设取得新突破。

2018年是中国改革开放40周年，也是宁夏回族自治区成立60周年。在党中央、国务院的正确领导和亲切关怀下，宁夏各族人民守望相助、团结奋斗，共同经历了波澜壮阔的发展历程，共同创造了举世瞩目的发展成就，共同谱写了民族团结进步的光辉篇章。宁夏一定要全面总结自治区成立60年来，特别是党的十八大以来，在以习近平同志为核心的党中央领导下的生动实践和宝贵经验，在参与"一带一路"建设过程中，充分展示党的民族政策的巨大优越性，充分展示民族区域自治制度的强大生命力，充分展示宁夏各族儿女艰苦创业、奋发有为的精神风貌，进一步激发宁夏各族人民在党的领导下创造幸福美好生活的发展豪情和奋斗精神。宁夏一定要深入贯彻落实习近平总书记新时代民族工作思想，始终高举民族团结进步旗帜，唱响中国共产党好、社会主义好、改革开放好、伟大祖国好、民族团结好的时代主旋律，各民族共同团结奋斗，共同繁荣发展，在决胜全面建成小康社会的征程中阔步前进！

幸福都是奋斗出来的。让宁夏各族儿女紧密团结在以习近平同志为核心的党中央周围，在习近平新时代中国特色社会主义思想的指引下，在宁夏自治区党委的坚强领导下，不忘初心、牢记使命、振奋精神、实干兴宁，奋力走好新时代的长征路，为实现经济繁荣、民族团结、环境优美、人民富裕，确保与全国同步建成全面小康社会而努力奋斗！

目 录

第一章 "一带一路"倡议为西部民族地区经济发展带来机遇 … 001

第一节 "一带一路"倡议的提出 …… 003
一、"一带一路"倡议提出的背景 …… 004
二、"一带一路"倡议的内涵 …… 008
三、"一带一路"倡议的核心思想 …… 011
四、"一带一路"倡议的总体思路和实施构想 …… 017

第二节 西部民族地区是"一带一路"倡议的重要实施区 …… 022
一、西部民族地区在"一带一路"倡议中的空间布局 …… 022
二、西部民族地区在"一带一路"倡议中的发展机遇 …… 031
三、西部民族地区在"一带一路"建设中的优势 …… 033
四、西部民族地区在"一带一路"建设中的地位 …… 035

第三节 西部民族地区是推进"一带一路"倡议的重要保障 …… 042
一、西部民族地区是国家能源安全的重要保障 …… 042
二、西部民族地区是"一带一路"倡议设施联通的重要保障 …… 046
三、西部民族地区是"一带一路"倡议贸易畅通的重要保障 …… 048
四、西部民族地区是"一带一路"倡议资金融通的重要保障 …… 050
五、西部民族地区是"一带一路"倡议民心相通的重要保障 …… 051

第二章　"一带一路"倡议与宁夏经济社会发展 ········· 053

第一节　宁夏经济社会发展概况 ········· 055
一、宁夏整体发展现状 ········· 055
二、宁夏第一产业发展概况 ········· 059
三、宁夏第二产业发展概况 ········· 062
四、宁夏第三产业发展概况 ········· 065
五、宁夏各民族和谐共处 ········· 069

第二节　"一带一路"倡议与"开放宁夏"建设 ········· 070
一、"开放宁夏"建设的提出 ········· 071
二、"一带一路"倡议与"开放宁夏"建设的关系 ········· 072
三、"开放宁夏"建设初见成效 ········· 073
四、"一带一路"倡议背景下建设"开放宁夏"的思考 ········· 080

第三节　宁夏融入"一带一路"建设的机遇 ········· 085
一、依托"一带一路"倡议提振宁夏地区经济发展 ········· 085
二、依托"一带一路"促进宁夏地区社会稳定 ········· 086
三、依托"一带一路"加快宁夏地区产业转型升级 ········· 087

第三章　宁夏融入"一带一路"建设的优势分析 ········· 091

第一节　宁夏融入"一带一路"建设的政策优势 ········· 093
一、"一带一路"建设与开放型经济的双轮驱动 ········· 094
二、紧抓内陆开放机遇，构筑内陆开放型经济核心区 ········· 096
三、国家层面重视推介，地方政府积极参与 ········· 097
四、打造高效服务型政府，推进全方位服务体系建设 ········· 099

第二节　宁夏融入"一带一路"建设的通道优势 ········· 101
一、畅通陆上丝绸之路 ········· 101

二、搭建空中丝绸之路 ··· 104
三、打造网上丝绸之路 ··· 105

第三节 宁夏融入"一带一路"建设的平台优势 ·· 109
一、中阿博览会的综合平台作用凸显 ··· 110
二、内陆开放型经济试验区建设初见成效 ··· 111
三、银川综合保税区引领开放 ·· 111

第四节 宁夏融入"一带一路"建设的资源优势 ·· 114
一、能源资源优势 ·· 114
二、农业资源优势 ·· 114
三、环境资源优势 ·· 115

第五节 宁夏融入"一带一路"建设的人文优势 ·· 117
一、人文交流合作不断深化 ·· 117
二、人才引智项目不断深入 ·· 118
三、双向旅游飞速发展 ··· 118

第四章 宁夏融入"一带一路"建设的现状 ··· 121

第一节 宁夏开放型经济发展现状 ··· 123
一、宁夏对外贸易发展现状 ·· 123
二、宁夏利用外资现状 ··· 131
三、宁夏对外经济合作现状 ·· 133

第二节 宁夏开放型经济发展水平评价指标体系的构建与分析 ····· 138
一、相关研究综述 ·· 138
二、宁夏开放型经济发展水平指标评价体系的构建 ························· 142
三、宁夏内陆开放型经济发展水平的分析 ······································· 146

第五章 宁夏参与"一带一路"建设面临的挑战 ·········· **153**

第一节 宁夏在政策相通方面面临的挑战 ·········· 155
- 一、国际局势、国际规则面临重大变革 ·········· 155
- 二、国内政策红利逐渐减退 ·········· 156
- 三、"一带一路"沿线国别贸易环境迥异 ·········· 159

第二节 宁夏在设施联通方面面临的挑战 ·········· 159
- 一、面临"此消彼长,不进则退"的挑战 ·········· 160
- 二、与阿拉伯世界对接存在挑战 ·········· 162

第三节 宁夏在贸易畅通方面面临的挑战 ·········· 162
- 一、外贸依存度偏低,对外开放程度不高 ·········· 163
- 二、工业基础薄弱,特色产业发展较慢 ·········· 163

第四节 宁夏在资金融通方面面临的挑战 ·········· 165
- 一、金融服务水平有待提高 ·········· 165
- 二、投融资政策开放度不足 ·········· 166

第五节 宁夏在民心相通方面面临的挑战 ·········· 167
- 一、宁夏对阿对外宣传力度不够 ·········· 168
- 二、开放型复合型人才匮乏 ·········· 168

第六章 宁夏参与"一带一路"建设的路径选择 ·········· **171**

第一节 宁夏参与"一带一路"建设的整体思路 ·········· 173
- 一、宁夏与"丝绸之路经济带"沿线国家开放格局设想 ·········· 174
- 二、宁夏与"海上丝绸之路"国家的开放格局设想 ·········· 177
- 三、宁夏与国内东、中、西部地区开放格局设想 ·········· 180
- 四、宁夏区域内开放格局设想 ·········· 182

第二节　围绕政策沟通，着力规划项目对接 …………………… 188
　　一、以高层政策沟通为统领 …………………………………… 188
　　二、充分发挥外交渠道的优势 ………………………………… 189
　　三、积极打造"两优"环境 …………………………………… 189
　　四、发挥平台优势，加强与部委、地方沟通协商 …………… 190
　　五、通过智库、大众传媒进行政策沟通 ……………………… 190
第三节　围绕设施联通，着力推进三类"丝绸之路"建设 ……… 191
　　一、打造顺畅的陆上丝绸之路 ………………………………… 191
　　二、打造高效的空中丝绸之路 ………………………………… 192
　　三、打造顺畅的网上丝绸之路 ………………………………… 193
第四节　围绕贸易畅通，着力挖掘优势产能 …………………… 194
　　一、重点加强经贸合作 ………………………………………… 195
　　二、挖掘优势产能 ……………………………………………… 196
　　三、建设中阿服务外包基地 …………………………………… 197
第五节　围绕资金融通，着力突破资金"瓶颈" ………………… 198
　　一、加强金融基础设施建设 …………………………………… 198
　　二、做强中阿基金创业园的特色金融试点 …………………… 199
　　三、争取将宁夏建设成为离岸结算中心 ……………………… 199
　　四、争取设立外资金融机构或中外合资金融机构 …………… 200
　　五、推动金融服务便利化 ……………………………………… 200
第六节　围绕民心相通，着力推进文化和生态文明互鉴 ……… 201
　　一、利用中阿博览会构筑互敬互信的平台 …………………… 201
　　二、深化教育和卫生交流合作 ………………………………… 202
　　三、深化文化和旅游交流合作 ………………………………… 202
第七节　构建共同"一带一路"经济走廊 ……………………… 204

附录 1 ………………………………………………………… 205

附录 2 ………………………………………………………… 214

附录 3 ………………………………………………………… 239

附录 4 ………………………………………………………… 250

附录 5 ………………………………………………………… 256

附录 6 ………………………………………………………… 275

参考文献 ……………………………………………………… 339

第一章

"一带一路"倡议为西部民族地区经济发展带来机遇

第一节 "一带一路"倡议的提出

2013年9月7日,习近平主席在哈萨克斯坦访问期间,在纳扎尔巴耶夫大学演讲时提出,为了使欧亚各国经济联系更加紧密、相互合作更加深入、发展空间更加广阔,中国和中亚国家可以用创新的合作模式,共同建设"丝绸之路经济带",以点带面、从线到片,逐步形成区域大合作;同年10月3日,习近平主席出访东盟国家时提出,东南亚地区自古以来就是"海上丝绸之路"的重要枢纽,中国愿同东盟国家加强海上合作,使用好中国政府设立的中国—东盟海上合作基金,发展好海洋合作伙伴关系,共同建设"21世纪海上丝绸之路"。

2014年"两会"期间,李克强总理在《政府工作报告》中介绍2014年重点工作时指出,将"抓紧规划建设丝绸之路经济带、21世纪海上丝绸之路,推进孟中印缅、中巴经济走廊建设,推出一批重大支撑项目,加快基础设施互联互通,拓展国际经济技术合作新空间"。"一带一路"不是一个新的机制,而是合作发展的理念和倡议,依赖"丝绸之路"经济、人文、商贸的千年传承,并赋予其新的合作意义,依靠中国与有关国家既有的双多边机制,陆续推出基建、交通的互联互通及贸易投资便利化等措施。

2015年,国家发展改革委、外交部、商务部,经国务院授权联合发布《推动共同建设丝绸之路经济带与21世纪海上丝绸之路的愿景与行动》(以下简称《"一带一路"白皮书》),标志着古丝绸之路已开始焕发新的生机与活力,"一带一路"倡议从理念步入实施阶段,正以新的形式使亚欧非各国联系更加紧密,互利合作迈上新的历史高度。

2017年5月14~15日,中国成功举办了首届"一带一路"国际合作高峰论坛,来自30多个国家的首脑、70多个国际组织和130多个国家的代表出席了此次论坛,成果卓著。此次高峰论坛向世界展现了"一带一路"建设4年以来的丰硕成果,描绘了面向美好未来的发展愿景,亮出了兑现承诺的中国行动。2017年高峰论坛共形成279项成果清单,目前已有255项转为常态化工作,有24项工作正在有序推进。第二届"一带一路"国际合作高峰论坛将于2019年举办①。

2017年，中国与"一带一路"国家的进出口总额达到14403.2亿美元，同比增长13.4%，高于我国整体外贸增速5.9个百分点，占中国进出口贸易总额的36.2%，"一带一路"国家重要性越发凸显，其中，中国向"一带一路"沿线国家出口7742.6亿美元，同比增长8.5%，占中国出口总额的34.1%；中国自"一带一路"沿线国家进口6660.5亿美元，同比增长19.8%，占中国总进口额的39.0%，近五年来进口额增速首次超过出口。截至2018年5月，中国已与88个国家和国际组织签署了103份共建"一带一路"倡议合作文件，联合国大会、联合国安理会等重要决议也纳入"一带一路"倡议内容。2014年至2018年5月，中国与相关国家货物贸易累计超过5万亿美元，对外直接投资超过700亿美元，在相关国家建设75个境外经贸合作区，累计投资270多亿美元，为当地创造了20多万个就业岗位②。

当前，在世界经济暗流涌动、贸易保护主义和反全球化浪潮抬头的形势下，我国始终坚持对外开放，积极推动经济全球化，促进贸易投资自由化和便利化。贸易畅通是"一带一路"建设的重点内容。自"一带一路"倡议提出以来，我国与"一带一路"国家贸易合作不断深化，2017年我国与"一带一路"国家的贸易增速以高于整体外贸增速的势头推动我国外贸加速回暖，成为我国外贸发展的新亮点，也成为国内发展和全方位改革开放的新动力。2018年是中国改革开放40周年，也是"一带一路"倡议提出五周年，我国举办了首届中国国际进口博览会，加强"一带一路"贸易合作正逢其时、前景可期。

一、"一带一路"倡议提出的背景

2100多年前，张骞两次出使西域，开辟了一条横贯东西、连接欧亚的陆上"丝绸之路"。同样，从距今2000多年前的秦汉时代起，连接我国与欧亚国家的海上丝绸之路也逐步兴起。陆上丝绸之路和海上丝绸之路共同构成了我国古代与欧亚国家交通、贸易和文化交往的大通道，促进了东西方文明交流和人民友好交往。在新的历史时期，沿着陆上和海上"古丝绸之路"构建经济大走廊，将给中国以及沿线国家和地区带来共同的发展机遇，拓展更加

---

① 赵展慧. 中国与"一带一路"沿线国家货物贸易累计超5万亿美元［N］. 人民日报, 2018-05-17.

② "一带一路"新进展：已在海外创造20多万个就业岗位［EB/OL］. http://house.ifeng.com/detail/2018_05_30/51477983_0.shtml, 2018-05-30.

广阔的发展空间。"一带一路"倡议,是我国最高决策层主动应对全球形势深刻变化、统筹国内国际两个大局做出的重大战略决策,是关乎未来中国改革发展、稳定繁荣乃至实现中华民族伟大复兴中国梦的重大"顶层设计"。"一带一路"倡议的提出,具有深刻的时代背景。

(一)"一带一路"倡议的提出是国际经贸合作与经贸机制转型的需要

自2008年全球金融危机以来,全球产业结构进入深度调整期,世界经济复苏缓慢,全球经济增长和贸易、投资格局均发生深刻调整——发达国家经济增长乏力,经济增长速度不断回落;世界工业生产收缩,制造业处于下行期,原先具有全球产业竞争优势的工业化国家普遍出现结构性失衡,新兴经济体加剧了全球工业竞争,发展中国家制造业发展速度有所下滑;世界资本流动减速,金融资产增长缓慢,发达经济体对外投资一蹶不振,原先专注于资本输出的国家开始将目光转向国内,使全球资本跨境流动大幅下挫,新兴与发展中经济体资本市场动荡加剧,投资回报率普遍下降;经济增长的疲软严重拖累世界贸易增长,世界贸易持续低迷,出口形势急剧恶化,世界商品与服务贸易的出口正在经历深度调整——世界经济到了转型升级的关键阶段,需要进一步激发区域内发展活力与合作潜力。

世界经济结构的这些变化和调整,呈现出如下明显特征:

第一,世界经济增长格局发生变化,过去几十年引领着全球经济增长的发达经济体,受困于高额的政府债务、投资机会的缺乏、欧债危机的冲击、产业创新的缓慢、紧缩的货币环境、居高不下的失业率等因素,在全球经济增长中的主导作用已经发生动摇,而新兴与发展中经济体始终保持着较高增长率,逐渐成为稳定经济增长的主要力量。美国退出 TPP(跨太平洋伙伴关系)协议,重启北美自由贸易协议及其他双边协定谈判,与中国、欧盟等国家地区频繁发生贸易摩擦,引发贸易保护主义抬头,美国经济和贸易政策的不确定性进一步加剧;欧盟经济受累于欧元危机、英国脱欧的双重不确定性影响,缺乏持续增长的内在潜力;英国处于重大变革期,于2017年3月正式与欧盟展开脱欧谈判,计划通过签订多份自由贸易协议来重塑后"脱欧"时代贸易格局①;尽管日本首相安倍晋三一再表示要创造"新的增长",但日本经济暂时很难摆脱困境;新兴经济体面临外部需求降低、能源和大宗商品价

---

① 英国政府正式公布的《英国退出欧盟及与欧盟建立新伙伴关系白皮书》,The United Kingdom's exit from and new partnership with the European Union White Paper, https://www.gov.uk/government/publications/the-united-kingdoms-exit-from-and-new-partnership-with-the-european-union-white-paper。

格断崖式下降、外资引入乏力等一系列难题，经济增长率难以维系稳步增幅。

第二，世界工业生产格局出现分化，发达经济体工业增速减缓，部分产业空心化，而新兴与发展经济体工业增长表现不俗，但作为工业增长引擎的制造业要想在全球工业生产格局中凸显领导力，仍尚待时日。

第三，世界资本流动格局发生逆转，原来的西方发达资本输出国大幅减少境外投资，加速全球资本回流，发展中国家融资环境恶化，偿还外债能力减弱，金融体系不稳定性加剧。

第四，世界贸易格局进一步分化，在商品出口方面，美国、欧盟、亚洲发展中国家在刺激政策作用下商品出口增长较快，而在商品进口方面，亚洲发展中国家增长强劲，继续保持领先，美国和欧盟进口则持续乏力疲软。在此情形下，我国长期以来以西方发达经济体为主要贸易对象的格局亟须调整、转向；与此同时，伴随着经济全球化步伐，区域经济一体化进程加快，我国周边的东盟、中亚、南亚等发展中国家和地区资源丰富，潜力巨大，也需通过合作从而激活发展动力。

（二）"一带一路"倡议的提出是中国积极参与建构国际新秩序的需要

在坚持和平共处五项原则、提倡国际关系民主化、促进世界多极化、倡导多边安全机制等前提下，新一届中国领导提出了亲诚惠容的睦邻政策，以及全新的亚洲安全观和亚洲梦，并首倡了"和平合作、开放包容、互学互鉴、互利共赢"的"丝路精神"。与此同时，中国逐步构建全方位、多层次国际对话渠道和合作机制，积极参与联合国维和、G20、APEC等国际事务，参与协调地区事务如东盟"10+3"、中日韩领导人峰会、朝核问题六方会谈等机制，树立负责任大国形象；发起并主导上海合作组织、博鳌亚洲论坛、中欧论坛、中东欧合作论坛、中非合作论坛、中阿合作论坛、中国东盟"10+1"、亚信峰会、金砖国家峰会、中—南美、加勒比海国家、中—南太平洋岛国等对话平台；推行中孟印缅、中巴经济走廊、大湄公河次区域经济区等区域合作建设项目，倡设亚洲基础设施投资开发银行、金砖国家投资开发银行、中国—东盟海上合作基金和丝路建设基金；加快自贸区建设和谈判进程，倡导缔结"亚太自贸区"（FTAAP）。而能把这些新思想、新理念和对话合作机制落到实处又能统领全局的，恰恰是"一带一路"倡议构想。无论是和平发展、繁荣进步，还是睦邻友好、开放包容这些理念，也无论是政治、外交、军事、安全，还是经济、贸易、文化、科技这些领域，都可以在"一带一路"倡议中得到体现，落地生根、发挥实效。

(三)"一带一路"倡议的提出是中国对外开放战略转型的需要

目前,中国国内改革正步入深水区,对外开放面临调整转向,社会改革和发展到了矛盾集聚、风险积压、需要攻坚克难和爬坡过坎的关键期。当前我国经济的阶段性特征是"三期"叠加①。所谓"三期",即增长速度进入换挡期,这是由经济发展的客观规律所决定的;结构调整面临阵痛期,这是加快经济发展方式转变的主动选择;前期刺激政策消化期,这是化解多年来积累的深层次矛盾的必经阶段。正是在这样的背景下,"十八大"后党中央提出了改革开放再出发、深化改革、扩大开放的新方略,重新定位经济发展"新常态",力图实现国民经济从高速增长到常态平稳增长的"软着陆",维持可持续发展和适度增长。党的十九大报告提出"推动形成全面开放新格局……要以'一带一路'建设为重点,坚持'引进来'和'走出去'并重,遵循共商共建共享原则,加强创新能力开放合作,形成陆海内外联动、东西双向互济的开放格局。拓展对外贸易,培育贸易新业态新模式,推进贸易强国建设。"而这恰恰需要统筹国内、国际两大资源和市场,寻求新的经济发展驱动力和增长点。前期的对外开放重点在东南沿海,广东、福建、江苏、浙江、上海等省市成为"领头羊"和最先的受益者,而广大的中西部地区始终扮演着"追随者"的角色,这在一定程度上造成了东、中、西部的区域失衡。"一带一路"尤其是"一带"起始于西部,也主要经由西部通向西亚和欧洲,这必将使我国对外开放的地理格局发生重大调整,由中西部地区作为新的牵动者承担起开发与振兴国土面积2/3广大区域的重任,与东部地区一起承担起中国崛起的重任。与此同时,东部地区正在通过连片式的"自由贸易区"建设进一步提升对外开放的水平,依然是我国全面对外开放的重要引擎。

(四)"一带一路"倡议的提出是中国国内缓解能源安全的需要

经济的高速增长使中国成为世界能源进口和消费大国,原油进口来源和运输渠道比较集中和单一,这种原油进口格局与近年来南海局势的紧张相联系,使我国原油进口潜在的"马六甲之困"日益突出,能源安全形势加剧。在当今国际舞台上,原油领域的竞争已经超过了纯商业范畴,甚至已成为世界大国经济、军事、政治斗争的重要武器。近年来,美俄因乌克兰局势而交恶掀起的原油价格较量,就是最新的明证。我国能源进口的运输方式比较单

---

① "一带一路"战略构想背后的深意[EB/OL]. https://www.meipian.cn/4oh9cnh.

一，主要依靠"四大油气进口通道"(一条海上通道和三条陆上通道)保障国家能源安全。按设计输送能力计算，中哈、中俄、中缅、中泰四条陆路能源进口通道每年输送进入我国的石油总量仅为7200万吨，其中中缅油气管道2200万吨。研究表明，自1996年以来，中国原油进口量快速增长，原油进口依存度飙升，进口主要来源地却愈趋集中。据海关统计，2003~2017年，我国进口原油从9100万吨逐年增加，到2009年突破2亿吨大关，2017年增长10.1%达到4.2亿吨。原油进口来源主要集中在中东国家、非洲的苏丹等地，原油进口来源地区比较集中。原油进口量的80%需要经过马六甲海峡，对外依存度高达58%，作为国家重要的战略物资，原油安全保障对国家经济发展和国家安全都有十分重要的意义①。为此，必须寻找新的能源通道，建立多样化的能源供给线。"一带一路"倡议的推进将从能源供给来源、进口途径和合作深度等多个方面为解决我国能源安全问题提供有力支撑，发挥重要的能源地缘政治意义。

(五)"一带一路"倡议的提出是中国与世界共享发展成果的需要

"中国威胁论"甚嚣尘上，国际舆论尤其是西方主流媒体对中国发展和崛起抱有疑虑、担忧甚至戒备、敌意。对"中国威胁论"释疑解惑，不仅要加强宣传解释，讲好中国故事，做好中国传播，播好中国声音，还要用实际行动昭示天下，向世界宣告中国的和平崛起，中国崛起不以损害别国的利益为代价，不构成对任何国家的威胁。而"一带一路"倡议提出的建设"和平之路、繁荣之路、开放之路、创新之路、文明之路"的美好愿景，也为中国与世界共享发展成果提供了渠道与保障。

二、"一带一路"倡议的内涵

"一带一路"倡议顺应了时代要求和各国加快发展的愿望，是一个内涵丰富、涉及面广、包容性强的巨大发展平台，承载着深厚发展内涵。目前，"一带一路"理论上涵盖亚洲、欧洲、非洲、大洋洲等60多个国家和地区，但实际已有100多个国家和地区参与其中。依据中国社科院亚太与全球战略研究院院长李向阳及其团队的基本判断："一带一路"尽管涵盖的国家众多，但其本身并不属于多边合作机制；由于"一带一路"具备开放性特征，理论上可

---

① "一带一路"战略构想背后的深意[EB/OL]. https://www.meipian.cn/4oh9cnh.

以扩展到所有国家，但实现这一目标之前仍然属于区域合作机制；作为区域合作机制，"一带一路"本身并不能与经济全球化画等号，因为经济全球化通常是和多边合作机制相联系的；作为涵盖 60 多个国家的区域合作机制，在可预见的将来，"一带一路"不可能成为一个统一的自由贸易区或者是区域经济一体化的其他合作机制（如关税同盟、共同市场等）。

基于上述判断，"一带一路"是一种有别于现有区域经济一体化机制的新型区域经济合作机制。如果说现有区域经济一体化机制是以规则为导向的，即在实施之前为参与者制定出详尽的权利、义务及争端解决的规则，那么"一带一路"则是以发展为导向的，即为了实现参与者的共同发展而可以接受任何形式的规则或治理结构。以这种发展导向为主线可以对"一带一路"的内涵做如下界定[①]：

第一，"一带一路"倡议是以古丝绸之路为纽带构建的一个开放的区域经济合作机制。正如《"一带一路"白皮书》中所强调的，"一带一路"以古丝绸之路为纽带，但又不限于古丝绸之路。自西汉至明清，古丝绸之路经历了 2000 余年的发展演变，既有不同方向、不同用途的陆路丝绸之路，又有遍及众多国家的海上丝绸之路。古丝绸之路留给现代世界的并非是它的运输通道功能，而是和平与发展的理念。这既不同于基督教文明扩张过程中的"十字军东征"，也不同于欧洲人通过航海技术突破发现"新大陆"——前者以 200 年的战争为代价，后者则以种族灭绝、贩卖奴隶的殖民为结果。今天的"一带一路"倡议以古丝绸之路为纽带，突破了现有区域经济一体化机制，以地缘或以政治文化相近为纽带的模式，涵盖了不同区域、不同政治制度、不同宗教文化的国家地区，充分体现了开放性的特征。

第二，"一带一路"倡议以基础设施为核心的互联互通为前提或基础。由于现有区域经济一体化机制通常是在地理上相互毗邻、经济联系较为紧密的国家之间首先形成的，互联互通因而成为一种自然的前提。而"一带一路"成员之间缺少的恰恰是互联互通，致使长期以来无法开展区域经济合作。与此同时，基础设施落后又是制约很多沿线国家经济发展的"瓶颈"。以亚洲地区为例，目前有 4 亿多人缺少电力供应，3 亿多人无法获得安全饮水，15 亿人无法享用基本的卫生设施，至于铁路、公路、港口的发展滞后则更为发展常态。按照亚洲开发银行的最新估算，到 2030 年"一带一路"沿线国家的基础设施投资需求将达到 22.6 万亿美元，年均为 1.5 万亿美元；如果考虑到为应对气候变化所需的成本因素，这一需求将达到 26 万亿美元，年均为 1.7

---

① 李向阳."一带一路"面临的突出问题和出路 [J]. 国际贸易，2017（4）：4-9.

万亿美元。由此可见，互联互通本身对这些国家的经济发展有至关重要的意义。

第三，"一带一路"倡议以多元化合作机制为治理结构。现有区域经济一体化从低级到高级，大致可分为五种形态，即自由贸易区、关税同盟、共同市场、经济一体化、政治经济一体化。在它们的演变过程中会不断从低级向高级转变，但在某一发展阶段，通常都是单一的合作机制，要么是自由贸易区，要么是关税同盟、共同市场等。而在"一带一路"框架下，合作机制则是多元并存的——这些合作机制包括自由贸易区、次区域合作、经济走廊、产业园区等。例如，在中国与东南亚国家的合作中，既有中国—东盟自由贸易区（升级版），又有中国—中南半岛经济走廊、澜沧江—湄公河合作机制、双边自贸园区等；而在中国与南亚的合作中，双方没有自由贸易区协定，只有中国与个别国家的自由贸易区协定（中国—巴基斯坦自由贸易区协定、中国—马尔代夫自由贸易区协定已经生效，中国与尼泊尔、斯里兰卡的自由贸易区协定尚在商谈中），因此孟中印缅经济走廊、中巴经济走廊就成了主要合作机制。多元化合作机制适应了沿线国家政治、经济、文化、宗教的多样性特征——"一带一路"成员既有发达国家又有最不发达国家，既有资本主义国家又有社会主义国家，既有儒教文化又有伊斯兰教文化和基督教文化——正是因为这种多样性，长期以来这些国家才难以真正建立起统一的区域经济一体化机制。"一带一路"倡议以发展为导向，不拘泥于合作机制的统一，体现了共商、共建、共享的原则。

第四，"一带一路"倡议以义利观为基本原则。在现有区域经济一体化建设过程中，大国通常要给予小国利益的让渡，但这种让渡是通过讨价还价完成的。而在中国所提出的"一带一路"倡议中，中国明确提出要奉行正确的义利观——"先义后利者荣，先利后义者辱"，这是中国传统文化的精髓之一。落实到国际经济合作中，义利观则体现为以义为先、义利并举；注重长期利益，避免追求短期利益；多予少取或只予不取；既要让企业获得收益，更要树立国家的好名声、好口碑等。这体现了中国作为一个大国的担当，也是中国实现和平发展或和平崛起的必然要求，更是"一带一路"倡议的核心理念。

第五，"一带一路"倡议的最终目标是建立命运共同体。现有区域经济一体化机制无论是最低级的自由贸易区形式，还是最高级的政治经济一体化，其都有明确的目标和衡量标准。比如，自由贸易区要满足成员国之间取消关税壁垒的标准，关税同盟则需要在此基础上满足成员国构建统一对外关税的标准。依照《"一带一路"白皮书》，"一带一路"倡议的最终目标是要实现责任共同体、利益共同体与命运共同体。就上述三个共同体的关系而言,命运共同体显然是建立在责任共同体与利益共同体之上的。

目前,"一带一路"倡议已成为中国与各国友好交往,扩大国际社会"朋友圈"的重要纽带。2017年5月14日,国家主席习近平在北京出席"一带一路"国际合作高峰论坛开幕式,并发表题为《携手推进"一带一路"建设》的主旨演讲,指出:"'一带一路'建设植根于丝绸之路的历史土壤,重点面向亚欧非大陆,同时向所有朋友开放。不论来自亚洲、欧洲、还是非洲、美洲,都是'一带一路'建设国际合作的伙伴。'一带一路'建设将由大家共同商量,'一带一路'建设成果将由大家共同分享。"

基于上述分析,可以对"一带一路"倡议的内涵做如下界定:以古丝绸之路为纽带,以互联互通为前提,以多元化合作机制、义利观为特征,以命运共同体为目标的发展导向型区域经济合作机制①。

三、"一带一路"倡议的核心思想

(一) 基本原则

"一带一路"倡议秉持"共商、共建、共享"原则,不是封闭的,而是开放包容的;不是中国一家的独奏,而是沿线国家的合唱。"一带一路"建设不是要替代现有地区合作机制和倡议,而是要在已有基础上,推动沿线国家实现发展战略相互对接、优势互补。一方面,作为"一带一路"倡议的倡导者,中国必须要考虑自身的利益诉求,因为它不是"中国版的马歇尔计划"或对外援助计划;另一方面,作为一个大国的国际倡议,"一带一路"倡议必须要考虑沿线国家的利益诉求,否则就得不到他们的参与和支持。双方共同利益诉求的达成确立了"一带一路"倡议所要遵循的基本原则。

具体而言,一是要坚持开放合作。共建"一带一路"的国家基于但不限于古代丝绸之路的范围,各国和国际、地区组织均可参与,让共建成果惠及更广泛的区域。二是要坚持和谐包容。倡导文明宽容,尊重各国发展道路和模式的选择,加强不同文明之间的对话,求同存异、兼容并蓄、和平共处、共生共荣。三是要坚持市场运作。遵循市场规律和国际通行规则,充分发挥市场在资源配置中的决定性作用和各类企业的主体作用,同时发挥好政府的作用。四是要坚持互利共赢。兼顾各方利益和关切,寻求利益契合点和合作

---

① 李向阳."一带一路"面临的突出问题和出路[J].国际贸易,2017(4):4-9.

最大公约数,体现各方智慧和创意,各施所长、各尽所能,把各方优势和潜力都充分发挥出来。

(二) 战略定位

第一,"一带一路"倡议是中国新时期周边战略的主要依托。周边是中国和平崛起的基础。创造稳定的周边环境一直是中国对外战略的核心内容。在周边战略取得长足进步的同时,我们也必须看到周边环境出现的问题。以经济合作为例,经过改革开放40年的发展,中国已成为绝大多数周边国家最大的贸易伙伴、最大的出口市场,甚至是最大的贸易顺差来源地,但他们对中国和平崛起的认知并未出现同步的提升——这种"近而不亲"现象凸显了传统周边战略的缺陷。在2013年中央周边外交工作座谈会上,习近平主席在"睦邻、安邻、富邻,以邻为善、以邻为伴"的基础上提出"亲诚惠容"的新周边外交理念。显然,依靠传统的经济合作方式难以落实此理念,必须依托新的经济合作方式才有可能适应中国和平发展的需要。"一带一路"倡议在这方面将发挥不可替代的作用。在"一带一路"框架下的六大经济走廊中,有五个面对的都是周边国家。创造一个稳定的周边环境无疑有利于中国自身,也有利于周边国家。

第二,"一带一路"倡议是中国推行经济外交的新平台。所谓"经济外交"是指外交要为经济服务,经济也要为外交服务。它是大国对外战略中的一种普遍模式。改革开放以来,中国单纯强调外交服务于经济。这显然与中国的大国地位、和平发展的要求不相符。近年来,中国政府开始重视经济外交,这是对外战略的一项重大转型,亲诚惠容理念也是在上述背景下出台的,要适应这种变化就需要在国际经济合作模式上做出相应调整。在"一带一路"倡议框架下引入义利观就是中国经济外交的一项创新——这体现了中国作为大国的担当,也是国际社会对中国的期望。

第三,"一带一路"倡议是中国全方位对外开放的重大举措。在过去近40年间,中国的对外开放大致经历了三个发展阶段:从1978~1992年的"南方讲话"为第一阶段,对外开放呈现出无规则的百花齐放特征;从"南方讲话"到2001年的"入世"为第二阶段,对外开放的方向是朝WTO的多边贸易规则看齐;"入世"到2011年为第三阶段,对外开放的重点是兑现"入世"承诺。这期间,全球经济的重大变化之一是大国开始放弃多边主义转向区域主义,致使中国的对外开放在完成第三阶段的发展后面临方向性选择。前三个阶段的开放历程有一个突出特征,就是开放区域主要集中于东南沿海地区,中西部广大内陆地区开放滞后,这是导致东西部发展不平衡的主要因素之一。

因此，中国新一轮对外开放必须适应国际经济格局的变化与自身平衡发展的需要，把广大中西部内陆地区纳入进来，推动全方位对外开放。由此可以认为，"一带一路"倡议的提出是中国新时期对外开放的必然选择。

第四，"一带一路"是中国向本地区提供的一项制度性公共产品。作为一个大国提出的区域经济合作机制，它必须在国际上具备道义合法性。因为按照国际经济学的逻辑，只有多边主义才有利于全球福利水平的提高。为此，大国所倡导的区域经济合作机制通常都宣称最终目标是推动多边主义的发展。理论上，一项区域经济合作机制是否有助于推进多边主义的发展并无确定的结论，但经济学家有一个基本的共识：如果一项区域经济合作机制具有开放性特征，则其会成为迈向多边主义的"跳板"（Building-blocks）；反之，它就会成为多边主义的"绊脚石"（Stumbling-blocks）①。如上所述，"一带一路"倡议所具备的开放性是现有任何区域经济一体化机制都难以比拟的。在当今反全球化的背景下，"一带一路"倡议正在成为中国推动经济全球化的具体实践。

（三）核心内容

"一带一路"沿线各国资源禀赋各异，经济互补性较强，彼此合作潜力和空间很大。"一带一路"倡议的核心内容可以归纳为"五通三同"："五通"即政策沟通、设施联通、贸易畅通、资金融通、民心相通，这"五通"是统一体，缺一不可；"三同"即利益共同体、命运共同体和责任共同体，三者也是不可分割、力争共赢的整体。具体而言：

第一，政策沟通。加强政策沟通是"一带一路"建设的重要保障。"一带一路"建设与国内建设最大的不同之处是，每个国家在相关问题上都可能有不同的政策，甚至技术标准、质量标准等各异，这就需要首先通过沟通，达成相关项目的政策共识。因而，加强政府间合作，积极构建多层次政府间宏观政策沟通交流机制，深化利益融合，促进政治互信，达成合作新共识，是推进"一带一路"倡议的首要任务。沿线各国可就经济发展战略和对策进行充分交流对接，共同制定推进区域合作的规划和措施，协商解决合作中的问题，共同为务实合作及大型项目实施提供政策支持。在沟通中，既要利用好积极因素，又要设法化解消极因素，以便形成合作的最大公约数，求同存异，为项目建设开启政策绿灯。

---

① "一带一路"是促进世界和平稳定繁荣的公共产品 [EB/OL]. http://news.cqnews.net/html/2017-04/23/content_ 41388228.htm.

第二,设施联通。基础设施互联互通是"一带一路"建设的优先领域。基础设施建设不仅指交通设施建设,还包括油气管道、输电网、跨境光缆建设等,但重点是交通设施建设。"一带一路"沿线国家在交通设施领域普遍欠发达,高山、沙漠、河流不时阻隔交通,给货物和人员交流带来不便。为此,在尊重相关国家主权和安全关切的基础上,沿线国家宜加强基础设施建设规划、技术标准体系的对接,共同推进国际骨干通道建设,逐步形成连接亚洲各次区域以及亚欧非之间的基础设施网络;抓住交通基础设施的关键通道、关键节点和重点工程,优先打通缺失路段,畅通"瓶颈"路段,配套完善道路安全防护设施和交通管理设施设备,提升道路通达水平;推进建立统一的全程运输协调机制,促进国际通关、换装、多式联运有机衔接,逐步形成兼容规范的运输规则,实现国际运输便利化;推动口岸基础设施建设,畅通陆水联运通道,推进港口合作建设,增加海上航线和班次,加强海上物流信息化合作;拓展建立民航全面合作的平台和机制,加快提升航空基础设施水平。此外,还应加强能源基础设施互联互通合作,共同维护输油、输气管道等运输通道安全,推进跨境电力与输电通道建设,积极开展区域电网升级改造合作,推进跨境光缆等通信干线网络建设,规划建设洲际海底光缆项目,完善空中(卫星)信息通道,扩大信息交流与合作。

第三,贸易畅通。投资贸易合作是"一带一路"建设的重点内容。近年来,中国与沿线国家之间的贸易有了长足发展,但各种贸易壁垒仍不便于扩大交往,因此,需要使贸易、投资和人员往来便利化,加强信息交换、海关、认证等方面的合作来拓宽贸易和投资。为此,应着力研究解决投资贸易便利化问题,消除投资和贸易壁垒,构建区域内和各国良好的营商环境,积极同沿线国家和地区共同商建自由贸易区,激发释放合作潜力,做大做好合作"蛋糕"。沿线国家宜加强信息互换、监管互认、执法互助的海关合作,以及检验检疫、认证认可、标准计量、统计信息等方面的双多边合作,推动世界贸易组织《贸易便利化协定》①生效和实施;改善边境口岸通关设施条件,加快边境口岸"单一窗口"②建设,降低通关成本,提升通关能力;加强供应链安全与便利化合作,推进跨境监管程序协调,推动检验检疫证书国际互

---

① 《贸易便利化协定》:旨在通过简化通关手续等举措在事实上消除贸易壁垒,于2017年2月22日正式生效。中国于2015年9月4日正式加入该协定,是中国加入世界贸易组织后参与并达成的首个多边货物贸易协定。

② 单一窗口:指参与国际贸易和运输的各方,通过单一的平台提交标准化的信息和单证以满足相关法律法规及管理的要求,即贸易商能够通过一个入口,向各相关政府机构,提交货物进出口或转运所需要的单证或电子数据。

联网核查，开展"经认证的经营者"（AEO）① 互认；降低非关税壁垒，共同提高技术性贸易措施透明度，提高贸易自由化、便利化水平；拓宽贸易领域，优化贸易结构，挖掘贸易新增长点，促进贸易平衡；创新贸易方式，发展跨境电子商务等新业态；建立健全服务贸易促进体系，巩固和扩大传统贸易；大力发展现代服务贸易。此外，还应将投资和贸易有机结合起来，以投资带动贸易发展。因而，还有必要加快投资便利化进程，消除投资壁垒；加强双边投资保护协定、避免双重征税协定磋商，保护投资者的合法权益；拓展相互投资领域，开展农林牧渔业、农机及农产品生产加工等领域深度合作，积极推进海水养殖、远洋渔业、水产品加工、海水淡化、海洋生物制药、海洋工程技术、环保产业和海上旅游等领域合作；加大煤炭、油气、金属矿产等传统能源资源勘探开发合作，积极推动水电、核电、风电、太阳能等清洁、可再生能源合作，推进能源资源就地就近加工转化合作，形成能源资源合作上下游一体化产业链；加强能源资源深加工技术、装备与工程服务合作；推动新兴产业合作，按照优势互补、互利共赢的原则，促进沿线国家加强在新一代信息技术、生物、新能源、新材料等新兴产业领域的深入合作，推动建立创业投资合作机制；优化产业链分工布局，推动上下游产业链和关联产业协同发展，鼓励建立研发、生产和营销体系，提升区域产业配套能力和综合竞争力；扩大服务业相互开放，推动区域服务业加快发展；探索投资合作新模式，鼓励合作建设境外经贸合作区、跨境经济合作区等各类产业园区，促进产业集群发展。在投资贸易中还应突出生态文明理念，加强生态环境、生物多样性和应对气候变化合作，共建绿色丝绸之路。

第四，资金融通。资金融通是"一带一路"建设的重要支撑。"一带一路"建设需要上千亿美元甚至上万亿美元的资金，任何一国都无力承担这样的巨额费用，只能通过市场运作来筹集资金。为此，应深化金融合作，推进亚洲货币稳定体系、投融资体系和信用体系建设；扩大沿线国家双边本币互换、结算的范围和规模；推动亚洲债券市场的开放和发展；共同推进亚洲基础设施投资银行、金砖国家开发银行筹建，有关各方就建立上海合作组织融资机构开展磋商；加快丝路基金组建运营；深化中国—东盟银行联合体、上合组织银行联合体务实合作，以银团贷款、银行授信等方式开展多边金融合作；支持沿线国家政府和信用等级较高的企业以及金融机构在中国境内发行

---

① 经认证的经营者（Authorized Economic Operator，AEO）：指以任何一种方式参与货物国际流通，并被海关当局认定符合世界海关组织或相应供应链安全标准的一方，包括生产商、进口商、出口商、报关行、承运商、理货人、中间商、口岸和机场、货站经营者、综合经营者、仓储业经营者和分销商。

人民币债券，符合条件的中国境内金融机构和企业也可以在境外发行人民币债券和外币债券，鼓励在沿线国家使用所筹资金；加强金融监管合作，推动签署双边监管合作谅解备忘录，逐步在区域内建立高效监管协调机制；完善风险应对和危机处置制度安排，构建区域性金融风险预警系统，形成应对跨境风险和危机处置的交流合作机制；加强征信管理部门、征信机构和评级机构之间的跨境交流与合作；充分发挥丝路基金以及各国主权基金作用，引导商业性股权投资基金和社会资金共同参与"一带一路"重点项目建设。

第五，民心相通。民心相通是推进"一带一路"倡议的社会根基。跨越各国的"世纪工程"若能获得沿线国家民众广泛支持，将会顺利得多，反之则会寸步难行。所以，必须通过传承和弘扬古"丝绸之路"友好合作精神，开展广泛的人文交流，加强媒体合作、旅游合作等多种方式，来增进彼此合作和理解，以共同推动和落实"一带一路"倡议。为此，应传承和弘扬丝绸之路友好合作精神，广泛开展文化交流、学术往来、人才交流合作、媒体合作、青年和妇女交往、志愿者服务等，为深化双多边合作奠定坚实的民意基础。具体而言，即扩大相互间留学生规模，开展合作办学，中国每年向沿线国家提供1万个政府奖学金名额；沿线国家间互办文化年、艺术节、电影节、电视周和图书展等活动，合作开展广播影视剧精品创作及翻译，联合申请世界文化遗产，共同开展世界遗产的联合保护工作；深化沿线国家间人才交流合作；加强旅游合作，扩大旅游规模，互办旅游推广周、宣传月等活动，联合打造具有丝绸之路特色的国际精品旅游线路和旅游产品，提高沿线各国游客签证便利化水平；积极开展体育交流活动，支持沿线国家申办重大国际体育赛事；强化与周边国家在传染病疫情信息沟通、防治技术交流、专业人才培养等方面的合作，提高合作处理突发公共卫生事件的能力；为有关国家提供医疗援助和应急医疗救助，在妇幼健康、残疾人康复以及艾滋病、结核、疟疾等主要传染病领域开展务实合作，扩大在传统医药领域的合作；加强科技合作，共建联合实验室（研究中心）、国际技术转移中心、海上合作中心，促进科技人员交流，合作开展重大科技攻关，共同提升科技创新能力；整合现有资源，积极开拓和推进与沿线国家在青年就业、创业培训、职业技能开发、社会保障管理服务、公共行政管理等共同关心领域的务实合作等；加强沿线国家民间组织的交流合作，重点面向基层民众，广泛开展教育医疗、减贫开发、生物多样性和生态环保等各类公益慈善活动，促进沿线贫困地区生产生活条件改善；加强文化传媒的国际交流合作，积极利用网络平台，运用新媒体工具，塑造和谐友好的文化生态和舆论环境。

四、"一带一路"倡议的总体思路和实施构想

(一) 共建"一带一路"的总体思路

"一带一路"比古"丝绸之路"的范围更广,其中,"丝绸之路经济带"的重点是畅通中国经中亚、俄罗斯至欧洲(波罗的海),中国经中亚、西亚至波斯湾、地中海,中国至东南亚、南亚、印度洋的国际大通道,以沿线中心城市为支撑,以重点经贸产业园区为合作平台,共同打造新亚欧大陆桥、中蒙俄、中国—中亚—西亚、中国—中南半岛等国际经济合作走廊等;"21世纪海上丝绸之路"的重点方向是从中国沿海港口过南海到印度洋,延伸至欧洲,从中国沿海港口过南海到南太平洋,以重点港口为节点,共同建设通畅安全高效的运输大通道,并推动中巴、孟中印缅两个经济走廊的建设。在国内,"一带一路"分西北、东北、西南、内陆、沿海和港澳台等地区板块,几乎涵盖全国。根据各个地区的地理、经济特点,发挥各自的优势,全国"一盘棋",全面提升开放型经济水平。

"一带一路"倡议是沿线各国开放合作的宏大经济愿景,需要各国携手努力,朝着互利互惠、共同安全的目标相向而行,尽早建成安全高效的陆海空通道网络,实现区域互联互通,促进投资贸易便利化达到一个新水平,彼此之间经济联系更加紧密,政治互信更加深入,形成更大范围、更宽领域、更深层次的区域经济一体化新格局。

(二) 共建"一带一路"的基本原则

鉴于"一带一路"倡议本身是一个有别于现有区域经济一体化的新型区域经济合作机制,很难复制其他国家和地区成功的建设经验,其理论层面的共建基本原则如下[①]:

第一,协调政府与市场间的关系。"一带一路"倡议是中国政府倡导的一项重大国际战略,政府无疑发挥着引领者的作用。没有政府的引领,"一带一路"将失去发展方向,在起步阶段这一点尤为重要。理论上,政府发挥的功能至少有以下几个方面:

首先,宣传"一带一路"倡议的理念,消除国内外对其认识上的误解和

---

① 李向阳. "一带一路"面临的突出问题和出路 [J]. 国际贸易, 2017 (4): 4-9.

猜疑。

其次，构建中国与沿线国家之间的合作机制。多元化合作机制是"一带一路"的突出特征，构建什么样的合作机制需要政府间的协商决定，并在很大程度上呈现出"一国一策"格局。

再次，组建政府融资机构。作为经济外交的平台，"一带一路"建设不可能完全依赖市场融资，以基础设施建设为核心的互联互通融资也不是纯粹的市场化金融机构能够完全承担的。目前，在这方面最具有争议的是亚投行与"一带一路"的关系。很多人将亚投行看作是中国政府为推动"一带一路"倡议实施而组建的金融机构。事实上，从 2015 年 3 月英国及一大批发达国家加入亚投行起，它已经成为一个独立的国际金融机构，不会按照中国政府的意志服务于"一带一路"。

最后，最重要和最困难的任务，政府应如何引导企业在保障投资收益的前提下服务于国家的战略目标。无论是民营企业，还是国有企业，都没有义务以牺牲自身的投资收益来服务于国家的战略目标。如何构建能够兼顾政府与企业利益的运行机制是保证义利观得以贯彻的必要条件，也是"一带一路"倡议最终能否取得成功的前提之一。"一带一路"倡议不是一种对外援助项目，而是一种新型的区域经济合作机制。既然是国际经济合作，它就必然需要以市场为基础，以企业为主体。在起步阶段，我们看到大型国有企业成为"一带一路"倡议推进的主力，但并不意味着这是一种常态，更不能因此而否定它的市场化基础。大型国有企业先行，一方面归因于它们在基础设施建设领域的国际竞争力，另一方面归因于适用于民营企业、中小型企业的融资体制尚未形成。中国近 40 年的国内改革进程都是围绕政府与市场的关系展开的，现在则需要在国际经济合作中协调两者间的关系，其困难程度可想而知。

第二，协调中央政府与地方政府目标间的关系。长期以来，地方政府与中央政府的政策博弈重点集中于财税领域。随着"一带一路"倡议提出而推动的全方位对外开放不断深入，尤其是经济外交战略的实施，地方政府与中央政府的政策博弈开始扩展到外交领域，要求中央政府给予本地区更大的外交决策权也由此成为许多地方政府的一项优先诉求。毫无疑问，"一带一路"建设不仅需要发挥中央政府的积极性，也需要发挥地方政府的积极性。地方政府的积极参与对"一带一路"倡议的顺利推进至关重要。但我们必须意识到，地方政府所追求的目标与中央政府的目标并不完全一致，尤其是在外交领域，地方政府既没有动力也没有能力去实现国家的外交目标。之所以要求获得更大的外交决策权是因为，越来越多的地方政府意识到，开放程度、外交决策权与本地区经济发展的潜力直接相关。实践中,一些沿边地区要求与地理上毗邻的国家、宗教文化上相似的国家之间构建自由贸易区、次区域合作机制,或实现其他机制化合作。这种要求显然超越了外交决策的基本原则,倘若完全满足地方政府对外交决策权的需求,其结果有可能会造成地区间政策的不公平,甚至损害到国家的统一。

第三,协调中国与沿线国家之间的利益分享关系。"一带一路"倡议的核心理念是义利观。按照义利观的要求,作为"一带一路"的倡导者,中国与沿线国家的合作中需要做出适当的利益让渡。从理论上讲,这种让渡有可能会采取多种形式,如"搭便车""多予少取或只予不取"、注重长期利益而避免追求短期利益等。从实践角度看,利益让渡会面临一系列挑战:首先,如何把握利益让渡中的尺度?"一带一路"沿线国家多属于发展中国家,它们都希望通过参与"一带一路"能够搭上中国经济发展的"快车"和"便车",但中国自身的实力是否有能力让这些国家都来"搭便车"?其次,如何避免其他国家"搭便车"过程中所引发的"道德风险"?微观经济学原理告诉我们,当契约的一方不完全承担风险后果时就有可能采取自身效用最大化的自私行为。最后,利益让渡适用于哪些国家和哪些领域?义利观所谈到的"多予少取或只予不取"并非对所有国家和所有领域一视同仁。从平等交换到多予少取,再到只予不取,究竟选择哪种合作方式并没有统一的标准;利益让渡过少,义利观就失去了意义;利益让渡过多,"一带一路"倡议就演变为对外援助项目,失去了可持续性。

第四,协调经济目标与非经济目标间的关系。"一带一路"是中国经济外交的主要平台——这注定它的目标是多重的,既有经济目标,也有非经济目标。对此我们无须讳言。问题关键在于如何界定它的非经济目标。固然,实现命运共同体、实现民心相同、创造稳定的周边环境、提高周边国家及沿线国家对中国和平崛起的认同等都属于非经济目标,但如何把这些非经济目标细化为可操作的目标还有很长的路要走。事实上,让沿线国家(乃至整个世界)接受"一带一路"倡议的非经济目标是消除外部猜疑的必要条件。"一带一路"倡议提出之后的一段时间,国际上也曾存在过质疑和顾虑。由于恰逢中国成为世界第二大经济体,国际影响力大幅提升之际,因此有人认为这是中国即将发动的一场新的地缘政治博弈,也有人将其视为中国谋求势力范围的"野心"和举措。随着中国不断围绕"一带一路"发出"中国声音",提出"中国方案",越来越多的国家开始对其进行正面理解。"一带一路"倡议加强政治互信,成为人类和平与安全事业的重要前提。然而,如何确定经济目标与非经济目标的关系是经济外交的一个普遍性难题。

第五，协调对外开放与维护国家安全间的关系。"一带一路"倡议的提出是新时期中国全方位对外开放的重大举措之一，其潜在收益将是前所未有的。然而，全方位的开放也将带来前所未有的风险。在经济层面，大规模的基础设施与互联互通建设投资规模大、跨越的投资周期长，涉及一些国家的敏感部门（如港口、公路、铁路、机场等），需要应对投资的金融风险、政治风险、法律风险等。在政治安全层面，"一带一路"倡议涉及不同政治制度、宗教文化的国家，一些国家甚至是公认的全球恐怖主义的集中地，抑或是全球毒品的发源地，面对全方位的开放，国内必须建立起相应的安全风险防范机制。在国际关系层面，区域外某些大国的掣肘不容小觑。它们既可能通过策动沿线国家的政局变动，也可能通过经济手段阻碍"一带一路"的顺利实施。

(三)"一带一路"倡议的实施构想

"一带一路"沿线各国要团结互信、合作共赢，将政治关系优势、地缘毗邻优势、经济互补优势转化为务实合作优势，努力打造亚欧利益共同体和命运共同体，增进沿线各国人民福祉，共创丝绸之路新辉煌。

第一，中国应与中亚、南亚、俄罗斯、欧盟国家共同建设"一带一路"，形成亚欧区域经济一体化发展大格局。首先，中国同中亚、南亚国家是山水相连的友好邻邦，应以创新的合作模式，共同建设"一带一路"。坚持世代友好，做和谐和睦的好邻居；坚定相互支持，做真诚互信的好朋友；加强务实合作，做互利共赢的好伙伴。其次，中国和俄罗斯要加强在联合国、20国集团、上海合作组织、亚太经合组织、金砖国家、东亚峰会、亚信峰会等框架内的合作，推动国际政治经济秩序朝着更加公正合理的方向发展。双方要积极寻找丝绸之路经济带项目和欧亚经济联盟之间可行的契合点，推进油气、核能、电力、高铁、航空、通信、金融等领域的合作，加强全方位基础设施与互联互通建设。最后，中国和欧盟国家要从战略高度看待中欧关系，将中欧两大力量、两大市场、两大文明结合起来，共同打造中欧和平、增长、改革、文明四大伙伴关系，为中欧合作注入新动力，为世界发展繁荣做出更大贡献。中国和欧盟国家要做和平伙伴，带头走和平发展道路；做增长伙伴，相互提供发展机遇；做改革伙伴，相互借鉴、相互支持；做文明伙伴，为彼此进步提供更多营养。

第二，中国应与东盟国家共同建设"一带一路"，打造中国—东盟命运共同体。中国和东盟国家要使双方成为兴衰相伴、安危与共、同舟共济的好邻居、好朋友、好伙伴。一要坚持讲信修睦。双方应真诚相待、友好相处，不断巩固政治和战略互信,在对方重大关切问题上相互支持。二要坚持合作共赢。双方应树立双赢、多赢、共赢的新理念,进一步提高中国—东盟自由贸易区合作水平,努力发展好中国—东盟海洋合作伙伴关系。三要坚持守望相助。双方应树立综合安全、共同安全、合作安全、可持续安全新理念,对中国和一些东南亚国家在领土主权和海洋权益方面存在的分歧和争议,坚持通过对话协商以和平方式解决。四要坚持心心相印。双方要促进青年、智库、议会、非政府组织、新闻媒体等友好交流,夯实双方合作的民意基础,增进民众间相互了解和友谊。

第三,中国应与阿拉伯国家共同建设"一带一路",不断深化中阿战略合作关系。目前,中阿都面临着实现民族振兴的共同使命和挑战,需要双方以"一带一路"倡议为引领,规划中阿关系未来发展方向和路径,不断深化全面合作。一要坚持共商、共建、共享原则。"共商,就是集思广益,好事大家商量着办,使'一带一路'建设兼顾双方利益和关切,体现双方智慧和创意。共建,就是各施所长,各尽所能,把双方优势和潜能充分发挥出来,聚沙成塔,积水成渊,持之以恒地加以推进。共享,就是让建设成果更多更公平惠及中阿人民,打造中阿利益共同体和命运共同体。"二要做好顶层设计。要以能源合作为主轴,以基础设施建设、贸易和投资便利化为两翼,以核能、航天卫星、新能源三大高新领域为突破口,促进资源要素在中阿之间的有序流动和优化配置。三要深化合作论坛建设。依托中阿合作论坛支点和中阿博览会平台,增进中阿传统友谊,加强政策沟通,深化务实合作,不断开拓创新。

第四,中国国内各地区各部门应共同建设"一带一路",形成全方位开放新格局。于国内而言,"一带一路"建设是一项宏伟的国家战略,需要各地区各部门共同建设、共同发展、共同繁荣。首先,要加强顶层设计。国家相关领导部门要尽快制定整体规划和具体实施蓝图,明晰沿线各省区市功能定位、产业布局、资源整合等重大事项,加快形成区域产业协同融合、资源互补共享的良好发展格局。其次,要加强道路互联互通。内陆城市要增开国际客货运航线,发展多式联运,形成横贯东中西、联结南北方的对外经济走廊,同时要加快同周边国家和区域基础设施互联互通建设。最后,要加强产业对接合作。西部地区要抓住全球产业重新布局的机遇,把扩大向西开放与承接东中部产业转移结合起来,同时要坚持"引进来"与"走出去"相结合,推动国内产业与国外产业对接合作。

第二节　西部民族地区是"一带一路"倡议的重要实施区

目前,"一带一路"国内核心地区包括我国中西部地区 16 个省市区,其中:"新丝绸之路经济带"主要战略支点分布在西北和西南地区,覆盖新疆、内蒙古、青海、甘肃、宁夏、云南、广西和贵州等省、自治区,其战略重点是面向中亚、西亚开放,延伸至欧洲地区。

我国西部地区与蒙古、俄罗斯、塔吉克斯坦、哈萨克斯坦、吉尔吉斯斯坦、巴基斯坦、阿富汗、不丹、尼泊尔、印度、缅甸、老挝、越南等国家接壤,陆地边境线长达 1.8 万余千米,约占全国陆地边境线的 91%;与东南亚许多国家隔海相望,有大陆海岸线 1595 千米,约占全国海岸线的 1/11[①]。一般来讲,我国西部民族地区主要包括内蒙古、新疆、广西、宁夏、西藏五个少数民族自治区和云南、贵州、青海三个多民族省。民族地区是"一带一路""互联互通"的重要节点和关键枢纽。我国 2.2 万千米陆地边界线中近 1.9 万千米在民族地区,138 个边境县(区、市)中有 109 个在民族地区[②]。西部民族地区疆域辽阔、地质复杂、人口稀少、经济落后、交通闭塞,是我国经济欠发达、需要加强开发的地区,但由于生态环境脆弱和开发难度较高等条件的制约,西部地区面临开发和保护相对失衡的局面。

一、西部民族地区在"一带一路"倡议中的空间布局

《"一带一路"白皮书》中指出,要"发挥新疆独特的区位优势和向西开放重要窗口作用,深化与中亚、南亚、西亚等国家交流合作,形成丝绸之路经济带上重要的交通枢纽、商贸物流和文化科教中心,打造丝绸之路经济带

---

① 数据来源:聚焦西部 [EB/OL]. https://www.acabridge.edu.cn/acabridge/aca_web/xibu/index.shtml.
② 王正伟. 民族地区要在服务"一带一路"战略大局中大有作为 [J]. 民族论坛, 2015 (7).

核心区。发挥陕西、甘肃综合经济文化和宁夏、青海民族人文优势,打造西安内陆型改革开放新高地,加快兰州、西宁开发开放,推进宁夏内陆开放型经济试验区建设,形成面向中亚、南亚、西亚国家的通道、商贸物流枢纽、重要产业和人文交流基地。发挥内蒙古联通俄蒙的区位优势,完善黑龙江对俄铁路通道和区域铁路网,以及黑龙江、吉林、辽宁与俄远东地区陆海联运合作,推进构建北京—莫斯科欧亚高速运输走廊,建设向北开放的重要窗口……发挥广西与东盟国家陆海相邻的独特优势,加快北部湾经济区和珠江—西江经济带开放发展,构建面向东盟区域的国际通道,打造西南、中南地区开放发展新的战略支点,形成 21 世纪海上丝绸之路与丝绸之路经济带有机衔接的重要门户;发挥云南区位优势,推进与周边国家的国际运输通道建设,打造大湄公河次区域经济合作新高地,建设成为面向南亚、东南亚的辐射中心;推进西藏与尼泊尔等国家边境贸易和旅游文化合作。"

从上述国家层面的"一带一路"建设规划可知,中国大部分的西部民族地区贯穿其中。丝绸之路经济带国内段的北中南三条大通道和海上丝绸之路沿线囊括了内蒙古、新疆、宁夏、广西等民族地区和青海、甘肃、云南等多个民族省份。由于是在中国与众多邻国的门户和纽带,包括新疆、宁夏、广西在内的诸多民族地区作为"一带一路"的重要战略支点,在规划中具有独特的地位和重要的作用。"一带一路"倡议的战略布局,使我国民族地区从边缘地带一跃成为面向中亚、西亚和东南亚地区对外开放的前沿,成为基础设施互联互通、能源基地建设的重点地区和国家构建全方位开放格局的前沿地带。

(一)"丝绸之路经济带"形成三大经济轴线及其辐射经济空间

根据《"一带一路"白皮书》中的相关界定,"丝绸之路经济带"包括三条线路,即北线——中国经中亚、俄罗斯至欧洲(波罗的海);中线——中国经中亚、西亚至波斯湾、地中海;南线——中国至东南亚、南亚、印度洋。

(1)北线:从环渤海经济圈出发,经过内蒙古和新疆,再从阿勒泰地区穿越哈萨克斯坦厄斯克门,经俄罗斯鄂木斯克和莫斯科,抵达波罗的海沿岸。北线主线:中国环渤海经济圈—山西大同—内蒙古呼和浩特—内蒙古包头—内蒙古额济纳—新疆伊吾—新疆巴里坤—新疆将军庙—新疆富蕴—新疆阿勒泰地区—哈萨克斯坦厄斯克门—俄罗斯鄂木斯克—俄罗斯莫斯科—俄罗斯圣彼得堡—芬兰赫尔辛基。北线支线:新疆克拉玛依—新疆塔城—哈萨克斯坦阿亚古孜—哈萨克斯坦卡拉干达—俄罗斯车里雅宾斯克—俄罗斯莫斯科—白俄罗斯明斯克—波兰华沙—德国柏林—荷兰鹿特丹。

（2）中线：始于长三角地区，经西安、兰州，穿越新疆哈密、吐鲁番、乌鲁木齐、精河、霍城，再经过中亚的哈萨克斯坦阿拉木图、乌兹别克斯坦塔什干、土库曼斯坦捷詹，通过伊朗马什哈德和德黑兰、亚美尼亚埃里温、土耳其安卡拉、德国德黑兰，止于法国巴黎勒阿弗尔大西洋海岸沿线。中线主线：中国长三角经济圈—河南郑州—陕西西安—甘肃兰州—新疆哈密—新疆吐鲁番—新疆乌鲁木齐—新疆奎屯—新疆精河—新疆霍城—哈萨克斯坦阿拉木图—乌兹别克斯坦塔什干—土库曼斯坦捷詹—伊朗马什哈德—伊朗德黑兰（支线自德黑兰通波斯湾沿岸霍梅尼港）—亚美尼亚埃里温—土耳其安卡拉—法国巴黎—法国勒阿弗尔（大西洋沿岸）。中线支线：新疆吐鲁番—新疆库尔勒—新疆喀什—吉尔吉斯斯坦奥什—乌兹别克斯坦安集延—乌兹别克斯坦塔什干。

（3）南线：始于珠三角地区，经长沙、怀化、重庆、成都，再经青海和新疆南疆，抵达巴基斯坦的印度洋沿岸。南线主线：中国珠三角经济圈—湖南长沙—湖南怀化—重庆—四川成都—四川阿坝—青海格尔木—新疆若羌—新疆且末—和田—新疆喀什—巴基斯坦伊斯兰堡—巴基斯坦卡拉奇—巴基斯坦瓜达尔港。南线支线：吐鲁番—库尔勒—阿克苏—喀什—瓜达尔港。

从上述地理空间看，"丝绸之路经济带"三条线路穿越的西部民族地区为内蒙古、新疆、宁夏，以及甘肃、青海的少数民族聚居区、散居区，分布着维吾尔、哈萨克、回、彝、羌、藏、蒙古等众多少数民族[①]。在建设"丝绸之路经济带"的过程中，中国国内与国际铁路干线的建设是至关重要的。"丝绸之路经济带"不是三条独立的经济大通道，而是推动欧亚大陆一体化发展的重大举措。只有把"丝绸之路经济带"的交通贯穿起来，才能更好地促进丝路沿线国家的经济发展。目前，中国初步形成了从浙江义乌至西班牙马德里的"义新欧"国际班列，重庆至德国杜伊斯堡的"渝新欧"国际铁路大通道，四川成都至波兰罗兹的"蓉欧快铁"，河南郑州至德国汉堡的"郑新欧"货运班列。这些国内铁路与国际铁路接轨的横跨欧亚大陆的货运通道，再加上正在积极筹备开通的"湘新欧"与黑龙江绥芬河—海参崴海陆联运等大通道干线，有效地实现了丝路沿线经济资源要素的全面对接。它将会使欧亚大陆经贸的融合和发展得到实质性提升，更好地促进欧亚大陆国家间的相互交流与共同发展。截至2018年5月，中欧班列累计开行已突破了8000列，通达

[①] 张磊．"一带一路"战略与中国少数民族地区社会经济发展[J]．中央民族大学学报（哲学社会科学版），2016（4）.

了欧洲14个国家和42个城市①。

(二)"海上丝绸之路"形成覆盖印度洋、太平洋及北冰洋路线

中国地处大西洋西岸,中国东部和南部大陆海岸线长18400多千米,岛屿岸线14000多千米,与六国海上相邻。根据21世纪海上丝绸之路的重点方向,"一带一路"建设海上合作以中国沿海经济带为支撑,密切与沿线国的合作,连接中国—中南半岛经济走廊,经南海向西进入印度洋,衔接中巴、孟中印缅经济走廊,共同建设中国—印度洋—非洲—地中海蓝色经济通道;经南海向南进入太平洋,共建中国—大洋洲—南太平洋蓝色经济通道;积极推动共建经北冰洋连接欧洲的蓝色经济通道。"海上丝绸之路"大体上分为三段:第一段以中国沿海经济带经过南海、马六甲海峡向西进入印度洋,延伸到非洲和地中海地区。这是中国对外贸易中承载物流量比较大、最经典的一条海运路线,中国60%的能源运输都经过这里。第二段以中国沿海经济带经南海进入太平洋,将与印度尼西亚、澳大利亚、新西兰等国家产生更多联系。第三段则将支持北冰洋周边国家改善北极航道运输条件,鼓励中国企业参与北极航道商业化利用。

海上丝绸之路以重点港口为节点,共同建设通畅安全高效的运输大通道,其中,中国段多为广西壮族自治区、云南、贵州等少数民族聚居区、散居区。"21世纪海上丝绸之路"通过重要的海上航线把太平洋、印度洋和大西洋连接起来。"21世纪海上丝绸之路"的主要航线为:中国沿海港口过南海到印度洋,延伸至欧洲;从中国沿海港口过南海到南太平洋(福建泉州—福建福州—广东广州—海南海口—广西北海—越南河内—马来西亚吉隆坡—印度尼西亚雅加达—斯里兰卡科伦坡—印度加尔各答—肯尼亚内罗毕—希腊雅典—意大利威尼斯)。

在"21世纪海上丝绸之路"合作框架下,孟中印缅、中巴经济走廊建设,中国同东盟、巴基斯坦建立自由贸易区,与印度尼西亚、马来西亚、文莱等国家的经贸合作,连接了中国和南亚、东南亚地区的国家。例如在航运和港口建设方面,中老印缅四国商定澜沧江—湄公河国际航道二期整治工程启动,这也是海上丝绸之路互联互通的重要组成部分,为连接中老印缅四国奠定了基础。由于中国沿海和港澳台地区具有良好的海港区位优势,因此在海上丝绸之路的建设过程中,中国国内世界级海港枢纽的参与是至关重要的,

---

① 赵展慧. 中国与"一带一路"沿线国家货物贸易累计超5万亿美元[N]. 人民日报,2018-05-17.

通过与海上丝绸之路沿线国家天然良港的合作，拓展了中国和丝路沿线国家的班轮航线。目前，中铁集装箱运输有限责任公司在大连港、塘沽港、宁波港、黄埔港、连云港、青岛港、厦门港等东部大型港口，与港务局方面合作建立了"港站"，利用货物通道促进三大洋区域内国家的贸易和生产要素的优化配置。在国际港口建设方面，中国同印度尼西亚、马来西亚、缅甸、斯里兰卡、巴基斯坦等国家合作建设港口等基础设施，中国同海上丝绸之路沿线国家共同建设包括巴基斯坦瓜达尔港、孟加拉国吉大港、斯里兰卡科伦坡港、汉班托塔港、吉布提港、埃及塞得港、尼日利亚拉各斯港、希腊比雷埃夫斯港的建设均取得重要进展。与此同时，缅甸皎漂港、印度尼西亚雅加达港、坦桑尼亚巴加莫约港的建设也已启动。"21世纪海上丝绸之路"通过中国与相关国家共建港口等基础设施，连接丝路沿线国家，通过建设这一跨区域纽带，实现了海上丝绸之路沿线国家经济和社会的协同发展。

综上可知，"一带一路"共涉及新疆、青海、甘肃、陕西、宁夏、内蒙古、黑龙江、吉林、辽宁、广西、云南、西藏、上海、福建、浙江、广东、海南和重庆18个省市自治区，这些省市自治区在"一带一路"框架下，连接关键城市节点，形成了互动合作的网状格局，西部地区可以有效承接东部地区的发展项目，实现产业发展的梯度转移，进而带动西部省市的发展。其中，"丝绸之路经济带"主要涉及陕西、甘肃、青海、宁夏、新疆、内蒙古、黑龙江、吉林、辽宁九省区，它横贯中国的东部与西部，连接了重点城市和重要经济圈。"21世纪海上丝绸之路"主要涉及上海、福建、浙江、广东、广西、海南、云南和重庆八省市，它重点打造中国东部和南部各沿海港口，积极发展港口城市，进而促进东部和南部省份的互动合作，推动中国开放型经济的进一步发展。

（三）"一带一路"正在形成六大国际经济合作走廊

从区域经济学角度来看，"一带一路"从根本而言是一种路域经济，是依托重要经济通道形成的产业合作带，是因道路辐射带动形成的生产力布局及区域经济发展体系。从"一带一路"倡议愿景规划来看，要想打通从亚太经济圈与欧洲经济圈之间的经济通道，必须首先沿铁路、公路、航空和能源管线等交通线路，建设沿线路域经济走廊，实行以点带面，从线到片，依托纵横交错、贯通四方的交通网，开发若干经济走廊。目前，中国正与"一带一路"沿线国家一道积极规划中蒙俄、新亚欧大陆桥、中国—中亚—西亚、中国—中南半岛、中巴、孟中印缅六大经济走廊建设。

（1）中蒙俄经济走廊。中蒙俄三国地缘毗邻，有漫长的边境线，且发展战略高度契合，若能将"丝绸之路经济带"倡议同俄罗斯跨欧亚大铁路、蒙古国"草原之路"倡议进行对接，通过加强铁路、公路的互联互通建设，推进通关和运输便利化，促进过境运输、旅游、智库、媒体、环保、减灾救灾等领域务实合作，就能够打造一条中蒙俄经济走廊，实现中蒙俄的共同发展目标。2014年9月11日，国家主席习近平在出席中俄蒙三国元首会晤时说，"中方提出共建丝绸之路经济带倡议，获得俄方和蒙方积极响应。可以把丝绸之路经济带同俄罗斯跨欧亚大铁路、蒙古国草原之路倡议进行对接，打造中蒙俄经济走廊"。中蒙俄经济走廊分为华北、东北两条路线，其中，华北方向由京津冀联通呼和浩特，至蒙古和俄罗斯；东北方向从大连、沈阳、长春、哈尔滨、满洲里到俄罗斯的赤塔，以此辐射并连接沿海，形成海铁联运，打通了日本和韩国经我国海铁联运过境出口欧洲的货源通道。相比丝绸之路经济带从西北地区进入新亚欧大陆桥，这条经济通道连接东三省，向东可以抵达海参崴出海口，向西到俄罗斯赤塔进入亚欧大陆桥，具有运输成本低、时间短，经过的国家少、海关通关成本相对较低等优势，是一条潜力巨大的经济走廊。目前，已开通"津满欧""苏满欧""粤满欧""沈满欧"等"中俄欧"铁路国际货物班列，并基本实现常态化运营。2016年6月，《建设中蒙俄经济走廊规划纲要》正式对外公布，中蒙俄三方将从促进交通基础设施发展及互联互通，加强口岸建设和海关、检验检疫监管，加强产能与投资合作，深化经贸合作，拓展人文交流合作，加强生态环保合作，推动地方及边境地区合作等几个方面，以对接丝绸之路经济带、欧亚经济联盟以及"草原之路"倡议为目标，以平等、互利、共赢原则为指导，积极推动中蒙俄经济走廊建设，从而以推动经济走廊建设促进地区经济一体化，促进各自发展战略对接，并为基础设施互联互通、贸易投资稳步发展、经济政策协作和人文交流奠定坚实基础。

（2）新亚欧大陆桥经济走廊。新亚欧大陆桥特指从中国东部的沿海港口（有时特指连云港），沿陇海铁路、兰新铁路、北疆铁路，通过中亚、西亚到达欧洲的铁路路线。大陆桥途经江苏、安徽、河南、陕西、甘肃、青海、新疆七省、区，65个地、市、州的430多个县、市，到中俄边界的阿拉山口出国境[①]。出国境后可经3条线路抵达荷兰的鹿特丹港。中线与俄罗斯铁路友谊站接轨，进入俄罗斯铁路网，途经阿克斗亚、切利诺格勒、古比雪夫、斯摩棱斯克、布列斯特、华沙、柏林达荷兰的鹿特丹港，全长10900千米，辐

---

① 盘点习近平"一带一路"主旨演讲中的知识点［EB/OL］. http：//hb.ifeng.com/a/20170523/5692261_0.shtml.

射世界30多个国家和地区。与西伯利亚大陆桥相比，新亚欧大陆桥具有明显的优势：其一，地理位置和气候条件优越。整个大陆桥避开了高寒地区，港口无封冻期，自然条件好，吞吐能力大，可以常年作业。其二，运输距离短。新亚欧大陆桥比西伯利亚大陆桥缩短陆上运距2000~2500千米，到中亚、西亚各国，优势更为突出。一般情况下，陆桥运输比海上运输运费节省20%~25%，而时间缩短一个月左右。其三，辐射面广。新亚欧大陆桥辐射亚欧大陆30多个国家和地区。其四，对亚太地区吸引力大。除我国（大陆）外，日本、韩国、东南亚各国、一些大洋洲国家和我国的台湾、港澳地区，均可利用此线开展集装箱运输。总体来看，新亚欧大陆桥的东西两端连接着太平洋与大西洋两大经济中心，基本上属于发达地区，但空间容量小，资源缺；而其辽阔狭长的中间地带亦即亚欧腹地除少数国家外，基本上都属于欠发达地区，特别是中国中西部、中亚、西亚、中东、南亚地区，地域辽阔、交通不够便利、自然环境较差，但空间容量大、资源富集、开发前景好、开发潜力大，是人类社会赖以生存、发展的物华天宝之地。由此可以预期，横贯中国东、中、西部，东西双向开放的"钢铁国际走廊"的加速开发和开放将使新亚欧大陆桥成为中国经济的新的增长带，并将加速变成中国的国际性、开放型交通、经济走廊。目前，中国与俄罗斯、白俄罗斯等国家就丝绸之路经济带和欧亚经济联盟发展规划对接已经达成协议，这将极大地推动新亚欧大陆桥经济走廊的建设。

（3）中国—中亚—西亚经济走廊。自新亚欧大陆桥从阿拉山口—霍尔果斯越出中国国境后，出现了一条由哈萨克斯坦到乌兹别克斯坦、吉尔吉斯斯坦、塔吉克斯坦、土库曼斯坦、伊朗、伊拉克、土耳其的新经济走廊，即中国—中亚—西亚经济走廊。与亚欧大陆桥突出铁路交通优势不同，这条链接中国—中亚和西亚沿线国家的经济走廊是一条能源大通道，是中国—中亚石油管道和天然气管道的必经之地。中国—中亚天然气管道起于阿姆河右岸的土库曼斯坦和乌兹别克斯坦边境，经乌兹别克斯坦中部和哈萨克斯坦南部，从霍尔果斯进入中国，成为世界上最长的天然气管道。目前，中国同塔吉克斯坦、哈萨克斯坦、吉尔吉斯斯坦先后签署共建丝绸之路经济带双边合作协议。哈萨克斯坦"光明之路"、塔吉克斯坦"能源交通粮食三大兴国战略"、土库曼斯坦"强盛幸福时代"等国家发展战略都与丝绸之路经济带建设找到了契合点。随着合作的深入，一批物流合作基地、农产品快速通关通道、边境口岸相继启动或开通，双方海关物流更加通畅，中国—中亚—西亚经济走廊将不断延伸到伊朗、伊拉克、沙特、土耳其等众多西亚北非地区国家，成为另一条打通欧亚非三大洲的经济走廊。

(4) 中国—中南半岛经济走廊。中南半岛与中国人文相亲、交往密切，是"一带一路"建设与中国—东盟自贸区升级版建设的重要支撑。随着中国—东盟自由贸易区的发展，中国珠三角经济圈与中南半岛国家的经济联系日益密切，在中国—东盟命运共同体架构下，一条链接珠三角经济圈与中南半岛国家的经济走廊开始浮现。中国—中南半岛经济走廊包括了中国、缅甸、泰国、越南、老挝、柬埔寨、马来西亚、新加坡八个国家。该走廊以中国广西南宁和云南昆明为起点，以新加坡为终点，覆盖大湄公河流域，以沿线国家的九条跨境公路为框架，以中国昆明为中心，形成辐射新加坡、缅甸、泰国、越南的交通经济带，是陆上丝绸之路和海上丝绸之路的连接区域，是沟通太平洋和印度洋的陆上桥梁，是中国和东盟合作的跨国经济走廊。目前，在两广地区，已经在积极推进沿线大城市间的合作，并通过产业园区开发和基础设施互联互通，推进经济大通道的形成，特别是沿线国际性交通运输大通道的建设，必将把中国与东盟更加紧密地联系在一起。如果在通关便利化、合作机制制度化、政策沟通多层化等方面加快推进，这一经济走廊必将对沿线国家和地区的共同发展产生巨大的带动效应。

(5) 中巴经济走廊。2013年5月，中国国务院总理李克强在访问巴基斯坦期间提出了共建中巴经济走廊的设想，意图加强中巴之间交通、能源、海洋等领域的合作，打造一条北起喀什、南至巴基斯坦瓜达尔港的经济大动脉，推进互联互通。2015年4月，中国国家主席习近平在访问巴基斯坦期间，启动了总投资460亿美元的投资计划，共同推进修建新疆喀什市到巴方西南港口瓜达尔港的公路、铁路、油气管道及光缆覆盖"四位一体"通道的远景规划。中巴经济走廊起点在喀什，终点在巴基斯坦瓜达尔港，全长3000千米，北接"丝绸之路经济带"、南连"21世纪海上丝绸之路"，是贯通南北丝路的关键枢纽，是一条包括公路、铁路、油气和光缆通道在内的贸易走廊，也是"一带一路"的重要组成部分。建设中巴经济走廊，不仅对中巴两国发展具有强大推动作用，优化巴基斯坦在南亚的区域优势，有助于促进整个南亚的"互联互通"，更能把南亚、中亚、北非、海湾国家等通过经济、能源领域的合作紧密联合在一起，形成经济共振，其建设将惠及近30亿的人口。此外，中巴经济走廊也是具有针对性的"双赢"战略。该经济走廊的建设贯通，一方面，可以扩大中巴两国的货物进出口和人员交往，促进巴国转口贸易；另一方面，能有效增加中国能源的进口路径——可以避开传统咽喉"马六甲海峡"和存在主权纠纷的南中国海，把中东石油直接运抵中国西南腹地，同时也能降低对正在建设中的中缅油气管道的依赖。随着一系列建设项目的推进，中巴经济走廊北通丝绸之路经济带，南接21世纪海上丝绸之路，将成为一条贯通南北丝绸之路倡议的枢纽，一条包括公路、铁路、油气和光缆通道在内的贸易走廊。2015年4月8日，"中巴经济走廊委员会"在伊斯兰堡正式成立，这也标志着中巴经济走廊确立了组织依托，走上了制度化的开发轨道。2018年6月4日，由中国建筑股份有限公司承建的白沙瓦至卡拉奇高速公路苏库尔至木尔坦段（苏木段）首段33千米路段日前已竣工通车，标志着中巴经济走廊框架下最大交通基础设施工程提前进入陆续通车阶段。

（6）孟中印缅经济走廊。孟中印缅经济走廊缘起于20世纪90年代末期中国云南学术界的建议，并得到印缅孟的响应，四方于1999年在昆明举行了第一次经济合作大会，共同签署《昆明倡议》，规定每年召开一次会议；2013年5月，李克强总理在访问印度期间正式提出推进孟中印缅经济走廊建设，得到了印度、孟加拉国和缅甸三国的积极响应，成立了孟中印缅经济走廊联合工作组，并召开协调会议，就经济走廊发展前景、优先合作领域和机制建设等进行了深入讨论，签署了会议纪要和孟中印缅经济走廊联合研究计划，正式建立了四国政府推进孟中印缅合作的机制；2014年9月18日，习近平主席在访问印度期间，中印发表《中印联合声明》，两国共同倡议建设中印缅孟经济走廊；2015年5月，印度总理莫斯访华，中印达成一系列合作协议，为孟中印缅经济走廊注入了新的活力。孟中印缅经济走廊是连接中国云南昆明经缅甸、孟加拉国到印度东北部加尔各答的一条狭长经济带，形成了"三横五纵"综合运输通道的设想。其中："三横"是起自加尔各答，沿海岸线、边境线以及沿河流分别延伸至缅甸土瓦、泰国湄索、中国腾冲口岸方向的横向通道；"五纵"是起自昆明，分别从打洛、清水河、瑞丽、弄岛、猴桥口岸和"三横"通道相连，延伸至加尔各答的纵向通道。该经济走廊是地区和平友好传统在经济领域的延伸，是互利互惠区域经贸合作的新载体，将加快中国西部地区与印缅孟边疆地区的经济发展步伐。

上述六条经济走廊将中国发展与沿线国家的发展紧紧联系在一起，不同经济走廊由于地理区位、资源禀赋和发展特色的差异，在发展重点上也各有不同。但是，作为"一带一路"倡议的载体，六条经济走廊犹如六只翅膀，必将驱动"一带一路"沿线国家经济逐步释放活力，实现经济腾飞。六条经济走廊的国内段也以少数民族地区居多，因而"一带一路"倡议的战略布局，使我国民族地区从边缘地带一跃成为国家构建全方位开放格局的前沿地带。

二、西部民族地区在"一带一路"倡议中的发展机遇

习近平同志在党的十九大报告中指出,当前我国社会的主要矛盾已经转变,即人民日益增长的美好生活需要和不平衡不充分的发展之间的矛盾。这表明,改革开放40年来,我国对外开放取得了举世瞩目的伟大成就,但对外开放总体呈现东快西慢、海强陆弱的基本格局。民族地区大多位于西部地区、内陆地区,对外开放程度较低,经济社会发展依然相对滞后。"一带一路"倡议的提出和推进,开辟了我国全方位对外开放新格局,加快了向西开放、沿边开放步伐,为民族地区打开了战略空间、带来了诸多利好。

党的十九大报告中提出,从现在到2020年,是全面建成小康社会决胜期。从2020年到21世纪中叶可以分两个阶段来安排。第一个阶段,从2020～2035年,在全面建成小康社会的基础上,再奋斗15年,基本实现社会主义现代化。第二个阶段,从2035年到21世纪中叶,在基本实现现代化的基础上,再奋斗15年,把我国建成富强民主文明和谐美丽的社会主义现代化强国。目前,西部民族地区经济社会发展虽然取得了长足进步,与全国特别是东部地区发展的相对差距有所缩小,但绝对差距仍在不断扩大,基础设施、生态环境、产业发展、基本公共服务等依然是全国最薄弱的环节,依然是我国区域经济协调发展的"短板",是全面建设小康社会的难点和重点。没有西部民族地区的稳定就没有全国的稳定,没有西部民族地区的小康就没有全国的小康,没有西部民族地区的现代化就没有实现全国的现代化。

(一)民族地区发展开放型经济迎来新机遇

实施"一带一路"倡议,将民族地区从对外开放的大后方、边陲、末梢,推向了最前沿、重要节点和关键枢纽。这将深刻改变民族地区发展定位,极大地促进民族地区开放型经济发展。特别是内蒙古满洲里和二连浩特、云南勐腊(磨憨)、广西东兴和凭祥等国家重点开发开放试验区,新疆喀什、霍尔果斯经济开发区等,都将迎来新一轮发展机遇期。

近年来,国家深入实施西部大开发战略,发展互利共赢的周边国家外交战略,启动实施"一带一路"战略规划,加大对西部地区、民族地区基础设施建设力度等,为民族地区借力国际国内两个市场、两种资源发展带来了新的战略机遇。特别是习近平总书记提出的"一带一路"重大倡议,将极大地促进国内与国际的互动合作、对内开放与对外开放的深度融合。民族地区多

处于"一带一路"沿线的重要节点上,加强其与沿线各国的互联互通等基础设施建设和资源开发、产业合作、金融合作等领域合作,必将为民族地区带来对外开放共创共享的新时代。

(二) 民族地区参与区域合作迎来新机遇

建设丝绸之路经济带,将包括陕西、甘肃、宁夏、青海、新疆等省区在内的大西北与中原腹地串联起来,并置于欧亚区域发展的核心地带,同时也使内蒙古联通俄蒙的区位优势得到凸显。特别是新疆丝绸之路经济带核心区建设、宁夏内陆开放型经济试验区建设,将迎来重大机遇。建设"21世纪海上丝绸之路",使广西、云南、贵州等西南民族省区与东南经济发达地区协同起来,并成为与南亚、东南亚区域合作的桥头堡,同时为西藏与尼泊尔等周边国家往来合作带来了良机。2015年1月,习近平总书记视察云南时强调,云南要努力建设成为面向南亚、东南亚的辐射中心。新亚欧大陆桥、中蒙俄、中国—中亚—西亚、中国—中南半岛以及中巴、孟中印缅等经济走廊建设,都将大大地拓展民族地区参与区域、次区域经济合作的空间。

(三) 民族地区调整优化经济结构迎来新机遇

基础设施互联互通是"一带一路"建设的优先领域,有利于解决民族地区交通不畅的问题,拉近民族地区与国际国内主要市场的距离。随着"互联互通"全面推进,民族地区内外经济往来的交易费用将大大降低,推进新型工业化以及发展金融、贸易、物流等现代服务业的条件将极大改善。与此同时,随着绿色丝绸之路经济带建设的推进,经济生态化、生态经济化将使民族地区经济加速转型,特别是一些资源型城市将有更大回旋余地,以改变过度依靠能源资源的现状,实现产业结构优化升级和多样化发展。

经济新常态下,国家提出以提高经济发展质量和效益为中心,把转方式调结构放到更加重要的位置,将带来更全面、更深刻的产业结构调整和需求结构再平衡,为西部民族地区经济发展提供巨大潜力和回旋空间。发达地区受生产要素约束,产业转型升级压力较大;而西部民族地区二元结构突出,产业发展相对滞后,化解制造业产能过剩的包袱相对较轻,可以直接吸收发达地区的先进产业,形成产业转型升级、增长动力多元的发展格局。

(四) 民族地区推进新型城镇化迎来新机遇

民族地区城镇化面临的一个重要困难是地域广阔、人口分散,难以形成聚集效应。随着"一带一路"倡议的推进，民族地区有望以点带线、以线带面，加快推进新型城镇化，形成以乌鲁木齐、南宁、昆明、银川等区域中心城市为增长极，以"带路廊桥"上的城市群和节点城市为主体的城镇体系。与此同时，"一带一路"和"长江经济带"共同构成国家版图上的多条金色丝带，进而与东部率先、西部开发、东北振兴、中部崛起战略衔接，实现我国国土开发"线"与"块"的有机结合，将有助于增强边疆地区与内地的紧密度，从而使民族地区更好地融入全国新型城镇化进程。

三、西部民族地区在"一带一路"建设中的优势

(一) 历史渊源优势

早在距今 2000 多年的西汉时期，中国就开通了连接东西方文明的陆上通道，这就是著名的"古丝绸之路"。"古丝绸之路"是中国古代和中世纪从黄河流域和长江流域经由印度、中亚通往南亚、西亚以及欧洲、北非，以丝绸为主要媒介的贸易交往通道。千年"丝路"输送的不仅是丝绸，往来的不仅是贸易，这条路上还承载着来自不同国度和民族的人的情感和文化。这条由"西北丝绸之路""草原丝绸之路""海上丝绸之路"和"西北丝绸之路"① 组成的四通八达的"丝路"，将亚洲、欧洲、非洲文明连接起来。丝绸之路是我国古代各族人民与亚欧大陆上各国人民共同开拓的、连接亚欧非的贸易和人文交流通路，我国各民族在这个大通道上迁徙、交流、交融，传递东西方文明的精华，留下了辉煌灿烂的文化，形成了西北和西南两个"民族走廊"。可以说，我国少数民族和民族地区自古以来就与丝绸之路息息相关，有很深的渊源，各族群众对丝绸之路有很深的情感认同。

---

① "西北丝绸之路"东起中国长安，经河西走廊到敦煌。从敦煌起分为南北两路：南路从敦煌经楼兰、于阗（今和田）、莎车，穿越葱岭（今帕米尔）到大月氏、安息（今伊朗），往西到达条支（今波斯湾）、大秦（罗马帝国东部）；北路从敦煌到交河、龟兹（今库车）、疏勒（今喀什），穿越葱岭到大宛（今费尔干纳），往西经安息到达大秦；"草原丝绸之路"是从蒙古高原到阿尔泰山，再经过准噶尔盆地到哈萨克丘陵，或者直接由巴拉巴草原到黑海地区；"海上丝绸之路"起于秦汉，兴盛于唐宋，明初达到顶峰，是以泉州、广州、扬州等为起点，至朝鲜、日本、东南亚诸国、南亚诸国、阿拉伯和东非沿海诸国的海上商路。"西南丝绸之路"的起点是四川成都，分为灵关道、五尺道和永昌道三道，在叶榆汇合，行经嶲唐（今保山）、滇越（今腾冲）、掸国（今缅甸）至身毒，又称蜀身毒道。来源：西北丝绸之路：串联亚欧非百年文明的纽带，http://www.scio.gov.cn/ztk/wh/slxy/31210/Document/ 1468687/1468687.htm。

(二) 独特的区位优势

民族地区是"一带一路""互联互通"的重要节点和关键枢纽。我国 2.2 万千米陆地边界线中近 1.9 万千米在民族地区，138 个边境县（区、市）中 109 个在民族地区①。已有或规划中的中国和巴基斯坦、孟加拉国、缅甸、老挝、柬埔寨、蒙古国、塔吉克斯坦等邻国的铁路、公路互联互通项目，基本都是从民族地区跨出国门。特别是经过 10 多年西部大开发和兴边富民行动，西部地区基础设施建设取得丰硕成果，边境地区已经建成一批重点开放城市和边贸口岸，与周边国家的人流、物流、资金流、信息流已经初具规模且增速很快，沿边开放、向西拓展具备了良好基础。这些都必将在"一带一路"倡议实施中发挥重要作用，并转化为对外开放和经济发展的新优势。

(三) 语言文化相通优势

我国有 30 多个跨界民族与境外同一民族毗邻而居，其中八个民族建有民族国家，四个民族在邻国建有一级行政区②。很多边疆民族地区与睦邻国家山水相连、语言相通、文化相同、习俗相近。如西藏、云南等地很多民众与越南、柬埔寨、印度等地民众一样信仰佛教，新疆、宁夏等地很多民众与阿拉伯国家民众一样信仰伊斯兰教，内蒙古地区与蒙古国同根同源。这些为沿线各国人民沟通交流搭建了桥梁，成为推动"一带一路"倡议实施的有利条件。

(四) 拥有广阔市场的优势

民族地区地大物博而基础设施相对落后，市场广阔而发育相对不足，劳动力富余而就业能力有待提升，总体发展需求很大。民族地区独特的自然人文生态，吸引了越来越多的人前来观光旅游。近年来，国家制定实施差别化的区域性政策，助推民族地区跨越式发展和开发建设。与此同时，"一带一路"沿线国家资源丰富、市场广阔，与我国经济互补性强，对中国的市场、资金和技术充满渴望。这些都意味着，民族地区无论是"走出去"，还是"引进来"都具有巨大潜力。随着"一带一路"倡议的实施，民族地区必将成为投资兴业的新热土。

---

① 王正伟. 民族地区要在服务"一带一路"战略大局中大有作为 [J]. 民族论坛，2015 (7).
② 民族地区逐梦"一带一路" [EB/OL]. http://www.zytzb.gov.cn/tzb2010/S1824/201705/bc9ad782d9d04675b10a31e6647174e8.shtml.

四、西部民族地区在"一带一路"建设中的地位

(一) 丝路经济带核心区:新疆维吾尔自治区

早在 2014 年的第二次中央新疆工作座谈会上,国家就提出以通道建设为依托,扩大新疆对内对外开放,加强铁路等基础设施建设,发展现代物流,立足区位优势,把新疆建设成"丝绸之路经济带"核心区的建议。新疆所处的独特地理位置,一头连接中国沿海地区和东南亚,一头连接中亚和欧洲,直接连通国内国际两个 13 亿人口的大市场,成为中国连接海上丝绸之路和丝绸之路经济带的重要区域。新疆是我国向西开放的重要窗口,目前共建有国家一类口岸 17 个、二类口岸 12 个,是我国拥有陆路口岸最多的省区;喀什、霍尔果斯两个国家级经济开发区建设已全面展开,中哈霍尔果斯国际合作中心和阿拉山口保税区已封关运行。新疆具有交通枢纽优势,目前已形成以乌鲁木齐为中心,连接内地,辐射中亚、西亚、南亚,集公路、铁路、航空和管道"四位一体"的便捷、安全的综合交通运输网络,并初步形成了我国沿边、沿桥(新亚欧大陆桥)和沿交通干线向国际、国内拓展的全方位、多层次、宽领域的对外开放新格局[①]。

新疆目前正在建设"一通道、三基地、五中心、十大进出口产业聚集区"。"一通道",即国家能源资源陆上大通道;"三基地",即国家大型油气加工和储备基地、大型煤炭煤电煤化工基地、大型风电基地;"五中心",即交通枢纽中心、商贸物流中心、金融中心、医疗服务中心、文化科技中心;"十大进出口产业聚集区"即建设机械装备产品、轻工产品、纺织服装产品、建材产品、化工产品、金属制品出口加工聚集区,信息服务业、进口油气资源、进口矿产资源、进口农林牧产品加工集聚区。

(二) 丝路经济带战略支点:宁夏回族自治区

宁夏位于连接国内资源富集区和主要消费市场的中间段,具备了区位优势和中东中亚能源加工、储备、中转优势,是国内首个全省域内陆开放型经济试验区,是丝绸之路经济带的战略支点。宁夏以建设丝绸之路经济带的重

---

① 十项优惠政策助纺织服装产业腾飞 [EB/OL]. http://news.163.com/14/0719/18/A1HMT6G600014AED.html.

要基地为目标，进一步借鉴上海自贸区等开放模式，在提高引进外资水平、推进中阿贸易自由、能源合作等方面进行有益探索，不断增强内陆开放新优势。

一是区位优势。宁夏地处新亚欧大陆桥和中国—中亚—西亚经济走廊的节点位置，紧邻雅布赖国际航路，具备建设辐射西北、连接华北东北、通达西亚北非航空枢纽的条件，是我国通往西亚国家空中走廊的重要门户。二是开放优势。国家批准宁夏建设内陆开放型经济试验区，赋予宁夏"先行先试"的政策。银川综合保税区封关运营，银川阅海湾中央商务区、滨河新区等加快建设，开放载体日益完善。三是能源优势。宁夏能源资源比较丰富，以煤化工为代表的宁东能源化工基地正在崛起，国家"西气东输"五条管线横穿宁夏，在承接中东、中亚油气加工转化方面具有优势。宁夏适宜建设超大型数据中心，信息产业快速发展，目前亚马逊全球第十个云基地、360云基地、赛伯乐新一代云数据中心均已在宁夏运营。宁夏农业综合优势突出，清真牛羊肉等特色产业领先全国。旅游资源特色鲜明，民族风情与丝绸古道融为一体，对"一带一路"沿线国家游客具有很大的吸引力。

（三）丝路经济带黄金段：甘肃省

甘肃地处欧亚大陆桥的核心通道，地形狭长，东联陕西、通中原腹地，西接天山南北、直达中亚西亚，南与青藏高原毗邻，北与蒙古高原接壤，是古丝绸之路的咽喉要道，是华夏文明与域外文明交流融合之地，也是中国与欧亚各国经贸往来、文化交流、交通运输的必经之道，在促进中外交流与发展方面具有举足轻重的作用，战略地位和区位优势明显。甘肃是多民族聚居区（二个自治州、七个自治县、30个民族乡），具有与丝路经济带沿线区域合作的外向型产业基础。甘肃成为"丝绸之路经济带"的黄金段，是向西开放的战略平台、经贸物流的区域中心、产业合作的示范基地、人文交流的桥梁纽带。甘肃地处丝绸之路的黄金地段，陇西段与河西段贯穿全境，全长1650千米，占路上丝绸之路的1/4，中国境内的1/2。作为"丝绸之路经济带"的重要组成部分，国家赋予了甘肃"联结欧亚大陆桥的战略通道和沟通西南、西北的交通枢纽，西北乃至全国的重要生态安全屏障，全国重要的新能源基地、有色冶金新材料基地和特色农产品生产和加工基地，中华民族重要的文化资源宝库，促进各民族共同团结奋斗、共同繁荣发展示范区"，以及构建我国向西开放的重要门户和次区域合作战略基地的战略定位。

紧扣国家总体战略布局，结合本省区位、资源、文化、产业及平台等方面的优势，甘肃省明确提出了加快打造丝绸之路经济带甘肃黄金段的战略定位和奋斗目标；谋划和实施了"13685"发展战略，围绕打造丝绸之路经济带黄金段"一大构想"，构建兰州新区、敦煌国际文化旅游名城和中国丝绸之路博览会"三大平台"，实施道路互联互通、经贸技术交流等"六大工程"，强化兰白城市圈、酒嘉城市圈等"八大节点"，努力实现建成丝绸之路经济带的黄金通道、向西开放的战略平台[①]。

（四）丝路经济带重要的战略通道：青海省

从青海的地理区位和交通基础条件来看，青海作为贯穿丝绸之路南北两条线的桥梁和纽带，是中国联通中亚、南亚国家的重要走廊和通道。因此，青海可以确立"东出、西进、南下"的全方位对外开放思路，加强与中亚、南亚国家的经贸交流，深化与周边省区的经济合作，加快承接国内外产业转移，为推动对外开放搭建了新的战略平台。

青海地域广阔，能源资源储量丰富。目前青海已探明储量的多种矿产资源中，50多种居全国前10位、20多种居全国前三位、10种居全国第一位。青海的清洁能源独具优势，水能储量可以装机2000多万千瓦[②]。青海日照时间长，荒漠化土地多，是全国乃至全球太阳能最为丰富的地区。"一带一路"倡议的启动，有助于借助外部力量开展产业合作，着力打造世界有影响力的盐化工基地、全国乃至全球有重要影响力的锂电产业基地、有色金属深加工基地，大力发展光伏发电和光伏制造业，壮大提升特色生物产业和现代农牧业。青海山川汇集、河湖密布，拥有世界上独一无二的大面积高寒湿地、高寒草原，是全球高海拔地区生物多样性最集中的地区之一，是中国重要的生态安全屏障，对整个东亚地区甚至对北半球的气候形成和演变具有非常重要的影响。作为三江源头，青海每年向下游地区提供600多亿立方米安全洁净的水资源。因此，青海对接"一带一路"并非重在开发，而是重在保护，青海要把保护生态系统，捍卫生态安全屏障作为首要任务，青海对接丝绸之路，核心是生态思路、绿色思路。

《青海省参与建设丝绸之路经济带与21世纪海上丝绸之路实施方案》中也强调要充分发挥青海省在丝绸之路经济带中的战略通道、物流枢纽、人文资源、生态、能源资源和产业基础等优势，加快现代综合物流中心和保税区建设，打造绿色生态走廊，开创青海全方位对外开放新格局。

---

① "一带一路"崛起之道：说甘肃 [EB/OL]. https://mp.weixin.qq.com/s?__biz=MzI3OTcxMzcwNQ%3D%3D&idx=3&mid=2247488919&scene=21&sn=61e46e266b0f4b2dc637ce4e80f0b57e.

② 郝鹏. 发挥独特优势融入丝绸之路经济带 [EB/OL]. http://finance.people.com.cn/stock/n/2015/0618/c67815-27174550.html.

(五) 丝路经济带北线重要区域：内蒙古自治区

内蒙古具备联通俄蒙的区位优势，内蒙古在"草原丝绸之路经济带"分为东西两线，以呼和浩特、包头、临河为支点，西线经宁夏、青海与新疆三省区与丝绸之路经济带相连；东线在亚欧大通道体系中，依托满洲里、阿尔山、二连浩特等节点城市，连接中国内陆和俄罗斯、蒙古、欧洲。

地处祖国北疆的内蒙古，内接东北、华北、西北8省区，外联俄罗斯、蒙古国，边境线长达4200多千米。重要而独特的区位优势，决定了内蒙古在"一带一路"四条线路之一的中俄蒙经济带中的重要节点地位。除加大基础设施建设之外，内蒙古大力发展能电产业合作，积极推动清洁、可再生能源合作；促进新一代信息技术、生物制药、蒙医药、新材料等新兴行业领域的深入合作；积极发展跨境电子商务等新的商业业态。通过这些合作推动内蒙古产业和贸易"双提速"，让产业与贸易双引擎拉动内蒙古经济持续稳步发展。

(六) 海上丝绸之路的新门户和新枢纽：广西壮族自治区

与东盟"一湾连七国"的广西，向南连通越南、柬埔寨、泰国、马来西亚、新加坡等国；向北构建"兰州—北海"通道，形成了贯通中南半岛和西南中南地区的南北大通道——成为海上丝绸之路的新门户和新枢纽。2015年3月，习近平总书记参加十二届全国人大三次会议广西代表团审议时指出，"一带一路"规划对广西的定位，是发挥广西与东盟国家陆海相连的独特优势，加快北部湾经济区和珠江—西江经济带开放开发，构建面向东盟的国际大通道，打造西南中南地区开放发展新的战略支点，形成21世纪海上丝绸之路和丝绸之路经济带有机衔接的重要门户。

作为"一带一路"有机衔接的重要门户，广西在国家对外开放大格局中的地位愈加凸显。广西沿海沿江沿边，处在西南经济圈、华南经济圈和东盟经济圈的结合部，连接着中国与东盟两个广阔市场，既是我国西南地区最便捷的出海大通道，也是东盟国家进入中国市场的重要海陆通道。作为中国—东盟博览会永久举办地，广西经过多年努力，对外经贸和人文交流更加密切，渠道更加畅通，形式更加丰富，区位优势、联通优势、平台优势、人文优势日益凸显，成为中国面向东盟开放的前沿窗口。

(七) 海上丝绸之路的战略支点：云南省

云南向东、向北联通内陆腹地，与珠三角、长三角经济圈相连。云南向南经泛亚铁路可抵达河内、曼谷、新加坡和仰光；向西可经缅甸直达孟加拉吉大港进入印度洋，并延伸到南亚次大陆，连接中东，进入欧洲、非洲。云南积极完善国际运输通道体系，构建大湄公河次区域经济合作新高地，形成海上丝绸之路的战略支点，以及面向南亚、东南亚的辐射中心。

从区位看，云南北上连接丝绸之路经济带，南下连接海上丝绸之路，是中国唯一可以同时从陆上沟通东南亚、南亚的省，并通过中东连接欧洲、非洲。云南是亚洲的地理中心，省会昆明是亚洲5小时航空圈的中心，是南北方向贯通亚洲南北泛亚铁路等国际大通道与东西方向联系亚非欧三大洲，贯通三大洋的新亚欧大陆桥的交汇枢纽。云南在"一带一路"建设中具有四大战略机遇：一是发挥重要门户作用，云南可以借助桥头堡建设的良好政策沟通，在道路联通、贸易畅通、货币流通、民心相通等方面，做好与周边国家互联互通；二是发挥区域合作高地作用，打造大湄公河次区域合作升级版；三是发挥睦邻外交战略通道作用，推进孟中印缅经济合作和孟中印缅经济走廊建设，开拓新的战略通道和战略空间；四是发挥先行先试区作用，着力提升沿边开放步伐。云南可以充分依托现有滇中产业新区、沿边金融综合改革试验区、瑞丽重点开发开放试验区和跨境经济合作区建设，充分发挥南博会、昆交会、边交会在对外开放中的平台作用，提升沿边开放型经济水平。

(八) 连接"一带一路"的战略通道：贵州省

贵州是西南出海大通道的交通枢纽，北经"渝新欧"铁路的起点成渝线，对接欧亚大陆桥，融入丝路经济带南线；南向连接海上丝绸之路的起点北部湾、广州港，联通"一带"和"一路"。贵州处于西南南下出海通道的交通枢纽位置，是构建丝绸之路经济带的重要区域，是连接丝绸之路经济带和21世纪海上丝绸之路的重要门户（见表1-1）。

表1-1 "丝绸之路"西部民族地区融入战略规划

省（区）	国家规划愿景	省区建设规划愿景	阶段性成果
新疆	发挥新疆独特的区位优势和向西开放重要的窗口作用，深化与中亚、南亚、西亚等国家交流合作，形成丝绸之路经济带上重要的交通枢纽、商贸物流和文化科教中心，打造丝绸之路经济带核心区	建设丝绸之路经济带核心区（《丝绸之路经济带框架下促进新疆对外开放与经济发展规划》）	"五大中心"和"十大进出口产业集聚区"专项规划；推进覆盖新疆全境的北中南三大通道建设等

续表

省（区）	国家规划愿景	省区建设规划愿景	阶段性成果
宁夏	发挥宁夏、青海民族人文优势……推进宁夏内陆开放型经济试验区建设，形成面向中亚、南亚、西亚国家的通道、商贸物流枢纽、重要产业和人文交流基地	打造"一带一路"倡议战略支点（《宁夏参与丝绸之路经济带和21世纪海上丝绸之路建设规划》）	内陆开放型经济试验区建设；银川河东国际机场航空口岸、惠农、银川开发区、中宁陆路口岸综合服务；建设宁夏国际航空物流园和银川通航产业园等
甘肃	发挥陕西、甘肃综合经济文化和宁夏、青海民族人文优势，打造西安内陆型改革开放新高地，加快兰州、西宁开发开放，推进宁夏内陆开放型经济试验区建设，形成面向中亚、南亚、西亚国家的通道、商贸物流枢纽、重要产业和人文交流基地	充分发挥青海省在丝绸之路经济带中的战略通道、物流枢纽、人文资源、生态、能源资源和产业基础等优势，加快现代综合物流中心和保税区建设，打造绿色生态走廊，开创青海全方位对外开放新格局（《青海省参与建设丝绸之路经济带与21世纪海上丝绸之路实施方案》）	设立武威保税物流中心和兰州新区综合保税区，开通了多趟国际货运班列，兰州中川机场和敦煌机场航空口岸正式开放；重点推进道路互联互通、经贸技术交流、产业对接合作、经济新增长极、人文交流合作、战略平台建设六大工程
青海	发挥宁夏、青海民族人文优势，加快兰州、西宁开发开放……形成面向中亚、南亚、西亚国家的通道、商贸物流枢纽、重要产业和人文交流基地	丝绸之路经济带上重要的战略通道、商贸物流枢纽、产业基地、人文交流基地（《青海省参与建设丝绸之路经济带和21世纪海上丝绸之路实施方案》）	以兰青、青藏铁路线为主轴，推进形成以西宁为中心、以海东为重要组成的东部城市群；着力开发丝绸之路南线旅游线路；推进兰州—西宁经济区与成渝城市群经济区、关中—天水经济区之间的协同发展
内蒙古	发挥内蒙古联通俄蒙的区位优势……推进构建北京—莫斯科欧亚高速运输走廊，建设向北开放的重要窗口	更好地发挥内蒙古对俄、对蒙开放合作中的优势和作用，积极建设我国向北开放的窗口（《内蒙古自治区参与"丝绸之路经济带"建设实施方案》）	已形成铁路、公路、航空等多种通关方式并存的开放格局；经内蒙古开行的跨境班列线路有苏满欧、粤满欧、郑连欧等40余条；连续向蒙古国南部矿区供电，包头达茂、锡盟东苏220千伏输变电工程建成投产；口岸建设进一步加强

第一章 "一带一路"倡议为西部民族地区经济发展带来机遇

续表

省（区）	国家规划愿景	省区建设规划愿景	阶段性成果
广西	发挥广西与东盟国家陆海相邻的独特优势，加快北部湾经济区和珠江—西江经济带开放发展，构建面向东盟区域的国际通道，打造西南、中南地区开放发展新的战略支点，形成21世纪海上丝绸之路与丝绸之路经济带有机衔接的重要门户	围绕建设"一带一路"有机衔接的重要门户这一定位要求，提出了八个方面的合作重点，包括打造"1枢纽1中心5通道6张网"等（《广西参与建设丝绸之路经济带和21世纪海上丝绸之路实施方案》）	广西与"一带一路"沿线国家的合作方式已经逐步发展到投资、合资、跨国并购、对外承包工程、组成战略联盟等多种形式。目前，广西已建成西部首个国际贸易"单一窗口"，有58个项目列入国家"一带一路"项目库，位居全国省区前列；备受关注的中新互联互通南向通道铁海联运集装箱班列班轮实现常态化运行，广西与东盟国家的47个港口建立了海上运输往来
云南	发挥云南区位优势，推进与周边国家的国际运输通道建设，打造大湄公河次区域经济合作新高地，建设成为面向南亚、东南亚的辐射中心	自身定位为"一带一路"的战略支点、沟通南亚、东南亚国家的通道枢纽，构建"一横一纵"两个通道，外加两个辅助通道（《云南省丝绸之路经济带规划》）	先后与38个国家的75个省和城市缔结了友好关系。积极参与大湄公河次区域合作；全面开展了瑞丽国家重点开发开放试验区、临沧国家级边境经济合作区建设，红河综合保税区正式封关运营，勐腊（磨憨）重点开发开放试验区、昆明综合保税区获得国家批复等
贵州	—	深度融入"一带一路"建设和长江经济带发展等国家战略，加强对内对外开放和区域经济合作，主动参与国际国内产业链、供应链、价值链分工（《2017年贵州省第十二次党代会报告》）	黔深欧国际海铁联运班列、中欧班列的开通；通过建设贵安新区、贵阳综合保税区、双龙临空经济区以及各类开发区；积极承接产业转移，大力发展新兴产业

资料来源：根据国家、各省份规划及相关权威报道整理所得。

第三节　西部民族地区是推进"一带一路"倡议的重要保障

一、西部民族地区是国家能源安全的重要保障

（一）西北民族地区已形成"通道+基地"的能源供给保障体系

1. 新疆：形成以新疆为中心，连接环里海能源区，联通中国内陆的能源供给系统

第一，未来中亚将通过新疆能源通道向中国提供超过 800 亿立方米/年的天然气，加上新疆提供的天然气（含煤制天然气），将突破 1000 亿立方米/年。预计 2020 年从新疆通道提供的原油约占我国石油进口需求量的 50%。而随着丝路经济带南线和中巴经济走廊建设的启动和进一步推进，从瓜达尔港陆路转运石油至新疆，将开辟缩短经马六甲海峡进口路程 2400 千米的新通道。

第二，随着"疆电外送"项目启动，新疆也已成为"一带一路"输电走廊的核心，"十三五"期间，可新增输电外送能力 3200 万千瓦，并形成如下输电线路：①吉乌塔—吐尔尕特—伊犁—乌鲁木齐—哈密—永登—乾县—环渤海京津唐负荷中心线路；②喀什—库尔勒—托克逊线路；③塔吉乌中吐尔尕特口岸输电线路（安集延—吐尔尕特—喀什输电线路）；④哈中吉木乃口岸（斋桑—吉木乃—克拉玛依）线路。

第三，新疆正在积极建设塔里木、准噶尔、吐哈三大油气生产基地和独山子、乌鲁木齐、克拉玛依、南疆塔河石化等千万吨级大型炼化基地，重点建设 14 个亿吨级大型煤炭基地以及哈密、准东等九个千万千瓦级煤电基地，发展煤制天然气、煤制油等项目。

第四，新疆还在有序开发新疆九大流域水能资源，建设梯级水电站，加快九大风区风电开发，推进太阳能项目建设[①]。

[①] 张磊. "一带一路"战略与中国少数民族地区社会经济发展 [J]. 中央民族大学学报（哲学社会科学版），2016（4）.

2. 宁夏：国家大型煤炭煤电煤化工基地、大型油气加工及储备基地、大型风电基地、国家能源资源陆上大通道

宁夏是国家规划建设的13个大型煤炭基地之一，将努力打造亿吨级煤炭产能，建成2个千万千瓦级电力基地；宁夏风能资源丰富，为太阳辐射资源较丰富地区，风能及太阳能开发潜力巨大。宁夏宁东能源化工基地将建设国内一流，国际领先的能源化工基地，世界煤基烯烃之都，宁夏经济发展的"排头兵"，宁夏科技创新的示范区，宁夏产城融合发展的先行区，再造一个"新宁夏经济总量"。预计到2020年，宁东能源化工基地将成为国家大型煤炭生产基地，煤炭开采能力达1.4亿吨/年；成为国家大型煤化工产业基地，煤化工产品能力达3000万吨/年；成为国家"西电东送"火电基地，电力装机容量1900万千瓦/年以上；成为国家循环经济示范区；打造"世界煤基烯烃之都"，烯烃生产规模1000万吨/年以上①。

3. 甘肃：全国重要新能源战略基地

甘肃能源富集，煤炭资源预测储量居全国第六位，拥有玉门和长庆2个油区，以及兰州石化加工和长庆石化加工基地；甘肃风能储量2.37亿千瓦，居全国第五位，风能技术居全国第三位，可开发利用的总量达到4000万千瓦以上，建成了千万千瓦风电基地；太阳能光伏技术居全国第一位，河西走廊和甘南草原太阳能资源富集，是中国光伏发电大规模应用示范基地。此外，作为中国最大的核工业生产及科研基地，甘肃在国家核燃料循环体系中具有重要地位。预计到2020年，甘肃一次能源生产总量达到1.05亿吨标准煤，其中，煤炭产量7500万吨、原油产量1000万吨左右、天然气5亿立方米左右；电力装机规模达到5980万千瓦（火电装机容量2530万千瓦，较2015年增加600万千瓦）；可再生能源发电装机占电力总装机接近60%，非化石能源占能源消费总量比重超过20%，天然气比重达到5%以上，煤炭和石油消费比重控制在70%以内，弃风、弃光问题得到有效解决②。

4. 青海：国家重要的能源接续地

青海地域广阔，能源资源储量丰富。目前已探明储量的多种矿产资源中，50多种居全国前10位、20多种居全国前三位、10种居全国第一位。青海的清洁能源独具优势，水能储量可以装机2000多万千瓦；青海日照时间长，荒

---

① 中国宁夏宁东能源化工基地［EB/OL］. http：//www.ningdong.gov.cn/zcms/wwwroot/2014 zgnx-ndnyhgjd/jdgk/fzyjymb/index.shtml.
② 甘肃省"十三五"能源发展规划［EB/OL］. http：//www.gansu.gov.cn/art/2017/9/12/art_4827_321506.html.

漠化土地多，是全国乃至全球太阳能最为丰富的地区。为此，青海正着力打造世界有影响力的盐化工基地、全国乃至全球有重要影响力的锂电产业基地、有色金属深加工基地，大力发展光伏发电和光伏制造业；并在加快重点水电站和新能源项目建设，打造全国最大的水、光、风互补清洁能源基地，建成国家重要的能源接续地。预计到2020年，青海电力装机将突破4200万千瓦，其中，水电1500万千瓦、新能源突破2000万千瓦、火电710万千瓦，可再生能源装机比重达到80%以上，煤炭产能达到2300万吨，原油、天然气产能分别达到270万吨、100亿立方米[①]。

5. 内蒙古：国家能源安全的保障

内蒙古形成了以煤炭开发、电力生产、天然气资源开发为主的能源体系，且规模经济效益明显，技术设备先进。内蒙古是中国风力发电的最大省区，风能占全国风能总储量的1/5，装机容量1.5万千瓦时，居全国第一位，拥有辉腾锡勒、朱日和、商都、锡林浩特、达里五大风电场，太阳能总量居全国第二位。预计到2020年，内蒙古一次能源生产总量将达7亿吨标准煤左右，其中，原煤产量控制在11.5亿吨左右，原油产量达到210万吨，天然气（含非常规天然气）产量达到300亿立方米以上，非化石能源生产量达到3300万吨标准煤；电力装机容量达到1.65亿千瓦左右，其中，火电1亿千瓦、风电4500万千瓦、光伏1500万千瓦左右。围绕煤电和煤化工基地配套用煤项目，内蒙古拟新开工并建成煤矿项目16项，总规模1.2亿吨左右，其中鄂尔多斯新增产能6500万吨、锡林郭勒新增产能4500万吨、通辽新增产能600万吨左右[②]。

(二) 西南民族地区对国家能源安全的保障

以西南省份为支点，进口中东、北非等地的石油资源。西南地区具有特殊的地理优势，开发我国西南地区能源进口潜力，进口中东、北非地区的能源，运输距离将直接缩减1200千米。

1. 广西："西电东送"骨干通道、"一带一路"能源资源合作通道、新能源产业化基地

广西属于"缺煤、少油、乏气"能源资源匮乏地区，2015年一次能源生产总量仅为3300万吨标准煤左右，90%的煤炭和几乎全部的石油天然气依靠

---

① 青海"十三五"规划交通、能源、水利重点工程 [EB/OL]. http://www.360doc.com/content/17/0104/18/29931466_620063436.shtml.

② 内蒙古能源发展"十三五"规划 [EB/OL]. http://www.nmg.gov.cn/xxgkml/zzqzf/gkml/201707/t20170725_631246.html.

外省或者进口，能源对外依存度长期保持在70%左右。但广西是"西电东送"骨干通道，是"一带一路"能源资源合作通道，包括"西气东输"二线广州—南宁支干线、中缅天然气管道干线、北部湾液化天然气上岸等主通道。2013年7月、2015年1月中缅天然气管道、原油管道相继开通。全长2520千米的中缅天然气管道，气源为缅甸近海油气田，起自缅甸西海岸皎漂，从云南瑞丽至广西贵港，管道分别在贵阳与龙岗管道相连，在南宁与西二线相连。中缅原油管道长达771千米，油源为中东和非洲，以缅甸西海岸、孟加拉湾东侧马德岛为起点，进入云南瑞丽抵昆明，管道甚至规划直通重庆，形成阿拉伯海—孟加拉湾—缅甸—中国线路。

广西能源"十三五"规划中提到，要积极培育发展一批新能源发电装备制造企业，扩大风力发电和光伏发电成套设备生产规模，打造上下游配套的新能源产业链，形成绿色低碳、多元发展、产业聚集的新能源产业化基地。到2020年，桂东北新能源电力装机规模占广西新能源电力装机比重达40%以上①。

2. 云南：区域性能源保障网、面向南亚东南亚能源辐射中心

能源产业是云南省仅次于烟草的第二大支柱产业。云南的水能资源十分充足，境内水能资源理论蕴藏量达10438万千瓦，单位国土面积可开发的电力和电量均居全国第一位；煤炭资源相对丰富，是全国探明储量在150亿吨以上的12个省区之一；石油、天然气资源相对缺乏。预计到2020年，广西一次能源供应能力超过1.5亿吨标准煤，电力装机达到9300万千瓦，建设石油、天然气管道线路合计达5800千米左右。中国西南的资源能源铁路通道，形成昆明—瑞丽—曼德勒—实兑（阿恰布）约900千米的西南能源资源通道，缅甸实兑港能建停泊20万吨级油轮的码头；中国西南的澜—湄能源水路通道，从泰国、孟加拉湾进口油气可通过澜沧江—湄公河航道，初期进口2400吨/年液化石油气，形成了东南亚至云南省的能源通道。西南少数民族地区正以金沙江、雅砻江、大渡河、澜沧江等河流为重点，推进大型水电基地建设，到2020年，预计常规水电装机达到3.5亿千瓦左右②。

3. 贵州：全国重要能源基地、资源深加工基地

贵州省在能源支撑保障方面，2017年电力总装机达到5810万千瓦、位居全国第15位。贵州省发电量从2012年的1611亿千瓦时增加到2017年的1980

---

① 广西能源发展"十三五"规划 [EB/OL]. http：//www.gxdrc.gov.cn/fzggyz/fzgh/wjgg/201701/t20170113_714698.html.

② 电力发展"十三五"规划 [EB/OL]. http：//www.ndrc.gov.cn/fzggyz/fzgh/ghwb/gjjgh/201706/t20170605_849994.html.

亿千瓦时；中缅、中贵天然气管道贵州段境内建成，2017 年天然气供应量达 7.3 亿立方米。预计到 2020 年，一次能源生产能力 1.75 亿吨标准煤，其中，煤炭 1.9 亿吨，天然气（煤层气、页岩气）40 亿立方米，非化石能源 2400 万吨标准煤；电力装机 6900 万千瓦，外送最大电力 2080 万千瓦，其中"西电东送"最大电力 800 万千瓦[①]。

二、西部民族地区是"一带一路"倡议设施联通的重要保障

（一）西北民族地区

1. 新疆：中国西北陆上能源、资源战略大通道

新疆铁路营运里程达到 5868 千米，高铁铁路达到 717 千米，公路里程突破 18 万千米，高速公路达到 4396 千米；民用运输机场达到 18 个。新疆已建成中国西北陆上能源、资源战略大通道，以油气管道为依托，兼以电网、公路、铁路运输并举的运输模式，其中，管道系统包括了对接中哈原油管道、中亚天然气的新疆区内油气管道网、西部原油管道和成品油管道，以及建设中的中俄西线管道、规划设计中的中巴、中吉管道；跨国公路能源运输系统为"一纵三横"国际公路体系，联通了新疆与俄罗斯中亚地区。目前，中吉、中哈、中塔公路已开通，中国与中亚国家连接的主要干线公路均加入了亚洲公路网，这些公路已与中亚通往西亚和欧洲的公路网络相连接；铁路输送系统包括了北疆铁路、中俄（奎屯—巴斯克）铁路、中吉乌铁路，还包括协议中的中巴铁路、乌吞布拉克—吉木乃口岸—斋桑—然吉斯托别铁路、克拉玛依—塔城—阿亚古兹铁路、泛亚铁路、奇台—北屯—红山嘴口岸铁路、喀什—和田—若羌铁路等[②]。

2. 宁夏：区内便捷、周边畅通、全国联通立体交通网

宁夏处在国家东进西出、南下北上的特殊区位，紧跟国家加快推进丝绸之路沿线国家和省区基础设施互联互通的机遇，实施铁路提速联通、高速公路贯通和机场枢纽提升三大工程，加快区内便捷、周边畅通、全国联通三个通道圈建设，着力构建高效、便捷、通畅的交通运输网络。西北通道以推动建设乌银高速、京呼银兰客运专线、银川（中卫）至乌力吉铁路为重点，经

[①] 贵州省能源发展"十三五"规划 [EB/OL]. http://www.gzcoal.gov.cn/zwgk/zdgk/ghjh/201705/t20170525_1827804.html.

[②] 张磊，赵桂香. 中国西北能源通道建设的金融支持分析 [J]. 经济问题探索，2013 (6).

包兰铁路和京藏高速向北至内蒙古临河，对接新亚欧大陆桥通道北线和中蒙俄通道西线，再经新疆和内蒙古口岸出境；西向通道以推动建设中卫至武威客运专线为重点，沿干武铁路和定武高速至甘肃武威，对接新亚欧大陆桥通道中线；西南通道以加快建设中卫至兰州客专及乌玛高速、青兰高速为重点，经包兰铁路和京藏高速至甘肃兰州，再经西宁、格尔木、喀什，对接中国—中亚—西亚及中巴通道；南向通道以加快建设宝中铁路增建二线及银昆高速为重点，经宝中铁路和福银高速至陕西宝鸡，联通成渝地区后经云南、广西的沿边口岸，通往南亚、东南亚。

3. *甘肃：对内通达顺畅，对外交通快捷走廊*

甘肃从 2015 年起计划用 6 年时间，完成 8000 亿元以上投资，建成公路、铁路 7 万千米以上，实现全省公路、铁路和航路的畅通大突破；计划建成沟通亚欧大陆腹地、连接东西、辐射周边省区的"两横七纵"综合运输通道，即欧亚大陆桥通道、兰州—平庆—延安通道两条横向通道，延安—平庆—天水—陇南—九寨沟通道、兰州—成都通道、兰州—重庆通道、银川—兰州—西宁通道、银川—平庆—西安通道、内蒙古—金武—西宁通道、口岸—酒嘉—格尔木通道七条纵向通道，形成对外高效衔接、对内通达顺畅的发展轴线和国际、省际以及城市群的交通快捷走廊①。

4. *内蒙古：中蒙俄经济走廊大通道*

内蒙古拓展出四条通道，即从中国沿海内陆至内蒙古二连浩特，再经蒙古国到俄罗斯及欧洲；从内陆至内蒙古满洲里，抵俄罗斯及欧盟；从内蒙古额济纳、包头、临河至新疆哈密，联通欧亚；东联日韩，经俄罗斯扎鲁比诺到珲春至内蒙古阿尔山，经蒙古国及俄罗斯、欧盟的海陆通道。中蒙俄经济走廊将推动"一带一路"与蒙古国"草原之路"、俄罗斯的跨欧亚大通道实现战略对接。

（二）西南民族地区

1. *广西："一中心一枢纽五通道五网络"*

广西着力建设"一中心一枢纽五通道五网络"，"一中心"即北部湾区域性国际航运中心，"一枢纽"即南宁国际区域性综合交通枢纽，"五通道"包括海上东盟通道、陆上东盟通道、南北陆路国际新通道、西南中南方向通道、

---

① 《甘肃省"十三五"交通运输发展规划》固资投资约 7000 亿元 [EB/OL]. http://www.ycrusher.com/news/128530.html.

粤港澳方向通道,"五网络"包括铁路、公路、水运、航空、交通信息网。

2. 云南:联通南亚、东南亚重要枢纽

截至 2017 年底,云南省公路总里程已经达到 23.8 万千米,其中高速公路通车里程 4134 千米,中越、中缅通道境内段已实现全程高速化,中老通道境内段高速公路年内建成通车;铁路运营里程 3650 千米,泛亚铁路东线境内段已全线建成通车,泛亚铁路中线、西线境内段正抓紧建设;水运通航里程 4294 千米,澜沧江—湄公河航道二期整治、中越红河水运、中缅伊洛瓦底江陆水联运项目正有序推进;运营机场 14 个,开通航线 406 条,是开通南亚、东南亚航线最多的省份①。基本形成了东西(越南—老挝—柬埔寨—缅甸)、南北(昆明—老挝—曼谷)、南部(越南—老挝—泰国)三大运输通道体系架构。

3. 贵州:南向通道综合枢纽

截至 2017 年底,贵州出省通道达 17 个,高速铁路连通珠三角、长三角、京津冀、滇中等地区,高速铁路将突破 1200 千米,铁路出省通道将达到 14 个。贵州通航机场实现九个市(州)全覆盖,"1 干 16 支"民用航空机场网络加快构建,国际航线达到 23 条,航线辐射港澳台、韩国、日本、泰国等 13 个国家和地区②。黔深欧海铁联运班列实现常态化运营,中欧班列(贵阳—杜伊斯堡)开通并列入国家规划,川贵广—南亚物流大通道、渝桂黔陇—中新互联互通项目南向通道等大型综合交通枢纽建设加快推进,"数字丝路"跨境数据枢纽港启动建设,贵阳·贵安国家级互联网骨干直联点建成。

三、西部民族地区是"一带一路"倡议贸易畅通的重要保障

"一带一路"建设将西北地区与第二亚欧大陆桥、中西亚经济走廊、中巴经济走廊,西南地区与中南半岛经济走廊、孟中缅经济走廊相连接。西部民族地区独特的区位优势为贸易畅通打下了坚实的基础。

---

① 云南在"一带一路"建设中具有独特的优势[EB/OL]. http://www.sohu.com/a/144534120_781740.

② 贵州省务实推进"一带一路"建设[EB/OL]. http://www.gzgov.gov.cn/xwdt/rmyd/201711/t20171101_1079077.html.

(一) 西北民族地区

（1）新疆建成包括保税物流区、特色商品口岸、多式联运集输中心、国际陆港联检中心、物流信息中心、国际商品展示交易中心、国际陆港商务中心的对外开放平台，并形成大型物流企业的跨越国境合作与战略联盟。截至2017年底，新疆境外投资企业达550家，项目分布在40多个国家和地区，主要集中在哈萨克斯坦、吉尔吉斯斯坦、塔吉克斯坦、乌兹别克斯坦、土库曼斯坦中亚五国。特变电工、华凌集团等新疆企业的境外项目有序推进；德国巴斯夫公司等国外企业落户新疆；新疆企业与丝绸之路经济带沿线国家在能源、化工等领域合作取得新突破[1]。新疆正在积极建设机械装备、轻工产品、纺织服装产品、建材产品、化工产品、金属制品、信息服务业出口、进口油气资源、矿产品、农林牧产品十大进出口产业集聚区。

（2）宁夏紧抓在中阿经贸交往中的地位和作用，打造向西开放的窗口，构建中阿全方位交流的桥梁，并成为西北五省区商贸物流集散地。宁夏正在打造国家向西开放的战略高地、国家重要的能源化工基地以及承接产业转移示范区，形成了宁东国家级大型煤炭基地、西电东送火电基地、煤化工产业基地，并进一步大力发展培育新能源、新材料等新型产业和羊绒加工、葡萄酿酒、枸杞加工等特色产业。

（3）甘肃着力打造物流集散大枢纽。发挥丝绸之路甘肃黄金段三千里战略通道优势、坐中联六的区位优势、与中亚西亚联系密切的人文优势，建设兰州国际港务区、兰州中欧货运班列编组枢纽和物流集散中心，加快兰州、敦煌、嘉峪关三大国际空港，兰州、天水、武威三大国际陆港以及保税区建设，构建现代物流体系，形成服务全国、面向"一带一路"的综合经济走廊和物流集散大枢纽。甘肃形成了传统能源和新型能源开发产业、高端装备制造产业、有色冶金综合开发产业、现代农业等优势产业。

（4）青海加快整合与合理布局物流园区，鼓励大数据、云计算在物流领域的应用，建设智能仓储体系，优化物流运作流程，降低物流成本；把西宁市建成丝绸之路经济带上的国家级区域性物流节点、海东和海西建成区域级流通节点。

（5）内蒙古构建区域性商贸中心，打造综合性交通运输网络及国际商贸物流体系，构建辐射国内外的现代商贸物流网络，在呼和浩特、包头、通辽、临河、满洲里和海拉尔等地建成区域性国际商贸物流中心、商品集散地。

---

[1] "一带一路"建设助力新疆经济腾飞 [EB/OL]. http://www.xj.xinhuanet.com/2017-06/06/c_1121093265.htm.

(二) 西南地区

(1) 广西推进"三基地一中心"（物流基地、商贸基地、加工制造基地和信息交流中心）的建设，构建面向东盟、联通中南半岛的互联互通大通道，发展"海上丝绸之路"的临港产业带，建设泛北部湾产业集群，融入中国—东盟自贸区，加速成为我国面向东盟、走向世界的国际大通道和"海上丝绸之路"的主要节点和重要平台。

(2) 云南兼有面向东南亚、南亚、西亚的扇形开放区位优势，通过瑞丽、磨憨、河口、临沧等沿边开发区，借助红河综合保税区、空港经济区、跨省经济合作区的对外开放平台，联通太平洋与印度洋。云南拥有25个国际口岸，贸易伙伴覆盖全球，积极提高通关便利化水平，全面开展了瑞丽国家重点开发开放试验区、临沧国家级边境经济合作区建设，红河综合保税区正式封关运营，勐腊（磨憨）重点开发开放试验区、昆明综合保税区获得国家批复，成功举办南亚博览会和昆明进出口商品交易会。

(3) 贵州成为承接云南搭建的开放次中心，成为中国和西亚、南亚的重要商品集散地和物流枢纽次中心，正打造贵安新区、贵阳综合保税区、贵安综合保税区、贵阳航空口岸、贵阳国际内陆港、双龙临空经济区等引领性开放平台。目前，贵州国家级出口食品农产品质量安全示范区达到八个，位居西南地区第一位；"走出去"企业达到142家，茅台集团、瓮福集团、中铁五局、詹阳动力、水电九局、七冶建设、西南能矿等一大批优强企业加速在"一带一路"沿线国家和地区分布；微软、高通、苹果、戴尔、华为、富士康等一批全球500强企业落户贵州，入驻贵州的500强企业达198家，其中（境外）世界500强企业达到43家。目前，已形成白酒、轮胎、肥料、茶叶、手机、吉他等知名出口品牌[①]。

四、西部民族地区是"一带一路"倡议资金融通的重要保障

在努力推进资金融通方面，比较典型的是新疆、广西、云南和贵州四省/自治区。

(1) 新疆于2015年提出，在新疆建设丝绸之路经济带上重要的金融服务中心，将乌鲁木齐目标定位为建设区域性国际金融中心，在喀什、霍尔果斯

---

① 贵州省务实推进"一带一路"建设 [EB/OL]. http://www.gzgov.gov.cn/xwdt/rmyd/201711/t20171101_1079077.html.

经济技术开发区大力推进金融政策创新,发挥中哈霍尔果斯国际边境合作中心"境内关外"优势,进行离岸金融试点。

(2)广西持续推进跨境人民币业务发展,争取更多东盟国家货币在广西挂牌交易,促进人民币在"一带一路"沿线国家流通使用;继续深化外汇管理改革,适时复制推广人民币与越南盾兑换特许业务试点,支持更多符合条件的企业参与跨国公司外汇资金集中运营业务试点,有效降低汇率风险;进一步优化货物贸易外汇管理流程,多措并举促进贸易投资便利化。

(3)云南是中国两个沿边金融综合改革试验区之一,跨境人民币业务已覆盖75个国家和地区,过去3年跨境人民币结算已近3000亿元。渣打、汇丰、东亚等外资金融机构入驻云南,中国建设银行泛亚跨境金融中心落地昆明,中国银行云南省分行可兑换币种达24种。

(4)贵州启动实施外商投资股权投资企业工作试点。设立了贵州开放型经济发展专项资金。贵州成为亚洲开发银行在我国实行新贷款模式的首个试点省份,全省利用世界银行贷款5.5亿美元建设养老服务体系试点示范项目获得国家发展改革委支持,遵义旅游产业开发投资集团公司获国家发改委批准在香港成功发行2.5亿美元债券。贵州获批同意筹建中国进出口银行贵州省分行,搭建"外贸信贷通"融资平台,引导和鼓励出口企业充分利用出口退税、出口信用保险保单等拓宽融资渠道。

五、西部民族地区是"一带一路"倡议民心相通的重要保障

西部民族地区自古以来就与"一带一路"就有深厚的历史渊源,由于地理上的毗邻关系,存在一些跨界民族,民族地区在与周边各国人民的长期交往中形成了睦邻友好和亲缘关系及民族相连、血缘相亲、语言相通、风俗相近、信仰相同的人文优势,存有广泛的文化认同,形成了互联互通的基础——民心相通。新疆、宁夏等地很多民众与阿拉伯国家民众一样信仰伊斯兰教,西藏、云南等地很多民众与很多中南半岛国家民众一样信仰佛教——这些为沿线各国人民沟通交流搭建了桥梁,成为推动"一带一路"建设的有利条件。[①] 发挥西北、西南民族地区的综合经济文化和民族人文优势,能够形成面向中亚、南亚、西亚、东南亚国家的人文交流基地,拓展文教领域合作,

---

① 王正伟.民族地区要在服务"一带一路"战略大局中大有作为[EB/OL].中华人民共和国国家民族事务委员会网站,http://www.seac.gov.cn/art/2015/7/17/art_ 31_ 231823.html.

提升语言文化教学内涵；促进文化产品与服务的双向交流，推动文化企业跨出国门；完成多元文化的交汇融合。

在促进民心相通方面，可以新疆、内蒙古、广西等地为例：

（1）新疆是多民族的聚居区，也是多宗教的地区，是世界唯一四大文化（古印度文化、古希腊文化、波斯伊斯兰文化、古代中国文化）的交汇地，还是民间文化遗产大区，是国家重要的文化资源宝库。新疆境内的维吾尔族、哈萨克族、柯尔克孜族、塔吉克族、乌孜别克族、塔塔尔族、蒙古族、俄罗斯族等少数民族都是跨国界而居，有的主体在我国，有的主体在中亚。但双方血缘相亲，文化同源，语言相通，风俗相近，宗教与信仰相同，有广泛的文化认同。这些跨境民族对于中国边疆稳定、与"一带一路"沿线国家的民心相通起着重要作用。哈萨克斯坦的阿拉木图市与乌鲁木齐市，奇姆肯特市与白银市，乌斯卡缅市与塔城，土库曼斯坦的阿什喀巴德与兰州市，塔吉克斯坦的杜尚别市与乌鲁木齐市结为友好城市关系。

（2）内蒙古有458万蒙古族人，俄罗斯有90万蒙古族人，内蒙古呼伦贝尔地区也居住着俄罗斯民族①。相同的民族为内蒙古开展与蒙古国、俄罗斯相关的经贸合作带来便利。

（3）广西与部分东盟国家有密切的血缘关系。一是有直接的血缘关系。如中泰专家一致认同，泰国泰族与中国壮族"同源异流"；马来西亚的马来族与中国华南古民族有密切的血缘关系；越南的岱依族和侬族与中国的壮族有密切的亲缘关系。此外，越南的苗族、瑶族也多是从中国广西等地迁入。二是有大批广西籍华人。华人在越南、新加坡、马来西亚等国都有一定比例，他们当中有数百万是广西籍华人。三是在语言、文化、习俗上存在着相近、相通和相似。如泰国的泰语与广西的壮语相近，越南的越南语则与广西京族的京语基本相同②。

---

① "一带一路"战略下的内蒙古经济发展的比较优势分析［EB/OL］. https：//www.taodocs.com/p-94258117.html.

② 从大历史中增强广西参与"一带一路"的文化底蕴［EB/OL］. http：//www.ddgx.cn/html/2018/0131/20370.html.

第二章

"一带一路"倡议与宁夏经济社会发展

第一节　宁夏经济社会发展概况

宁夏回族自治区是中国省级回族自治区，面积6.64万平方千米，人口681.79万人（2017年末），其中，回族人口占人口总数的35.8%。宁夏地处祖国版图的中轴线上，1500千米内辐射所有省会城市；平均海拔1100米左右，位于华北与西北的过渡地带，适宜人类居住；年平均气温8℃左右，昼夜温差大，光照时间长，适宜农作物生长。宁夏各民族相互尊重包容，关系和谐融洽，经济加速发展，社会安定团结①。

自宁夏回族自治区成立60年以来，在党中央、国务院的亲切关怀下，在国家各部委和部分省区的大力支持帮助下，宁夏经济社会发生了巨大变化，基础设施建设进一步加强，特色产业发展明显加快，生态环境显著改善，人民生活水平不断提高，为今后的发展奠定了坚实的基础。但同时也应看到，作为经济欠发达地区，宁夏经济社会发展的基础条件相对薄弱，生态环境仍比较脆弱，产业结构不甚合理，经济增长方式粗放，区域内部发展不协调，内生增长机制尚未形成，与全国的发展差距继续扩大等问题和矛盾依然存在。要在2020年与全国同步实现全面小康的宏伟目标，必须在国家大力支持下，不断加快发展步伐，提升自我发展能力，奋力推进宁夏的跨越式发展。

一、宁夏整体发展现状

截至2017年末，宁夏常住人口681.79万人，比2016年末增加6.89万人，其中，城镇人口395.33万人，占常住人口比重57.98%，较2016年提高1.69个百分点；人口出生率为13.44‰，死亡率为4.75‰，人口自然增长率为8.69‰，如表2-1所示。

---

① 宁夏回族自治区2017年国民经济和社会发展统计公报［EB/OL］. 宁夏统计局网站，http://www.nxtj.gov.cn/.

表 2-1 2017 年末宁夏人口数及其构成

指标	年末数（万人）	比重（%）
年末总人口	681.79	100.00
其中：城镇	395.33	57.98
乡村	286.46	42.02
其中：回族	247.57	36.31
其中：男性	344.08	50.47
女性	337.71	49.53
其中：0~15 周岁（含不满 16 周岁）	148.02	21.71
16~59 周岁（含不满 60 周岁）	444.18	65.15
60 周岁及以上	89.59	13.14
其中：65 周岁及以上	58.03	8.51

资料来源：宁夏回族自治区 2017 年国民经济和社会发展统计公报。

自 1958 年 10 月 25 日自治区正式成立以来，宁夏从以轻工农产品为主的粗加工起步，逐步建立起以煤炭、电力、化工、冶金、机械、轻纺等为支柱产业，门类齐全并具有地区特色的工业体系。初步核算（见图 2-1），宁夏 2017 年实现生产总值 3453.93 亿元，按可比价格计算，比 2016 年增长 7.8%，其中，第一产业增加值 261.07 亿元，增长 4.3%；第二产业增加值 1580.53 亿元，增长 7.0%；第三产业增加值 1612.33 亿元，增长 9.2%。按常住人口计算，宁夏人均生产总值 50917 元，增长 6.7%。

图 2-1 2012~2017 年宁夏生产总值及增长率

资料来源：宁夏回族自治区 2017 年国民经济和社会发展统计公报。

宁夏三次产业增加值构成（见表2-2）由2016年的7.6：46.8：45.6调整为2017年的7.6：47.0：45.4。其中，第三产业增长较快，生产总值达1612.33亿元，比2016年增长9.2%；第二产业次之，生产总值1580.53亿元，比2016年增长7.0%；第一产业增速较为缓慢，生产总值为261.07亿元，比2016年增长4.3%。

表2-2 2017年宁夏生产总值及其增长速度

指标	绝对值（亿元）	比上年增长（%）
生产总值	3453.93	7.8
农林牧渔业	276.64	4.3
工业	1096.30	8.4
建筑业	484.36	3.7
批发与零售业	160.92	8.7
交通运输、仓储和邮政业	199.31	-0.9
住宿和餐饮业	58.66	6.5
金融业	314.69	6.8
房地产业	120.84	3.6
其他服务业	742.21	15.2
第一产业	261.07	4.3
第二产业	1580.53	7.0
第三产业	1612.33	9.2

资料来源：宁夏回族自治区2017年国民经济和社会发展统计公报。

宁夏居民消费价格总水平比2016年同比上涨2.3%，其中，食品烟酒上涨0.6%，衣着价格上涨4.8%，居住价格上涨2.1%，医疗保健价格上涨4.3%，其他用品和服务价格上涨2.2%，如表2-3所示。

表2-3 2017年12月居民消费价格指数

指标	环比	同比	1~12月累计比
居民消费价格总指数	100.50	102.3	101.6
其中：食品烟酒	101.40	100.6	99.5
衣着	100.40	104.8	101.2

续表

指标	环比	同比	1~12月累计比
居住	100.00	102.1	102.3
生活用品及服务	100.20	102.4	101.9
交通与通信	100.30	102.4	102.7
教育文化和娱乐	100.10	102.7	102.3
医疗保健	100.30	104.3	104.8
其他用品和服务	99.40	102.2	102.4

资料来源：宁夏回族自治区2017年国民经济和社会发展统计公报。

2017年，工业生产者出厂价格上涨12.1%；工业生产者购进价格上涨12.9%；固定资产投资价格上涨5.9%；农产品生产者价格下降0.7%（见图2-2）。

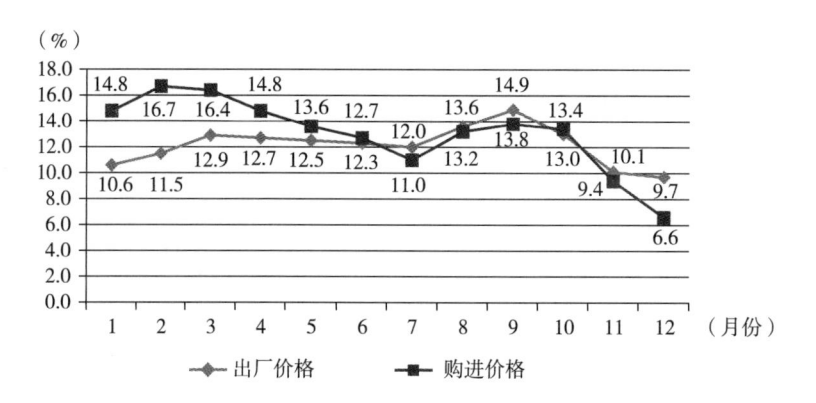

图2-2　2017年工业生产者出厂价格和购进价格同比涨跌幅度

资料来源：宁夏回族自治区2017年国民经济和社会发展统计公报。

2017年，宁夏完成一般公共预算总收入715.65亿元，比上年增长10.5%，完成地方一般公共预算收入417.46亿元，同口径增长10.1%（见图2-3），其中：完成税收收入270.29亿元，同口径增长15.3%，占地方一般公共预算收入的比重从上年的63.6%提高到64.7%。全年宁夏规模以上工业企业实现利润152.10亿元，比上年增长22.3%。分经济类型看，国有控股企业实现利润20.66亿元，下降55.2%；股份制企业实现利润95.66亿元，增长2.8%，外商及港澳台商投资企业实现利润45.61亿元，增长72.9%。分门类看，采矿业实现利润42.83亿元，增长7.1倍；制造业实现利润79.79亿元，增长7.2%；电力、热力、燃气及水生产和供应业实现利润29.48亿元，下降34.0%。

（亿元）   （%）
450   417.46   25.0
400   308.34   339.81   373.74   387.66   20.0
350   20.0
300   263.96   16.8   15.0
250
200   10.2   10.0   10.1   10.0
150   8.0
100   5.0
50
0   0.0
      2012   2013   2014   2015   2016   2017 （年份）

■ 地方一般公共预算收入   ━■━ 比上年增长

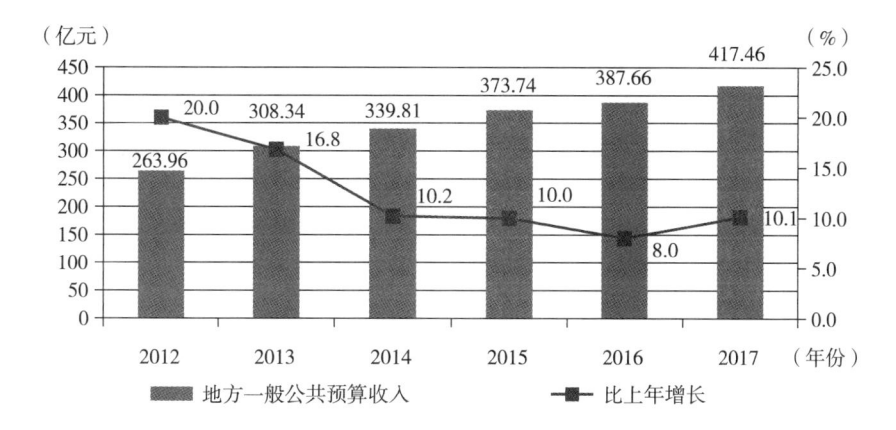

图 2-3　2012~2017 年地方一般公共预算收入及增长速度

资料来源：宁夏回族自治区 2017 年国民经济和社会发展统计公报。

二、宁夏第一产业发展概况

2017 年，宁夏第一产业克服经济下行、部分农产品市场价格波动、冰雹洪涝灾害等不利影响，积极推进供给侧结构性改革，发展亮点频现：粮食总产量达 368.2 万吨，特色产业提质增效，农村改革继续深化，农业新动能进一步释放，农村居民人均可支配收入预计达到 10293 元，增长 10.0%。

（一）农业产业结构调整步伐加快

2017 年，全年宁夏粮食种植面积 1163.3 万亩，比上年减少 4.1 万亩，其中：小麦种植面积 198.8 万亩，增加 9.5 万亩；水稻种植面积 112.9 万亩，增加 0.3 万亩；玉米种植面积 435.5 万亩，减少 9.8 万亩；薯类种植面积 242.8 万亩，减少 10.4 万亩；油料种植面积 96.4 万亩，减少 6.2 万亩；蔬菜种植面积 201.3 万亩，增长 2.6 万亩；瓜果种植面积 125.5 万亩，减少 5.1 万亩；园林水果种植面积 192.9 万亩，减少 11.6 万亩。

表 2-4　2017 年主要农林牧渔业产品产量及其增长速度

指标	产量（万吨）	比上年增长（%）
粮食	368.2	-0.7

续表

指标	产量（万吨）	比上年增长（%）
小麦	40.9	0.0
水稻	63.9	1.5
玉米	214.9	-3.0
油料	13.4	-8.6
蔬菜	610.8	3.0
瓜果	199.1	-4.3
枸杞	11.7	12.4
葡萄	19.0	-2.7
肉类总产量	32.2	4.3
其中：猪、牛、羊肉产量	29.7	4.5
禽蛋	10.6	9.7
牛奶	153.3	9.9
水产品	18.1	3.6

资料来源：宁夏回族自治区2017年国民经济和社会发展统计公报。

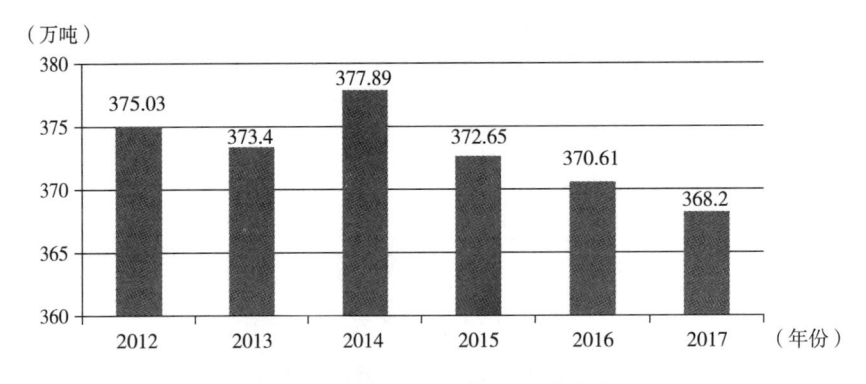

（万吨）

- 2012: 375.03
- 2013: 373.4
- 2014: 377.89
- 2015: 372.65
- 2016: 370.61
- 2017: 368.2

图 2-4 2012~2017年宁夏粮食产量

资料来源：宁夏回族自治区2017年国民经济和社会发展统计公报。

2017年，宁夏粮食总产量368.2万吨，比2016年减产2.41万吨，减产0.7%。其中，夏粮产量42.4万吨，增产0.1%；秋粮产量325.8万吨，减产0.8%。小麦产量40.9万吨，与2016年持平；水稻产量63.9万吨，增产1.5%；玉米产量214.9万吨，减产3.0%；马铃薯产量（折粮）36.6万吨，增产3.5%。蔬菜产量

610.8万吨，比上年增产3.0%；葡萄产量19.0万吨，减产2.7%；油料产量13.4万吨，减产8.6%。2017年肉类总产量32.2万吨，比2016年增长4.3%。

(二) 特色优势产业发展迅速

近年来，宁夏立足资源优势，在稳定粮食生产的基础上，大力发展特色优势产业，形成了以引黄灌区集约育肥、中部干旱带滩羊选育、环六盘山自繁自育为重点的优质牛羊肉产业带；以银川、吴忠奶业为核心区，中卫、石嘴山奶业为发展区的奶产业带；以引黄灌区设施蔬菜、银北脱水蔬菜、中卫环香山压砂瓜、固原冷凉菜为主的瓜菜产业带；以贺兰山东麓酿酒葡萄产业带；以中宁为主体、贺兰山东麓和清水河流域为两翼的枸杞产业带；以西吉、海原、原州为主的马铃薯产业带；以宁夏玉米、引黄灌区水稻、小麦为主的优质粮食产业带；沿黄生态渔业产业带——特色产业区域化发展格局基本形成，其中，红枣产量10.4万吨，增产25.3%；枸杞产量11.7万吨，增产12.4%。牛肉产量10.9万吨，增长4.7%；羊肉产量11.0万吨，增长4.7%；牛奶产量153.3万吨，增长9.9%。

(三) 产业化经营水平显著提升

目前，宁夏已培育农业产业化龙头企业289家，其中国家级龙头企业19家；销售收入亿元以上企业达到50家，龙头企业主板上市1家，新三板挂牌交易15家；主要农产品加工转化率达到60%，比2010年增长6个百分点；农民合作社发展到4726家，家庭农场1791家，带动宁夏53%的农户参与产业化经营；宁夏建成17个农业部定点农产品批发市场，53个农产品产地批发市场，培育农业商标、品牌300多个，中国驰名商标21个，开通淘宝、顺丰宁夏馆网上交易平台，构建起了联通城乡、辐射区内外的农产品营销网络。

(四) 特色农产品科技和质量安全水平明显提高

目前，宁夏粮食、奶牛、肉牛、肉羊、枸杞良种化率分别达到89%、100%、80%、93%、90%，马铃薯专业化率、脱毒化率分别达到75%、55%；奶牛成母牛单产7200千克，高于全国平均水平1000千克；秸秆加工利用率达到65%以上，农业科技入户率达到80%，科技进步贡献率达到57%，农业机械化综合作业水平达到69%；宁夏认证无公害农产品911个，绿色食品205个、有机食品49个、地理标志52个，"三品一标"产品种植面积占宁夏总面积的78%;蔬菜、畜禽和水产品监测合格率保持在97%、99%和99.1%。

(五) 农田水利基础设施有所改善

2013年至今,宁夏大力开展农田水利基本建设,实施了灌区续建配套、中北部土地开发整理、扬黄灌区节水改造等一批重点项目。农田有效灌溉面积达到46.67万亩,建设高标准农田19.20万亩,改造中低产田23.33万亩,为农业农村经济发展提供了强有力的支撑。2016年,宁夏农建投入38亿元,累计完成投资26.7亿元,投入劳力752万工日,投入机械84.5万台班,完成清挖沟道2.0万条1.11万千米,清挖渠道3.6万条1.98万千米,整修农田道路2.68万条1.5万千米,累计新增防渗渠道4152条共1878千米,新增灌溉面积4.85万亩,改善灌溉面积147万亩,改造低产田25.7万亩,建设旱涝保收高标准农田36.8万亩,新增节水灌溉面积40.7万亩,新增高效节水灌溉面积22.3万亩。新增旱作基本农田14.4万亩,治理水土流失面积698平方千米[①]。

三、宁夏第二产业发展概况

自治区成立之初,宁夏几乎没有工业,经过60年的发展,宁夏形成了以煤炭、电力、原材料、纺织、食品药品、装备制造等行业为支撑的工业体系。

(一) 整体发展现状

如图2-5所示,2017年,宁夏全部工业增加值1096.30亿元,比上年增长8.4%,规模以上工业增加值增长8.6%;在规模以上工业中,轻工业增长1.8%,重工业增长9.9%;国有控股企业增长8.7%,股份制企业增长9.7%,国有企业增长8.0%,外商及港澳台商投资企业下降2.8%,私营企业增长4.0%,非公有制工业增长6.6%;采矿业增长2.0%,制造业增长8.4%,电力、燃气和水的生产和供应业增长12.6%。全年宁夏规模以上工业中,煤炭行业增加值比上年增长2.8%、电力行业增长12.2%、化工行业增长13.6%、冶金行业增长9.7%、有色增长6.7%、轻纺增长0.4%、机械增长7.3%、建材下降0.1%、医药增长9.0%、其他行业增长8.0%;工业产品销售率为

---

① 宁夏掀起秋冬农田水利基本建设高潮[EB/OL].http://www.waterinfo.com.cn/news_3/nei/201611/t20161104_6473.htm.

97.0%。新动能新产业新业态加快成长；全年宁夏规模以上工业高技术产业增加值比上年增长24.3%，占规模以上工业增加值的比重为4.2%；全年水电、风电、太阳能等清洁能源发电量236.6亿千瓦时，增长24.0%；滚动轴承产量2280.7万套，增长1.16倍；数控金属切削机床1709台，增长35.7%。

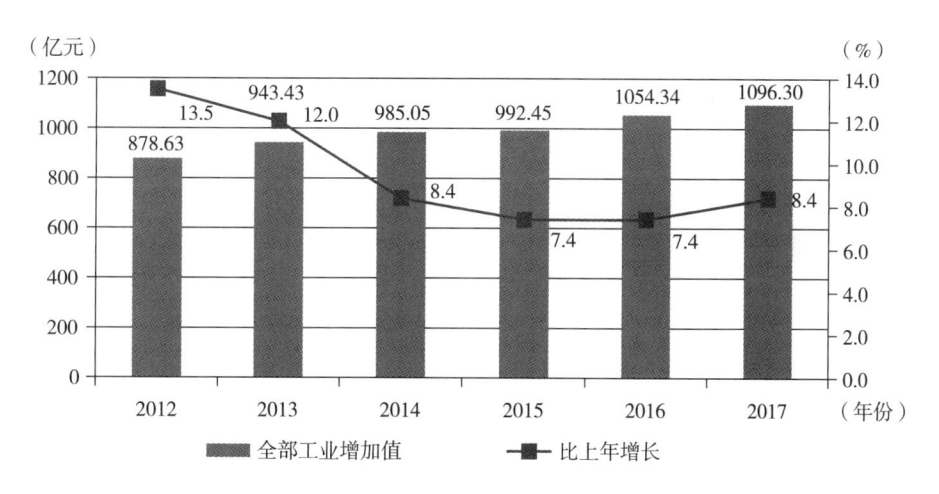

图 2-5　2012~2017年全部工业增加值及增长速度

资料来源：宁夏回族自治区2017年国民经济和社会发展统计公报。

2017年末，宁夏发电装机容量4187.6万千瓦时，比上年末增长14.0%。其中，火电装机容量2583.2万千瓦时，增长19.3%；水电装机容量42.6万千瓦时，与上年持平；风电装机容量941.6万千瓦时，与上年持平；太阳能发电装机容量620.2万千瓦时，增长17.9%。宁夏具有资质的总承包和专业承包建筑业企业761家，全年完成建筑业总产值549.21亿元，比上年增长7.4%。建筑业企业房屋建筑施工面积2569.40万平方米，下降7.3%；房屋竣工面积791.75万平方米，下降22.2%；竣工产值338.67亿元，下降10.4%。按建筑业总产值计算的劳动生产率24.30万元/人，下降9.2%。

宁夏第二产业整体发展呈现出以下特点：一是工业的支撑性作用显著。工业成为促进经济增长、拉动投资、增加税收、产业集聚的重要力量。二是重点项目建设步伐加快。例如，神华宁煤400万吨煤制油、华电宁夏灵武2×100万千瓦超临界空冷机组等项目已达到世界先进水平；宁夏生态纺织产业示范园，累计完成投资153.8亿元；西部云基地从无到有，建设进展良好。三是转型升级和结构调整成效明显。四是龙头企业实力不断增强。宁夏60户龙头企业产值占宁夏规模以上企业的66.7%，年主营业务收入过10亿元企业43

户；过百亿元企业6户。宝塔石化集团、天元锰业成功跻身中国民营企业500强，神华宁煤、共享集团等一批骨干企业的带动作用不断增强①。

(二) 优势行业现状

(1) 煤炭、电力行业基础雄厚。宁夏是全国13个亿吨级大型煤炭生产基地之一，煤炭预测资源量2027亿吨，累计探明储量462亿吨，居全国第六位，人均保有储量居全国第二位。2015年，宁夏原煤产量7975.8万吨。宁夏电力全网总装机2919万千瓦，统调发电企业16家，人均电力装机和人均发电量均居全国第一位；全网统调发电量1077亿千瓦时，其中火电占88%；外送电量275亿千瓦时。世界首条宁东至山东±660千伏电压等级直流输电项目已建成，宁东至浙江±800千伏电压输电工程及配套电源点项目预计2017年建成。

(2) 煤化工行业迅速崛起。截至2015年，煤化工实现产值约440亿元。煤基烯烃产能160万吨，占全国已投产项目的1/5。相继建成了全国单套产能最大的煤制烯烃（MTP）装置，亚洲最大规模的6万吨聚甲醛生产装置，全国最大的45万吨醋酸乙烯和30万吨醋酸生产装置。即将建成的400万吨煤炭间接液化示范工程，将成为世界上单体投资最多、装置规模最大的煤制油项目。

(3) 轻纺行业发展势头强劲。"十二五"期间，宁夏轻工业年均增速18.3%，分别高出宁夏工业和全国轻工业平均增速5.7个和6个百分点。宁夏生态纺织产业示范园2015年实现产值77.8亿元，占纺织工业产值的80%，成为重要经济增长点；世界65%以上的原绒、欧洲70%以上的精纺绒、中国60%以上的精品无毛绒在宁夏集散；宁夏葡萄酒加工企业184家，列级酒庄10家，葡萄酒品质达到国际水准；生物发酵水平国内领先，硫氰酸红霉素、四环素、泰乐菌素分别占国内总产量的60%、60%和80%；轻工业已有34个"中国驰名商标"，品牌已经成为产业发展的"金字招牌"和"助推器"②。

(4) 新兴产业发展步伐加快。2015年，战略性新兴产业占宁夏GDP比重达到8.2%。新能源电力装机比重达到38.5%（截至2017年底已达到42.6%），人均光伏电站容量、风电机组容量分别居全国第二位和第一位。新能源装备制造快速发展壮大，完成工业总产值50亿元，被国家列为全国首个新能源综合示范区。高端装备制造业2015年的产值占装备制造业的比重达到30%，比"十一五"末提高12个百分点。高端铸造产业实现重大突破，共享

---

① 新经济规模小发展难 建议设基金引合作促配套 [N]. 宁夏日报，2017-01-10.
② 从宁夏到世界我们准备好了 [N]. 银川晚报，2016-03-03.

集团实施的"大型高端燃气轮机铸件研发"和"铸造智能化工厂建设"等项目，突破了世界性难题，在国内率先实现了大型3D打印机在铸造行业产业化应用。电子信息产业快速发展，以西部云基地、银川滨河大数据中心为主的云计算和大数据产业初具雏形；光伏产业初具规模，成为全球最大的单晶硅棒生产基地；IBI育成中心已经集聚了一批有实力的物联网和信息服务企业。

四、宁夏第三产业发展概况

(一) 批发和零售业

如图2-6所示，2017年，宁夏实现社会消费品零售总额930.45亿元，较上年增长9.5%。按经营地统计，城镇消费品零售额854.26亿元，增长9.3%；乡村消费品零售额76.19亿元，增长11.7%。按消费类型统计，商品零售额769.49亿元，增长8.7%；餐饮收入额160.96亿元，增长13.0%。在限额以上企业商品零售额中，粮油、食品类零售额比上年增长16.8%，饮料类增长22.6%，烟酒类增长7.9%，服装、鞋帽、针纺织品类增长0.5%，化妆品类增长17.9%，金银珠宝类下降1.1%，日用品类增长2.0%，家用电器和音像器材类增长3.2%，中西药品类增长7.8%，文化办公用品类下降9.6%，通信器材类下降12.0%，石油及制品类增长19.2%，汽车类下降0.1%。

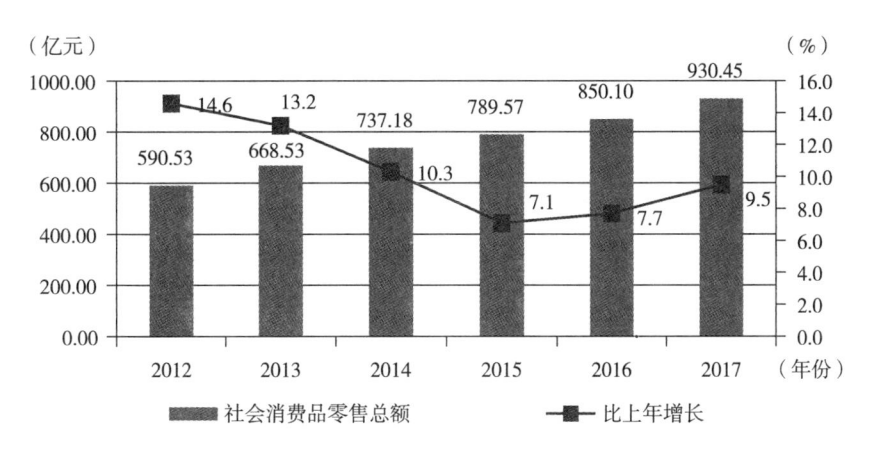

图2-6 2012~2017年社会消费品零售总额及其增长速度

资料来源：宁夏回族自治区2017年国民经济和社会发展统计公报。

根据国家统计局反馈的数据显示，2017年，宁夏网上零售额按卖家所在地分实现零售 45.2 亿元，比上年增长 1.48 倍，其中，实物商品零售额 20.1 亿元，增长 42.5%；按买家所在地分，实现零售额 236.7 亿元，增长 56.2%。

(二) 对外贸易与外商直接投资

据银川海关统计，2017 年宁夏货物进出口总额 341.29 亿元，比上年增长 58.9%。其中，出口 247.7 亿元，增长 50.5%；进口 93.6 亿元，增长 86.7%。货物进出口差额（出口减进口）154.12 亿元。对"一带一路"沿线国家进出口总额 82.66 亿元，增长 14.4%，其中出口 66.54 亿元，增长 21.7%；进口 16.12 亿元，下降 8.3%。主要商品实现出口 45.89 亿元，其中金首饰及零件出口 19.12 亿元，增长 513.5%；维生素 C 及其衍生物出口 3.70 亿元，增长 330.1%；新的充气橡胶轮胎出口 6.74 亿元，增长 181.6%；焦炭及半焦炭出口 1.68 亿元，增长 96.5%；果蔬汁出口 1.49 亿元，增长 70.7%；铁合金出口 4.32 亿元，增长 88.1%；赖氨酸酯及盐出口 3.98 亿元，增长 58.2%；机床及铸件出口 4.86 亿元，增长 47.5%（见图 2-7）。

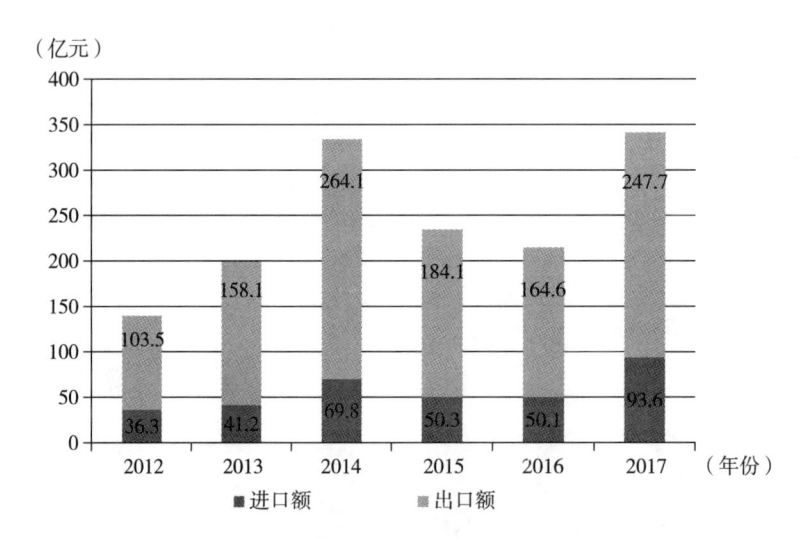

图 2-7　2012~2017 年宁夏进出口总额

资料来源：宁夏回族自治区 2017 年国民经济和社会发展统计公报。

2017 年，宁夏实际使用外商直接投资 3.11 亿美元，比上年增长 22.8%。宁夏新批准外商直接投资项目 24 个，合同外资金额 25.40 亿美元，增长 3.5 倍，其中，租赁和商务服务业签订利用外商直接投资项目 5 个，合同额 2.18 亿美元，增长 33.9%。

(三) 交通和邮电

截至 2017 年末,宁夏货物运输总量 3.93 亿吨,比上年下降 11.45%;货物运输周转量 811.41 亿吨千米,下降 7.13%;全年旅客运输总量 0.76 亿人次,下降 14.44%;旅客运输周转量 158.11 亿人千米,增长 3.31%(见表 2-5)。

表 2-5　2017 年宁夏各种运输方式完成运输量及其增长速度

运输方式	货物				旅客			
	运输总量		运输周转量		运输总量		运输周转量	
	绝对数（万吨）	比上年增长（%）	绝对数（亿吨千米）	比上年增长（%）	绝对数（万人次）	比上年增长（%）	绝对数（亿人千米）	比上年增长（%）
总计	39289.44	-11.45	811.41	-7.13	7599.90	-14.44	158.11	3.31
铁路	6528.29	11.81	253.55	4.61	650.37	-1.25	43.26	-4.29
公路	31659.00	-15.40	500.18	-13.40	6518.00	-17.60	55.84	-13.32
航空	1.89	26.54	0.29	21.01	431.53	37.67	59.01	35.92
管道	1110.26	-0.94	57.40	7.21	—	—	—	—

资料来源:宁夏回族自治区 2017 年国民经济和社会发展统计公报。

截至 2017 年末,宁夏民用汽车保有量 132.16 万辆,比上年末增长 12.1%。其中,私人汽车保有量 119.9 万辆,增长 13.2%。民用轿车保有量 63.73 万辆,增长 13.1%,其中,私人轿车 60.9 万辆,增长 13.5%。

2017 年,宁夏完成邮政业务总量 15.32 亿元,比上年增长 0.8%。邮政业全年完成邮政函件业务 365.7 万件,包裹业务 10.6 万件,快递业务量 3721.5 万件;快递业务收入 6.8 亿元。

2017 年,宁夏完成电信业务总量 204.7 亿元,增长 1.17 倍。截至 2017 年末,宁夏电话用户总数 854.2 万户,其中,移动电话用户 792 万户;互联网宽带接入用户 159.2 万户,比上年增加 47.3 万户;移动互联网用户 682.5 万户,比上年增加 80.4 万户;移动互联网接入流量 20825.8 万 G,增长 1.92 倍。

(四) 金融业

截至 2017 年末,宁夏全部金融机构本外币各项存款余额 5867.22 亿元,比年初增加 406.58 亿元,其中,人民币各项存款余额 5848.45 亿元,增加 406.91 亿元;全部金融机构本外币各项贷款余额 6461.48 亿元,比年初增加 765.52 亿元,其中,人民币各项贷款余额 6332.61 亿元,比年初增加 664.72 亿元,如表 2-6 所示。

表 2-6　2017 年末金融机构存贷款余额及其增长速度

指标	年末数（亿元）	比年初增减（亿元）	比上年增长（%）
各项存款余额	5867.22	406.58	7.5
人民币存款余额	5848.45	406.91	7.5
其中：住户存款	2791.49	241.29	9.5
非金融企业存款	1591.31	103.58	7.0
广义政府存款	1342.82	31.26	2.4
各项贷款余额	6461.48	765.52	13.4
人民币贷款余额	6332.61	664.72	11.7
其中：短期贷款	2048.41	207.24	10.8
中长期贷款	3867.49	439.83	13.1
票据融资	412.96	20.96	5.4

资料来源：宁夏回族自治区 2017 年国民经济和社会发展统计公报。

宁夏共有上市公司 13 家,总股本 103.00 亿股,总市值 916.64 亿元,较上年下降 13.3%,其中,流通市值 572.81 亿元,较上年下降 22.2%;全年证券交易额 5939.75 亿元,增长 15.2%;全年在全国中小企业转让系统挂牌公司 66 家,较年初增长 17.9%,总市值 219.16 亿元。

(五) 教育和科技

截至 2017 年末,宁夏共有各级各类学校 3406 所（含小学教学点 552 所）,教职工 104220 人;全年宁夏学前教育毛入园率 81.46%,小学学龄人口入学率 99.93%,初中阶段毛入学率 107.04%,高中阶段毛入学率 90.33%,高等教育毛入学率 45.95%,小学六年巩固率 96.02%,初中三年巩固率 95.02%。

表 2-7　2017 年各级教育招生、在校、毕业生人数

类别	校数（所）	招生数（人）	在校学生数（人）	毕业学生数（人）
普通高等学校	19	39422	126392	33133
研究生	3	2278	5341	1570
成人高等学校	1	11233	26398	10158
中等职业教育学校	28	25067	74742	24660
普通中学	310	145751	428017	142484
高中（含完全中学）	63	49189	148837	53632
初中（含完全中学）	247	97652	279180	88852
普通小学	1353	96628	581350	99430
幼儿园	1130	114298	230515	97294
特殊教育学校	13	1009	5319	555

资料来源：宁夏回族自治区 2017 年国民经济和社会发展统计公报。

2017 年，宁夏登记自治区级科技成果 267 项，比 2016 年下降 14.1%，其中，基础理论成果 71 项，应用技术成果 176 项，软科学成果 20 项；申请专利量 8574 件，增长 39.5%，其中，发明专利 2561 件，增长 2.0%。专利授权量 4243 件，增长 58.5%，其中，发明专利授权量 657 件，增长 17.3%；共签订技术合同 984 项，技术合同成交金额 7.2 亿元。

截至 2017 年末，宁夏拥有国家级工程技术研究中心三个，自治区级工程技术研究中心 43 个；国家重点实验室三个，自治区级重点实验室 28 个；国家级企业（集团）技术中心（含分中心）14 个，自治区级企业（集团）技术中心 62 个；自治区级产业技术协同创新中心四个，临床医学研究中心六个，自治区技术创新中心 174 个。

五、宁夏各民族和谐共处

宁夏作为我国回族的聚居地，在长期的历史发展过程中形成了独特的回族文化体系，其丰富的文化内涵与良好的道德风气，对宁夏开放型经济的发展产生了深远的影响。回族是一个农商并重的民族，他们视经商为荣，很多人是经商的能手。商业贸易的迅速发展使回族人加快了致富的步伐。

宁夏的回族分布呈现由北往南依次递增的格局，主要集中在宁夏南部。

宁夏南部是一个典型的回汉杂居地区，在长期的文化交流与融合过程中，回族文化受到汉族文化的渗入和熏陶，汉族也接纳和吸收了回族的一些传统文化，逐渐出现了回汉民族文化融合的现象，回汉各族人民团结友爱、亲如一家。随着时代的变迁，宁夏的民族关系向着更加和谐的方向发展。"同呼吸、共命运、心连心"早已成为宁夏成立60年来民族关系的真实写照。宁夏民族团结的光荣传统，充分体现在宁夏干群一心、各民族互相尊重的点滴中。

第二节 "一带一路"倡议与"开放宁夏"建设

当今世界是一个开放的世界，不论是一个国家还是一个地区，开放程度决定发展空间，开放进度决定发展速度，开放深度决定发展水平。宁夏作为全国唯一的全省域内陆开放型经济试验区和丝绸之路经济带的重要节点，肩负着内陆开放先行先试和"向西开放"的重要职责和使命，全面开放、深度开放，建设开放宁夏，是宁夏加快发展的必然选择，符合宁夏人民向往小康社会的美好愿景，符合我国建设开放型经济体制的总体战略，顺应世界经济全球化的趋势和潮流。

建设开放宁夏是宁夏发展进步最重要的经验。改革开放40年来，宁夏始终坚持对外开放，不断拓展对外开放的广度和深度，以改革促开放，以开放促发展，经济社会发展取得了巨大的成就。2017年6月6日，中国共产党宁夏回族自治区第十二次代表大会在宁夏人民大会堂隆重开幕，自治区书记向大会作了题为《振奋精神实干兴宁为实现经济繁荣民族团结环境优美人民富裕与全国同步建成全面小康社会目标而奋斗》的报告。报告提出，要坚持用中央精神指引宁夏发展，坚决向党中央看齐，始终在思想上政治上行动上同以习近平同志为核心的党中央保持高度一致；坚持把发展作为解决一切问题的关键，推动经济发展不断迈上新台阶；坚持深化改革开放，不断增强发展的动力和活力，在"一带一路"建设大格局中加快内陆开放步伐；坚持以人为本、执政为民，让宁夏人民共享改革发展成果；坚持与时俱进做好民族宗教工作，加强依法治区，不断创新社会治理；坚持党要管党、从严治党，不断增强各级党组织的创造力凝聚力战斗力。

一、"开放宁夏"建设的提出

作为不沿边、不靠海的内陆省区,宁夏如何突破地域、环境、条件的硬约束,破除体制机制障碍,激发开放活力,需要正确对策来解决。2013年12月25日,宁夏回族自治区党委第十一届三次全体会议通过了《中共宁夏回族自治区委员会关于深化改革推动经济技术社会发展若干问题决定》,提出"进一步解放思想、解放和发展社会生产力、解放和增强社会活力。坚决破除各方面体制机制弊端,全面深化经济体制、政治体制、文化体制、社会体制、生态文明体制和党的建设制度改革,深入实施沿黄经济区发展战略和百万贫困人口扶贫攻坚战略,全面建设开放宁夏、富裕宁夏、和谐宁夏、美丽宁夏,为实现与全国同步进入全面小康社会目标而奋斗。"

宁夏回族自治区党委十一届三次全会提出建设"四个宁夏",并把开放宁夏放在首位,旨在顺应国际国内大环境大趋势,结合宁夏实际,加快改革开放,在新的起点上谋求更大的发展。对外开放是我国的基本国策,扩大开放是加快发展、强区富民的战略选择。必须以更加开放的理念和胸襟,加快开放步伐,提升开放水平,以开放促改革、促发展、促创新,才能为宁夏与全国同步建成小康社会奠定坚实基础。加快开放宁夏建设,要全面贯彻党的十八大和党的十八届二中、三中、四中全会精神,以邓小平理论、"三个代表"重要思想、科学发展观为指导,深入贯彻习近平总书记系列重要讲话精神,主动融入"一带一路"建设,以打造丝绸之路经济带战略支点为主攻方向,坚持扩大开放与深化改革相结合、"引进来"与"走出去"相结合、全面开放与重点突破相结合,用好内陆开放型经济试验区和中阿博览会两个"金字品牌",进一步解放思想、创新机制、搭建平台、优化环境,着力提升对外开放水平,推动开放宁夏建设取得新突破。具体而言,就是要全面落实宁夏内陆开放型经济试验区规划,先行先试国家深化改革重大举措、先行先试扩大开放试点政策、先行先试国际通行规则标准、先行先试促进内陆开放体制机制、先行先试"一带一路"重大项目合作方式,着力提升开放型经济产业支撑能力,着力提升基础设施互联互通能力,着力提升开放平台辐射带动能力,着力提升市场主体国际竞争能力,着力提升人文经贸互融互动能力。开放宁夏建设工作推进以来,宁夏抢抓国家"一带一路"倡议的重大历史机遇,加强顶层设计,加快先行先试,推进制度创新,开放宁夏建设取得了显著成效。

2015年7月27日，中国共产党宁夏回族自治区第十一届委员会第六次全体会议通过《关于融入"一带一路"加快开发宁夏建设的意见》，其中在目标任务中指出，到2017年，宁夏进出口总额、实际利用外资、引进区外实际到位资金、对外经济合作营业额比2013年翻一番，到2020年再翻一番，开放型经济主要指标增速明显高于全国和西部平均水平，把宁夏打造成为辐射西部、面向全国、融入全球的中阿合作先行区、内陆开放示范区、丝绸之路经济带战略支点。

二、"一带一路"倡议与"开放宁夏"建设的关系

"一带一路"倡议的提出是我国现阶段的重大发展战略之一，对于我国的经济发展与居民生活均具有极其重要的作用。在这一宏观时代背景下，各省份纷纷根据自身实际情况，结合自身所具有的一系列优势，积极融入"一带一路"的发展之中，成为其支持者、跟随者与获益者。宁夏作为北线节点的重要省份，由于其自身地理位置优势，发挥着极其重要的作用，引起了相关人员的广泛关注与高度重视。"一带一路"建设不仅在我国整体对外开放格局中占有十分重要的地位，也为宁夏进一步加强对外开放打开了新的机遇之门。

"开放宁夏"建设的核心是解放思想，宁夏经济发展相对滞后，最主要的还是思想观念上落后以及由此带来的开发体制机制落后。没有思想大解放，就没有观念上的大转变，更没有开放上的大气魄、大思路、大手笔。只有思想观念更解放一点、对外开放步伐更快一点，跳出条条框框限制，打破利益固化藩篱，坚决摒弃因循守旧的思想，牢固树立激励机制、责任意识、进取意识，大胆借鉴国内外成功经验和做法，以思想大解放，推动对外大开放，以对外大开放，带动宁夏大发展。

解放思想，加强对外开放。首先，宁夏需要在优化投资发展软环境上下功夫，充分利用内陆开放试验区、中阿博览会两块金字招牌，民族团结宗教和良好的生态环境两张亮丽的名片，进一步制定完善各种更加优惠的政策，加快政府职能转变，加快行政审批制度改革，进一步简政放权，提高办事效率和投资服务水平，提供优质的公共服务，打造西部最优、比东部更优的"两优"投资发展环境，以吸引更多的外部投资。其次，宁夏要抢抓国家推行内陆开放新机遇，紧紧围绕内陆开放型经济试验区建设，主动对接国家"一带一路"建设重大战略，以打造丝绸之路战略支点为目标，精心打造面向中部地区开放的基地和平台。再次，宁夏要打通对外开放的大通道，不断发挥

宁夏的资源优势、人文优势，抢抓对外开放的新机遇，进一步借鉴上海自由贸易区成功经验，按照上海自贸区的模式，探索先行先试改革。最后，宁夏要完善中阿博览会办会机制，探索与丝绸之路经济带有关国家和国内沿线省区的合作，推动宁夏与阿拉伯国家互补产业投资，推动中阿文化、科技、旅游等领域的交流合作，推动中阿博览会交流合作常态化。

三、"开放宁夏"建设初见成效

（一）开放型经济快速发展

2015年，宁夏地区生产总值达到2912亿元，比内陆开放型经济试验区设立前（2011年）年均增长9.3%；地方财政一般预算收入达到373.7亿元，年均增长15.6%；全社会固定资产投资3533亿元，年均增长24.6%；进出口总额38亿美元，年均增长13.4%。

"十二五"期间，宁夏对外贸易累计实现169.5亿美元，比"十一五"增长109.7%，主要出口商品集中在新材料、生物医药、精细化工、装备制造、农产品、纺织服装等宁夏优势特色产业领域。2016年初，在全国进出口总额同比下降11.3%的形势下，宁夏外贸进出口却逆势而上。2016年1~4月，宁夏进出口总额11.1亿美元，同比增长11.0%（其中，出口8.72亿美元，增长11.5%，进口2.38亿美元，增长8.8%）。已与130多个国家和地区实现了贸易往来，其中，对新兴市场阿拉伯联合酋长国、伊朗、新加坡和荷兰出口额分别增长5.8倍、4.0倍、1.1倍和94.3%。各项外贸指标增速在全国各省区中均排名第二。

"十二五"期间宁夏累计实际利用外资8.42亿美元，比"十一五"增长180%。外资项目主要集中在现代农业、装备制造、商贸流通等优势产业领域。2015年实际利用外资2.17亿美元，有26个国家的资金在宁投资。

"十二五"期间，境外直接投资累计实现19.83亿美元，比"十一五"增长25倍。截至2015年末，宁夏共有50家企业在全球30个国家和地区设立74家境外企业，其中26家设在"一带一路"沿线国家，境外投资国家、投资金额和企业数量持续增长，涉及行业由羊绒纺织、能源化工等重点领域向食品、农业开发、商贸物流、技术服务业等行业扩展，呈多元化发展趋势。2016年1~5月，宁夏境外直接投资总额实现6.21亿美元，新增境外投资企业12家。宁夏对外承包工程完成营业额累计506万美元。对外承包工程和劳务合作项目主要涉及日本、朝鲜、蒙古、哈萨克斯坦、吉尔吉斯斯坦等国家和地区。

(二) 中阿各领域交流成果丰硕

1. 中阿博览会促进了经贸交流合作

中阿博览会是经中国国务院批准,由中国商务部、中国国际贸易促进委员会、宁夏回族自治区人民政府共同主办的国家级、国际性综合博览会,其前身是中阿经贸论坛。中阿博览会是目前国家保留的由地方主办的九大国际展会之一。自2010年以来,在宁夏已经成功举办了三届中阿经贸论坛和3届中阿博览会,在国际、国内产生深远影响,受到包括阿拉伯国家及其他穆斯林地区在内的"一带一路"沿线国家的广泛欢迎。五届大会以来,共有30位中外政要,335位中外部长级官员,140位外国驻华使节,99个国家、地区和国际机构,139家大型商协会,6500多家大中型企业和金融机构的代表以及4.7万多名参展商、采购商参会参展,先后签订各类协议876个,其中,协议金额累计达到4359.3亿元,合作项目涉及科技、金融、能源、农业、卫生、旅游、文化教育等十多个领域。2016年5月,宁夏博览局成功举办走进埃及活动,"医疗绿色健康行"、埃及宁夏文化周、埃及旅游推介会等一批活动成功举办,实现了"单年在宁夏、双年在阿方"的办会机制创新。中海自贸区协定谈判重启谈判以来,宁夏已参加了两轮谈判,并编制完成了中海自贸区地方经济合作示范区实施方案,围绕航空、贸易便利化、产业园区建设等领域,全面拓展与海合会国家的合作,争取将宁夏作为中海自贸区地方经济合作示范区,承接早期收获项目。

2. 人文交流合作不断深化

中阿技术转移中心、中阿商事调解中心、中阿联合商会中方理事会联络办公室、中阿农业技术转移中心等一系列双边合作机构的总部落户宁夏;中阿大学校长论坛、阿拉伯艺术节、中阿卫生合作论坛、中阿旅行商大会、中阿国家政党对话会成功举办,以及一批重大项目开工建设实现了科技、教育、文化、卫生、旅游等领域全方位合作的务实推进。此外,宁夏还专门组团赴阿联酋、阿尔及利亚等阿拉伯国家开展了文化互访与巡演活动;宁夏广播电视台在迪拜设立了记者站,中阿广电合作项目入选丝绸之路影视桥工程;越来越活跃的图书版权贸易,拓展了中阿文化交流的广度和深度;宁夏大学迪拜孔子学院、宁夏大学国际葡萄酒学院、英国"HND"项目中心正式成立,宁夏师范学院与斯里兰卡东方大学、北方民族大学与印度沙迪大学和突尼斯高等旅游学院建立了合作关系,与埃及、约旦教育部、阿拉伯大学校长联盟达成合作意向;宁夏回族自治区政府还设立了来华留学奖学金,宁夏4所高校和1所中等专业学校接收外国留学生,宁夏大学被教育部批准为第二批留学生示范基地建设学校，宁夏在校外国留学生达到620人，年递增15%[①]。

(三) 开放通道进一步改善

1. 推进空中通道建设

银川河东国际机场三期扩建工程顺利推进，飞行区等级由4D级升为4E级，满足除A380外所有大型飞机的起降。成功申请国家批准银川河东机场向阿联酋开放第三、四、五航权，成为全国第八个开放第五航权的省区；国家明确将银川作为我国面向阿拉伯国家和地区的门户机场；开通了包括全国所有省会城市在内的58个城市的70条国内航线，和银川到迪拜、新加坡、吉隆坡等城市的11条国际（地区）航线。2015年，银川河东国际机场旅客吞吐量538.99万人次、货邮吞吐量3.34万吨、起降架次4.62万架次，分别比2011年年均增长12.4%、8.96%和11.87%，已进入全国大中型机场行列。宁夏货运航空公司已获国家民航总局批准设立，我区空中丝绸之路雏形初步形成。

2. 推进陆路通道建设

银西客运专线、干武铁路增建二线、吴忠至中宁城际铁路开工建设。包兰铁路银川至兰州段扩能工程、太中银铁路定边至银川（中卫）段、宝中铁路扩能工程等项目快速推进。呼银兰客运专线等9条铁路纳入国家"十三五"规划。2016年1月成功开通了银川至哈萨克斯坦阿拉木图的"中阿号"国际货运班列。正在规划建设的中卫迎水桥铁路编组站，将成为亚洲大型铁路编组站之一。

3. 推进网上通道建设

中卫西部云基地、银川大数据中心加快推进建设，国家电子商务和跨境贸易电子商务试点同步推进，着力打造国际网络通道和区域信息汇集中心。"买全球、卖全球"的电商产业迅速崛起，"丝路通"银川保税展示中心、中阿大数据服务平台和呼叫中心上线试运行。

(四) 开放园区加快建设

银川综合保税区封关运营，创造了在全国审批速度最快、建设速度最快的纪录，2015年进出口总额突破20亿美元，占宁夏进出口总额的45%，在全国有进出口实际业务的32家综合保税区中排名第12位。2015年5月，银川

---

① "一带一路"，宁夏做强战略支点 [N]. 人民日报, 2016-03-11.

综合保税区成功加入世界自由区组织,这标志着银川综保区向自由贸易园区转型升级、拓宽宁夏对外经贸交流通道又进一步。银川综保区目前已入驻企业190家,招商引资到位资金累计20亿元。领鲜·普诺斯保税仓储中心等项目快速推进,黄金珠宝、现代纺织、葡萄酒、航空、保税物流等产业合作取得积极进展。宁东能源化工基地年产400万吨煤炭间接液化项目开工建设,宁东至浙江±800千伏特高压直流输电项目获得国家核准建设,神华宁煤与沙特沙比克公司签署煤化工项目合作谅解备忘录。银川阅海湾中央商务区、银川滨河新区、石嘴山陆港经济区、中卫云基地、银川IBI育成中心等特色园区加快建设,中阿产业园、中阿科技园、中阿商贸园、中阿文化园等象征中阿务实合作的标志性园区筹划建设。

积极探索建立境外产业园区。由宁夏牵头建设的阿曼杜库姆中国产业园、沙特吉赞经济城中沙工业园、毛里塔尼亚海洋综合产业园等境外产业园区建设正在有序推进,这不仅对宁夏对外开放产生重大的带动作用,而且为中阿务实合作搭建了新的载体,将推动中国的钢铁、水泥、玻璃、食品等企业走向阿拉伯国家,促进中东地区及其他阿拉伯国家的工业化发展。2016年5月,中国—阿曼(杜库姆)产业园签约并揭牌,项目占地11.72平方千米,一期规划6平方千米,目前已有5省16家企业计划入驻,投资总额300亿元。中国—沙特产业园建设顺利推进,银川经济技术开发区、广州经济技术开发区、沙特阿美石油公司已签订园区建设合作备忘录,已于2016年1月习近平主席访问沙特时见证签署。

(五) 开放产业日渐形成

1. 金融业开放步伐加快

金融主体大幅增加,宁夏省级金融机构由2011年的26家增至43家,浦发银行银川离岸中心等3家总部级金融机构先后落户。信贷投放规模不断扩大,2015年金融机构存款余额4805.15亿元、贷款余额5117.82亿元,分别比2011年年均增长12.8%和15.7%。直接融资规模大幅增长,"新三板"和区域性股权交易市场挂牌企业456家,实现从无到有的历史性跨越,初步形成了多层次、广覆盖、可持续的金融市场体系,金融生态环境优化提升,金融对开放型经济的支撑保障作用进一步增强。

2. 文化旅游融合发展

2015年,宁夏接待旅游者总人数达1860万人次,比2011年(1170万人次)年均增长12.72%,其中,接待国外游客37315人次,比2011年年均增长17.6%，国际旅游目的地建设取得积极进展。

3. 电子商务、服务外包等新兴产业高速发展

淘宝宁夏馆上线运行，IBI育成中心跻身中国产业园区创新力百强，2015年网络交易额突破4500亿元，占全国电商总交易额的2.5%[①]。

(六) 开放政策实现突破

24个部委和机构出台了支持宁夏内陆开放型经济发展的政策文件或与自治区签订了合作协议。银川河东机场向阿联酋航空同时开放第三、第四、第五航权，是继海南后全国第二个同时开放第三、第四、第五航权的省区，突破了开通国际航线的政策"瓶颈"。"民用机场运营""食品加工""宽带网络建设及运营""大型或超大型数据中心建设及运营"等产业纳入国家《西部地区鼓励类产业目录》，享受15%企业所得税优惠政策。银川河东机场获国家同意开展口岸签证政策。银川市获批全国跨境贸易电子商务试点城市。进口肉类、水果、种苗指定口岸获批建设。上述项目政策的争取，为宁夏开放型经济快速发展奠定了坚实基础。

(七) 开放体制机制深入推进

宁夏提出建设"在西部最优、比东部更优"的发展环境，制定并公布自治区级权力清单和责任清单，行政职权事项由6264项清理调整为1941项，精简近70%；取消、调整和下放行政审批事项400多项，自治区本级保留的行政审批事项由2013年初的812项，精简为304项，降幅62.5%。非行政许可全部清零；取消减免行政事业性收费166项，减少收费3.6亿元。在全国率先推进省级空间规划（多规合一）改革试点。银川成为全国第一家行政审批权相对集中的省会城市。重点领域和关键环节改革取得实质性进展，发展环境进一步优化。

为积极对接国家自由贸易试验区战略部署，一方面，加快复制上海自贸区改革试点经验，在企业登记设立、社会信用建立、信息资源共享、综合执法等方面，实现了便捷高效、联动联管、放管结合的投资便利化举措；另一方面，认真学习借鉴上海、广东、天津、福建四省市试验区建设成果，结合自身实际，印发了《复制推广上海自贸区改革试点经验工作方案》，推进了国际贸易"单一窗口"建设，与京、津、沪、深签署了大通关合作备忘录，实

---

① 宁夏回族自治区人民政府2015年政府工作报告 [N]. 宁夏日报，2015-01-26.

现了"属地申报、口岸验放"便捷通关,启动了关检合作"一次报关、一次查验、一次放行"的通关模式。推广外资企业准入"一口受理、并联审批"审批模式,下放利用外资项目审批权限,建立了贸易投资便利化联席会议机制,贸易投资便利化水平大幅提升。

(八)滨河新区高起点快速发展

银川滨河新区(经济试验区)是在国家和自治区深入实施"一带一路"和中阿合作、向西开放战略,抢抓内陆开放型经济试验区、沿黄经济区等战略机遇背景下,以"着力打造国家向西开放的桥头堡、国家内陆开放型经济试验区的核心区、国家丝绸之路经济带的重要节点、国家内陆开放型经济试验区的自贸园区、现代高端服务业的引领区和全域5A级旅游景区"为定位,围绕三位(机场、综合保税区、临空配套区)一体化发展规划,重点推进贸易互通、金融投资、人文交流、产业转移及体制机制五大领域开放发展高起点规划建设的新区。新区总规划面积275平方千米,按照"一河两岸,四大板块"布局,重点建设临空经济区、国际现代商贸区、生态旅游休闲区和新兴产业园区。

1. 高强度投入,打造宜居生态城市

自2012年5月启动建设以来,围绕自治区"两大战略",抢抓"两区"建设机遇,紧扣银川市"2258"工作思路,坚持产城一体、集聚现代产业、统筹城乡发展方向,突出国际化、现代化,坚持生态化、项目化,加大基础设施建设。截至2016年末,共组织实施生态绿化、基础设施、文化旅游、核心产业四大类项目110个,累计完成固定资产投资270亿元;拆迁68万平方米,收储土地30万亩,征地补偿资金11亿元,土地收益估值277亿元(含横山工业园);先后实施生态绿化及供水项目32个,栽植各类苗木1100万株,区域内绿化面积达12万亩,水系面积近万亩,蓄水量100万方。在完善功能、拉开框架上下功夫,建设城市道路34条、270千米,滨河黄河大桥、兵沟黄河大桥已分别于2016年4月28日、6月27日通车,永宁黄河公路大桥将于9月中旬通车,内外连通的区域大交通网络框架初步形成[①]。全力推进滨河产业园区道路沿线电缆入地项目、区域供热设施项目、滨河产业园智能交通系统、滨河产业园道路照明完善项目等建设,全面推进供水、供电、供热、供气、通信工作进度,实现"七通一平",为实现滨河新区又好又快

---

① 滨河新区:一座正在崛起的"绿色之城"[N].银川日报,2017-03-28.

发展提供坚强有力的支撑。与此同时，通过 PPP 模式，推进长河大街地下管廊工程项目、滨河新区体育馆、游泳中心等项目，积极支持综保区、临空经济区综合配套中心建设，中铁二十三局二公司整体搬迁和宝丰集团 1.5 万户职工住宅项目建设全面启动，同步配套建设综合性医院、中学、小学及幼儿园。

2. 高层次承接，打造优势产业集群

大力实施"反梯度"战略，着力与宁东、综保区、临空经济区对接关联度高、辐射面大、带动力强的龙头型、基地型战略性新兴产业项目，促进上下游产业协同发展。以恒天如意科技产业城建设为重点，以承接宁东重化工下游产业，打通区域高端现代纺织全产业链条为目标，打造现代纺织产业集群。恒天如意科技产业城年产 3000 万件高档衬衫和 300 万套高档西装项目已于 2016 年 8 月投产，2×60 兆瓦自备电厂项目、年产 12 万吨氨纶纤维新材料项目、16 万吨涡流纺纱项目、一亿米色织布和一千万米精纺呢绒项目，实现"设计研发—面料加工—成衣生产—私人订制—时尚品牌—国际营销"一站式集群集约集聚发展。以大数据中心为核心，打造智慧产业集群。对接智慧产业前沿，以"互联网+"跨界融合，构建产业新生态，打造大数据中心存储数据、智慧研发大厦综合开发、智慧产业园孵化应用三大功能联动发力的智慧银川"云基地"。目前，随着大数据二期和智慧大厦项目加快推进，已签约"好大夫""返空汇"等 9 家企业入园；同时，引进飞行器、IT 制造等企业，鼓励"私人订制""互联网+"等新业态发展，驱动医疗、旅游、物流等传统行业"智慧转型"。抢占新能源产业制高点，以宝丰集团 1 吉瓦光伏发电项目为重点，打造新能源产业集群。加快投资 100 亿元宝丰 1 吉瓦光伏发电项目推进步伐，一期 390 兆千瓦时项目已于 2017 年 6 月并网发电，打造光、农、牧、游等多个产业有效融合的新能源综合示范园区。在城区规划设计中配建可再生能源应用系统、新能源汽车换乘系统、电动汽车充电系统、智能化管理系统，启动建设威力工业机器人及风力发电机专用减速器产业化项目，打造绿色低碳新能源产业示范园区。

3. 高质量引进，社会事业蓬勃发展

从滨河新区本身的产业特点和人力资源出发，发挥科教文化产业在产城互动、聚集人气方面的联通和催化作用，以科教城板块的崛起，撬动滨河新区人气聚集、产学研发、商业配套和产业集群等多个领域。引入 8 所高校，银川大学一期、宁夏幼儿师范招生运行，北方联盟大学与创业大学共同创办中阿学院和航空学校，推进斯伦贝谢教育项目落地，建设面向国际的人才培养通道,提高国际化办学水平。坚持全域5A,强推文旅、医旅、农旅、商旅深度融合,打造军博园、华夏河同、薰衣草度假庄园、天山海世界等十大旅游景区,举办赏花节、风筝节等节庆活动,打造夜游滨河、假日游滨河品牌。推进医养融合,探索养生旅游开发模式。实施滨河新区国际医疗城、宁夏人体组织细胞库、乐龄养生城、宁夏仁存药膳等项目建设。探索"空地旅游"新模式,打造集特色文化旅游观光、休闲娱乐、科普教育、医疗卫生、健康幸福、养老产业、生态和谐、产业高端为一体的现代化新城区。

4. 高水平运作,集中体制机制创新

借助综合保税区平台,加快通航产业园建设,构建陆上、空中、网上"三个丝绸之路"。在研究滨河新区与毗邻地区定位和区位优势的基础上,在"陆路丝绸之路"方面,重点构建"鄂尔多斯—银川—阿拉善盟"与"包头(巴彦淖尔)—银川—兰州"组成"大十字"交通网络和城际轨道交通体系,积极拓展滨河新区向西至乌利吉口岸、向东至天津口岸通关,畅通滨河新区陆上出口。在"空中丝绸之路"方面,探索建立滨河新区与综保区一体化交通体系,通过建立保税仓、免税商品示范店等,柔性拓展综保区范围;同时,积极研究72小时过境免签配套政策。在"网上丝绸之路"方面,发挥大数据中心在跨境电子商务上的作用,大力发展跨境电子商务。同时,积极推行PPP混合投资模式,吸引民间资本参与公共基础设施的建设。成立注册资本100亿元的银川滨河城镇化建设及产业投资基金合伙企业(有限合伙),支持符合条件的企业上市融资,滨投集团控股的中航生物2016年登陆新三板。开展金融租赁、发行项目收益债(或企业债),为基础设施建设和产业集群发展提供可靠的资金保障。创新社会管理体制机制,通过购买服务方式,继续创新、提升、优化18个市直延伸部门服务。加强综合执法力量,建设滨河新区公共安全应急指挥管理中心。

四、"一带一路"倡议背景下建设"开放宁夏"的思考

(一) 树牢开放意识,培育开放思维

欠发达地区与发达地区的差距,很大程度上源于开放时间落后、开放程度不深、开放范围不广、开放水平不高,但关键还是开放的理念不能适应发展的需要。宁夏的差距在开放,潜力在开放,希望也在开放,必须牢固树立开放意识,培育开放思维,变"开放末梢"为"开放前沿"。

一是积极融入国家"一带一路"建设。国家实施"一带一路"建设，是顺应国际国内新形势，开创我国全方位对外开放新格局的重大决策。宁夏是古丝绸之路的重要驿站，要牢牢抓住机遇，打好"开放牌"，走好"开放路"，让丝路驿站在新时期焕发新活力。要把宁夏放在国家"一带一路"建设中去定位，充分利用国际国内"两个市场""两种资源"，坚持"引进来"与"走出去"并举，着力服务于丝路沿线国家和地区之间的政策沟通、道路联通、贸易畅通、资金融通、民心相通，将自身打造成丝绸之路经济带的重要一环。

二是坚持中阿合作主方向。习近平总书记指出，中国同阿拉伯国家，是共建"一带一路"的天然合作伙伴。宁夏成功举办了三届中阿经贸论坛和三届中阿博览会，有近万名宁夏籍阿语经贸人才活跃在中阿合作一线。

三是抓住内陆开放新机遇。内陆开放是新一轮对外开放的潜力和动力所在。宁夏是国务院批准设立的唯一覆盖全省域的内陆开放型经济试验区，要充分借鉴上海自贸区的思路和经验，大胆破除体制机制障碍，先行先试国家深化改革重大举措、先行先试扩大开放试点政策、先行先试国际通行规则标准、先行先试促进内陆开放体制机制、先行先试"一带一路"重大项目合作方式，不断探索内陆地区开放发展的新模式，建设内陆开放型经济示范区。

(二) 发展开放经济，强化开放支撑

习近平总书记强调："必须实施更加积极主动的开放战略，创建新的竞争优势，全面提升开放型经济水平。"宁夏经济外向度较低，开放基础尚不稳固，必须围绕开放目标谋转型，立足开放需求调结构，顺应开放形势促升级，以打造内外合作平台和有效载体为抓手，大力提升开放型经济发展水平。

一是培育开放产业。立足资源禀赋特色，以能源合作为主轴，支持神华宁煤以及中石化、中石油等企业在宁夏的发展，促成沙特沙比克等知名企业落户宁东，推动国内企业赴阿开展能源合作。发挥新能源产业的技术优势，发展相关装备制造业，加快光伏、风电等产业"走出去"的步伐。大力发展涉外物流、旅游、金融、休闲、医疗、会展等产业，使宁夏成为中阿贸易合作的服务基地。

二是壮大开放园区。坚持绿色、低碳、循环发展，科学定位、分类管理、改造提升工业园区、物流园区、慈善园区的承载功能，加快国家和自治区级高新区、开发区转型升级，创建国家级外贸转型示范基地和科技兴贸出口创新基地。实施开放强园工程，推进宁东国家能源化工基地、银川综合保税区、银川空港物流园、纺织产业园区等深度融合发展,培育千亿级、百亿级、十亿级产业园区,发挥好示范引领作用。创新产业园区管理体制机制,探索委托战略投资者和跨国公司成片开发等多元化开发机制,通过直管、托管、代管和共建等模式,开发建设中阿产业园等国别和区域合作园区。

三是优化经济布局。深入实施《宁夏空间发展战略规划》,紧紧围绕内陆开放型经济试验区建设,明确各市的开放突破口,银川以国际化大都市的定位和姿态,打造对阿合作和总部经济新高地;石嘴山以陆港经济区为依托,建设大宗商品物流转运中心;吴忠立足特色食品产业发展,打造面向阿拉伯国家和穆斯林地区的食品产业基地;中卫以丝绸之路交通枢纽和科技产业园为平台,吸引外资和项目;固原加快推进国际旅游度假区建设,逐步形成各有特色、互为补充、有机融合的开放型经济布局。

四是以更好地利用国际市场和国际资源为抓手,着力加快发展更高层次的开放型新经济。针对宁夏地域小、人口少、资源相对匮乏、市场相对狭小、人才相对匮乏的区情,全力加快发展"两头在外"、高层次的开放型新经济。要秉持亲诚惠容,坚持共商共建共享的原则,着力优化和完善对外开放区域布局,积极编织与"一带一路"相关国家与地区间紧密的共同利益网络,切实为宁夏"走出去"的市场主体开展合作创造良好的环境;要鼓励宁夏的能源资源企业积极开展对外能源资源合作,并提高就地加工转化率;要主动共建境外产业集聚区,推动建立当地产业体系;要进一步加强开放型园区建设,努力做优做强宁夏的生态纺织、葡萄酒、清真食品和穆斯林用品等优势产业,加快推进特色旅游、现代物流等服务业,大力培育新的外向型经济的增长点。

(三)实施务实举措,构建开放通道

习近平总书记指出,"一带一路"建设不是空洞的口号,而是"看得见、摸得着"的实际举措。宁夏要按照这一要求,加快建设陆上、空中和网上丝绸之路,努力打造对外开放的"宁夏通道"。

坚持以基础设施互联互通为抓手,着力加快宁夏对外开放新通道的建设,是加快开放宁夏建设的基础性工程,也是补齐当前开放宁夏建设短板的主要路径。加快通道建设,要坚持主动融入国家战略,主动对接国家"一带一路"建设,主动构筑全方位开放的新格局;要着力以陆上通道为基础、以空中通道为门户、以网上通道为平台,进一步完善全方位开放体系,不断构筑开放宁夏所需要的立体开放的新格局;要坚持"向西出境、向东出海、协调周边、整体融入"的发展思路,以陆上和空中通道为纽带,以综合保税区、航空口岸、内陆港等为重要载体，千方百计加快构筑形成向西陆路通道、向东陆海联运通道，以及空中通道，切实为开放宁夏建设和宁夏打造丝绸之路经济带战略支点提供强有力的交通保障。

建设陆上丝绸之路。宁夏处在国家东进西出、南下北上的特殊区位，要抓住国家加快推进丝绸之路沿线国家和省区基础设施互联互通的机遇，实施铁路提速联通、高速公路贯通和机场枢纽提升三大工程，加快区内便捷、周边畅通、全国联通三个通道圈建设，着力构建高效、便捷、通畅的交通运输网络；加快建设银川综合保税区，完善体制，拓展功能，努力建设全国最大的进口清真牛羊肉口岸；实施通关一体化改革，提高口岸通行效率，降低通关成本。

搭建空中丝绸之路。宁夏地处东亚大陆和中国北部几何中心，是开辟中东、欧洲和非洲空中通道的理想节点。要以干线开辟和航线结构优化为重点，加强与国内航空公司的合作，形成干支结合、内外兼顾的航线网络。加快银川河东国际机场三期建设，启动四期总规划，促进银川空港、临空经济区与综合保税区融合发展，实现空地联运、无缝对接，打造面向阿拉伯国家的门户机场，形成西向出境的"空中走廊"。

打造网上丝绸之路。充分发挥信息化的便捷优势，全面推进"智慧宁夏"建设，加快实施政务、民生、旅游等"八朵云"，打好民生牌、政务牌。加快发展大数据、云计算产业，依托中卫西部云基地和银川大数据中心，建设中阿国际网络节点，打造国家级云计算服务输出地。大力发展对阿跨境电子商务，重点发展互联网金融、跨境电商等新业态，吸引企业在宁设立区域运营中心、结算中心和物流配送中心，构建跨境电子商务产业圈。

（四）营造开放环境，增创开放优势

习近平总书记指出，"中国利用外资的政策不会变，对外商投资企业合法权益的保障不会变，为各国企业在华投资兴业提供更好服务的方向不会变"。宁夏要持之以恒地打造比东部更优的投资发展环境，不断增创开放发展的新优势。

营造依法规范的政务环境。下大力气简政放权，削减审批，降低门槛，优化服务，最大限度减少政府对企业、对市场的干预，该放的权坚决放开，该管的坚决管住，该服务的坚决服务到位；进一步减少行政审批事项，压缩审批时限，加快建立政府部门责任清单、权力清单和项目投资负面清单"三个清单"，明确权力家底，接受社会监督，让权力不再任性。

营造公平有序的市场环境。厘清市场与政府的边界，清除妨碍市场公平

竞争的各种规定，最大限度地让资源、资金、劳动力等生产要素自由流动；全力推进农业农村、贸易便利、金融体制等重点领域改革，挖掘开放潜力，活跃开放因子，培育开放主体，为开放型经济注入"创动力"；切实消除市场壁垒，维护市场秩序，保护投资者利益，让包括外商在内的各类市场主体，做强做大有用武之地，发展经营无后顾之忧，逐步形成更加开放、更有效率、更富活力的开放型市场体系。

营造天蓝地绿的生态环境。良好的生态环境是宁夏一张亮丽名片，一定要持之以恒加以保护。要牢固树立"绿水青山就是金山银山"的理念，实施好宁夏环境保护、大气污染专项整治和宁东能源化工基地环境保护三个行动计划，深入开展大绿化大整治、生态移民迁出区修复、封山禁牧、退耕还林还草、市民休闲森林公园等重点工程，大力发展绿色产业和环保产业，使生产空间集约高效、生活空间宜居适度、生态空间山清水秀，以优美的环境吸引投资、扩大开放。

（五）坚持开放自信，塑造开放形象

开放的姿态源于社会和谐的自信。建设"开放宁夏"，要进一步保障和改善民生、创新社会治理、维护民族团结，努力使民生持续改善、社会更加和谐稳定，切实增强群众的开放自信，不断塑造宁夏对外开放的良好形象。

展现人心思富的宁夏。与全国同步进入全面小康，是宁夏人的发展梦。要按照习近平总书记"全面实现小康，一个民族都不能少"的要求，认真落实党政主要负责人主体责任，对照目标任务，把握时间节点，努力补齐短板，扎实推进扶贫攻坚，一手抓35万生态移民，年内全部搬迁完成；一手抓65万就地精准扶贫，整村推进，脱贫销号，确保贫困人口到2020年如期脱贫，让广大人民群众共享改革开放的成果，凝聚扩大开放的向心力。

展现人心思安的宁夏。良好的社会环境是扩大对外开放的重要保证。要加强社会治理创新，妥善应对和化解各种风险挑战，以稳定有序的社会环境为扩大开放加油助力。要加强社会信用体系建设，着力营造诚实守信的营商环境。要完善立体化治安防控体系，营造稳定和谐的社会环境，让国内外来宁投资兴业的客商安心经营，让广大人民群众安居乐业，不断提升对外开放的吸引力。

展现人心思和的宁夏。民族团结进步是宁夏的优良传统，也是宁夏的一张亮丽名片。要认真贯彻中央民族工作会议精神，坚持不懈开展民族团结进步创建活动，积极引导各族群众守望相助，努力打造嵌入式社会结构。

第三节 宁夏融入"一带一路"建设的机遇

一、依托"一带一路"倡议提振宁夏地区经济发展

近年来,宁夏经济社会虽取得了较快的发展,但受自然、历史条件等因素制约,经济发展水平低、贫困落后的状况尚未得到根本改变,经济社会发展中依然存在一些突出的矛盾和问题:与全国相比,发展差距不是在缩小,而是进一步拉大;与东部沿海地区相比,经济社会发展还处于爬坡追赶、需要加快发展的阶段。究其原因,对外开放程度不高是其中最重要的原因之一。由于宁夏地处我国内陆,到境外路程远、时间长、成本高,不但货物进出口不便,而且资金、人才、信息等要素流动也同样不便。更重要的是,由于经济外向度较低,人们的对外开放观念和意识不强,制约了宁夏对外开放乃至经济发展。在目前我国对外开放的格局下,宁夏不仅劣势较多,而且这种劣势会长期存在,甚至在中西部地区也处于靠后的位置。并且,宁夏不是西部地区的交通枢纽,也不是区域中心城市,在短期甚至中期内承接沿海产业转移的吸纳力不大,宁夏也不能被动等待东部地区对外开放区域梯度转移。此外,宁夏以资源开发为主的经济发展模式,在未来也将受到越来越大的制约。一是节能减排压力巨大。宁夏目前煤电、煤化工、能源化工等主导产业都属于资源能源消耗型产业,"十二五"以来,国家对节能减排的要求越来越高,任务也越来越重;且宁夏以煤炭为主的各类资源储量有限,这些都将形成宁夏发展的硬约束。二是生态环境保护压力巨大。和大部分西部省份一样,宁夏生态环境脆弱、环境承载力不强,不具备大规模开放的自然条件。三是资源开发面临市场风险。在国际油价波动且持续走低的情况下,宁夏煤化工产业将面临经济效益下滑的风险。

在上述区域经济背景下,创新发展理念,转变经济增长方式,将是必由

之路。特别是要充分发挥自身在全国独特的人文优势，通过实施向西开放战略，借助建设内陆开放型经济试验区的契机，不断加强与阿拉伯国家和穆斯林地区的经贸合作，这是建设开放宁夏，与全国同步全面实现小康社会的现实需要；也是宁夏建设丝绸之路经济带战略支点，服务国家对外开放战略的重要举措。宁夏要充分利用自身区位优势，切实找准宁夏在国家"一带一路"建设中的地位，努力融入国家"一带一路"建设规划，推进中阿务实合作，发挥好"一带一路"建设外交通道作用。

二、依托"一带一路"促进宁夏地区社会稳定

以融入"一带一路"为突破口，促进宁夏民族地区全面建成小康——实现民族地区的全面小康，才有全国的全面小康。站在历史新起点，实现全面建成小康社会目标，离不开民族地区在内的广大后发地区的全面小康。要旗帜鲜明地走中国特色解决民族问题的正确道路，推进少数民族地区进一步发挥自身独特的区位优势，积极探索"一带一路"创新发展模式，使民族地区加快经济社会发展，让全面建成小康社会的基本方针能够真正落到实处。

依托"一带一路"倡议提振宁夏民族地区经济发展。宁夏少数民族集聚地区存在较严重的贫富差距。"一带一路"倡议是构建合作共赢的世界经济新秩序的重大构想，这一倡议构想的落实，将为我国民族地区经济发展释放潜能提供新机遇。宁夏要充分利用自身区位优势，切实找准宁夏在国家"一带一路"建设中的定位，努力融入国家"一带一路"建设规划，利用地缘优势，抓紧规划丝绸之路经济带建设，发挥现有优势、创造新的优势、充分利用后发优势，实现宁夏超常跨越式发展，加快全面建成小康社会的进程。

位于大西北的宁夏，既是民族地区，又是革命老区，更是欠发达省区。"苦瘠甲天下"的宁夏西海固地区，涵盖宁夏原州、西吉、隆德、泾源、彭阳、盐池、同心、海原、红寺堡九个县区，是国家确定的14个集中连片特困地区之一，人口占宁夏总人口的42.5%，面积占宁夏总面积的58%，但经济总量、地方财政收入仅占宁夏的13%和8%。由于这一地域自然条件恶劣，部分地区连年干旱。解决宁夏的发展问题，促进其社会和谐，维护其社会稳定，最重要的还是要依靠发展。多年的实践表明，单纯就扶贫而扶贫，西部地区的发展之路会越走越窄，只能另辟蹊径。目前，宁夏积极实施精准扶贫、精准脱贫，加快"造血式"扶贫，逐步走出了一条脱贫致富的新路子。宁夏把发展增收致富产业作为扶贫开发的根本出路，以产业带扶贫、扩就业、促增

收,因地制宜培育形成了一批特色优势产业,以草畜、马铃薯、冷凉蔬菜、苗木、中药材为主的区域优势特色产业基本成型,不同类型的设施农业竞相发展。综观宁夏,马铃薯种植面积从 62 万亩发展到 330 万亩,"土豆豆"变成了"金豆豆";肉牛饲养量从十几万头发展到 100 多万头,肉羊饲养量从 100 多万只发展到 680 万只;上百万亩硒砂瓜享誉全国,设施农业从无到有,发展到 31 万亩,冷凉蔬菜发展到 42 万亩。隆德县的中药材,西吉县、原州区的冷凉蔬菜,泾源县的苗木、肉牛,盐池县的滩羊,同心县的有机枸杞,彭阳县和海原县的草畜,红寺堡的酿酒葡萄等,已成为一张张县域特色产业的亮丽名片。

三、依托"一带一路"加快宁夏地区产业转型升级

目前,宁夏依然存在"总量小、占比低、差距大"等发展不足问题,要握紧发展"总钥匙",注重培育新的增长点。宁夏在发展新能源、旅游文化、特色种植养殖等产业方面具有得天独厚的优势。与此同时,要在全国科技创新和产业革命中找到先机,在全国改革发展大局中找准定位和突破口。在国家给予少数民族地区经济援助的同时,把中央赋予民族地区的重大政策导向用足、用好,产业金融土地等政策不能"一刀切",要制定和完善差别化的区域支持政策,支持民族地区资源优势产业做大做强,支持重大产业项目向民族地区优先布局,提高民族地区自我发展能力,加快宁夏地区发展转型升级。

(一)宁夏产业转型升级面临的突出问题

宁夏是欠发达民族地区,近年来经济增速一直保持在较高水平,取得了长足的进步。但粗放型发展方式在推动快速增长的同时,也随之带来了资源消耗大而效率不高、产业结构不合理、工业轻重比例失调、大企业支撑能力不强、科技创新驱动能力弱、资源环境承载压力大等一系列问题,尤其是在当前国际国内经济萎靡、经济下行压力大的形势下,产业结构存在的问题进一步凸显,发展后劲不足、不可持续的现象进一步放大。下大力气调整产业结构、优化经济布局,打破当前低水平的平衡,通过发展质量和层次的大提升,打造宁夏经济升级版,成为宁夏的必然选择。

(二)宁夏产业转型升级的主要路径

调整经济结构、转变发展方式的要义是产业优化升级。宁夏应围绕建设

内陆开放型经济试验区，全面落实自治区产业转型升级和结构调整方案，把市场需求作为导航灯，资源禀赋作为定位器，调整存量、做优增量并举，着力培育新的经济增长点。具体而言：

一是要在现代农业产业体系建设上求突破。大力发展现代农业，在稳定粮食种植面积和产量的基础上，以农民增收为核心，坚定不移地走"一特三高"路子；加强以高效节水为重点的农田水利建设，建设一批百万亩、百村级特色种养基地，扶持一批多元化农业经营主体，培育"一县一业"特色，推动农业由生产导向向消费导向转变；紧盯市场需求，全力推进现代农业标准化示范点建设，重点发展葡萄、草畜、瓜菜园艺等特色优势产业，带动宁夏农业结构调整、农业科技含量和农产品品质"三上台阶"；做强龙头企业，培育一批在全国叫得响的大型农业产业化龙头企业，培育更多"宁字号"特色牌、绿色牌，充分发挥带动作用，推动农产品标准化生产，促进农产品转化增值。在做活市场上，加快构建以农民合作组织、产地批发市场、农产品物流公司、重点城市外销窗口为主体的多层次、多形式的农产品市场体系，畅通销售渠道，培育品牌优势，增强市场竞争力。

二是在新型工业体系建设上求突破。工业是宁夏经济的后劲所在、希望所在和实力所在，对GDP的贡献率接近一半，工业强则经济强，工业结构转变快则产业结构转变快。因而，要坚持传统产业与新兴产业并举，做强煤电、现代煤化工、石油化工三大主导产业，壮大先进装备制造、特色食品及用品、生态纺织三大特色产业，培育新材料、新能源、信息技术三大新兴产业，用科技手段提升化工、冶金、建材、造纸等传统产业，促进主导产业高端化、特色产业品牌化、新兴产业规模化；要坚持错位发展与适度集中结合，重点建设好一批工业园区、特色园区，既要鼓励各园区利用现有资源禀赋和产业基础，坚持差异化发展，又要引导扶持新上项目全部进入园区，突出发展特色经济和优势产业集群，逐步形成产业集聚、土地集约、工业集中、管理集成的发展格局；要坚持大企业和小企业配套互动，龙头核心企业以研发、产品设计、关键零部件制造和产品集成为主导，中、小企业为龙头企业配套，形成大中小链接、多极化支撑的组织体系。

三是在现代服务业体系建设上求突破。服务业是宁夏经济发展的"短板"，也是调整的关键突破口。为此，要突出重点行业和重点领域发展，推动现代服务业与新型工业、现代农业融合发展，以二产带三产，以二产促三产，构架起充满活力、特色鲜明、布局合理、优势互补的现代服务业体系；要重点发展面向生产的服务业，特别是做好综合物流、信息服务、电子商务、现代金融等产业，强化金融支撑，畅通外出通道，提高配套能力，多点支撑，多极发展；要积极响应"互联网+"的国家战略，加快云计算、大数据产业快速发展，走出一条具有宁夏特色的信息化产业发展的路子；要加快发展面向民生的服务业，特别是做好特色旅游、中介咨询、房地产、健康养老等产业；要着力发展面向农村的服务业，特别是科技、信息、流通服务等，不断繁荣农村经济，提高农民生活质量。

四是在夯实产业发展的基础上求突破。重大项目是产业发展的支撑，区域经济腾飞的翅膀，而缺少重大项目布局恰恰是制约宁夏产业发展的"瓶颈"。因而，要高度重视重点项目建设，全力抓好神华宁煤制油、宁东至浙江输电及配套电源点、银西铁路、包兰、宝中、干武铁路宁夏段增建二线等一批事关长远发展的大项目；要做好大柳树水利枢纽等项目的谋划工作，构建"竣工投产一批、施工在建一批、推进开工一批、前期储备一批、谋划论证一批"的项目梯次格局，切实提升项目带动经济调整转型的能力；要加大招商引资力度，发挥资源的比较优势和后发优势，找准东部产业转移的承接点，加强与优势资本和优势企业的战略合作，引进一批促进经济转型、优化产业布局的战略性、牵引性项目，以重大项目建设改造传统产业，培育新兴产业，提升产业层次。优化投资结构；要坚持扩大总量与优化结构相结合，市场引导与宏观调控相结合，更加注重优化投资结构，按照"非禁即入"的原则，加快民间投资挖潜激活力度，降低准入门槛，放宽投资条件，通过贷款贴息、税收优惠、规费减免等扶持措施，引导民间投资进入基础设施、基础产业和民生项目等建设领域，扩大民间投资对经济发展的拉动效应，努力形成以市场化投资为主的良性循环。

五是在优化产业发展平台上求突破。以一张蓝图绘到底、一任接着一任干的精神，落实好《宁夏空间发展战略规划》，加快构建"一主三副""两带两轴"的空间发展新格局。实施沿黄经济区带动战略，按照产城一体化的思路促进沿黄经济区资源高效开发和经济快速发展，不断增强沿黄经济区要素集聚、产业发展、人口承载能力；统筹规划城市及周边园区、乡镇配套设施，实现基本公共服务城乡接轨，不断提升沿黄城市的聚集承载力；发展城际轨道交通，增强城市间的互联互通能力；建设清水河城镇产业带，用清水河城镇产业带把山区城镇统起来，使之成为支撑中南部发展的重要增长极；突出文化元素和地域特色，全面推进固原市国家新型城镇化综合试点，加快建设西南新区，提升固原区域中心城市的辐射带动力；牢固树立绿色理念，巩固扩展大县城建设成果，进一步完善综合配套功能，加强公共服务，带动当地经济社会发展。

六是在增强产业发展活力上求突破。与发达地区，乃至周围省区相比，宁夏开放程度不高，外向型经济发展相对滞后。为此，要把对内开放与对外开放相结合，统筹国际国内两个市场，主动融入丝绸之路经济带建设，盯住国际市场，对接发达省区，以更加开放的姿态抓好"两区"建设；要实施好中阿博览会带动计划，深化宁夏与阿拉伯国家在贸易、投资、能源、农业、旅游和工程承包等领域的合作，发挥博览会在扩大商品贸易、技术引进、吸引投资，以及发展高新技术产业平台作用，发展会展经济，促进宁夏与国内外企业的经济技术合作；要实施开放通道拓展计划，打造陆上、网上和空中"三条丝绸之路"，建设便捷的内进外出大通道；要实施外向型园区培育计划，突出外向型经济发展，建设好银川综合保税区，发挥好已有工业园区功能，支持和引导社会资本参与园区建设和运营，探索异地共建、一区多园、飞地经济等园区发展模式，重点培育壮大一批外向型产业园区；要实施贸易便利促进计划，积极探索内陆地区自由贸易新模式，加强与西安、兰州、北京、天津港等主要外出通道和青岛、连云港、秦皇岛等出海通道的合作，打好先行先试牌，推进贸易便利化进程，努力打造丝绸之路经济带战略支点。

无论是古丝绸之路上传来的驼铃声，还是晋商乔致庸从福建贩茶叶到恰克图的路上，这两条古代的"黄金"之路在地图上形成一个交会点，那就是被黄河环抱的鱼米之乡——宁夏。多年来，"不沿边""不靠海"一直是宁夏对外经济发展的"瓶颈"，直到国家提出构建"一带一路"，给宁夏带来新的发展机遇。"以国家'一带一路'战略为引领，进一步打造丝绸之路经济带战略支点"，正在成为宁夏开放发展的新定位。未来，宁夏将进一步主动融入全国开放大格局，以打造丝绸之路经济带战略支点为主攻方向，大力推进以面向阿拉伯国家和世界穆斯林地区为突破口的对外开放，走出一条具有自身特色的经济发展之路。

第三章

宁夏融入"一带一路"建设的优势分析

习近平总书记提出建设"一带一路"倡议构想五年来，宁夏积极响应，利用自身资源优势和区位优势融入"一带一路"。宁夏是内陆省区，不沿边、不靠海、欠发达，但宁夏不保守、不封闭，不断扩大对外开放，着力打造"丝绸之路经济带"战略支点，主动融入国家"一带一路"倡议，有效培育起了丝路经济带互联互通的宁夏动力。

中国经济新常态使宁夏享有改革创新、转型升级带来的发展机遇，中国经济正在向形态更高级、分工更复杂、结构更合理的阶段演化，基础设施互联互通、新技术、新产品、新业态、新商业模式的投资机会大量涌现，为宁夏实现经济转型升级带来了新的契机。随着宁夏内陆开放型经济试验区和银川综合保税区建设的不断推进，宁夏通过政策、通道、平台、资源等优势，对资本、人才、政策等各类要素的吸引力越发增强，进而在招商引资、产业升级、对外经贸等方面对西北地区形成了强有力的吸引力。

第一节　宁夏融入"一带一路"建设的政策优势

"一带一路"倡议推进的同时，我国全方位开放新格局和开放型经济新体制也在构建之中。全国各省市都在抢抓国家新一轮扩大开放的历史机遇，千帆竞发、百舸争流。"一带一路"建设为内陆省区由开放腹地走向前沿提供了有利契机。宁夏不沿边、不靠海，发展不足、开放层次还比较低，唯有扩大开放，形成后发优势，破除体制机制障碍，激发开放活力，闯出一条内陆开放的新路子，以对外开放的主动赢得经济发展和竞争的主动，以开放促改革、促发展、促创新，建设内陆开放型经济试验区，才能在中国改革开放的2.0时代有所作为。

宁夏开放引领、先行先试，勇于创新，在围绕国家"一带一路"整体方针的基础上，结合宁夏区域特色出台了一系列决策和规划：《宁夏内陆开放型经济试验区规划》《宁夏空间发展战略规划》《关于融入"一带一路"加快开放宁夏建设的意见》《宁夏回族自治区国民经济和社会发展第十三个五年规划纲要》《金融支持宁夏融入"一带一路"加快开放宁夏建设意见的通知》《宁夏第十二次党代会报告》《关于深入推进宁夏内陆开放型经济试验区建设实施意见》等。

一、"一带一路"建设与开放型经济的双轮驱动

（一）政策战略层面的指导思想

2015年，国家发布《推动共建丝绸之路经济带和21世纪海上丝绸之路的愿景与行动》，其中明确将宁夏作为丝绸之路经济带的重要组成部分。宁夏回族自治区政府在《2016年宁夏回族自治区政府报告》中，主动提出要"深度融入国家'一带一路'建设，将向西开放优势转化为新的动力，努力把宁夏建成辐射西部、面向全国、融入全球的内陆开放示范区、中阿合作先行区和丝绸之路经济带战略支点"；在《2017年宁夏回族自治区政府报告》中提出，要"狠抓内陆开放，拓展发展空间；加快内陆开放型经济试验区建设，打造丝绸之路经济带战略支点，推进全方位、高水平的对外开放"；在《2018年宁夏回族自治区政府报告》中提出，要"主动融入'一带一路'建设，最大限度用好内陆开放型经济试验区先行先试政策，营造国际化、法治化、便利化营商环境；发挥中阿博览会平台作用，推进陆上、空中、网上开放通道建设，打造丝绸之路经济带战略支点，构建多层次、宽领域、全方位开放发展新格局。"

根据党的十八届五中全会精神和自治区党委关于制定国民经济和社会发展第十三个五年规划的建议编制的《宁夏回族自治区国民经济和社会发展第十三个五年（2016~2020年）规划纲要》（以下简称《纲要》），主要阐明了自治区党委的战略意图，明确了政府工作重点，是今后五年宁夏经济社会发展的宏伟蓝图，是全区人民共同的行动纲领，是政府履行职责的重要依据。《纲要》明确指出，要按照"五位一体"总体布局和"四个全面"战略布局，以创新、协调、绿色、开放、共享发展理念统领开放、富裕、和谐、美丽宁夏建设，以创新发展转型追赶为主线，以提高质量和效益为中心，大力实施开放引领、创新驱动、富民共享、生态优先战略，加快形成适应经济发展新常态的体制机制和发展方式，统筹推进经济建设、政治建设、文化建设、社会建设、生态文明建设和党的建设，确保实现与全国同步进入全面小康社会目标。《纲要》将"开放引领"放在"四大战略"之首，强调以更加积极有为的行动，推进更高水平的对外开放，加快构建开放型经济新体制，以对外开放的主动赢得经济发展的主动、赢得国际竞争的主动——这也是从战略层

面上表明了对加快建设开放宁夏步伐的重视程度,以及对宁夏区情的深刻把握。

(二) 政策战略层面的行动规划

为贯彻落实国家《丝绸之路经济带和 21 世纪海上丝绸子路建设战略规划》(中发〔2014〕14 号)中确定的重要政策举措,加快推进"一带一路"建设,宁夏率先提出了空间发展的战略规划。2015 年 6 月发布的《宁夏空间发展战略规划》(宁政发〔2015〕50 号)提出,要"抢抓国家实施'一带一路'重大机遇,主动适应经济发展新常态,以改革开放为动力,以提高经济发展质量和效益为中心,以产业转型升级为主攻方向,以内陆开放型经济试验区建设为载体,以项目为抓手,推动产业科学布局,扩大开发开放,推进信息化和工业化深度融合、工业化和城镇化良性互动、城镇化和农业现代化相互协调,实现经济社会全面、协调、可持续发展。"

2015 年 7 月,宁夏党委十一届六次全体会议通过《关于融入"一带一路"加快开放宁夏建设的意见》(以下简称《意见》),成为推进宁夏开放的纲领性文件。这是历史上宁夏党代会第一次以开放为主旨的全会,是布局及深化宁夏主动融入"一带一路"的总动员,凝心聚力建设丝绸之路经济带战略支点。《意见》指出,要"全面落实宁夏内陆开放型经济试验区规划,先行先试国家深化改革重大举措、先行先试扩大开放试点政策、先行先试国际通行规则标准、先行先试促进内陆开放体制机制、先行先试'一带一路'重大项目合作方式,着力提升开放型经济产业支撑能力,着力提升基础设施互联互通能力,着力提升开放平台辐射带动能力,着力提升市场主体国际竞争能力,着力提升人文经贸互融互动能力。把宁夏打造成辐射西部、面向全国、融入全球的中阿合作先行区、内陆开放示范区、丝绸之路经济带战略支点。"该《意见》明确了宁夏应主动融入"一带一路"建设,以打造丝绸之路经济带战略支点为主攻方向,坚持扩大开放与深化改革相结合、"引进来"与"走出去"相结合、全面开放与重点突破相结合进一步解放思想、创新机制、搭建平台、优化环境,着力提升对外开放水平,推动开放宁夏建设取得新突破。

2016 年 2 月,《关于金融支持宁夏融入"一带一路"加快开放宁夏建设的意见》(宁政办发〔2016〕30 号)出台,为着力提升金融业对内对外开放程度,有效满足宁夏融入"一带一路"过程中跨境资本流动、基础设施融资、贸易融资、产业融资、对外投资、风险管理等金融服务需求,充分发挥金融的资源配置功能提出了具体的发展策略和规划。

2017 年 6 月,宁夏回族自治区党委书记在中国共产党宁夏回族自治区第十二次代表大会的报告中指出,"推进全方位多层次对外开放。主动融入和服务国家发展战略,积极参与'一带一路'建设,着力打造丝绸之路经济带战略支点,构建对内对外开放新格局。充分发挥中阿博览会的平台作用,以企业为主体,以经贸合作为重点,吸引和聚集一批国内外企业参与'一带一路'建设。用好内陆开放型经济试验区先行先试的政策优势,以综合保税区和各类开发区建设为载体,以政策创新、制度创新为突破口,大胆试验、大胆探索,积极借鉴复制自由贸易试验区改革经验,营造国际化、法治化、便利化的营商环境,全面提升开放水平。发挥宁夏在中国—中亚—西亚经济走廊的主要节点作用,积极主动走出去,加快贸易口岸和境外产业园区建设,推动区内企业的产品、项目、技术、服务'全产业链出口'。深化与京津冀、环渤海、长三角、珠三角等地区的战略合作,加大精准招商力度,着力引进培育一批优质市场主体。"此报告明确了宁夏在融入"一带一路"倡议中的自身定位和主攻方向。

二、紧抓内陆开放机遇,构筑内陆开放型经济核心区

2012年9月12日,时任国务院副总理李克强在2012年宁洽会暨第三届中阿经贸论坛开幕式上宣布,同意在宁夏回族自治区设立内陆开放型经济试验区。宁夏是国务院批准设立的唯一覆盖全省域的内陆开放型经济试验区,试验区的批复创下多项第一——从试验区建议提出到《宁夏内陆开放型经济试验区规划》出台,仅用了一年半的时间,创造了同类规划从建议提出、规划编制到批复的最快速度,宁夏成为我国内陆地区第一个开放试验区,全国第一个以整个省域为单位的试验区,也是全国第一个将总体《规划》与综合保税区同步批复的试验区——这蕴含了党中央、国务院对宁夏的亲切关怀和国家发改委等有关部委对宁夏的大力支持。《规划》提出了宁夏实施内陆开放的"五大意义"①。

中国的发展需要兼顾地区平衡,并着力开拓新的经济增长点。复兴丝绸之路能带动经济实力较为薄弱的西部地区,有望形成新的开放前沿。欠发达地区与发达地区的差距,很大程度上源于开放时间落后、开放程度不深、开

---

① 宁夏实施内陆开放的"五大意义"在于:有利于探索内陆地区开发开放新路径、拓展我国外需市场空间、保障国家能源安全、促进资源型地区加快转变发展方式、维护民族团结和社会稳定。观点来源:宁夏内陆开放型经济试验区规划全文。

放范围不广、开放水平不高,而核心是开放的理念不能适应发展需要。宁夏的差距在开放,潜力在开放,希望也在开放,宁夏可以紧抓内陆开放型经济试验区建设的政策优势,先行先试,真正实现从"开放末梢"到"开放前沿"的升华。

三、国家层面重视推介,地方政府积极参与

国家历来重视西部地区发展,对于宁夏对外交流也给予充分肯定。2016年3月2日,中华人民共和国外交部部长王毅在"开放的中国:从宁夏到世界——外交部省区市推介活动"上表示,外交部推介的第一个对象就是中国中西部的宁夏回族自治区(见图3-1)。他认为,宁夏是中国非常有特色的中西部省份,是中国的"塞上江南"。随着"一带一路"建设的进一步推开,今天的宁夏已经成为中国对外开放的一张新名片,宁夏打造的中国—阿拉伯国家博览会和中阿论坛也已经成为"一带一路"建设的一个重要平台。中西部正成为中国对外开放的新前沿,外交部希望利用自己的优势促进西部开放,也为驻华使团了解中国打造平台,王毅介绍此次活动的意义时,不忘从细节入手:"宁夏贺兰山东麓有世界上最好的葡萄酒。"他希望各国企业与宁夏开展更多的合作和交流。时任宁夏回族自治区党委书记的致辞描绘了宁夏多种文化交融的魅力:宁夏作为古丝绸之路必经之地和商埠重镇,在《马可·波罗游记》中有生动记载;作为全省域内陆开放型经济试验区,三届中阿经贸论坛和两届中阿博览会得到阿拉伯国家的积极参与。时任宁夏回族自治区政府主席用"宜居、宜业、宜商、宜游、宜创"五大特点来标志宁夏特色,邀请现代精细化工产业、农业开发和农产品精深加工、大数据云计算产业,旅游等相关企业与宁夏合作共赢。

2016年9月8日,以"深化友谊、携手发展"为主题的2016宁夏国际友好城市论坛在银川开幕,来自罗马尼亚、哈萨克斯坦、日本等10多个国家政府代表团、3个国际友好组织代表团的近百名中外嘉宾参加论坛。自治区副主席与罗马尼亚国家自由党第一副主席伊尔福夫省省长马里安·彼得拉凯签署宁夏与罗马尼亚伊尔福夫省建立国际友好区省备忘录;与哈萨克斯坦克孜勒奥尔达州农业部部长热汗诺夫·巴克努特签署宁夏与哈萨克斯坦共和国克孜勒奥尔达州建立友好关系协议书。银川市与美国密苏里州斯普林菲尔德市签署建立国际友好城市备忘录;与约旦哈希姆王国卡拉克省卡拉克市建立国际

图 3-1 外交部部长王毅向中外来宾介绍宁夏发展情况

资料来源：开放的中国：从宁夏到世界［EB/OL］. http：//topic.nxnews.net/2016/tjnx/.

友好城市备忘录①。

2017年9月6日，中国—阿拉伯国家博览会在银川隆重开幕，中共中央总书记、国家主席习近平发来贺信，全国人大常委会副委员长张平代表中国政府出席开幕大会并发表主旨演讲。2017中国—阿拉伯国家博览会由商务部、中国贸促会、自治区人民政府共同主办，秉持"传承友谊、深化合作、共同发展"宗旨，以"务实、创新、联动、共赢"为主题，以经贸合作为核心，以科技和农业合作为支撑，围绕商品贸易、服务贸易、技术合作、投资合作、旅游合作等领域组织系列展览和会议活动。自治区党委、人大、政府、政协有关领导同志，埃及、印度尼西亚、约旦、韩国、科威特、吉尔吉斯斯坦、黎巴嫩、毛里塔尼亚、摩洛哥、新西兰、阿曼、沙特、阿联酋等国家的43位部长级官员；18个国家部委，31个省、市、自治区及香港特别行政区的代表；14个国家的29位驻华外交官、117家中外大型商协会、1232家大型企业代表及国内外新闻媒体记者参加开幕大会。2017中阿博览会共签约项目253个，计划总投资1860.5亿元。其中，合同项目81个，投资额915.8亿元；协议项目154个，投资额944.7亿元；合作备忘录17个；友好城市协议1个。签约项目涉及农业及食品加工、新技术新材料、装备制造、生物制药、能源化工、生态纺织、产业园区建设等8个领域。据悉，中国贸促会分别与埃及、约旦、巴勒斯坦等6个国家和地区签订了8个合作备忘录。宁夏分别与埃及、

---

① 宁夏回族自治区发展和改革委员会［EB/OL］. http：//www.nxdrc.gov.cn/info/1022/10294.htm.

沙特、毛里塔尼亚、吉尔吉斯斯坦、黎巴嫩、新加坡、泰国等21个丝路沿线国家和地区签订了66个合作项目①。

四、打造高效服务型政府，推进全方位服务体系建设

2017年7月17日，习近平主席在主持召开中央财经领导小组第十六次会议中指出，"要改善投资和市场环境，加快对外开放步伐，降低市场运行成本，营造稳定公平透明、可预期的营商环境，加快建设开放型经济新体制，推动我国经济持续健康发展。" 2018年1月3日，李克强总理主持新年第一次国务院常务会议时指出，"优化营商环境就是解放生产力、提高综合竞争力。"

2016年4月，宁夏被中央批准成为继海南之后全国第二个空间规划（多规合一）省级改革试点，银川市成为全国第一家行政审批权相对集中的省会城市。自2017年宁夏回族自治区第十二次党代会以来，随着"放管服"改革的深入推进，宁夏营商环境有了很大改善。2017年，宁夏新登记私营企业29226家，同比增长9.0%；新登记个体工商户65805户，同比增长3.0%，新登记农民专业合作社2864户，同比增长5.0%，各类电商创业园、电商物流园纷纷建立，平均每天诞生创客290余人。2018年，中国营商环境升维百强榜发布，首府银川市位列第34位，成为仅次于西安市的西北五省省会城市，体现出良好的营商环境。

（一）相关法律措施逐步出台，营造公平透明的法律环境

2018年5月4日，宁夏回族自治区政府出台《关于扩大对外开放积极利用外资若干措施的实施意见》，通过放宽相关领域外资准入限制等5条措施，进一步加大对外开放；通过落实外资企业同等享受税收等各类优惠政策等8条措施，进一步营造公平竞争的投资环境；制定出台招商引资优惠政策等4条措施，进一步加大招商引资力度；2017年3月22日，银川市人民政府关于在市场体系建设中建立公平竞争审查制度的实施意见发布，对相关问题进行了清理和整改；2018年5月，银川市印发《银川市守信联合激励和失信联合惩戒措施清单（2018年）》，继续完善《银川市守信联合激励措施清单》和《银川市失信联合惩戒措施清单》，不断创新信用监管措施，完善红黑名单的

---

① 2017中阿博览会：释放活力收获红利［EB/OL］. 中国贸易报—中国贸易新闻网，http://www.chinatradenews.com.cn/content/201709/12/c4731.html.

认定和退出机制等配套制度，加快构建"守信一路畅通，失信寸步难行"的奖惩体系，打造诚实守信的营商环境；2018年6月14日，银川市公安局召开"服务民生服务发展便民惠企措施"新闻发布会，推出11项便民措施，9项惠企措施。

（二）建设社会化服务环境，着力打造高效便民的政务环境

在行政审批方面，自2017年6月以来，宁夏回族自治区政务服务中心会同自治区编办、法制办按照"三级四同"原则编制完成了区市县政务服务事项目录清单和实施清单，共梳理出"三级四同"事项1223项，将实施清单要素从原来的23个扩展为87个，其中58个要素内容由自治区统一确定，全区一个标准；2017年12月底完成了所有"三级四同"事项、乡镇（街道）事项和近250万条要素内容的审核确认、录入上网、划转承接和补充完善工作，其中宁夏政务服务事项87个要素和网上办事指南70个要素，堪称全国最精细。2018年4月，国务院办公厅对31个省区市和新疆生产建设兵团2017年网上政务服务能力开展了第三方评估，并发布《省级政府网上政务服务能力调查评估报告（2018）》，结果显示，宁夏排名第11位，较2016年度上升12个位次，在西北地区位列第一，反映出宁夏政府网上政务服务能力大幅提高。

在税收方面，宁夏着力优化税收营商环境。采取先行排除限制竞争税收政策措施，清理相关文件，提高税收征管制度和规范性文件的科学性、合法性水平；严格进户执法计划管理，进一步清理并减少税务检查，深化国地税联合稽查，适当降低对新产业、新业态、新模式和初创企业、小微企业随机抽查的比例和频次；推出5类17项46条便民措施，着力提高纳税服务质量和效率，全面提升税务干部服务纳税人，服务市场主体的能力和水平。

在进出口贸易方面，宁夏积极为企业报关报检提供便利。2018年4月，银川海关和宁夏出入境检验检疫局机构改革后相关业务进行整合，企业通过登录国际贸易"单一窗口"同时提交报关、报检资质申请，便可就近在银川市内任一业务大厅同时办理报关报检资质备案，办证时间由原来的2天缩短为10多分钟，真正实现了"一个系统申报、一个窗口受理、一站式审批、一条龙服务"。截至2018年6月底，银川海关共为24家新增外贸企业办理了报关报检资质备案。"单一窗口"报检覆盖率稳定在100%[1]。

---

[1] 张瑛，倪万琦. 今年上半年宁夏实际利用外资6934万美元［N］. 宁夏日报，2018-07-31（09）.

第二节 宁夏融入"一带一路"建设的通道优势

宁夏位于我国西北与华北交界地带，是联系西北与华北地区、蒙西与西南地区的交通要道，地处国内资源富集区域和主要消费市场的中间地带，位于新欧亚大陆桥国内段的中间位置。向东，包兰铁路、太中银铁路、宝中铁路与京津冀、长三角、珠三角三大经济区及出海口连接；向西，包兰铁路、干武铁路、银川经阿拉善左旗至策克铁路和临河至哈密铁路可与通往中亚、中东的阿拉山口、霍尔果斯、喀什等我国边境口岸连接，宁夏属于国家"两横三纵"城镇化格局的中枢，是中国与沿线各国物流的低成本通道。

宁夏接近我国的几何中心，紧邻雅布赖国际航路，3000千米以内可以覆盖西亚、中亚各国，向西从银川出境距离比华北缩短1.5小时航程，比华东缩短2.5小时航程，拥有扩大空域资源的巨大潜力，且地处新欧亚大陆桥国内段关键节点和中国—中亚—西亚经济走廊的中心区域，具有承接航空客货流，辐射西北，联结华北、东北，通往西亚、北非航空枢纽的集运能力和条件，是我国通往阿拉伯国家空中走廊的重要门户。目前，宁夏已拥有第三、第四、第五航权，开通多条国际航线，银川河东国际机场三期扩建、空港经济区正在抓紧建设，综合保税区封关运营状况良好。

建设丝绸之路经济带，可以发挥宁夏的陆空优势，加快建设区域性物流枢纽和我国内陆空中门户，增强国内国际间的经贸往来，通过建设陆上、空中和网上丝绸之路，打造对外开放的"宁夏通道"新优势，把宁夏推向"一带一路"建设极具影响的重要位置。

一、畅通陆上丝绸之路

宁夏自古就是古丝绸之路的必经之地和商埠重镇，是东中部地区进入河西走廊、新疆，通往中亚、欧洲的便捷通道。宁夏北踞贺兰，南依六盘，位于中国西北部,素有"关中屏障,河陇咽喉"之称,历代为中国西北要塞,具有重要的军事战略地位。北朝、隋唐时期,是丝绸之路的发展鼎盛时期;至五代宋初,丝绸之路由鼎盛转至衰落;蒙元时期再度繁荣。其间,宁夏正处于少数民族进入中原的丝绸之路之要冲。在宋朝以前,宁夏的原州(今宁夏固原市)和灵州(今宁夏吴忠市)便成为宁夏南部和北部的政治、经济、文化中心,这两个横亘于中亚丝绸之路东段北道上的重镇以丝绸之路为纽带,同迁徙的游牧民族和中亚、西亚的贡使、商贾、僧团的频繁往来,将古代希腊文化和欧亚草原文明、中原文化和古波斯文明融汇于此,为今人留下了珍贵的文化遗产。今日,宁夏处在国家东进西出、南下北上的特殊区位,紧抓国家加快推进丝绸之路沿线国家和省区基础设施互联互通的机遇,实施铁路提速联通、高速公路贯通等工程,加快区内便捷、周边畅通、全国联通三个通道圈建设,着力构建高效、便捷、通畅的陆上丝绸之路网络。

(一) 高速公路贯通

2013~2017 年,宁夏公路水路累计完成固定资产投资 809 亿元,共争取车购税资金 177 亿元(是前五年的 2.2 倍),新增高速公路里程 285 千米,完成国省道改造 1300 千米。全区高速公路通车里程达到 1609 千米,实现"县县通高速公路"目标,普通国省干线通车里程达 4960 千米、农村公路通车里程达 2.6 万千米,专用公路里程达 1947 千米①。

(二) 铁路提速联通

2015 年,宁夏出台《关于融入"一带一路"加快开放宁夏建设的意见》,由此开放通道建设成为开放的先行和基础,宁夏力争通过争取中央补助资金、发行债券、PPP 等融资模式,以打通交通基础设施建设关键通道关键节点为重点,实施铁路提速连通工程、高速公路贯通工程和机场枢纽畅通工程,加快建设向西开放四条通道,其中,西北通道以推动建设乌银高速、京呼银兰客运专线、银川(中卫)至乌力吉铁路为重点,经包兰铁路和京藏高速向北至内蒙古临河,对接新亚欧大陆桥通道北线和中蒙俄通道西线,再经新疆和内蒙古口岸出境;西向通道以推动建设中卫至武威客运专线为重点,沿干武铁路和定武高速至甘肃武威,对接新亚欧大陆桥通道中线;西南通道以加快

---

① 2018 年宁夏回族自治区交通运输工作会议召开 [EB/OL]. http://www.chinahighway.com/news/2018/1163485.php.

建设中卫至兰州客专及乌玛高速、青兰高速为重点，经包兰铁路和京藏高速至甘肃兰州，再经西宁、格尔木、喀什，对接中国—中亚—西亚及中巴通道；南向通道以加快建设宝中铁路增建二线及银昆高速为重点，经宝中铁路和福银高速至陕西宝鸡，连通成渝地区后经云南、广西的沿边口岸，通往南亚、东南亚。

在完善原有铁路线路的基础上，宁夏还开行了西部货运快列，开辟了银川至青岛、连云港、秦皇岛等出海通道。

(三) 陆路口岸功能完善

为推动大通关建设，积极打通东向出海、西向和北上出境通道，宁夏与上海、天津、内蒙古、新疆、江苏等省区签署了口岸合作备忘录。西北五省检验检疫区域联动联合执法机制亦开始实施。宁夏与丝绸之路经济带沿线九个省市和十家海关正在共同开展区域通关一体化改革。此外，天津—惠农—枣园堡货运快线已于2014年开通，每年新增经停惠农、银川、中宁口岸的货运班列100多列，陆路口岸功能进一步完善。

(四) 中阿、中欧专列开通

2016年1月15日，中亚"中阿号"国际货运班列从银川南站首发，依托太中银—武威—新疆低成本通道优势，我国北方地区又增加了一条连接中亚五国的铁路现代化物流圈。路线为银川南货场—新疆阿拉山口—俄罗斯、哈萨克斯坦、乌兹别克斯坦、土库曼斯坦、塔吉克斯坦、吉尔吉斯斯坦等国家。截至2017年6月底，"中阿号"2017年已发53列、2160车[1]。

2017年7月，首列满载法国货物的中欧集装箱测试班列抵达宁夏中卫迎水桥口岸，经宁夏检验检疫部门检验检疫合格后准予放行。此趟中欧班列装载货物为进口的法国食品、饮料及酒，货值3.546万欧元，由法国经公路运输到达荷兰，自荷兰蒂尔堡口岸途经德国、波兰、白俄罗斯、俄罗斯、哈萨克斯坦五国，由新疆阿拉山口岸入境后到达中卫。班列行程1.1万多千米，共用时20天，相比海运可节约10多天运输时间，比空运节约80%的运输成本。此次测试班列顺利成行后，中欧班列将以每年50列的频率往返欧洲与宁夏之间。

---

[1] 宁夏首列中欧班列顺利入境 [EB/OL]. http://paper.people.com.cn/rmrbhwb/html/2017-07/29/content_ 1794255.htm.

二、搭建空中丝绸之路

在空中丝绸之路建设方面，随着银川河东国际机场三期扩建工程3600米跑道成功试飞，宁夏打破了没有跨洲大型飞机的运行历史。2017年12月，宁夏回族自治区政府办公厅印发了《银川河东国际机场航线网络建设方案》，进一步明确了航线网络建设的发展目标、发展思路、实施步骤、保障措施和任务分工。

（一）航线建设

截至2016年底，银川河东国际机场已先后开通了银川至首尔、曼谷、大阪、迪拜、新加坡、中国台湾、中国香港等国际和地区航线，成为全国第五个实现"省会通"的机场，机场现已开通覆盖全国51个城市、六个国家和地区的70条航线。2016年，银川河东机场出入境人数达20万人次，航班达到3581架次，较2015年同比分别增长89.5%和146.5%，再创历史新高，其中，2016年5月3日，阿联酋航空公司开通迪拜—银川—郑州航线，使银川成为阿联酋航空在中国内地继北京、上海、广州之后的第四个、中西部地区的第一个通航点；宁夏货运航空公司也已投入运营，开通银川—哈萨克斯坦国际货运包机，东航银川基地公司投入运营。

预计到2021年，宁夏将全面开通直飞所有省会城市、28个区域枢纽城市、重要旅游城市以及宁夏周边省份主要城市的"米字形"国内航线网络，建成西部地区重要的区域性枢纽机场；逐步开通以面向中东、非洲、欧洲为主，连通东北亚、东南亚为核，逐步扩展到美洲和大洋洲为辅的"一主两核三辅"国际航线网络，基本建成我国面向"丝绸之路"经济带沿线国家的门户枢纽。在未来的发展中，宁夏还将逐步扩展直通海湾六国航线，逐步开通面向欧洲和中东国家的货运包机，把银川河东国际机场打造成面向阿拉伯国家和伊斯兰地区的门户机场、区域航空枢纽和货运集散中心，同时积极用好第五航权资源，探索购买和参股阿拉伯国家大型国际航空公司股权，推动境外旅客购物离境退税和国际中转旅客72小时过境免签政策落地。

（二）机场建设

"十三五"期间，宁夏机场公司将坚持航空市场主战场战略，充分利用航权和区位优势，全力巩固和扩大中阿主通道建设，大力拓展银川至中东、中亚等穆斯林国家地区的航线航班，形成以银川为中转中心的中阿国际门户，从而扩大辐射周边省区的支线网络，打造区域枢纽升级版，为"丝绸之路经济带"重要战略支点和"向西开放"高地建设提供有力支撑。目前，银川河东国际机场8万平方米T3航站楼已投入使用，跑道已加长至3600米，拥有停机位42个，登机廊桥22部，配有先进的航行管制、航空气象、通信导航设备，属4E级国内干线机场，可起降A380以下各类机型，可满足年飞行起降8.9万架次、旅客吞吐量1000万人次、货邮吞吐量10万吨的发展需求。

预计到2020年，宁夏机场公司通航城市将达到100个，驻场运力超过20架，旅客吞吐量突破1000万人次，货邮吞吐量突破5万吨，形成以机场为核心的立体化交通网络，将银川河东机场打造成为彰显地域特色、人文风采和开放宁夏的窗口，为自治区融入"一带一路"发展战略提供基础支持和强劲动力。同时，统筹基本建设，全面夯实发展根基。

（三）航空运量

"十二五"期间，银川河东国际机场累计完成运输起降19.32万架次、旅客吞吐量2148.81万人次、货邮吞吐量14.42万吨，年均增速达12.34%、12.92%、10.44%。2016年客运吞吐量达634万人次，同比增长17.7%，高出全行业平均增长率6.6个百分点，其中，国际旅客吞吐量达16.32万人次，同比增长72%，高出全行业平均增长率49个百分点，是2012年国际旅客吞吐量的9.7倍；累计完成货邮吞吐量14.42万吨，年均增速10.44%。2016年货邮吞吐量3.71万吨，同比增长11.34%，高出全国机场平均增长率4个百分点[1]。

三、打造网上丝绸之路

《"十三五"国家信息化规划》提出了网上丝绸之路建设行动的目标，即到2018年，形成与中东欧、东南亚、阿拉伯地区等有关国家的信息经济合作大通道，促进规制互认、设施互联、企业互信和产业互融；到2020年，基本

---

[1] 关于《银川河东国际机场航线网络建设方案》的解读[EB/OL]. http://www.nxdofcom.gov.cn/zcfgzcjd/5261.html.

形成覆盖"一带一路"沿线国家和地区重点方向的信息经济合作大通道,信息经济合作应用范围和领域明显扩大。网上丝绸之路将对共同打造政治互信、经济融合、文化包容的利益共同体、命运共同体和责任共同体发挥重要的作用。

(一)宁夏电子商务飞速发展

2012年,宁夏软件园被列为国家电子商务示范基地。2011~2014年,宁夏首府银川市先后被批准成为国家电子商务示范城市和跨境电子商务试点城市,使宁夏跨境电子商务发展获得了难得的机遇。2013~2016年,宁夏先后建立中阿贸易平台"优百贸"、上线银川电子商务业务和跨境电子商务进出口统一版等助推跨境电子商务发展的项目,各项目主要是通过与国内知名品牌合作,建立双向大平台为企业的进出口服务,以丝绸之路沿线国家和阿拉伯国家为主建造商品集散和商贸物流中心,和中东厂商联袂,打通银川对接全球市场的网上丝绸之路,利用多渠道把企业特色商品展示到阿拉伯地区乃至全世界,让宁夏更深层次地融入"一带一路"的建设中。

2018年3月,国家发改委下发2018年数字经济试点重大工程专项,宁夏中阿跨境电商出口及认证标准综合服务平台项目列入国家"一带一路"数字丝绸之路建设合作工程,获得国家补助资金3000万元。中阿跨境电商出口及认证标准综合服务平台项目是宁夏建设中阿网上丝绸之路经济合作试验区的重点项目,项目总投资1.8亿元,主要为中国与阿拉伯地区的企业和消费者提供商品在线交易、境内外通关、商品检验及支付结算等一站式解决方案,以推动中阿跨境贸易快速发展。

目前,宁夏银川贺兰县全面启动了电商兴农工程,已打造了两个电商镇,22个电商村,吸纳创业、就业800余人,全县电商交易额达到8000余万元;中宁县建立起集仓储周转、技术服务和产品销售"三位一体"的县域服务中心,实现了以枸杞为代表的本地农特产品销售线上线下融合发展;盐池县引进知名电商企业,通过大宗产品交易与产品深加工相结合,共同开发甘草产业;同心县发挥闽宁协作优势,由闽宁协作资金投入200万元,搭建本土化电商综合服务平台"回回集市",并引进福建电商人才,支持本地电子商务发展;西吉县依托本地电商平台,培育电商品牌,对刺绣、小杂粮、土豆深加工产品等特色农产品进行开发,形成一批适合电子商务销售的产品(见表3-1)。

表 3-1 2013~2017 年宁夏电子商务发展项目

项目名称	成立时间	项目介绍
优百贸	2013 年	与国内知名品牌合作向境外推广宁夏特色产品
丝路通	2013 年	旗下跨境平台联合国内知名企业,促进宁夏跨境电商发展
一号店特产中国银川馆	2015 年	为宁夏孵化培养跨境电商人才,结合"一带一路"政策,将宁夏特色产品推广到境外,助推经济发展
网上丝绸之路	2016 年	建造以"丝绸之路"沿线国家和城市为商贸物流中心,推进建设宁夏"一带一路"
宁夏跨境电子商务进出口统一版系统上线	2016 年	通过设立海外采购中心,由国际物流分散发放商品
吴忠市穆斯林商品推至中东中亚市场	2016 年	通过中阿博览会等大型平台建设经销中心,助力发展宁夏清真产品进入"丝绸之路经济建设带"
敦煌网宁夏区域运营中心	2017 年	着手建设线上"宁夏产业特色馆",以帮助宁夏企业上线,一年之内完成 200 家商户上线,3 年内引导 500 家本地传统生产型企业向跨境电子商务转型,带动 200 家本地及周边生产制造型企业、外贸型企业实现本地通关
大龙网和九鼎投资	2017 年	以 PPP+PE 的创新模式在宁夏回族自治区投资,打造"1+3+5"全域跨境电商特色新城体系,即打造 1 个具备完整功能的"全域跨境电商运营中心"、3 个市"跨境电商产城融合基地"、5 个"跨境电商特色小镇"

资料来源:银川日报 2013 (7), 2016 (5), 及网上信息汇总。

(二) 电商创业园全面建设

2016 年 4 月,位于贺兰县奥特莱斯北侧的贺兰县宁浙电商创业园进口商品馆开业,该馆是西北地区首个全球进口商品集散中心,包含美国馆、瑞士馆、日本馆、泰国馆等 30 个国家进口商品馆,汇聚了 3 万多种商品,这些商品均从国外直接采购。

2016 年 9 月,银川电商物流园、中阿跨境电商产业园开园,标志着贺兰县电商产业多元化、差异化的发展格局初步形成。银川电商物流园投资 3 亿元,建成 11 万平方米的电商仓储、快递分拣和互联网体验区,入驻运营顺丰、申通、中通、百世汇通等 8 家全国知名快递物流企业;阿里巴巴农村淘宝、苏宁易购、京东商城等 12 家知名电商企业,全部建成后,可日处理快递包裹 30 万件，年网络营业额 3.5 亿元，实现利润 3000 万元，新增就业岗位 3000 个。银川电商物流园现已有物流企业、快递公司、中小企业、担保企业共 12 家，园区众创空间已引入 50 多家创客及创业团队，5000 平方米的城市公共服务仓为 30 多家创业团队及 10 多家德胜工业园区企业提供仓配一体化服务，日均进出快递物流超过 15 万单。中阿跨境电商产业园利用建筑面积达 7910 平方米的陕商大厦闲置楼宇，主要面对中东及东南亚开展跨境电商交易，已入驻各类跨境电商企业 20 多家。此外，贺兰县还将在中阿跨境电商产业园设立宁夏中阿商品交易中心，打造集信息流、资本流、商品流、物流互联互通的合作平台，开辟宁夏特色产品通往国际市场新通道，培育宁夏经济新的增长点。

（三）云数据支撑平台建立

目前，宁夏正在全面推进"智慧宁夏"建设，充分发挥信息化的便捷优势，加快实施政务、民生、旅游等"八朵云"，打好民生牌、政务牌。加快发展大数据、云计算产业，依托中卫西部云基地和银川大数据中心，建设中阿国际网络节点，打造国家级云计算服务输出地。大力发展对阿跨境电子商务，重点发展互联网金融、跨境电商等新业态，吸引企业在宁设立区域运营中心、结算中心和物流配送中心，构建跨境电子商务产业圈。2014 年 12 月，宁夏跨境电子商务上线运营，这使宁夏服务贸易发展取得了重大突破；中卫西部云基地规划建设中卫工业园区、迎水桥、宣和寺口子三个数据中心基地，计划 5 年内达到 120 万台服务器的规模；西部云基地科技有限公司亚马逊 AWS 代建代维的新一代数据中心 3 个点已开工建设，一期 3.5 万台服务器已于 2015 年年底投入运营；云创公司一期项目 2 栋 IDC 机房主体完工，二期机房也已破土建设。

（四）多措并举支持电子商务发展

2015 年 11 月，宁夏回族自治区政府出台了《关于促进电子商务发展加快培育经济新动力的实施意见》（以下简称《意见》）。《意见》提出，力争到 2020 年，全区网络零售交易额达到 300 亿元，网络零售销售额突破 100 亿元，跨境电商交易额占全区进出口总额的 10% 以上[①]。根据《意见》，宁夏将加大

---

① 宁夏出台政策支持跨境电商发展 [EB/OL]. http：//www.cqn.com.cn/news/zggmsb/diwu/1095541.html.

电子商务就业创业扶持力度，对符合创业贷款条件的网络商户，优先享受创业小额担保贷款，由同级财政部门给予不超过10万元额度的贷款贴息政策支持。同时，宁夏还出台举措强化人才服务支撑，对获评国家或自治区级电子商务技能大师工作室的给予10万元专项补贴；对企业电子商务人才入选自治区领军人才、青年拔尖人才的，按照每人3万~50万元不等的标准给予入选所在企业专项经费资助。

2017年4月，宁夏商务厅和财政厅联合下发《关于申报2017年商务发展促进资金（外经贸）支持跨境电子商务发展项目的通知》（宁商发〔2017〕27号）[1]，对企业进行奖励。为提高跨境电商通关服务水平，宁夏将加快国际贸易"单一窗口"建设，促进电子口岸报关报检、支付结算、退税业务系统的融合互通及与大型电子商务平台的系统对接，建立涵盖经营主体和电子商务进出口全流程的跨境电子商务服务平台，并将申请设立国际邮件交换站。

第三节 宁夏融入"一带一路"建设的平台优势

宁夏已经六次成功举办中阿博览会（包括三届原中阿经贸论坛），作为"一带一路"十大战略平台之一的中阿博览会，其影响正日渐扩大，核心主题越来越聚焦于金融、能源、农业、基础设施投资、商业合作等热点领域。中阿博览会已经成为中国与阿拉伯国家及地区进行经贸合作、文化交流于一体的综合性平台，在国际上影响广泛而深刻，得到了"一带一路"沿线主要国家和国内众多省份的广泛认同。目前，中阿博览会、宁夏内陆开放型经济试验区建设、银川综合保税区对于拓展宁夏对外开放的深度和广度，助推"丝绸之路经济带"畅通，均发挥了重要的平台作用。

---

[1] 关于申报2017年商务发展促进资金（外经贸）支持跨境电子商务发展项目的通知[EB/OL]. http://www.nxdofcom.gov.cn/tzgg/3448.jhtml.

一、中阿博览会的综合平台作用凸显

中国—阿拉伯国家博览会（以下简称"中阿博览会"）是经国务院批准，由中国商务部、中国国际贸易促进委员会、宁夏回族自治区人民政府共同主办的国家级、国际性综合博览会，其前身是中阿经贸论坛。自2010年以来，在宁夏已经成功举办了三届中阿经贸论坛和三届中阿博览会（自2014年中阿博览会改为每两年一届），在国际、国内产生深远影响，得到包括阿拉伯国家及其他穆斯林地区在内的"一带一路"沿线国家的广泛欢迎。

中阿博览会的成功举办，使宁夏具备了融入"一带一路"的良好条件。自2010年以来，宁夏秉持"传承友谊、深化合作、共同发展"的宗旨，办会的体制机制日趋成熟，合作的广度深度不断拓展，取得了丰硕成果，前五届累计已有30位中外政要，335位中外部长级官员，140位外国驻华使节，99个国家、地区和国际机构，139家大型商协会，6500多家大中型企业和金融机构的代表以及4.7万多名参展商、采购商参会参展。

2017年9月，在宁夏国际会堂，以"传承友谊、深化合作、共同发展"为宗旨的2017中国—阿拉伯国家博览会隆重开幕。2017中阿博览会签约项目253个，计划总投资1860.5亿元，其中，合同项目81个，投资额915.8亿元；协议项目154个，投资额944.7亿元；合作备忘录17个；友好城市协议一个。签约项目涉及农业及食品加工、新技术新材料、装备制造、生物制药、能源化工、生态纺织、产业园区建设、现代服务业八个领域。科技部与埃及、苏丹、摩洛哥三个国家签订三个合作协议和一个备忘录；中国贸促会分别与埃及、约旦、巴勒斯坦等六个国家和地区签订八个合作备忘录①。经过这几年的努力，中阿博览会已成为服务国家"一带一路"建设，推进我国与阿拉伯国家和世界穆斯林地区务实合作的综合性平台，为促进中阿高层交往、经贸往来、人文交流发挥了积极作用，在中阿共建"一带一路"中发挥了重要的机制作用，取得了显著成果。宁夏作为丝绸之路沿线省区和中阿博览会主办地，正努力用好这块"金字品牌"，积极融入"一带一路"建设，以加快建设丝绸之路经济带重要一环为主攻方向，为国家"一带一路"建设做出宁夏贡献。

---

① 2017中阿博览会达成签约项目253个，总投资1860多亿元［EB/OL］. http：//news.163.com/17/0908/12/CTQHLVR100018AOR.html.

二、内陆开放型经济试验区建设初见成效

2012年9月,国务院批复了宁夏内陆开放型经济试验区。试验区批复以来,积极探索内陆开放型经济发展模式,不断完善工作思路,试验区各项建设取得了阶段性成效。2013年以来,"一带一路"倡议的提出,为宁夏内陆开放带来了新的机遇,这是国家大战略和宁夏新使命的历史性契合。特别是习近平主席在2014年6月召开的中阿合作论坛第六届部长级会议上的重要讲话,明确提出将阿拉伯国家定位为我国共建"一带一路"的天然合作伙伴,凸显了中阿合作在我国整体对外开放格局中的重要地位。为此,自治区党委、政府审时度势,提出将试验区建设融入国家"一带一路"建设之中的发展方向。2015年7月,自治区党委十一届六次全会审议通过了《关于融入"一带一路"加快开放宁夏建设的意见》;同年12月,自治区政府印发了《宁夏参与丝绸之路经济带和21世纪海上丝绸之路建设规划》,将试验区建设、"一带一路"、开放宁夏建设融为一体,成为推进国家战略和自治区重大部署的结合体。

三、银川综合保税区引领开放

为深入拓展我国与伊斯兰世界的全方位经贸合作,构筑面向阿拉伯国家及穆斯林地区的内陆开放型经济新格局,加快宁夏经济社会发展,进一步完善我国对外开放布局,提升宁夏对外开放水平,宁夏回族自治区党委、政府立足于服从和服务于国家对外开放战略的高度,于2011年正式启动银川综保区申建工作。2012年7月9日,海关总署正式启动了银川综保区的审批程序;同年9月10日,国务院批准设立银川综保区;同年9月12日,李克强副总理在第三届中阿经贸论坛开幕式上正式宣布国务院批准在宁夏建立内陆开放型经济试验区,同时批准建立银川综保区。2013年3月,银川综保区正式开工建设,当年9月验收合格,12月正式封关运营,创造了在全国审批速度最快、建设速度最快的两项纪录。

银川综保区自2012年获批建设以来,围绕"引领全区、面向全国、融入世界"的总体定位,先行先试、创新发展,在园区规划、招商引资、项目建设、通道拓展、口岸协调、开放合作等方面积极探索,集聚宁夏开放型发展

资源的效应已初步显现，促进了临空经济的发展，成为宁夏对外开放的重要平台之一。2015年3月，银川综保区加入世界自由区组织，与迪拜空港、硅谷城自由区签署战略合作协议。2015中阿博览会期间，银川综保区组织召开了"构建中阿自由贸易园区研讨会"，并促成自治区政府与世界自由区组织签订了战略合作协议。

银川综保区的主要功能为出口加工、口岸物流、保税物流、商品展示、研发设计、生产性和流通性服务贸易等内容，重点围绕黄金珠宝、葡萄酒、轻纺、清真食品及穆斯林用品、航空、生物科技、电子信息、现代物流八大产业发展方向开展招商引资，体现了"高端发展、对阿特色、区域带动"的建设原则。跨境电商监管服务平台、国际快件监管中心、邮政集团银川邮件处理中心等项目的建成，保税进口业务的获批，也为宁夏发展跨境电商提供了有力支撑。

（一）集聚开放型发展资源的效应显现，引领宁夏开放型经济发展

银川综保区自2014年封关运行，当年实现进出口总额17.328亿美元，占当年全区总额的31.9%，在当年西部省份7家综保区中排名第3位；2015年实现进出口总额20.74亿美元，分别占宁夏和银川市进出口总额的45%和54.7%，在全国有进出口实际业绩的32家综合保税区中排名第12位，在当年西部10家综保区中排名第5位。2016年1~6月，银川综保区累计已完成外贸进出口总额8.07亿美元，比上年同期增长21.0%，完成年度目标任务的26.9%，其中有15家服务类外贸进出口企业实现进出口额7.32亿美元，占总量的89.6%，保税服务的带动和引领作用日益凸显。截至2016年9月，招商引资到位资金累计20.74亿元，注册企业236家，同比增长19.7%，占当年全区引资总额的54.7%。

2016年1~6月，银川综保区累计完成工业总产值22248万元，同比上年增长69.4%，环比一季度增长1.33倍，其中，宁夏如意生态纺织有限公司累计产出棉纺纱线5774吨，实现工业生产总值7514万元，完成销售产值7757万元，产销率超过100%，引进的如意高档纱线加工项目带动了贺兰生态纺织园、滨河新区3000万件高档衬衫、300万套高档西装等项目落地投产；宁夏金银街黄金珠宝文化产业园有限公司总投资6.62亿元，累计实现生产加工总值10980万元，该项目属于典型的"两头在外"产业，原料100%来源于香港，制成品利用银川至迪拜直航航线通过"客带货"的方式出口至中东迪拜市场；懿丰葡萄酒产业园项目产品主要进口来源地为法国，并在中国大陆地区销售，目前产业园部分仓库已投入使用，共存放法国进口瓶装红酒近186

万瓶；宁夏进境肉类（水果、种苗）指定口岸、福来贺清真牛羊肉加工基地等项目，带动了宁夏清真食品、葡萄酿酒等特色产业发展。综合保税区的特殊功能政策给企业带来的红利也日益凸显，进口棉花免配额政策为如意高档纱线项目节约进口关税近6000万元；缓税政策为中银绒业进口设备实现缓税额累计达1.2亿元，为贺兰及滨河新区如意项目实现进口设备缓税近1.1亿元。

(二) 推行通关一体化合作，提升贸易投资便利化水平

银川综保区作为宁夏《复制推广上海自贸区改革试点经验工作方案》的先行先试区，认真学习借鉴上海、广东、天津、福建四个自贸试验区的建设经验，结合自身实际，复制推广自贸区25项可复制改革试点事项中的20项，提升了贸易投资便利化水平。此外，银川保税区还认真推进国际贸易"单一窗口"建设，与"丝绸之路经济带"沿线9省（区）10个关区开展区域通关一体化合作，与青岛港、天津港签署合作协议，实现了"属地申报、口岸验放"便捷通关，启动了关检合作"一次报关、一次查验、一次放行"的通关模式；积极拓展口岸功能，目前正在申报粮食、水产品等进境指定口岸；引进台湾长荣集团，与内蒙古合作建设乌力吉口岸，全力打通东向出海，北向、西向出境的多式联运陆路通道。

(三) 打通网上丝绸之路，跨境电商B2B业务破零

中亚地区与中国之间存在着很强的贸易互补性，中亚地区的商品丰富程度与中国依然存在一定差距。宁夏瞄准这片"一带一路"倡议的重点区域，将新的商业模式直接引入，打造专业化跨境B2B出口贸易平台，集合国内优质商品，通过优化的供应链体系与电商交易平台服务国内外合作伙伴。2016年10月，银川综保区内的宁夏丝路通网络科技有限公司通过其自建跨境B2B平台向哈萨克斯坦完成了首批出口商品（包括移动电源和智能手环等电子设备）的交付，实现了银川跨境B2B出口业务的零突破。东泰鑫跨境电商入驻银川综保区，建设国际快递包裹分拣中心和监管中心，为跨境包裹提供一站式清关服务，并积极响应国家"一带一路""买全球、卖全球"的号召，产品进口地区以中东地区为主，欧美地区为辅。此外，银川综保区还推动宁夏金银街黄金珠宝产业园有限公司等跨境电商企业在中东国家布局建设了海外仓。

第四节　宁夏融入"一带一路"建设的资源优势

一、能源资源优势

宁夏能源丰富,已探明矿产资源有 50 多种,人均自然资源潜值为全国平均值的 163.59%,居全国第五位。宁夏煤炭资源储量尤其丰富,已探明煤炭储量 469 亿吨,居全国第六位,其中宁东能源基地是中国能源"金三角"交通最便利、水资源最丰富、设施服务最好的一角,具备能源相关产业链纵深发展的基础。宁东煤田探明储量 393 亿吨,宁东能源化工基地为国家重点开发区,将建设成为国家重要的大型煤炭基地、煤化工产业基地、"西电东送"火电基地和循环经济示范区,宁夏现有大中型火电 20 座,人均发电量居全国第一位。国家"西气东输"五条管线横穿宁夏,在承接中东中亚油气加工转化方面具有一定的能源基础。总体看,宁夏整体产业在"丝绸之路经济带"上不具备竞争优势,但近几年特色产业发展迅速,影响力逐步扩大。

二、农业资源优势

宁夏农业优势突出,现有耕地 1900 万亩,人均 3.5 亩,居全国第四位,有待开发的后备耕地资源 1000 多万亩,有天然草场 4000 多万亩,是全国十大牧区之一。九曲黄河流经宁夏,平均年过境径流量为 325 亿立方米。引黄灌溉条件得天独厚,自古以来,就有"天下黄河富宁夏"之说。唐朝诗人韦蟾有诗赞曰:"贺兰山下果园城,塞北江南旧有名。"沿黄河两岸的宁夏平原地势平坦,土地肥沃,沟渠纵横,引黄灌区现有灌溉面积 600 多万亩,是全国四大自流灌区和七大商品粮基地之一,粮食总产量稳定在 270 万吨以上,又是西北地区重要的水产品基地，产品远销西北各省区，盛产水稻、小麦、玉米和各种瓜果蔬菜，尤以大米最为著名，被誉为"塞上珍珠"。

目前，葡萄产业在宁夏农业领域已然独领风骚。宁夏贺兰山东麓地区是中国酿酒葡萄优质栽培地区之一，是全国四大葡萄原产地域保护区之一，也是为数不多能与世界著名葡萄酒产区相媲美的地区之一，优越的地理、土壤和气候条件是宁夏脱颖而出的独有区位优势，葡萄种植基地达到了53万亩，占据中国葡萄种植基地的1/4。随着近几十年来的摸索实践，宁夏葡萄酒产区已经形成了"小酒庄、大产区"的发展模式，逐渐向国际化、高端化、品牌化的路子靠近。《宁夏回族自治区贺兰山东麓葡萄酒产区保护条例》对贺兰山东麓产区进行了科学、合理、完善的规划和建设。此外，宁夏还积极推动葡萄酒文化与旅游产业的融合发展，建设了一条贺兰山东麓葡萄文化旅游长廊、三个旅游小镇、五个酒庄集群，成为极具宁夏特色的葡萄酒旅游产业带和宁夏特有的一张"紫色名片"。

三、环境资源优势

(一) 高强度投入，打造宜居生态城市

截至目前，宁夏共组织实施生态绿化、基础设施、文化旅游、核心产业四大类项目110个，累计完成固定资产投资270亿元；拆迁68万平方米，收储土地30万亩，征地补偿资金11亿元，土地收益估值277亿元（含横山工业园）；先后实施生态绿化及供水项目32个，栽植各类苗木1100万株，区域内绿化面积达12万亩，水系面积近万亩，蓄水量100万方。近年来，首府银川市委、政府高度重视旅游产业发展，围绕建设最适宜居住、最适宜创业的"两宜"城市和打造"独具特色的国际旅游目的地"的战略目标，提出"2258"工作思路，着力打造了"两带一轴"休闲旅游带。2017年中国最宜居的十大城市，宁夏银川市榜上有名。相关统计数据显示4年来银川新建续建市民休闲公园39个，小微公园60个；治理沙化和荒漠化土地180万亩，城市绿地率、绿化覆盖率和人均公园绿地面积分别达到40%、41%和16.57平方米，居全国前列。通过西部水资源综合利用及艾依河、宝湖等扩整和岸线景观提升工程，新增水域1.4万亩，湖泊湿地面积占建成区的1/10。

(二) 高层次承接，打造优势产业集群

根据2018年6月14日中科院发布的《中国宜居城市研究报告》，在交通便捷性和环境健康性两项评价中,银川位于40个被调查城市前列。近几年,银川围绕打造西北地区最适宜居住、最适宜创业的现代化区域中心城市目标,打造"天蓝、地绿、水清、城净、安宁"的人居环境,让市民不出500米就能看到绿色。为了保障"天蓝、地绿、水清、城净",银川出台了多件相关配套性地方法规和规章,将水资源、污染防治等纳入生态建设和环境保护法治体系。2016年,银川市通过总量减排、燃煤污染治理、扬尘治理、机动车尾气治理、水污染治理、工业废气治理等九大工程护卫碧水蓝天。多年悉心建设,银川入选全国最安全城市、国家园林城市和健康城市,并荣获亚洲都市景观奖和中国人居环境奖。

近年来,首府银川大力实施"反梯度"战略,着力与宁东、综保区、临空经济区对接关联度高、辐射面大、带动力强的龙头型、基地型战略性新兴产业项目,促进上下游产业协同发展。具体工作中,以恒天如意科技产业城建设为重点,以承接宁东重化工下游产业,打通区域高端现代纺织全产业链条为目标,打造现代纺织产业集群。恒天如意科技产业城年产3000万件高档衬衫和300万套高档西装项目将于2016年8月投产,2×60兆瓦自备电厂项目、年产12万吨氨纶纤维新材料项目、16万吨涡流纺纱项目、1亿米色织布和1000万米精纺呢绒项目,实现"设计研发—面料加工—成衣生产—私人订制—时尚品牌—国际营销"一站式集群集约集聚发展。此外,银川还以大数据中心建设为核心,打造智慧产业集群。对接智慧产业前沿,以"互联网+"跨界融合,构建产业新生态,打造大数据中心存储数据、智慧研发大厦综合开发、智慧产业园孵化应用三大功能联动发力的智慧银川"云基地"。目前,随着大数据二期和智慧大厦项目的加快推进,已签约"好大夫""返空汇"等九家企业入园;同时,引进飞行器、IT制造等企业,鼓励"私人订制""互联网+"等新业态发展,驱动医疗、旅游、物流等传统行业"智慧转型"。此外,银川在城区规划设计中还配建了可再生能源应用系统、新能源汽车换乘系统、电动汽车充电系统、智能化管理系统,启动建设威力工业机器人及风力发电机专用减速器产业化项目,打造绿色低碳新能源产业示范园区。

第五节　宁夏融入"一带一路"建设的人文优势

一、人文交流合作不断深化

建立了中阿技术转移中心、中阿商事调解中心、中阿联合商会中方理事会联络办公室、中阿农业技术转移中心等一系列双边合作机构的总部落户宁夏。科技、教育、文化、卫生、旅游等领域合作务实推进，中阿大学校长论坛、阿拉伯艺术节、中阿卫生合作论坛、中阿旅行商大会、中阿国家政党对话会成功举办，中阿国际学院、阿拉伯国家标准化（宁夏）研究中心、六盘山国际休闲旅游度假区等一批重大项目开工建设。为"一带一路"建设提供了人才支撑，先后举办了三届中阿大学校长论坛，中国高校与阿拉伯国家高校共同签订了《中阿高等学校战略性合作行动计划（2015~2019）》，中阿共建的第一个大学——中阿国际学院已开始招生；数百位阿拉伯艺术家参加了中阿文化艺术展示周活动，宁夏也专门组团赴阿联酋、阿尔及利亚等阿拉伯国家开展了文化互访与巡演活动；宁夏广播电视台在迪拜设立了记者站，中阿广电合作项目入选丝绸之路影视桥工程；越来越活跃的图书版权贸易，拓展了中阿文化交流的广度和深度。

2016年1月，习近平主席在阿盟总部演讲时明确指出，中阿博览会成为中阿共建"一带一路"的重要平台。2016年5月，成功举办博览会走进埃及活动，"医疗绿色健康行"、埃及宁夏文化周、埃及旅游推介会等一批活动成功举办，实现了"单年在宁夏、双年在阿方"的办会机制创新。2016年2月，中海自贸区协定谈判重启，是谈判中止六年后举行的首轮正式谈判。之后进行了四轮谈判，宁夏回族自治区政府均派代表参加，第九轮谈判于2016年12月在沙特阿拉伯首都利雅得举行。同时，编制完成了中海自贸区地方经济合作示范区实施方案，围绕航空、贸易便利化、产业园区建设等领域，全面拓展与海合会国家的合作，争取将宁夏作为中海自贸区地方经济合作示范区，承接早期收获项目。

二、人才引智项目不断深入

作为古丝绸之路的必经之地，宁夏围绕"一带一路"建设积极拓展对外合作交流、引进外国人才和智力，在"一带一路"沿线国家组织开展人才合作交流项目74项，占全区引进国外人才智力项目的20%。据宁夏回族自治区人力资源和社会保障厅数据显示，自2014年以来，围绕自治区重点产业发展需求，宁夏共引进国外技术、管理人才1362人次，选派951人次出国（境）培训。宁夏在引进外国人才和智力专项基础上，争取设立"海外华侨华人专家引进计划"，每年安排300万~500万元用于高层次海外华人专家引进工作。同时优化外国人才管理服务工作，全面实施外国人来华工作许可制度试点工作，压缩外国人工作许可办结时限。此外，宁夏还搭建平台健全引进外国人才网络体系。目前，宁夏已组织赴俄罗斯、以色列、埃及、摩洛哥等国开展宁夏人才政策推介和海外引才活动十余场次，与俄罗斯沃罗涅日国立大学等机构签署人才合作备忘录，进一步巩固与当地企业、高校、科研院所在人才、技术、智力等领域的交流渠道，搭建国际人才合作平台。同时，建立海外人才工作站，目前，共建海外人才工作站24家，其中"一带一路"沿线国家三家，包括俄罗斯、以色列和马来西亚[①]。

宁夏还以项目为支撑，服务"一带一路"人文合作交流。比如支持企业融入"一带一路"建设。重点围绕宁夏装备制造、新材料等领域，支持宁夏勤昌滚动轴承制造有限公司、宁夏天地奔牛银起设备有限公司等企业开展与俄罗斯人才、技术项目合作，柔性引进俄罗斯国立大学等机构高层次科研人员20余人次来宁进行技术指导，为解决企业生产技术"瓶颈"、开拓国际市场发挥了积极作用。

三、双向旅游飞速发展

自2013年以来，宁夏通过举办旅行商大会，签署旅游合作协议71项，

---

① 宁夏围绕"一带一路"引才接智［EB/OL］.http：//www.xinhuanet.com/silkroad/2017-07/06/c_1121274426.htm.

切实推动了"一带一路"沿线国家旅游合作交流。开通银川—迪拜、吉隆坡、新加坡等国际航班,极大地便利了宁夏与"一带一路"沿线国家旅游往来。宁夏组团赴埃及、阿联酋、新加坡、马来西亚、印度尼西亚、文莱等国家拜会当地旅游部门和旅行商,借银川—迪拜国际航班开通之机联合阿联酋航空公司在银川周边500千米范围内进行了广泛推介,并成功举办了"驾越丝路·中阿巴友好万里行"活动,历时37天,跨越四个国家,行程11000多千米,引起了广泛关注。2016年进出人次首次突破20万,2017年1~7月,宁夏旅游入境人次增长了28.3%,宁夏与"一带一路"沿线国家旅游项目跨境收支总额达到2577万元,同比增长97.4%,发展势头强劲。2017年9月4日,由国家旅游局、宁夏回族自治区人民政府和埃及旅游部共同主办的2017中国—阿拉伯国家旅行商大会在宁夏银川开幕。来自埃及、马来西亚、阿联酋、法国等21个国家和地区以及国内14个省市区的230位旅游部门官员和旅行商等旅游业界人士齐聚宁夏,共商旅游合作[①]。

---

① 2017中国—阿拉伯国家旅行商大会在宁夏开幕[EB/OL]. http://news.cbg.cn/gndjj/2017/0905/8996477.shtml.

第四章

宁夏融入"一带一路"建设的现状

习近平总书记提出的"一带一路"倡议受到世界各国积极响应，国内省份也主动融入其中。作为内陆省份的宁夏积极响应，利用自身政策、通道、平台、资源及人文优势，主动融入"一带一路"建设，从蓝图宏愿走向现实行动。2013~2017年对外贸易稳中向好，对外资金吸引力不断提升，对外合作不断深化，开放型经济水平逐年提升。

第一节 宁夏开放型经济发展现状

一、宁夏对外贸易发展现状

2017年，中国外贸发展形势复杂严峻，国际市场需求疲弱，国内综合成本不断提升，不确定、不稳定因素增多，下行压力加大。为应对外贸复杂严峻的不利形势，宁夏回族自治区人民政府紧抓"一带一路"建设机遇，及时出台多项外贸调结构、稳增长政策，深入推进供给侧结构性改革，重组优化产业结构，深度改善融资服务，清理规范进出口环节收费，推进外贸新型商业模式发展，企业生产成本进一步降低，投资贸易便利化水平稳步提高，外贸逐步回稳向好。

据银川海关统计，2017年宁夏货物贸易进出口总额341.29亿元，比上年增长58.9%，其中：出口247.71亿元，增长50.5%；进口93.58亿元，增长86.7%。货物进出口差额154.12亿元。对"一带一路"沿线国家进出口总额82.66亿元，增长14.4%，其中：出口66.54亿元，增长21.7%；进口16.12亿元，下降8.3%。

自"一带一路"倡议提出5年以来，宁夏对外贸易发展主要呈现以下特点：

（一）进出口总量回稳向好

2013~2017年宁夏进出口总额呈现回稳向好的态势，进出口总额从2013

年的 158.07 亿元上升至 2014 年的 264.14 亿元，2015~2016 年出现大幅下跌，降至 2016 年的 164.64 亿美元，2017 年企稳回升 341.29 亿元，增长（同比，下同）58.6%，增幅位居全国第一，其中：出口 247.71 亿元，增长 51%，进口 93.58 亿元，增长 86.7%。银川进出口 271 亿元，增长 65.2%；石嘴山进出口 36.6 亿元，增长 63.4%；吴忠进出口 7.5 亿元，增长 130%；固原进出口 1480 万元，增长 10.3%；中卫进出口 26 亿元，增长 6.7%（见图 4-1 和表 4-1）。

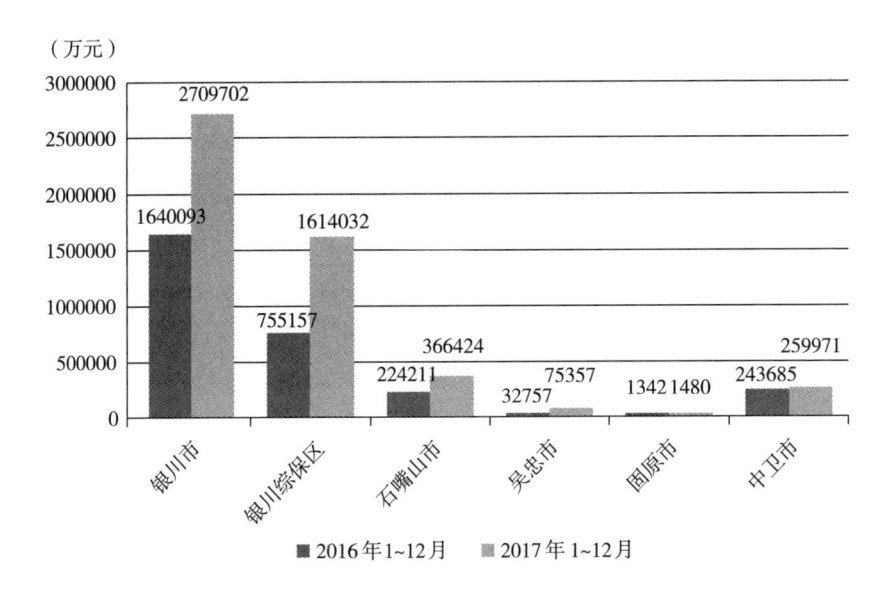

图 4-1　2016 年、2017 年宁夏五市区与银川综保区进出口总额

资料来源：2017 年全区对外贸易运行分析［EB/OL］．宁夏商务厅，http://www.nxdofcom.gov.cn/hyhz/4912.jhtml。

表 4-1　2013~2017 年宁夏对外贸易发展情况　　　　　　　　　　单位：亿元

项目	2013 年	2014 年	2015 年	2016 年	2017 年
出口总额	158.07	264.14	184.13	164.64	341.29
进口总额	41.21	69.78	50.28	50.14	93.58
进出口总额	199.28	333.92	234.41	214.78	247.71

资料来源：根据《2013~2017 年宁夏统计公报》整理得出。

（二）一般贸易占比较高

综观宁夏对外贸易结构，一般贸易占进出口总值的比重始终处于主导地位。从表4-2可以看出，宁夏出口产品中一般贸易占比最低为90.01%，最高达97.84%，始终占据绝对优势地位。2017年，一般贸易实现进出口292.7亿元（见图4-2），增长46.4%，其中：出口223.8亿元，增长40.9%，进口68.8亿元，增长67.5%。但随着恒丰纺织纯棉单纱加工、恒利民族服饰公司服装加工、祥福绒毛山羊绒加工等项目相继投产运营，宁夏加工贸易规模进一步扩大，对外贸拉动作用进一步提升。2017年，宁夏加工贸易实现进出口45.7亿元，增长263%，占宁夏进出口总额的13.4%，拉动宁夏外贸增长15.5个百分点，其中：出口23.5亿元，增长311%，进口22.2亿元、增长223%。

表4-2 2013~2017年宁夏出口贸易方式情况

项目	2013年	2014年	2015年	2016年	2017年
一般贸易额（亿美元）	24.97	38.73	27.59	23.92	33.15
占出口总额比重（%）	97.84	90.01	92.71	95.8	90.34
加工贸易额（亿美元）	0.07	1.4	2.06	0.86	3.48
占出口总额比重（%）	0.27	3.25	6.92	3.44	9.59

资料来源：根据《2013~2016年宁夏统计公报》整理得出，2017年数据根据宁夏统计局数据换算而来，2017年人民币平均汇率为1美元兑6.7518元人民币。

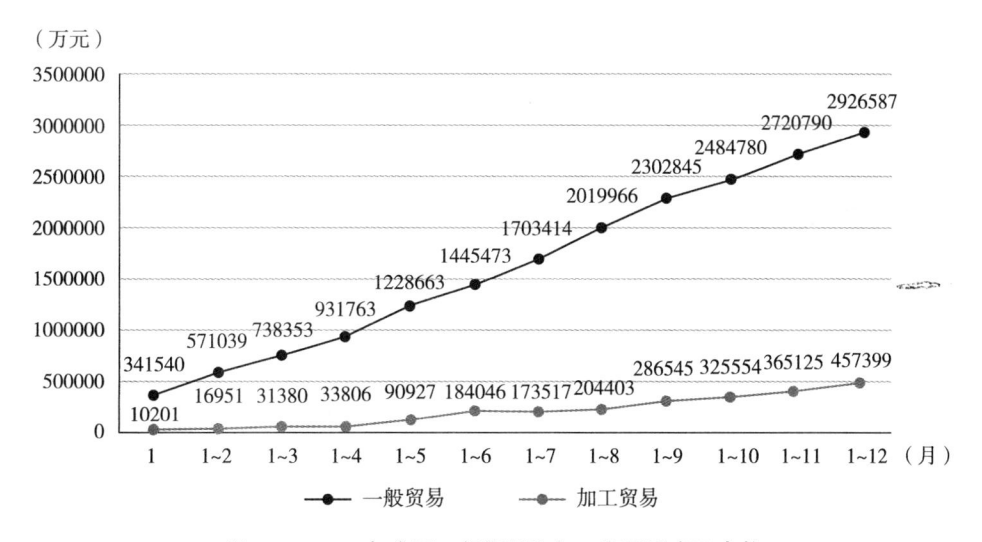

图4-2 2017年宁夏一般贸易和加工贸易进出口走势

资料来源：宁夏统计局。

(三) 出口产品以工矿产品为主

宁夏的出口商品中，工矿产品占比较高，主要是硅铁、金属镁、双氰胺、碳化硅等初加工资源性产品。2017年，国际大宗商品价格普遍上涨，有力拉动了宁夏的外贸增长。主要进口产品中，黄金进口19.4亿元，是2016年同期的4.83倍，进口量是2016年同期的4.5倍；进口平均价格由2016年的262元/克上升为275元/克；原油进口15.89亿元，增长54.5%，进口量57万吨，增长37%，进口平均价格由2016年的2468元/吨上升为2790元/吨；硅材料进口12.1亿元，是2016年同期的28.9倍，进口量是上年同期的27倍，进口平均价格由2016年的103元/千克上升为109元/千克。主要出口产品中，金属锰出口9.79亿元，增长45.7%，出口量增长31.5%，出口平均价格由2016年的1万元/吨上升为1.1万元/吨；轮胎出口6.73亿元，增长181.6%，出口量4809万条，是2016年同期的1.65倍，出口平均价格由2016年的130元/条上升为139元/条；赖氨酸及盐出口3.97亿元，增长58.2%，出口量5.1万吨，同比增长48.6%，出口平均价格由2016年的7246元/吨上升为7712元/吨[①]。

2017年，宁夏农产品、机电和高新技术产品出口保持良好增势，分别出口9.45亿元、55.34亿元、23.9亿元，同比增长18.6%、80.7%和7.9%。如图4-3所示。

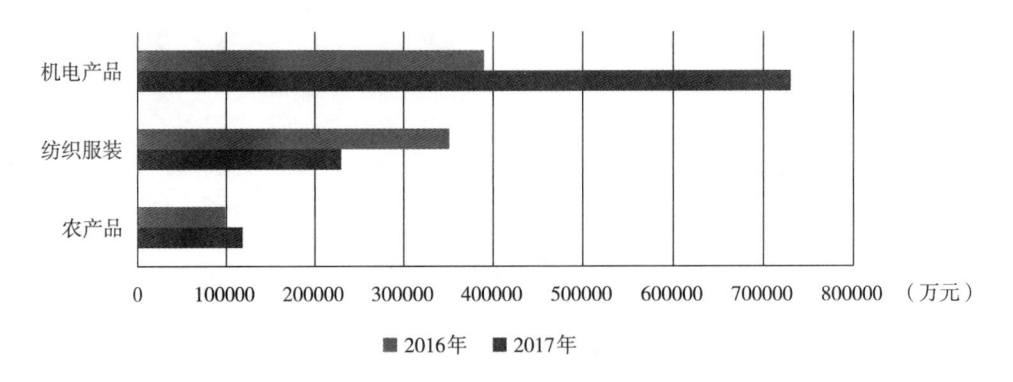

图4-3　2016年、2017年宁夏主要大类商品进出口总额对比

资料来源：宁夏统计局。

---

① 2017年全区对外贸易运行分析 [EB/OL]. 宁夏商务厅，http://www.nxdofcom.gov.cn/hyhz/4912.jhtml.

(四) 贸易合作伙伴以欧美发达国家为主

从贸易出口目的地来看,宁夏的主要贸易伙伴集中在美国、日本、澳大利亚、德国、中国香港发达经济体和印度、马来西亚、印度尼西亚等东南亚国家。2017 年宁夏对欧美日韩传统市场出口稳步增长,对"一带一路"沿线国家出口增速加快。传统市场中,对欧盟、美国、日本和韩国等分别出口 47.7 亿元、45.3 亿元、13 亿元和 15.5 亿元,增长 78.7%、117.7%、6.1% 和 84.1%;新兴市场中,对印度、马来西亚、泰国等"一带一路"沿线国家和地区分别出口 10.6 亿元、11.7 亿元、5.5 亿元和 5.3 亿元,增长 10.6%、25.5%、19.2% 和 51.8%[①]。如图 4-4 所示。

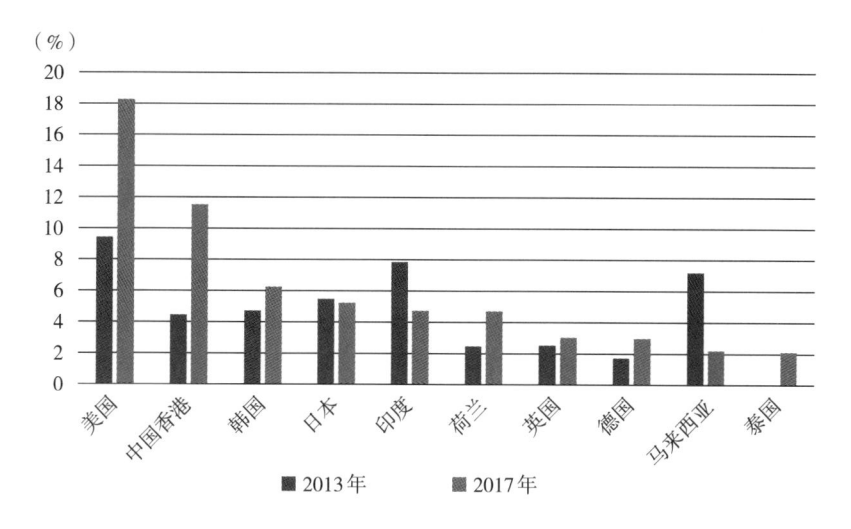

图 4-4 2013 年、2017 年宁夏对前十大贸易伙伴贸易出口占比情况

资料来源:宁夏统计局, http://www.nxtj.gov.cn/, 2013 年度无宁夏对泰国进出口数据,故未列示。

(五) 重点出口企业出口平稳增长,个别企业降幅较大

宁夏 30 家重点企业实现共计出口 95.3 亿元,增长 16.6%,占宁夏出口总额的 38.5%,其中:16 家实现增长,14 家不同程度下降。金银街黄金珠宝、伊品生物、启元药业、共享装备等企业出口增势良好,分别增长 365.3%、39.3%、51.1% 和 38%;中银绒业、德泓国际绒业、佳通轮胎、埃

---

① 2017 年全区对外贸易运行分析 [EB/OL]. 宁夏商务厅, http://www.nxdofcom.gov.cn/hyhz/4912.jhtml.

肯碳素等企业出口跌幅明显，分别下降73.6%、40.3%、4.9%和14.8%。如表4-3所示。

表4-3 宁夏重点出口企业出口情况　　　　　　　　　　　　单位：万元

企业名称	2016年	2017年	比重（%）
宁夏金银街黄金珠宝文化产业园有限公司（含综保区银保国际贸易公司，宁夏初雪、朝雾、摩周、雾岛珠宝首饰有限公司）	29667	138053	365.3
宁夏泰瑞制药股份有限公司（含金维制药）	90731	100963	11.3
宁夏天元锰业有限公司	63138	97975	55.2
宁夏伊品生物科技股份有限公司	69502	96813	39.3
宁夏启元药业有限公司	57229	86482	51.1
宁夏紫光天化蛋氨酸有限责任公司	44885	61641	37.3
中色（宁夏）东方集团有限公司（含东方钽业、有色金属、东方超导和南新研磨）	37567	44677	18.9
德泓国际绒业股份有限公司	71445	42645	-40.3
宁夏中银绒业股份有限公司（含邓肯服饰）	131898	34788	-73.6
宁夏共享装备有限公司（含共享铸钢公司、共享模具公司）	24885	34340	38.0
银川佳通轮胎有限公司（含佳通长城轮胎）	23713	22544	-4.9
银川市滨河磨料磨具有限责任公司	7466	16054	115.0
宁夏嘉峰化工有限公司	16131	16039	-0.6
宁夏贝利特化工有限公司	13059	15613	19.6
宁夏圣雪绒国际集团有限公司（含圣雪绒羊绒公司）	16402	15392	-6.2
丽珠集团（宁夏）公司（含福兴制药和新北江制药）	10327	15244	47.6
石嘴山市科通冶金工贸有限公司	8367	14684	75.5
宁夏顺元堂汉方生物科技有限公司	14723	14044	-4.6
宁夏恒昌顺贸易有限公司	8604	11114	29.2
宁夏新安科技有限公司（含天喜化工）	10695	10463	-2.2
宁夏沃福百瑞生物食品工程有限公司	8288	9774	17.9
埃肯碳素（中国）有限公司	9671	8240	-14.8
宁夏华辉活性炭股份有限公司	7231	7108	-1.7

续表

企业名称	2016年	2017年	比重（%）
宁夏成丰工贸有限公司	9198	7000	-23.9
宁夏富乐德石英材料有限公司	5539	6884	24.3
宁夏贺兰山冶金有限公司	5873	5782	-1.5
宁夏煜林化工有限公司	6653	5261	-20.9
宁夏天然蜂产品科技开发有限责任公司	5437	4991	-8.2
宁夏太平洋生物科技有限公司	3783	4669	23.4
宁夏大荣化工冶金有限公司	5363	3913	-27.0

资料来源：宁夏回族自治区商务厅。

（六）多措并举惠及外贸企业

一是普惠制惠及宁夏企业。2017年，宁夏检验检疫局积极服务国家对外开放政策，创新原产地改革，自2017年8月1日起，实现原产地证签证全流程的无纸化，实现"让信息多跑路，让企业少跑腿"。制定原产地"一对一"签证帮扶方案，指导枸杞、生物医药、脱水蔬菜、皮草、轮胎五个重点行业企业用足用好原产地政策。宁夏检验检疫局数据显示，2017年宁夏检验检疫局共签发各类原产地证书7211份，签证金额5.8亿美元，同比分别增加15.8%和27%，共为宁夏外贸企业减免关税944万美元，同比增加38.8%，其中：一般原产地证书签发1923份，签证金额1.8亿美元，同比分别增加40.5%和30.6%；普惠制原产地证书签发2605份，签证金额2.1亿美元，同比增加1.4%和15.3%；自贸区原产地证书签发2683份，签证金额1.9亿美元，同比分别增加17.3%和38.8%[①]。

二是"五位一体"服务体系帮助企业降低开拓国际市场风险。2016年以来，宁夏商务厅会同中国出口信用保险公司大力加强出口信用保险业务培训，不断提高海外风险咨询服务水平，将出口信保"风险全覆盖"范围由500万美元提高到1000万美元。2016年先后对110家出口信保给予支持，为企业提供了4.7亿美元的一般贸易保额，对67家中小微企业投保了"风险全覆盖"，为每家企业承保10万美元，充分发挥了出口信用保险政策性功能作用，帮助宁夏外向型企业规避了国际贸易风险。与此同时，在总结过去工作经验的基

---

① 2017年原产地证为宁夏出口企业省944万美元关税［EB/OL］. http：//news.ifeng.com/a/20180104/54805528_0.shtml.

础上，宁夏商务部门还探索建立了政府、信保、担保、金融、企业五位一体的服务体系，帮助外向型企业降低收汇风险，提升债权信用等级，增强了企业的融资能力，提高了国际市场开拓和抵御风险的能力。

（七）国际旅游业飞速发展

宁夏地处腾格里沙漠边缘，黄河贯穿全域，因此形成了半面黄沙、半面黄河的独特自然景观。但是2012年以前，国际旅游业近年来发展缓慢，其水平一直低于全国平均值，旅游外汇收入仅从2001年的2262万元增长至2012年的3443万元。2012年以后，一方面，随着中阿博览会的召开，"一带一路"倡议的提出，宁夏在国际的知名度不断提升，与国际的文化经济交往日益频繁；另一方面，宁夏积极打造独特的旅游产品，不断挖掘自身旅游资源，成功推出沙湖国家5A级旅游景区，沙坡头景区和贺兰山岩画景区等独特的旅游资源。越来越多的外国游客赴宁夏旅游，旅游外汇收入飞速增长，从2012年的3443万元飞升至2014年的11357万元，2016年更是突破26900亿元（见图4-5）。

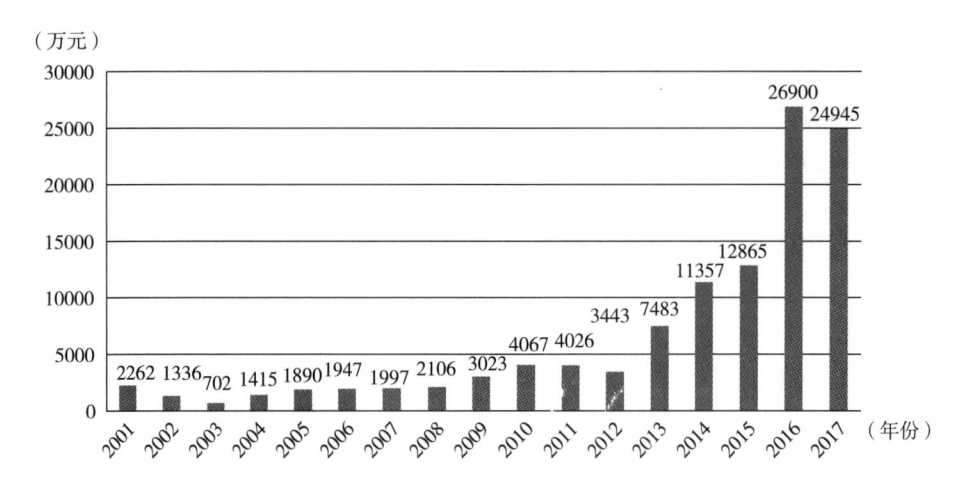

图4-5　2001~2017年宁夏旅游外汇收入

资料来源：《宁夏统计年鉴》，2017年数据由《新消息报》2018年1月26日提供的数据估算而得，http://www.nxta.gov.cn/lyzx/10086.jhtml。

从图4-5可知，宁夏旅游外汇收入发展水平可以分为两个阶段，2001~2012年，宁夏旅游外汇收入上下波动，基本在低位徘徊。2012~2016年，由于国家的政策扶持、"一带一路"倡议以及中阿博览会在宁夏的顺利召开，促使宁夏旅游工作水平和旅游业实力连续跃上新台阶。与2012年相比，截至2017年底，宁夏接待国内外旅游者总人数3103.16万人次，按可比口径比上年增长21.73%；实现旅游总收入277.72亿元，按可比口径比上年增长20.41%。宁夏接待入境游客12.36万人次，同比增长18.84%。区内宾馆饭店接待的过夜入境旅游者中，外国人为102872.40人/天，占总人天数的42.46%，港澳台同胞为139435.80人/天，占总人天数57.54%。中国台湾、中国香港、美国、印度尼西亚、日本、新加坡、马来西亚、韩国、德国、澳大利亚、法国、俄罗斯、加拿大等成为宁夏入境游主要客源地。来宁夏旅游的入境过夜游客平均停留天数为3.71天，其中：银川市接待入境过夜旅游者35688人次，占全区接待入境过夜旅游者总人数的70.21%[①]。如表4-4所示。

表4-4 2016年各市接待入境过夜游客人数和收入情况

指标	全区	银川	石嘴山	吴忠	固原	中卫
接待入境过夜旅游者总人数（人次）	51177	35688	840	1462	5277	7910
旅游外汇收入（万美元）	4058.22	2806.41	65.06	113.74	433.42	639.59

资料来源：《2016年宁夏旅游经济发展统计公报》。

二、宁夏利用外资现状

2013~2017年，宁夏累计批准外商投资项目133个，累计实际利用外资10.98亿美元。2017年，宁夏实际使用外商直接投资3.11亿美元，比2016年增长22.8%；新批准外商直接投资项目24个，合同外资金额25.40亿美元，增长3.5倍，其中：租赁和商务服务业签订利用外商直接投资项目5个，合同额2.18亿美元，增长33.9%。此外，宁夏还切实提高项目落地转化率，对审批通过的项目落实投资进度，争取早投资、早受益，将中阿博览会对外推介效应最大限度地转化为提升对外经贸合作的质量。近年来，亚马逊、英联

---

① 宁夏旅游政务网 [EB/OL]. http://www.nxta.gov.cn/lyzx/10086.jhtml.

食品、辛普劳食品、施耐德电气、耐特菲姆等国际知名企业相继落户宁夏。自2012年始，辛普劳（中国）食品有限公司投资近5亿元建设"年加工10万吨马铃薯系列产品项目"，填补了宁夏马铃薯综合精深加工产业的空白。目前已建成年产50000吨马铃薯薯条和年产10000吨马铃薯薯饼生产线各一条，产能居西北五省第一位，全国同行业前三。① 公司主要的整套生产线设备全部引进荷兰、美国、英国、德国等七国，是目前国际上最先进的马铃薯精深加工行业设备。

中国香港是宁夏主要的境外投资者来源地，有七家境外投资者来自中国香港，占总数的29.17%，其次为萨摩亚、美国、日本、新加坡、韩国、中国台湾、意大利、阿根廷等国家和地区。新设外商投资企业中，制造业实际使用外资额排第一位，为1.6884亿美元，占总额的54.22%；其次是信息传输及计算机服务业，实际使用外资7500万美元，占总额的24.84%；排在第三位的是农业，实际使用外资3065万美元，占总额的9.84%。

2018年，宁夏外资并购、增资扩股的良好态势将进一步扩大，外资涉及领域逐步扩展，由传统的加工制造领域逐步扩展到服务业相关领域，如燃气站建设、食品保健等。2018年1~6月，宁夏新设外商投资企业14家，合同外资7758万美元，实际使用外资6934万美元，其中：葡萄、乳制品、LED新材料方面以及云计算产业吸引合同外资6395万美元，占全区合同外资额的82%；哈萨克斯坦、马来西亚、新加坡等"一带一路"沿线国家在宁夏投资加大，合同外资1862万美元，较2017年同比增长8倍②。

表4-5　2013~2017年宁夏外商直接投资情况　　　单位：亿美元

项目	2013年	2014年	2015年	2016年	2017年
实际利用外资	2.04	1.43	1.86	2.54	3.11
新批准外商投资项目数	21	22	37	29	24
制造业签订利用外商直接投资项目数	6	5	14	10	—
制造业签订利用外商直接投资合同额	2.97	1.85	9.35	2.02	1.69
注册登记外商投资法人企业累计数	161	175	209	—	—

资料来源：《2013~2017年宁夏统计公报》。

① 宁夏研发出100多种马铃薯主食产品，以技术创新推进马铃薯主粮化 [N]. 宁夏日报, 2017-12-19.
② 今年上半年宁夏实际利用外资6934万美元 [EB/OL]. http://finance.ifeng.com/a/20180731/16417325_0.shtml.

宁夏回族自治区商务厅联合原自治区工商局，按期完成宁夏外商投资企业设立商务备案、工商登记"一口办理"，全过程"无纸化""零见面""零收费"，极大地简化了企业设立手续，实现宁夏外商投资准入制度改革实质性突破。在此基础上，积极做好前三批自由贸易试验区改革试点经验的复制推广工作。截至2018年7月底，全国123项可复制改革试点经验中，宁夏已完成复制推广108项，占比87.8%。目前，自治区商务厅正在积极联系各单位对照第四批改革试点经验复制推广工作所涉及的30条改革事项，逐条进行落实。自治区商务厅还通过深入企业调研、举办宁夏外商投资企业座谈会，帮助企业解决资本出入、人员往来、人力资源招聘、专利保护、环保咨询、商品和服务进出口等方面具体问题[①]。

随着宁夏共享铸钢、天元锰业、泰瑞制药等企业积极拓展国际营销网络，带动了宁夏高新技术、生物制药、精细化工、现代农业等特色优势产业产品出口。目前，宁夏企业在28个国家和地区设立了95家境外企业。仅2016年，宁夏新增境外投资企业21家，境外直接投资额达9.5亿美元[②]。

三、宁夏对外经济合作现状

宁夏积极引导外向型企业融入"一带一路"，加快建设境外营销服务网络，巩固扩大国外市场，在国际合作与竞争中推进企业转型升级。截至2016年底，宁夏外经贸企业设立国际营销服务网络57个，其中：境外分支机构23个，零售网点24个，批发中心5个，海外仓3个，其他服务网络2个[③]。

(一) 境外产业园区建设

随着国家"一带一路"倡议的实施和"两区"建设的加快推进，宁夏立足自身人文、政治、地缘和产业优势，着力提升开放型经济产业支撑能力，企业借势加快"走出去"步伐，对外投资增速明显。2015年10月，宁夏政府办公厅发布《关于支持企业"走出去"的若干意见》，提出要积极引导和支持企业"走出去"，在"一带一路"沿线国家和地区建设若干个境外产业

[①] 张瑛，倪万琦. 今年上半年宁夏实际利用外资6934万美元[N]. 宁夏日报，2018-07-31 (9).
[②] 宁夏崛起通道经济[EB/OL]. 搜狐财经，http://www.sohu.com/a/190314460_115239.
[③] 强化政策引领 突出降本增效 宁夏对外贸易实现回稳向好[EB/OL]. http://www.nxdofcom.gov.cn/hyhz/3728.jhtml.

园区和经贸合作区，积极争创国家级境外经贸合作区。目前，由宁夏牵头推进的中国沙特（吉赞）产业园、中国阿曼（杜库姆）产业园、中国毛里塔尼亚海洋综合产业园、中国迪拜食品工业园、中国埃及纺织工业园、沙特（吉达）中国商品城等境外产业园区和经贸合作区进展顺利，开展国际产能合作取得阶段性成果。中国沙特（吉赞）产业园、中国阿曼（杜库姆）产业园在习近平主席、王勇国务委员见证下签约，中国沙特（吉赞）产业园、中国阿曼（杜库姆）产业园已被列入国家发改委重点推进建设的20个产能合作示范区和商务部推进国际产能合作16个重点境外经贸合作区，中国毛里塔尼亚海洋综合产业园被列入商务部重点推进项目。

1. 中国沙特（吉赞）工业园

2016年1月19日，中国沙特（吉赞）工业园产能合作项目在习近平主席和沙特国王见证下签约。该工业园位于沙特吉赞经济城，规划面积达106平方千米，由沙特阿美石油公司负责开发，已累计投入约180亿美元，完成道路90千米，整体路网及城市基础设施和公用设施，包括供水、污水处理、供电以及警察局、消防站、医疗急救中心、保安部队等也启动建设，曾计划2018年8月竣工，总投资将达到300亿美元。中方牵头企业为广银国际投资发展有限公司（广州开发区工业集团与银川育成公司共同出资成立）。产能合作项目主要涉及石化、汽车、家电等领域。2017年8月24日，产业园进入实体运营阶段。广州泛亚聚酯有限公司石油化工化纤一体化项目是拟投资沙特吉赞经济城的第一个招商引资项目，也是沙特王国建国以来首个外国独资石化项目，一期项目已于2018年3月正式动工。

2. 沙特达雅·阿斯法拉新城

2016年8月30日，项目各方签署合作备忘录，由中国电建、北方工业、中国三治（属地方政府联合央企与沙特合作共同开发）来建成20万套经济适用房项目。根据备忘录达成的内容，由宁夏回族自治区人民政府作为沙特住房部在中国开展经贸合作的代表，沙特住房部作为宁夏在沙特开展经贸合作的代表，发挥桥梁与窗口作用，拓展双边经贸合作。中方三家企业占股60%、沙方两家企业各占股20%。目前，该项目已获得沙特住房部的积极配合，提供3000万美元专项经费用于开展项目可行性研究工作。2017年1月在宁夏召开达雅·阿斯法拉新城第三次会议，确定在可行性研究中的任务分工，从而积极推进项目建设进程。

3. 中国—阿曼（杜古姆）产业园

中国—阿曼（杜古姆）产业园于2016年5月23日签约揭牌，由宁夏中阿万方投资有限公司（由宁夏顺亿资产管理有限公司、宁夏建工集团、宁夏住宅建设集团、银川方达电子、银川玉顺石油服务公司、宁夏中小企业协会共同组建）负责相关建设及运营。设立中阿（宁夏）产业投资基金及若干子基金，宁夏政府出资 2 亿元产业引导基金，东源（天津）基金出资 6.2 亿元，宁夏万方出资 2.5 亿元，共计 8.7 亿元的投融资平台。2017 年 1 月 16 日，亚洲基础设施投资银行与阿曼杜古姆经济特区管委会签署贷款协议，将向阿曼提供 2.7 亿美元贷款，用于杜古姆港商用码头终端建设项目。目前，该产业园为单一国家入驻杜库姆经济特区的最大项目，被国家发改委列为 20 个重点国际产能示范园区之一，被商务部列为 16 个重点支持的产业园，被中国贸促会列入重点支持的 20 个境外经贸合作园区之一，入选"中国企业走出去 20+20 行动计划"。

4. 中毛海洋综合产业园

中毛海洋综合产业园于 2015 年 9 月签约，位于毛里塔尼亚，由中国路桥、宁夏华康中毛及宁夏商投公司共同兴建。毛里塔尼亚渔业资源丰富，是世界著名的渔场。中毛海洋综合产业园主要围绕远洋捕捞、海水养殖、水产品初级及精深加工、船舶修造、冷链物流等领域进行投资合作。目前已完成项目尽职调查及可行性研究，与毛方具体投资政策谈判工作也在稳步推进，已启动商谈国内优质水产品加工企业入园合作模式等。此外，该产业园也被列为 2016 年商务部西亚非洲司重点推进项目。

总体看，宁夏在建的境外产业园区基本运作模式是以企业为主体、以商业运作为基础、以促进互利共赢为目的，主要由企业根据市场情况、东道国投资环境和引资政策等多方面因素进行决策。通过建设境外产业园区，吸引更多的企业到东道国投资建厂，增加东道国就业和税收，扩大出口创汇，提升技术水平，促进经济共同发展。牵头企业均为资金实力雄厚、管理水平较高、技术设施完备的大中型企业，具有较丰富的海外投资经验，具备较强的国际市场开拓和抗风险能力，在境外产业园区建设过程中有效发挥了引导与促进作用。

（二）特色优势产业项目"走出去"

一是宁夏大米走出国门。在自治区商务厅、农牧厅的指导和支持下，2015 年 9 月中阿博览会期间，宁夏塞外香公司与毛里塔尼亚国家农业综合开发公司（SONADER）签订了 5 万公顷土地综合开发协议；2017 年 11 月，公司又与毛里塔尼亚经济与财政部签订了《土地租赁合同》，租期 30 年，每公顷土地每年租金为 1 欧元。在这片国外平坦、肥沃的土地上，宁夏大米企业首次与中非重工投资有限公司合作，通过发起基金、融资租赁以及供应链金融等多种形式，在毛里塔尼亚和塞内加尔投资建设农机展示中心、实操培训中心、维修保养中心、农机化服务公司、水稻育种示范中心、水稻规模化种植基地、大米加工厂及饲料加工厂等项目①。

二是援建毛塔项目顺利开展。经自治区商务厅积极协调和争取，商务部于2013年7月正式批复由宁夏金福来羊产业有限公司牵头承担援助毛里塔尼亚畜牧业技术示范中心项目（以下简称"毛塔项目"）。毛塔项目是中国政府在非洲的第一个畜牧业类援建项目，也是中国政府对毛塔独立日的献礼工程。项目总占地面积110公顷，包括种植区、养殖区、生活管理区三大部分，建设面积10148平方米，2014年7月开工，2016年4月通过了商务部组织的竣工验收②。

三是宁夏与蒙古国经贸合作前景广阔。2016年10月，宁夏商务厅组织区内14家企业赴蒙古国开展了为期4天的产品展销和经贸洽谈活动。活动期间，团组人员与来自蒙方政府官员、商协会及企业家代表40多人进行了交流洽谈，达成一系列合作协议。宁夏宁杨清真食品有限公司与蒙古天山集团达成初步合作意向；宁夏天天鲜菜篮子冷链物流有限公司与"ERDENIIN BOSGO" LIC 博士能源有限公司、乌兰巴托珊丹贸易有限责任公司、蒙古中信公司、蒙古浙蒙投资有限公司及蒙古国涉农的种植大户企业和农产品贸易合作企业均达成合作意向；银川九鼎金业风能复合材料有限公司与蒙古浙蒙商会房地产开发企业建立初步供应建筑材料合作意向；固原市六盘山薯业有限公司、宁夏李旺实业发展有限公司、宁夏昊王米业集团有限公司和宁夏宁杨清真食品有限公司负责人与蒙古国农业局局长就在蒙古国建设屠宰加工厂、水稻种植、大米进口贸易、调味品开发加工贸易等方面进行了深入探讨③。

（三）商务经贸事务联络处平台作用凸显

近年来，宁夏产品境外销售中心、宁夏商务境外经贸事务联络处在宁夏自治区商务厅的业务指导下，内引外联，真抓实干，积极组织宁夏与驻在国政府、企业开展经贸交流，促进宁夏对外投资合作，为宁夏融入"一带一路"

---

① 宁夏大米"走出去"破解市场之困 [EB/OL]. 新华网, http：//www. nx. xinhuanet. com/news-center/2018-01/08/c_ 1122224846. htm.

② 以点带面 示范引领，推动援建毛塔项目多元化发展 [EB/OL]. 宁夏企业网, http：//www. nxqywh. com/nd. jsp? groupId=-1&id=1114.

③ 宁夏特色优势产业在蒙古国经贸合作前景广阔 [EB/OL]. 宁夏商务厅, http：//www. nxdofcom. gov. cn/hyhz/2872. jhtml.

战略和推进开放宁夏建设积极发挥"走出去""引进来"平台作用。目前，宁夏商务境外经贸实务联络处主要有中阿博览会（中东）办事处、沙特商务经贸事务联络处、香港商务经贸事务联络处、马来西亚商务经贸事务联络处以及宁夏产品日本销售中心等。各联络处在夯实自身发展根基的基础上，积极为企业牵线搭桥，搭建"引进来"和"走出去"服务平台，并抢抓"一带一路"战略机遇，积极在"一带一路"沿线国家和地区宣传推介宁夏，为双边政府间经贸文化交流合作、项目洽谈对接提供服务，为宁夏企业境外投资、承包工程和来宁投资提供信息。

一是积极协助宁夏政府及企业开展对外交流活动。中阿博览会（中东）办事处完成接待自治区政府，商务厅、博览局以及银川市、中卫市政府等15个宁夏代表团、100余人访问阿联酋；协助宁夏政府及企业在阿联酋开展经贸交流、开设办事处及参加展会等工作。沙特商务经贸事务联络处先后完成接待自治区、银川市相关部门的18个代表团出访沙特和阿联酋开展境外考察活动。香港商务经贸事务联络处协助完成自治区政府5个以上代表团境外商务考察、项目对接促进活动，近40家酒庄携140多款葡萄酒参加第9届香港国际美酒展，完成在香港成立"中国贺兰山东麓葡萄酒产区香港商会"等工作。马来西亚商务经贸事务联络处先后协助自治区商务厅、博览局、区卫计委、医科大、区内企业等境外考察、经贸活动，积极宣传宁夏对外经贸交流合作。宁夏产品日本销售中心先后协助自治区商务厅、银川经济技术开发区管理委员会及区内企业赴日本进行商务考察、提供邀请函、项目对接、接待等经贸促进活动。

二是积极协调企业及政府间达成相关项目。中阿博览会（中东）办事处先后协调促成阿联酋航空"迪拜—银川—郑州"航班开通、中阿食品工业园建设、丝路全域汽车文化交流项目推进等工作，并具体协调迪拜酋长私人投资Meraas公司参与食品工业园项目，促成项目合作备忘录签订，投资1亿元；协调阿联酋航空高级副总裁谢赫·马吉德投资参与丝路全域汽车文化交流项目，签署投资协议，完成公司注册等。沙特商务经贸事务联络处促成阿美石油与银川育成投资有限公司、广州开发区工业发展集团有限公司共同签署《关于通过成立沙特—中国产业服务合资公司进一步推动沙特本土产业投资进程的战略合作谅解备忘录》，协助合资公司组建、中资企业落户中沙产业园，并在沙特积极建设中国商品城，吸引自治区30家优势特色企业入驻。香港商务经贸事务联络处先后促成宁夏早康枸杞、百瑞源、中国商业对外贸易有限公司与中豪香港达成合作协议。马来西亚商务经贸事务联络处完成出版《丝路之窗》刊物5期，助推宁夏大地循环发展公司在境外建设橡胶深加工项目等工作。宁夏产品日本销售中心先后完成举办"中国宁夏—日本东京经贸合作洽谈会""日本—宁夏企业及特色产品推介会",推动万田酵素、环保口罩、复合酶建筑涂料及铁器制品等日本特色产品引入国内市场等工作。

三是积极为"走出去"企业提供高质量咨询服务。宁夏各境外销售中心、境外经贸事务联络处密切与驻外经商参处、商协会联系,掌握所在国政治、法律、市场、劳工政策法规,为"走出去"企业在境外投资提供高质量的咨询服务,并为推荐本地企业与所在国及周边国家签订投资合作协议,引入境外企业来宁夏投资做出了积极贡献①。

第二节 宁夏开放型经济发展水平评价指标体系的构建与分析

一、相关研究综述

测度一个地区对外开放度的方法大多数是通过构建科学、合理的评价指标体系,通过实证分析方法进行测度。但在选取指标与实证方法方面,国内外学者观点的研究方法不尽相同,主要集中在以下三个方面:一是对开放与区域经济发展之间关系的研究;二是对开放型经济发展水平测度的研究;三是区域经济开放层次的研究。

(一)开放与区域经济发展之间关系的研究

对外开放度是指一个国家或地区与其他国家或地区进行经济交往的各个方面融入国际经济的程度和对国际经济的依赖程度。它是一个国家或地区开放型经济发展水平和规模体现的主要指标。对外开放度对经济增长的影响常

---

① 内引外联 真抓实干 宁夏产品境外销售中心 商务经贸事务联络处"走出去""引进来"平台作用凸显[Z]. 宁夏商务厅, http://www.nxdofcom.gov.cn/hyhz/4651.jhtml, 2018-01-09.

用指标分析法测量，主要指标有 GDP、FDI、进出口额、经济增长率、外贸依存度、外资依存度等。

国内外对开放与区域经济发展之间关系进行了较为广泛而深入的研究。Edwards（1998）通过对 93 个国家的全要素生产率与九个经济开放度指标进行回归分析，最终发现开放度水平将会促进一国经济发展[1]。Weinhold 和 Rauch（1999）在 Quaht 和 Rauch（1990）模型的基础之上分析了欠发达国家经济增长与开放度的关系，实证结果表明，开放度的提高导致经济增长率也相应提高[2]。Sinha（2002）实证分析了亚洲 19 个国家经济增长率与开放度、投资增长率、人口增长率的关系，实证结果表明，经济增长与开放度和投资增长有显著的正相关关系，而与人口增长率的关系不明显[3]。Crossman 和 Helpman（1991）运用 Lucas 的两部门内生增长模型，发现贸易的开展促进了国内资源在物质生产部门和知识产品部门之间的要素优化配置，从而促进了经济的增长[4]。

国内许多学者对各省份经济开放水平与经济增长之间的关系进行研究，徐冉（2012）基于河南对外开放度与经济增长情况，采用指标分析和回归分析方法，利用 SPSS13.0 统计软件，对河南省对外开放度与 GDP 的相关性进行分析，结果表明，对外开放度系数与 GDP 高度关联，即对外开放促进了河南经济增长，经济增长带动了河南的对外开放[5]。胡国珠、郑长清、夏凡（2014）对江苏省对外开放度与区域经济增长的关系进行实证研究发现，对外开放度对苏南、苏北地区经济增长产生正向影响，而苏中地区由于开放进程有所放缓，且外商投资绩效较低，对外开放对该区域经济增长的贡献相对较小[6]。张恒（2015）在对比研究现有对外开放度与经济增长关系的研究的基础之上，构建了甘肃省对外开放指标评价体系，引入区际开放等指标，采用因子分析降维处理，运用道格拉斯生产函数进行对外开放度与经济增长关系

---

[1] Sebastian Edwards. Openness, Productivity and Growth: What Do We Really Know? [J]. Economic Journal, 1998, 108（3）：383-398.

[2] Rauch J E, Weinhold D. Openness, Specialization and Productivity Growth in Less Developed Countries [J]. The Canadian Journal of Economics, 1999（4）：1009-1027.

[3] Sinha D, Sinha T. Openness, investment and economic growth in Asia [J]. Indian Economic Journal, 2002, 49（4）：90-95.

[4] Grossman and Helpman. Innovation and Growth in the Global Economy [M]. Cambridge: MIT Press, 1991.

[5] 徐冉. 对外开放度与经济增长关系研究——以河南省为例 [J]. 地域研究与开发, 2012, 31（1）：39.

[6] 胡国珠, 郑文清, 夏凡. 对外开放度与江苏经济增长关系的区域差异研究 [J]. 华东经济管理, 2014（11）：10.

的实证分析，结果显示甘肃省对外开放度水平较低，对经济增长的拉动效果还有潜力待发挥[①]。刘长溥（2016）通过实证分析以及与国内发达地区的比较，发现东北地区存在的主要问题有两方面：一是地区开放度相对较低，二是对外开放对经济增长的拉动作用不足[②]。赵娟、石培基、朱国锋（2016）从经济、文化、社会、政策四个方面建立对外开放度测算指标体系，采用主成分分析法和加权平均法，分别从时间和地域尺度上对西部地区的对外开放度进行测算和比较，最后根据综合对外开放度得分排名，将西部地区对外开放程度划分为四个等级[③]。谢守红等（2017）通过对长三角城市群对外开放与经济增长的实证分析指出，在对外开放度上升阶段（1990~2001年与2001~2008年），对外开放度的提高促进了经济的增长；在对外开放度下降阶段，对外开放度的提高对经济的影响较小[④]。

（二）开放型经济发展水平测度的研究

在测度开放型经济指标选取的研究上，国内也有许多学者使用综合指标体系来测算对外开放度，较有影响力的有：李翀（1998）设计了对外贸易比率、对外金融比率和对外投资比率三个指标来构建指标体系[⑤]；黄德发（2000）选取贸易开放度、资本开放度、生产开放度、贸易结构水平、投资结构水平和经济效益水平六个指标构建综合的指标体系，来测算对外开放度[⑥]；刘朝明和韦海鸣（2001）采用国际商品贸易开放度、国际投资开放度、国际金融开放度和国际服务贸易开放度四个指标来构建指标体系[⑦]。黄繁华（2001）从商品贸易、服务贸易、国际直接投资和间接投资四个方面测算了我国的经济开放度[⑧]。兰宜生（2002）选择进出口额、实际外商直接投资额与GDP建立对外开放度指标[⑨]。胡智、刘志雄（2005）选取贸易开放度、实际

[①] 张恒. 甘肃省对外开放与经济增长的实证分析 [D]. 兰州财经大学博士学位论文，2015.
[②] 刘长溥. 对外开放对东北地区经济增长的影响 [D]. 辽宁大学博士学位论文，2016.
[③] 赵娟，石培基，朱国锋. 西部地区对外开放度的测算与比较研究 [J]. 世界地理研究，2016，25（4）.
[④] 谢守红，甘晨. 长三角城市群对外开放与经济增长的实证分析 [J]. 浙江师范大学学报（社会科学版），2017，42（4）.
[⑤] 李翀. 我国对外开放程度的度量与比较 [J]. 经济研究，1998（1）.
[⑥] 黄德发. 对广东开发水平的测度与研判 [J]. 统计与预测，2000（5）.
[⑦] 刘朝明，韦海鸣. 对外开放的度量方法与模型分析 [J]. 财经科学，2001（2）.
[⑧] 黄繁华. 中国经济开放度及其国际比较研究 [J]. 国际贸易问题，2001（1）.
[⑨] 兰宜生. 对外贸易对我国经济增长及地区差距的影响分析 [J]. 数量经济技术经济研究，2002，19（7）.

关税率、对外金融比率、投资开放度和生产开放度等指标，通过因子分析方法测算了 1985~2002 年我国的经济开放度①。郑展鹏（2009）通过构建外贸依存度、外资依存度、对外开放度等指标体系，对 2000~2007 年中部六省的对外开放度进行了测度和分析②。陈辉、牛淑文（2010）选择对外贸易进出口总额、外商直接投资总额、对外承包工程及劳务合作总额、国际旅游外汇收入总额与 GDP 等指标，采用加权平均法衡量西北五省经济开放度③。吕志鹏、王红云、赵彦云（2015）从国际贸易、国际金融、国际贸易政策、国际金融政策四个方面构建了评价中国开放度的指标体系④。周国兰、刘飞仁、郭苑（2017）以经济"新常态"下我国开放型经济发展的战略目标为导向，从党的十八大以来确立的"完善开放型经济体系、构建开放型经济新体制和培育参与、引领国际经济合作竞争的新优势"三大目标指向的具体要求出发，探索构建出一套包括九个二级指标、33 个三级指标的全新区域开放绩效评价指标体系，并对步入经济"新常态"以来长江经济带各省级区域的开放绩效进行了评价⑤。张应武、李董林（2017）从开放基础、对内开放程度、对外开放程度、开放潜力四个一级指标和下设的 17 个二级指标构建了区域开放型经济发展水平评价指标体系，利用动态因子分析法对区域开放型经济发展水平进行测度⑥。以上学者大多是从单一角度即国际开放来分析区域经济开放度。

（三）区域经济开放层次的研究

赵伟（2001）在国内学者中最早研究了区域经济开放的特定内涵，并在梳理工业化进程中的区域开放机理后，首次提出了区域二重开放理论，即区域经济开放可分为区际开放和国际开放两个层次⑦。近年来，该理论已被大多数学者采纳。赵伟和徐朝辉（2006）借鉴赵伟（2001）的区域二重开放理论，分别从贸易、资金、技术、观念等方面构建区际开放和国际开放指标⑧。宋华盛、何力力、朱希伟（2010）从二重开放角度提出，一国提高对外开放水平

---

① 胡智，刘志雄. 中国经济开放度的测算与国际比较［J］. 世界经济研究，2005（7）.
② 郑展鹏. 中部六省对外开放度的实证研究：2000—2007［J］. 国际贸易问题，2009（12）.
③ 陈辉，牛淑文. 西北五省经济开放度比较研究［J］. 求索，2010（10）.
④ 吕志鹏，王红云，赵彦云. 经济开放度的测算与国际比较［J］. 国际贸易问题，2015（1）.
⑤ 周国兰，刘飞仁，郭苑. 经济"新常态"导向下长江经济带开放绩效评价［J］. 价格月刊，2017（3）.
⑥ 张应武，李董林. 基于动态因子分析法的区域开放型经济发展水平测度研究［J］. 工业技术经济，2017（3）.
⑦ 赵伟. 区际开放：左右未来中国区域经济差距的主要因素［J］. 经济学家，2001（5）.
⑧ 赵伟，徐朝辉. 测度中国省域经济"二重"开放［J］. 中国软科学，2005（8）.

和对内开放水平具有不同效应,即提高对外开放水平,则该国内部地区间产业规模的差距先扩大后缩小,故较低或较高的对外开放水平都有利于地区间平衡发展;提高对内开放水平,则该国的产业规模始终增加,但地区间的差距不断扩大①。孙中叶(2012)根据区域经济开放的二重性特点,构建了区际开放与国际开放的评价指标体系,并运用变异系数法确定指标权重,对河南省1984~2010年区际开放度和国际开放度进行了测算,并与其他省份的开放度进行了横向比较②。马松林(2013)运用2011年河南省相关数据,比较分析了河南省18个地市的区际开放度和国际开放度③。佟继英(2014)基于二重开放理论从区际开放与国际开放度出发,分别选取贸易开放度、投资开放度、生产开放度和旅游开放度四个指标构成经济开放度评价指标体系,并用层次分析法构建了指标权重,利用2010年的宏观数据,对比河北其他城市以及环渤海相关城市,对唐山市经济开放度进行了综合评价④。郭海玲(2015)在对外国际开放和对内区际开放同时兼顾的框架下,构建了基于二重开放的综合区域开放度评价指标体系,并运用组合权值法对2009~2013年保定市的区域开放度进行了测算⑤。

前人学者研究对宁夏开放型经济发展水平评价体系的构建有很大帮助,但是也存在些许不足:第一,指标体系构建在理论基础方面阐述不够。学者构建的指标体系各不相同,指标选取的随意性较强,选取的指标不一定全部适用于某一个地区,指标层次的逻辑性也较弱。第二,目前还鲜有文献从内陆民族地区的角度构建经济开放指标体系。第三,仅关注如何构建区域经济开放指标体系,但未对指标体系的合理性和测度结果的有效性等问题进行解答。

二、宁夏开放型经济发展水平指标评价体系的构建

2017年党的十九大报告中指出,我国对外开放已进入新阶段,开放层次已经从沿海地区向内陆地区延伸,必须适应新的形势,提升开放型经济水平,

---

① 宋华盛,何力力,朱希伟.二重开放、产业集聚与区域协调[J].浙江大学学报(人文社会科学版),2010,40(5).
② 孙中叶.河南省二重开放的测度与比较[J].地域研究与开发,2012,31(4).
③ 马松林.河南省区际开放与国际开放的空间比较[J].国土与自然资源研究,2013(3).
④ 佟继英.基于二重开放的区域经济开放度的测算——以唐山市为例[J].产业与科技论坛,2014(23).
⑤ 郭海玲.区域开放度评价及提升对策研究——以保定市为例[J].经济研究参考,2015(22).

形成开放型经济新格局。基于宁夏既不沿边也不靠海的特殊地理区位,本章首先将通过对内陆开放型经济内涵进行界定,其次在此基础上构建宁夏内陆开放型经济发展水平指标评价体系,最后根据数据指标进行衡量和分析。

(一) 内陆开放型经济的内涵

内陆开放型经济具有丰富的内涵。

首先,内陆开放型经济的主体范围包括区域全部经济活动。根据马克思主义经济学原理,经济活动包括生产、分配、交换和消费四个环节。早期以贸易开放度衡量经济开放,更多的是侧重于消费环节。但随着国际分工的逐步深化,以跨国公司为核心构建的全球生产网络将以生产为起点的经济活动在各区域进行优化配置,内陆开放型经济从以消费为主的开放演进为生产、分配、交换和消费融为一体、相互交织的全方位开放。

其次,内陆开放型经济的内容范围不仅包括用于消费的商品,还包括用于生产的要素。

再次,内陆开放型经济从开放层次上划分,可分为国际开放和区际开放。一国内部之特定区域的对外开放,同时面临两个层面的选择:一个层面是对国内其他地区的开放(可称之为区际开放),另一个层面是对国外的开放(可称之为国际开放)。

最后,经济开放过程的干预主要来自政府,与我国区域政府的基本经济职能相对应,政府干预体现为宏观调控中利用投资支撑经济增长,提供公共品和服务中分配资源市场监管缺位或过度。同时,政府干预也是制度的具体体现,即通过经济控制维持基本的经济制度。另外,基础设施影响经济活动的各个环节,是限制经济开放的重要因素,完善的基础设施可以提高生产效率、调整分配结构、加快交换速度并提升消费水平。根据 World Bank (1994) 分类,通信、交通和能源基础设施作为物质资本直接参与经济活动,新经济增长理论等则表明人力资本是经济活动的决定性因素之一,因此,能源、交通、通信和人力资本是广义基础设施的重要组成部分。

结合既有文献,本章认为内陆开放型经济指在地缘上不靠边、不靠海的内陆地区经济打破封闭,将其商品与生产要素与其他区域进行分配、交换,互相参与区域生产和消费的过程及程度。综上所述,本章将区域开放层次、区域政府干预、区域基础设施作为评价内陆地区开放型经济的核心内涵。

(二) 指标的选取及解释

本章遵循全面性、前瞻性、可比性和可操作性等原则,紧密结合内陆开放型经济的内涵,并参考赵伟(2005)、龚洁(2015)等从区际开放、国际开放、政府干预、基础设施限制四个维度,共选取18个指标构建内陆开放型经济发展水平指标评价体系。指标选取基于前人学者的研究,结合宁夏主要发展目标,力争使内陆开放型经济发展水平指标体系更加充实和完善。

1. 国际开放(A)

目前国内外学者在构建开放型经济指标体系时,外贸依存度(A1)和外资依存度(A2)是最常用的两个指标,对于内陆开放型经济而言,国际贸易和利用外资情况仍然是评价内陆开放型经济发展水平最为重要的两个方面,所以本章继续选取这两个指标来评价内陆开放型经济的国际开放水平。此外,一个地区的固定资产投资国际化度(A3)也是衡量一个区域在资金流动上与国际其他地区之间的联系的重要指标。根据上文阐释内陆开放型经济的内涵,一个地区的开放不仅仅是生产和消费开放,还应该包括生产要素,即资金、劳动等跨区域国界流动,所以本章选取国际劳动开放度(A4)和外资企业出口比重(A6)来衡量一个地区参与世界劳务和资本输出的情况。另考虑到内陆地区在旅游资源方面具有比较优势,大力发展旅游业尤其是国际旅游业是内陆地区经济发展的重要路径之一,因此,本章选取国际旅游依存度(A5)来衡量内陆地区的国际开放水平。各指标的计算方法如表4-6所示。

表4-6　内陆开放型经济发展水平指标评价体系指标构建(目标层):国际开放

一级指标:国际开放(A)	外贸依存度(A1)	货物进出口额/区域GDP
	外资依存度(A2)	实际利用外资额[①]/区域GDP
	固定资产投资国际化度(A3)	固定资产投资中外资额/全社会固定资产投资总额
	国际劳动开放度(A4)	对外承包工程与劳务合作营业额/区域GDP
	国际旅游依存度(A5)	区域旅游外汇收入/区域GDP
	外资企业出口比重(A6)	外资企业出口额/地区出口总额

2. 区际开放(B)

根据赵伟(2001)定义,一国内部特定区域的对外开放,同时面临两个层面的选择:一个层面是对国内其他地区的开放,即区际开放;另一个层面是对国外的开放,即国际开放。区际开放的测度同国际开放的测度有相似的

---

① 实际利用外资额:中国各级政府、部门、企业和其他经济组织通过对外借款、吸收外商直接投资以及用其他方式筹措境外现汇、设备、技术等资源的过程中,根据投资协议(合同)实际执行的投资额。

指标体系，都包含贸易、资本流动、技术流动等方面。区际贸易开放度（B1）用来测量本区域与国内其他区域的贸易往来，区际外资依存度（B2）用来测量本区域与国内其他区域的资金往来情况，区际技术开放度（B3）用来测量本区域与其他区域之间的技术流动，非国有经济比率（B4）用来衡量国有单位对区域开放型经济的影响，其各自计算方法如表4-7所示。

表4-7　内陆开放型经济发展水平指标评价体系指标构建（目标层）：区际开放

一级指标：区际开放（B）	区际贸易开放度（B1）	内贸依存度=社会消费品零售总额/地区GDP
	区际外资依存度（B2）	区际资金依存度=国有全社会固定资产投资/全社会固定资产投资总额
	区际技术开放度（B3）	国内技术开放度=地区技术成交额/地区GDP
	非国有经济比率（B4）	城镇非国有单位工资总额/城镇职工工资总额

3. 政府干预（C）

区域开放型经济的发展离不开政府的推动和政策的保障。内陆地区开放型经济的发展在发挥市场的基础性调节作用的基础上，要注重发挥政府的作用。从横向比较来看，一个地区行政管理人员占用社会人力资源的比重越高，行政管理费占其国内生产总值（GDP）的比重越高，该地区的经济就有可能越不发展。因此，本书选取政府人员规模（C1）作为一个评价指标，用国有单位就业人员数/年末从业人员数来计算。Rodrik（1998）更开放、更一体化的市场将必然需要更大规模的政府支出来支撑，因此本书选用发展支撑度（C3）来测度政府干预度，用国有经济全社会固定资产投资额/全社会固定资产投资总额来计算，其各自计算方法如表4-8所示。

表4-8　内陆开放型经济发展水平指标评价体系指标构建（目标层）：政府干预

一级指标：政府干预（C）	政府人员规模（C1）	国有单位就业人员数/年末从业人员数
	经济控制度（C2）	规模以上国有控股工业企业总产值/规模以上工业企业总产值
	发展支撑度（C3）	国有经济全社会固定资产投资额/全社会固定资产投资总额
	资源支配度（C4）	地方财政收入/区域GDP

4. 基础设施限制（D）

对于内陆地区而言，基础设施建设对其发展开放型经济具有重要意义。

新经济地理学将基础设施建设的研究转向空间领域，由于基础设施水平影响劳动力流动及企业选址，因此，地区倾斜性基础设施建设是缩小区域间发展不平衡的重要政策性工具，是区域间经济增长和生产力趋同的重要决定因素。

在这一准则层体系中，本书根据 World Bank（1994）的研究，将基础设施分为经济性基础设施与社会性基础设施，其中：交通运输、邮电通信、能源供给等经济性基础设施作为物质资本，直接参与生产过程，有益于提高社会生产能力进而加快经济增长速度；科教文卫、环境保护等社会性基础设施水平的提高，有利于形成人力资本、社会资本、文化资本等，是调整和优化经济结构、改善投资环境、推动经济发展的基础。因此，本书采用交通基础设施（D1）、能源基础设施（D2）、信息基础设施（D3）以及人力基础设施（D4）四个指标来测度地区基础设施限制程度，其各自计算方法如表4-9所示。

表4-9 内陆开放型经济发展水平指标评价体系指标构建（目标层）：基础设施限制

一级指标：基础设施限制（D）	交通基础设施（D1）	运输路线总长度/国土总面积
	能源基础设施（D2）	能源消费总量/年末总人口
	信息基础设施（D3）	邮电业务总量/年末总人口
	人力基础设施（D4）	本、专科学生毕业数/年末总人口

三、宁夏内陆开放型经济发展水平的分析

（一）样本数据来源

下面利用本章构建的内陆开放型经济发展水平指标评价体系，针对宁夏的区域开放型经济发展情况进行实证研究。指标评价体系中各变量的数据主要来源于《中国统计年鉴》《宁夏统计年鉴》《宁夏国民经济和社会发展统计公报》2001~2017年数据，部分数据进行适当换算和推算。

由于本章所选指标反映的内容不一样，指标量纲和数量级不尽相同，因此需要进行无量纲化处理。本章采用极差法对原始数据进行标准化，具有以下优点：其一，对指标数据的个数、分布状况和取值范围没有特殊要求；其二，转化后的数据都在 0~1，便于进一步处理；其三，转化后的数据为相对数，性质较明显。本章所选指标均为正指标，由于极差法标准化后的数据有 0 值，为了方便下文权重确定，采用极差法计算公式：

$$y = \frac{x - x_{min}}{x_{max} - x_{min}} + 1$$

(二) 数据解读

1. 宁夏国际开放度发展情况分析

近年来,宁夏紧抓国家扩大"向西开放"和"一带一路"倡议机遇,加快建设内陆开放型经济试验区,扩大对外开放水平。如表4-10所示,宁夏国际开放度从2006~2016年可以分为三个阶段:

第一阶段(2006~2009年),前期平稳发展,受金融危机影响,2008年外贸依存度、外资依存度、固定资产投资国有化率、国际旅游开放度、外资企业出口比重均有不同程度的下滑;第二阶段(2010~2012年),逐渐摆脱金融危机影响,呈现出回升迹象,2012年出现下滑;第三阶段(2013~2016年),受内陆经济开放试验区、银川综合保税区、"一带一路"倡议等平台建设影响,呈现稳中有升态势。如图4-6所示。

表4-10　　2006~2016年宁夏国际开放度　　　　单位:%

年份	A1	A2	A3	A5	A6
2006	15.78	1.52	1.79	0.03	14.06
2007	13.08	1.41	1.71	0.02	15.01
2008	10.84	0.70	0.36	0.02	14.68
2009	6.07	0.72	0.38	0.02	16.48
2010	7.85	0.93	0.28	0.02	12.76
2011	7.02	1.05	0.54	0.02	14.01
2012	5.98	0.94	0.24	0.01	13.29
2013	7.73	0.49	0.11	0.03	7.55
2014	12.13	0.32	0.09	0.04	4.82
2015	8.00	0.40	0.01	0.04	8.81
2016	6.82	0.53	0.11	0.09	11.97

注:A4为国际劳动开放度,由于没有查找到相关数据,故未填列。

```
  2.5
  2.0
  1.5
  1.0
  0.5
  0.0
       2006  2007  2008  2009  2010  2011  2012  2013  2014  2015  2016  (年份)
            ─●─ A1   ─●─ A2   ─●─ A3   ─●─ A5   ─●─ A6
```

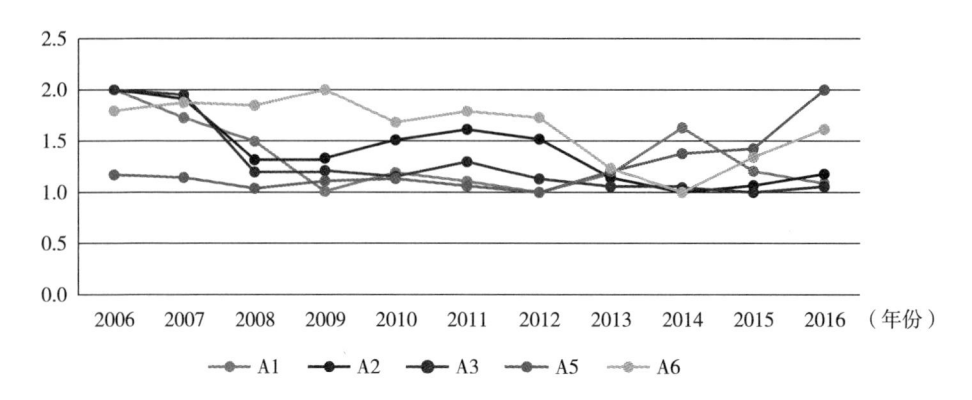

图 4-6　2006~2016 年宁夏国际开放度（无量纲化操作后指标）

2. 宁夏区际开放度发展情况分析

如表 4-11 所示，宁夏区际开放可以分为两个阶段。第一阶段（2006~2011 年），宁夏全社会消费品零售总额占 GDP 比重一直维持在 25% 左右，区际资金依存度为 30% 以上，区际技术开放度在 0.6%~0.7%，2011 年增至 0.19%，非国有经济比率为 40% 左右；第二阶段（2012~2016 年），出现断崖式下跌后，逐步企稳回升，呈现良好发展态势。如图 4-7 所示。

表 4-11　2006~2016 年宁夏区际开放度　　　　　　单位：%

年份	B1	B2	B3	B4
2006	27.90	37.26	0.07	36.78
2007	26.06	30.85	0.07	36.55
2008	24.54	35.16	0.07	36.53
2009	25.07	34.41	0.07	38.27
2010	24.77	32.18	0.06	40.19
2011	24.52	34.45	0.19	39.67
2012	25.22	26.19	0.12	39.78
2013	25.94	26.81	0.06	47.44
2014	26.79	30.18	0.12	49.57
2015	27.12	34.16	0.12	48.99
2016	26.83	26.26	0.13	46.53

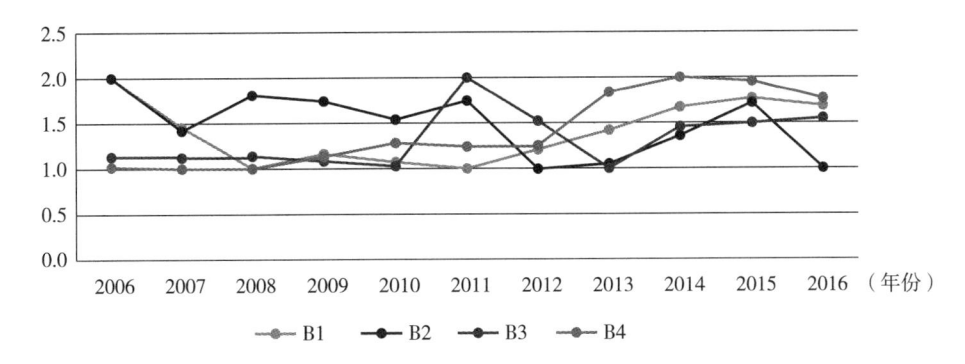

图 4-7　2006~2016 年宁夏区际开放度（无量纲化操作后指标）

3. 宁夏政府干预度发展情况分析

如表 4-12 所示，宁夏政府干预度可分为两个发展阶段。第一阶段（2006~2012 年），政府干预度较高，尤其是政府人员规模持续增加；第二阶段（2013~2016 年），随着国家"简政放权"改革的逐步推进，宁夏政府人员规模稳步下降，但对资源的支配度一直稳步上升。如图 4-8 所示。

表 4-12　2006~2016 年宁夏政府干预度　　　　　　　　　　　单位：%

年份	C1	C3	C4
2006	11.7722	37.2571	7.78962
2007	11.6619	30.852	8.45295
2008	11.8183	35.1608	8.70734
2009	10.9903	34.4062	7.89172
2010	11.4173	32.1779	8.24497
2011	11.1743	34.4529	9.08768
2012	12.7472	26.1934	10.4642
2013	11.3871	26.8119	11.2741
2014	10.9068	30.1803	11.9624
2015	9.72879	34.1568	12.3491
2016	9.59026	26.2568	12.8238

注：C2 为经济控制度，由于没有查找到相关数据，故未填列。

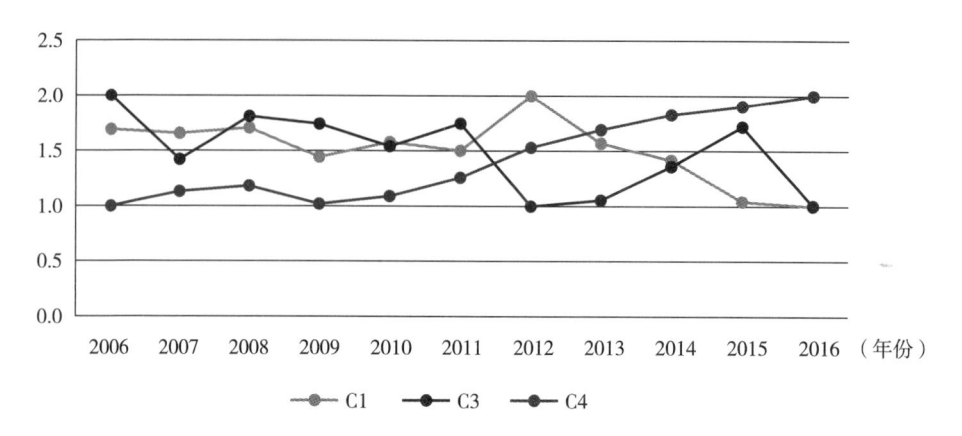

图 4-8　2006~2016 年宁夏政府干预度（无量纲化操作后指标）

4. 基础设施开放度

宁夏基础设施开放度一直处于稳步提升阶段，交通基础设施、能源基础设施、信息基础设施和人力基础设施 2010 年出现下滑，2011 年后均呈现稳步提升的态势。如表 4-13、图 4-9 所示。

表 4-13　2006~2016 年宁夏基础设施开放度　　　　　　　　单位：%

年份	D1	D2	D3	D4
2006	31.1442	0.04576	10.1907	0.18233
2007	28.7485	0.0494	13.1156	0.23066
2008	34.9855	0.05154	15.5686	0.24669
2009	111.624	0.0529	19.1943	0.27311
2010	210.976	0.05814	24.6743	0.33195
2011	225.788	0.07381	9.0455	0.32044
2012	228.864	0.07564	10.1466	0.33733
2013	253.656	0.07929	10.9566	0.3585
2014	279.015	0.08041	15.5165	0.39027
2015	237.659	0.08506	20.2942	0.44387
2016	236.857	0.08578	37.5988	0.45886

```
2.5
2.0
1.5
1.0
0.5
0.0
    2006 2007 2008 2009 2010 2011 2012 2013 2014 2015 2016（年份）
           —●— D1  —●— D2  —▲— D3  —●— D4
```

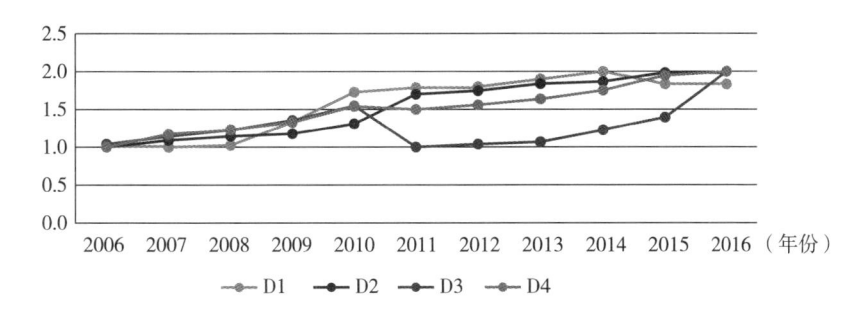

图 4-9　2006~2016 年宁夏基础设施开放度（无量纲化操作后指标）

综上所述，从纵向来看，宁夏内陆开放型经济发展水平总体呈现稳中有升的态势。从四个角度整体来看宁夏近 10 年的开放水平虽然在 2010~2011 年有波动性的小幅度下降后再次有了上升的趋势。从宁夏开放水平综合数据来看，国际开放水平、基础设施建设对于宁夏开放水平影响正在加大；相对而言，区际开放水平与政府干预度二者对宁夏开放水平的影响正在减少。

（三）存在的问题

从区际开放水平分析，可以看出宁夏区际开放程度主要依赖于固定资产投资中预算内资金、国内贷款、自筹资金的接受，对于财政资金依赖程度大。而区际内贸易、技术对区际开放的贡献比例较小，而且贸易依存度呈现波动性的下降趋势，这对区际开放度整体的发展是不合理的。区际非国有经济比率虽然正在呈现上升的态势，但与西部其他地区相比仍需提高。

从国际开放水平分析，宁夏地区国际开放水平主要依靠外贸、外企出口量，外资引入与固定资产国际化水平方面存在欠缺。作为转型中的旅游业还缺少对国际游客的吸引力，在国际旅游方面存在很大的提升空间，国际旅游依存度对宁夏国际开放度的贡献率可以有很大的发挥空间。在国际开放方面，宁夏地区对劳动技术等方面的发展力度可以加大。

从政府干预程度分析，近几年宁夏逐步降低政府对经济的干预程度，但政府对经济市场控制及支撑力度仍比较大。宁夏政府对于人才和资源的重视程度比较高，但政府人员规模可以进行一定的调整，应更加注重政府人员素质的提高。宁夏政府对地区资源的控制虽然在一定水平上进行了释放，但释放范围还存在一定的空间。

从基础设施方面分析，宁夏地区基础设施限制方面对能源、信息的依存度很大，其中对交通基础设施建设及人力基础设施的建设程度虽然在逐年增大，但其量度方面还需要进一步提高。

第五章

宁夏参与"一带一路"建设面临的挑战

宁夏在参与"一带一路"建设过程中，既展现了特有的长处与优势，也暴露出其固有的"短板"与劣势，宁夏在参与"一带一路"建设中面临诸多困难与挑战。为此，宁夏参与"一带一路"建设不仅要充分发挥自身优势，还应正视困难与挑战的存在，扬长避短，因地制宜进行开发和建设。

第一节　宁夏在政策相通方面面临的挑战

一、国际局势、国际规则面临重大变革

自 2008 年全球性金融危机爆发以来，世界经济逐步进入深度调整期，政治经济格局出现诸多不确定性因素，全球经济发展面临新的挑战：美国退出TPP（跨太平洋伙伴关系）协议，2018 年中美贸易摩擦加剧，贸易保护主义抬头，美国经济和贸易政策不确定性进一步加剧；欧盟经济受累于欧元危机、难民潮以及英国脱欧多方面因素影响，缺乏持续增长的内在潜力；英国处于重大变革期，计划通过签订多份自由贸易协议来重塑后"脱欧"时代贸易格局；尽管日本首相安倍晋三一再表示要创造"新的增长"，但日本经济暂时很难摆脱困境；新兴经济体面临外部需求降低、能源和大宗商品价格断崖式下降、外资引入乏力等一系列难题，经济增长率难以维系稳步增幅。

为应对全球经济增长乏力，各国纷纷着手建立或参与新的多边、诸边及双边经济合作机制。2018 年 3 月，参与《全面与进步跨太平洋伙伴关系协定》（CPTPP）的 11 国代表在智利首都圣地亚哥举行签字仪式；2018 年 7 月，《区域全面经济伙伴关系协定》（RCEP）第 23 轮谈判在泰国曼谷举行，并约定于 2018 年 8 月 30~31 日在新加坡举行部长级会议，已完成海关程序与贸易便利化、政府采购章节内容商议，在技术法规与合格评定程序、卫生与植物卫生措施等章节的谈判也取得重要进展；2013 年，美国与 21 国启动"诸（多）边服务协议"（PSA）谈判，目前也处于谈判过程中，重点在于投资、金融、政府采购、标准与认证、竞争政策、物联网、互联网以及知识产权等

新领域建立规则；2018年10月1日，美国与加拿大、墨西哥签订新版美加墨贸易协定（USMCA），在市场准入、原产地原则、农业、投资等领域就原有的协议进行调整，还就部分问题达成附加双边协议。

这些谈判涉及的国家与"一带一路"沿线国家有部分重叠，中国在推进"一带一路"倡议时会面临这些新规则、新协议的挑战，宁夏各产业、各企业在融入"一带一路"建设中也面临国际新格局、国际新规则的挑战。

二、国内政策红利逐渐减退

（一）内陆开放型经济试验区政策红利渐退

宁夏内陆开放型经济试验区自2012年宣布成立以来，已完成第一阶段规划，步入第二阶段发展后期。按照《宁夏内陆开放型经济试验区规划》（国函〔2012〕130号），规划期为2012~2020年。发展目标为："到2015年，体制机制创新取得积极进展，与阿拉伯国家及世界穆斯林地区经贸文化交流合作全面展开，经贸合作取得实质性突破。基础设施支撑能力进一步提高，对外贸易快速增长，发展活力显著增强，生态环境得到有效改善，人民生活质量不断提高。到2020年，对外开放的体制机制不断完善，与阿拉伯国家及世界穆斯林地区经贸文化合作迈上新台阶，在国家向西开放总战略中的作用进一步凸显。基础设施支撑能力显著增强，产业结构得到优化提升，转变发展方式取得明显成效，生态环境得到明显改善，与全国同步进入全面小康社会。"

就目前发展情况而言，虽然取得一定成效，但仍然面临资源配置效率低、要素市场扭曲、产业结构不合理、沉淀成本效应等突出问题。相应地，针对内陆开放型经济建设所制定的宏观政策，虽然具有较强的宏观指导与实践意义，但实施以来屡屡与实际产生沟壑，达不到预期效果。因此，无论是发展内陆开放型经济，还是参与"丝绸之路经济带"建设，宁夏可能更需要从经济发展的微观层面，诸如企业转型升级、产业链条延伸拓展等方面进行考虑，以点带线、以线带面，推动实体经济的发展与振兴。

此外，受制于体制机制等方面的"软环境"因素影响，宁夏对外资企业缺乏足够吸引力，来宁投资外企并不多。近年来，宁夏虽然加快了行政审批制度改革的步伐，但行政管制并未从根本上给予放松，企业项目投资等各方面的审批手续简化并不意味着部门干预就会减少，市场交易成本依然比较高。与全球开办企业便利度居首位的新西兰相比，宁夏的差距仍然十分显著。在新西兰开办企业，只需1个步骤，0.5天（中国需要22.9天）即可成功办理；

办理施工许可证只需 11 个步骤，93 天即可成功办理（中国需要 247.1 天）；获得电力供应需 5 个步骤，58 天即可成功办理（中国需要 143.2 天）[①]。虽然自 2018 年起，入驻银川市行政审批局的 4 家银行为办事企业提供专车、专人，让企业体验到"1 日开办"的快捷便利，但目前只有 12 家企业享受到实惠，还未在宁夏区域全面推广[②]。

(二) 贵州及国内自由贸易试验区的政策挤压

2016 年 8 月，国务院批复同意建设贵州内陆开放型经济试验区，是继宁夏之后第二个内陆开放型经济试验区。国家要求贵州以体制机制创新为首要任务，建设以投资贸易便利化试验区、现代产业发展试验区、开放式扶贫试验区"三位一体"的内陆开放型经济试验区，努力营造透明高效的政务环境、平等竞争的市场环境、公平公正的法制环境，力争对外开放水平处于中西部前列、开放式扶贫走在中国前列，为贵州扩大开放提供了政策支持。[③] 贵州依靠地缘优势，积极参加"一带一路"和长江经济带建设，泛珠区域合作不断深化，粤桂黔高铁经济带建设积极推进，川渝黔、滇黔、湘黔、沪黔合作日益加深——这对于西北边陲的宁夏有较强的挤出效应。

此外，自 2013 年 8 月国务院正式批准设立中国（上海）自由贸易试验区以来，陆续已有 12 个自由贸易试验区成立（见表 5-1），涉及 12 个省、直辖市，上述自由贸易试验区战略定位清晰，各具特色，形成了全方位开放格局。2018 年 10 月 16 日，国务院印发中国（海南）自由贸易试验区总体方案，对标国际先进规则，持续深化改革探索，以高水平开放推动高质量发展，加快建立开放型生态型服务型产业体系，力争到 2020 年，自贸试验区建设取得重要进展，国际开放度显著提高，努力建成投资贸易便利、法治环境规范、金融服务完善、监管安全高效、生态环境质量一流、辐射带动作用突出的高标准高质量自贸试验区，为逐步探索、稳步推进海南自由贸易港建设，分步骤、分阶段建立自由贸易港政策体系打好坚实基础。[④] 对于宁夏来说，存在一定的政策挤压效应。

---

① 2017 年营商环境报告 [EB/OL]. 世界银行，http://www.worldbank.org/.
② 银川"一日开办企业"再次领跑全国 [EB/OL]. 银川市人民政府，http://www.yinchuan.gov.cn/xwzx/zwyw/201802/t20180201_684502.html.
③ 国务院批复同意设立贵州内陆开放型经济试验区 [EB/OL]. 贵阳网，http://www.gywb.cn/content/2016-08/16/content_5186919.htm.
④ 国务院关于印发中国（海南）自由贸易试验区总体方案的通知 [EB/OL]. 中华人民共和国中央人民政府，http://www.gov.cn/.

表 5-1　中国 12 个自由贸易试验区战略定位比较

批准设立时间	自由贸易试验区	战略定位
2013 年 8 月	上海自贸试验区	积极探索管理模式创新,促进贸易和投资便利化,全面深化改革和扩大开放探索新途径
2014 年 12 月	广东自贸试验区	粤港澳深度合作示范区、21 世纪海上丝绸之路重要枢纽和全国新一轮改革开放先行地
2014 年 12 月	天津自贸试验区	京津冀协同发展高水平对外开放平台、全国改革开放先行区和制度创新试验田、面向世界的高水平自由贸易园区
2014 年 12 月	福建自贸试验区	深化两岸经济合作示范区、21 世纪海上丝绸之路核心区,打造面向 21 世纪海上丝绸之路沿线国家和地区开放合作新高地
2016 年 8 月	辽宁自贸试验区	推进自贸试验区与"一带一路"沿线国家及日本、韩国、朝鲜等国国际产能和装备制造合作,提升东北老工业基地发展整体竞争力和对外开放水平的引擎
2016 年 8 月	浙江自贸试验区	东部地区重要海上开放门户示范区、国际大宗商品贸易自由化先导区和具有国际影响力的资源配置基地
2016 年 8 月	河南自贸试验区	"一带一路"建设的现代综合交通枢纽、全面改革开放试验田和内陆开放型经济示范区
2016 年 8 月	湖北自贸试验区	中部有序承接产业转移示范区、战略性新兴产业和高技术产业集聚区、全面改革开放试验田和内陆对外开放新高地
2016 年 8 月	重庆自贸试验区	"一带一路"和长江经济带互联互通重要枢纽、西部大开发重要支点
2016 年 8 月	四川自贸试验区	西部门户城市开发开放引领区、内陆开放战略支撑带先导区、国际开放通道枢纽区、内陆开放型经济新高地、内陆与沿海沿边沿江协同开放示范区
2016 年 8 月	陕西自贸试验区	全面改革开放试验田、内陆型改革开放新高地、"一带一路"经济合作和人文交流重要支点
2018 年 4 月	海南自贸试验区	在海南全岛建设自由贸易试验区,探索实行符合海南发展定位的自由贸易港政策

资料来源：新闻报道及各自贸试验区官方网站整理汇总。

三、"一带一路"沿线国别贸易环境迥异

"一带一路"的合作伙伴中，许多是正处于社会和经济结构转型时期的发展中国家。一些国家国内政局不稳，安全环境较差；一些国家传统家族势力强大，既得利益集团把控国家经济命脉，腐败现象较为严重；一些国家政策不稳定，中央和地方政策存在较大不确定性；一些国家存在法律法规体系不完善，营商环境有待改善……上述问题和风险的存在将对宁夏参与"一带一路"建设的相关企业在政策相通方面提出巨大挑战，企业要审时度势，依据不同贸易、投资政策环境来进行对外投资。

此外，阿拉伯国家既是"一带一路"重要合作伙伴，也是中国第一大原油供应方和第七大贸易伙伴（2017年数据），但中东地区地缘政治关系复杂，受政治动荡、教派冲突和恐怖主义威胁等不利因素影响，中阿共建"一带一路"面临多重风险和挑战。例如，中国对利比亚的投资，由于利比亚政治动荡，致使中国企业损失近200亿元。因此，宁夏在发展对阿拉伯国家关系时，必须合理准确地评估交往国和地区的政治风险。2004年，中国与海合会（阿联酋、阿曼、巴林、卡塔尔、科威特、沙特）决定启动中海自贸区谈判；2009年，结束货物贸易框架下97%左右商品的市场准入问题；2016年1月，中海双方宣布重启自贸区谈判并希望年内达成协议，但由于2017年以来国际政治经济局势突变，双方谈判暂时搁置。

第二节　宁夏在设施联通方面面临的挑战

宁夏提出要成为丝绸之路经济带的战略支点，但实际相比周边的陕西、甘肃、新疆等地区，交通上的"支点"作用还没有充分发挥出来，交通基础

设施还不够完善,高铁还没建成,高速公路通车线路还比较单一①。在地理空间上,宁夏区位偏远,物流、信息流落后,交通不便,运输距离较长,运输成本较高,处于发展的末梢,银川市到新疆阿拉山口口岸铁路里程 2837 千米,到天津港 1460 千米海距离。

一、面临"此消彼长,不进则退"的挑战

宁夏虽然拥有一定的"地缘优势",但"一带一路"倡议涉及国内省市众多,在设施联通方面也存在"此消彼长,不进则退"的挑战。

以下以与宁夏省会城市银川发展层次、目标临近的郑州、西安、兰州为例说明(见表5-2):

(1)空中通道方面。银川周边 1000 千米以内,三大国际机场(郑州新郑国际机场、西安咸阳国际机场、兰州中川国际机场)将挤占河东国际机场建设"国际航空物流园"的空中航线资源与国际航空货客运资源。

表 5-2 河东、咸阳、新郑、中川国际机场发展情况对比

	银川河东国际机场	西安咸阳国际机场	郑州新郑国际机场	兰州中川国际机场
飞行区等级	4E 级	4F 级	4F 级	4E 级
占地面积	3 座航站楼,总面积 12.9 万平方米,1.39 万平方米货运库,停机位 47 个,登机桥 22 个	3 座航站楼,总面积 35 万平方米,值机柜台 140 个,安检通道 36 条。停机位 127 个,登机桥 44 个	2 座航站楼,总面积 62 万平方米,客机停机位 149 个,货机停机位 9 个	2 个航站楼(T3 航站楼建设中),近 10 万平方米,40 个远近机位
2017 年吞吐量	旅客吞吐量突破 793.64 万人次,完成运输起降 6.64 万架次和货邮吞吐量 4.22 万吨	完成航班起降 31.8 万架次、旅客吞吐量 4185.7 万人次、货邮吞吐量 26 万吨	周航班量 110 班,年旅客吞吐量达 2430 万人次,货邮吞吐量突破 50 万吨	旅客吞吐量 1281.64 万人次

---

① 尚亚龙.2016 年宁夏丝绸之路经济带建设进展报告,丝绸之路蓝皮书 [EB/OL]. http://www.doc88.com/p-9019699967002.html.

续表

飞行区等级	银川河东国际机场	西安咸阳国际机场	郑州新郑国际机场	兰州中川国际机场
	4E级	4F级	4F级	4E级
2017年航线及通航城市数	29家航空运输企业89条航线，12条国际航线	与国内外65家航空公司建立了航空业务往来，开辟的通航点达198个，航线337条	货运航空公司21家，货运航线34条，通航城市37个。国内外客运航空公司54家，开通航线194条，通航城市112个	运营航空公司累计达42家，含4家货运航空公司，累计执行客运航线192条，含18条国际航线，货运航线4条，通航城市98个

资料来源：各国际机场官方网站信息整理。

（2）跨境贸易电子商务方面。从2013年11月26日宁夏回族自治区政府向海关总署提出申请将银川市作为试点城市，至2014年1月2日获批仅用37天。作为全国首批跨境电子商务试点城市。海关总署批复指出，银川是新丝绸之路经济带重要城市，与阿拉伯国家有良好的经贸合作基础，发展跨境电子商务有自身的特点和优势。要求宁夏按照《国务院办公厅转发商务部等部门关于实施支持跨境电子商务零售出口有关政策的意见》，组织开展相关试点工作，并加强与银川海关等部门的协调沟通，做好配套的基础设施和系统开发建设工作。

2016年1月，国务院同意在郑州等12个城市设立跨境电子商务综合试验区。2018年8月，国务院同意在西安、兰州等22个城市设立跨境电子商务综合试验区，要求有关部门和省（自治区、直辖市）人民政府要积极深化外贸领域"放管服"改革，以跨境电子商务为突破口，大力支持综合试验区大胆探索、创新发展，在物流、仓储、通关等方面进一步简化流程、精简审批，完善通关一体化、信息共享等配套政策，推进包容审慎有效的监管创新，推动国际贸易自由化、便利化和业态创新。然而，在这一轮的跨境电子商务试点工作中宁夏相关城市没有上榜。

（3）口岸建设方面。银川除综保区获得"进口肉类、水果、种苗口岸"，与其他城市在口岸功能上还存在一定差距。西安港获批国家一类口岸、进境粮食指定口岸、进口肉类指定口岸、汽车整车进口口岸。从事进口汽车业务的企业，可通过中欧班列运抵西安港，降低内陆地区汽车进口消费成本。"西安港"也是中国首个获得国家代码（61900100）和国际代码（CNXAG）的内陆港。郑州获批国家肉类口岸、药品口岸、汽车整车口岸。兰州获批进口冰鲜水产品、进口肉类口岸。

（4）围绕"一带一路"建设，全国已有7条直达欧洲的班列，包括"渝新欧""蓉新欧""汉新欧""郑新欧""义新欧""新欧亚大陆桥""长安号"。合肥、长沙、厦门等城市纷纷计划开通直通欧洲的班列。2014年12月12日，自甘肃武威首发的直达哈萨克斯坦国际货运专列"天马号"已开通。宁夏"对外通道建设"方面正面临周边及国内其他城市"先行先得"的严重挑战①。

二、与阿拉伯世界对接存在挑战

从地缘政治半径看，中东阿拉伯地区属于中国地缘政治中的"中邻"范畴，同时宁夏作为内陆省区，既不沿边又不沿海，在没有地缘临近优势的情况下，宁夏在一定程度上与阿拉伯世界属于"凌空对接"。因此，在经贸合作过程中，如何克服交通障碍，以高效、便捷的对外贸易服务平台应对"凌空对接"这一不利因素则成为保证双方经贸合作长久稳定的重点。

第三节　宁夏在贸易畅通方面面临的挑战

宁夏整体经济规模有限，存在产业体系不完整、高新技术产业及服务业相对落后的情况。与此同时，宁夏目前对外开放对经济发展的贡献率很低，对外开放进程较为缓慢，加快宁夏市场化及对外开放进程就成了转变经济发展的方式及现实选择。

---

① 郝春明，施永浩．"一带一路"战略背景下银川综合保税区面临的新机遇与新挑战[EB/OL]．http：//www.360doc.com/content/15/0429/16/14977576_466833704.shtml.

一、外贸依存度偏低，对外开放程度不高

宁夏整体经济规模较小，缺乏对全国甚至对周边地区的经济辐射力，对外开放程度不高，外贸依存度较低。2017年，宁夏对外贸易依存度仅为9.89%（见表5-3），远低于全国33.60%的平均水平，在西北五省区中也落后于新疆12.77%和陕西省12.4%，高于甘肃4.45%和青海1.68%。外贸总量在全国31个省份外贸进出口总值排行榜中名列第29位，在西北五省区中名列第四位，仅高于青海。

表5-3　2010~2017年宁夏及西北五省区外贸依存度情况　　单位：%

年份	宁夏	陕西	甘肃	青海	新疆	西北五省区	宁夏排名
2010	7.85	8.10	12.00	4.00	21.30	11.70	4
2011	7.02	7.60	11.30	3.70	22.30	11.50	4
2012	5.98	6.50	9.90	3.90	21.20	10.40	4
2013	7.73	7.80	10.20	4.10	20.20	10.90	3
2014	12.13	9.60	7.90	4.60	18.60	11.30	2
2015	8.00	10.40	7.50	5.00	13.10	10.10	3
2016	6.82	10.30	6.34	3.92	12.31	7.94	3
2017	9.89	12.40	4.45	1.68	12.77	8.24	3

资料来源：根据宁夏、陕西、青海、甘肃、新疆历年统计公报整理所得。

2017年，宁夏对阿拉伯国家、印度、马来西亚、泰国等"一带一路"沿线国家和地区分别出口10.6亿元、11.7亿元、5.5亿元和5.3亿元，增长10.6%、25.5%、19.2%和51.8%[①]，增速较快，但总量偏低。欧盟、美国依然是宁夏的主要出口市场。

二、工业基础薄弱，特色产业发展较慢

宁夏深居西北内陆高原，属于典型的大陆性半湿润半干旱气候，雨季多

---

① 宁夏商务厅。

集中在 6~9 月，具有冬寒长、夏暑短、雨雪稀少、气候干燥、风大沙多、南寒北暖等特点。位于宁夏西南区域的六个市、县，因恶劣的气候、贫瘠的土地等自然条件的限制，发展极其落后，是国家级的贫困地区。北部的银川平原因为有黄河水的照拂，致使宁夏南部的贫瘠与北部的肥沃形成鲜明对比。而自治区南北条件的巨大差距也致使宁夏整体经济发展阻碍颇大。

宁夏经过建区 60 年、改革开放 40 年的发展，形成了独特的产业结构，推动了宁夏经济的发展。但也应看到，宁夏产业结构仍存在诸多不合理的方面：中小型与大型企业的数量比例不合理，大型企业的比例偏少；各个产业集群规模偏小，产业链不完备；区域产业集群基本上为自发形成，互补性不强，各自为政，难以形成全省的区域合力；传统产业偏多，创新型企业偏少，产业转型升级存在较大困难。目前，宁夏出口阿拉伯国家的优势产业主要集中在枸杞产业、酿酒葡萄产业、瓜菜等特色产业。这些产业在宁夏进出口贸易中所占比重相对比较低，宁夏的高质量产品、品牌、强势贸易、市场通道、龙头企业仍存在"小而少"的问题，且受物流、HALAL 认证等因素影响，在国际及阿拉伯国家的知名度和认可度还有待提升。

宁夏工业基础薄弱，能源化工产业为战略支柱产业，但这与周边地区及阿拉伯国家具有同质性、竞争性，从而使宁夏在国内发展缺乏比较竞争优势。一方面，缺少高精尖的工业企业，很多高附加值工业行业在宁夏都没有布局；另一方面，由于过去高耗能工业投资过热，导致产能过剩的后果积重难返。随着轻纺、医药等新兴产业的发展，宁夏轻重工业比例失调现象有所改善，但由于具有辐射带动作用的龙头企业和科技含量高的重大项目偏少，新兴产业发展还未成体系，无法替代传统产业体系成为支撑经济增长的主动力。宁夏的地区性优势没有完全开发利用。西部大开发战略意见中多次提出，西部地区要发挥地区优势产业，但宁夏的农业、能源等产业很难作为根本性优势来更好地参与中阿经贸合作。因此，找准与阿拉伯国家互补性强的合作领域，将"中阿所需"和"宁夏所能"结合起来是保持双边贸易长久稳定的关键所在。

第四节 宁夏在资金融通方面面临的挑战

自"一带一路"倡议提出五年以来,中国积极推动各类主体在境内外募资设立对外融资机构、基金。截至 2018 年 10 月,亚投行成员扩展至 87 个,投资 31 个项目,投资总额 630 亿美元,投资国家涉及埃及、印度、马来西亚、阿曼等,投资领域涉及基础设施、卫生环境、能源等领域[①]。截至 2018 年 9 月,丝路基金已签约 20 多个项目,承诺投资金额超过 80 亿美元,涉及领域包括基础设施、资源开发、产能合作、金融合作等。宁夏在对外开放过程中与各类融资机构、基金对接方面还存在诸多问题。

一、金融服务水平有待提高

宁夏经济总体平稳健康发展,与金融加强对实体经济的支持分不开。但目前,宁夏金融服务水平还有待提高。

(一) 金融供给能力有待提升

近年来,宁夏信贷总量持续扩大,有力地支持了地方经济社会发展,但信贷资金产出效率有所下降,金融供给能力有待提升。2017 年,宁夏每万元银行信贷产生 GDP 0.5 万元,较五年前下降 20%,是全国平均水平的 80%;金融服务模式和产品还比较单一,信贷投放以政府背景项目、大型企业、传统产业为主,在服务新型产业、轻资产少抵押的科技型企业方面创新不足,缺乏有效手段[②]。

---

① 亚投行网站:https://www.aiib.org/en/index.html。
② 中国人民银行银川中心支行网站。

（二）金融风险防控形势严峻

银监会网站的数据显示，2016年12月末商业银行总资产、总负债整体同比增速分别为16.6%、16.8%，2017年12月末同比增速分别降至8.2%、7.9%，截至2018年7月末，增幅进一步下降至7.3%、6.8%。当前宁夏金融风险总体可控，但防控形势依然严峻。一方面，在经济增长由高速增长阶段转向高质量发展阶段，以及推进污染防治攻坚战的过程中，宁夏倚重倚能的传统产业占比较高，转型升级的约束和挑战较多，信用风险面临持续暴露的压力；另一方面，随着跨机构、跨行业、跨市场金融产品显著增多，各金融机构之间、各金融子市场之间的关联程度上升，信用风险、流动性风险和市场风险更容易交叉传染和相互转化。

二、投融资政策开放度不足

与全国特别是东部沿海省区相比，宁夏投融资结构还存在较大差距。如图 5-1 所示，2012~2016 年宁夏固定资产投资资金来源中几乎看不到外资的身影。主要体现在政府（预算内、外）投资比重高，国有经济投资比重高，竞争领域国有投资比重高，依靠国内贷款投资比重高；以及民间投资水平低、利用外资水平低等方面。部分原因在于宁夏投融资政策开放度不足，很难吸引外资在宁投资。而目前推行的自贸区试点工作中，主要是针对投融资开放。截至 2018 年 4 月底，上海共有 56 家金融机构通过分账核算系统验收，开立了 7.1 万余个自由贸易账户，账户余额 2141 亿元，累计办理跨境结算折合人民币 21 万亿元，企业通过自由贸易账户获得的本外币融资总额折合人民币 1.2 万亿元[①]。以自由贸易账户为基础，上海自贸区建立了资本项目可兑换、利率全面市场化、金融市场开放、人民币国际化等核心领域金融改革的制度安排和操作路径。

---

① 上海要成为开放度最高自贸区 重头戏锁定金融服务业 [EB/OL]. 新浪财经，http://finance.sina.com.cn/roll/2018-07-11/doc-ihfefkqp9123553.shtml.

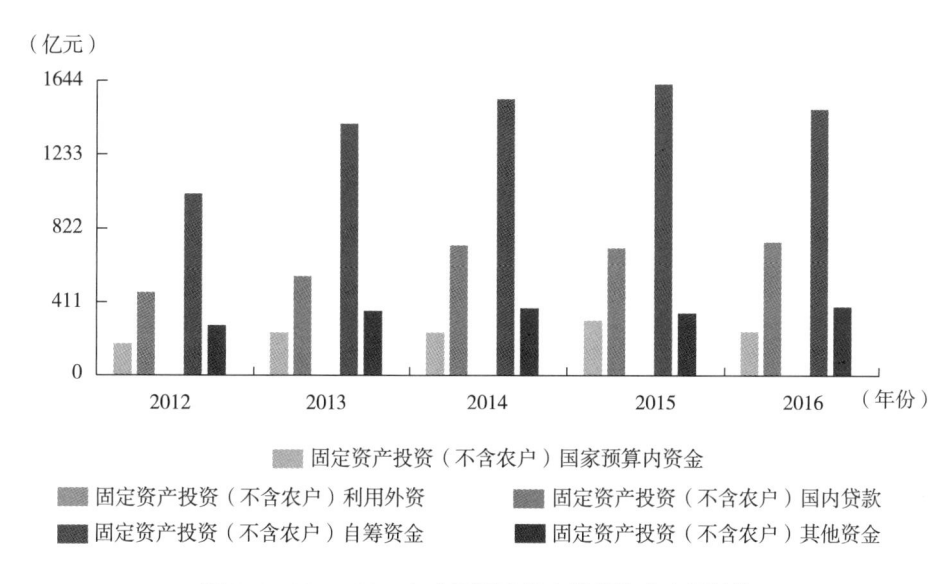

图 5-1　2012~2016 年宁夏固定资产投资资金来源结构

注：①自筹资金指固定资产投资单位在报告期收到的，由各企事业单位筹集用于固定资产投资的资金，包括各类企事业单位的自有资金和从其他单位筹集的用于固定资产投资的资金，但不包括各类财政性资金、从各类金融机构借入资金和国外资金。②国内贷款指报告期固定资产项目投资单位向银行及非银行金融机构借入用于固定资产投资的各种国内借款，包括银行利用自有资金及吸收存款发放的贷款、上级主管部门拨入的国内贷款、国家专项贷款（包括煤代油贷款、劳改煤矿专项贷款等）、地方财政专项资金安排的贷款、国内储备贷款、周转贷款等。

资料来源：国家统计局年度数据。

第五节　宁夏在民心相通方面面临的挑战

2018年是宁夏回族自治区成立60周年，宁夏各民族交往交流交融、共同团结进步、共同繁荣发展，携手开创社会主义现代化建设和改革开放新局面。虽然宁夏具有民族团结的光荣传统，各族人民团结和睦的历史渊源深厚、现实基础广泛，但在"一带一路"国家范围内，宁夏与各国交流交往深度和厚度还有待提高。

一、宁夏对阿对外宣传力度不够

近年来，宁夏对外宣传投入不断加大，除在央视媒体频道播放"塞上江南，神奇宁夏"宣传语外，还成功举办了"开放的中国：从宁夏到世界"外交部首个省区市全球推介活动、"海峡两岸（宁夏）经贸文化合作交流活动周"和首届网上丝绸之路论坛等活动。但对阿宣传还力度不够，也没有建立一个持续互动的媒体平台，双方在互相认证方面存在问题。虽然从第二届中阿经贸论坛开始，大会开展了如主宾国参与及各领域推介洽谈会等系列活动，对推广宁夏在阿拉伯国家的地区形象发挥了一定作用，但相对于阿拉伯国家来说，对宁夏地区特色产业还存在认识"盲区"。

二、开放型复合型人才匮乏

开放型复合型人才匮乏是宁夏对接"一带一路"面临的重要挑战。近年来，宁夏通过推动全民创业、慈善产业以及相应人才计划，增强了人才资源吸附力，但企业国际化发展中缺乏开放型人才的现象日益突出。一是缺乏相应的研究人才。在国内，研究中东及阿拉伯国家的院校及科研院所主要是东部地区高校。负担培养宁夏阿拉伯语人才的宁夏大学、北方民族大学、宁夏伊斯兰经学院、同心阿语学校所培养的复合开放型人才本身不多，毕业后多到义乌、广州等地寻求发展机会，留在宁夏的人才较少。二是目前对伊斯兰及阿拉伯世界的研究不够深入，针对性、前瞻性不强。国内研究阿拉伯世界主要集中在经贸及宗教领域，对经济、法律、政策制度的研究略显不足。而当前区域国别研究中，对欧美国家的研究成果较多，对其他国家如土耳其、伊朗、孟加拉国、中亚等国的研究不足。三是缺乏从事国际贸易的高层次人才。目前宁夏区内的高校，仅有北方民族大学设有国际经济与贸易本科专业，2018年获批国际商务专业硕士学位招生资格，其他院校虽有相关经济或管理专业，但均未开设国际经济与贸易专业。

随着"一带一路"倡议的落地，中国的企业要前往这些国家和地区投资，为避免造成不必要的麻烦，应尽量选派熟悉当地民族习惯、语言和风俗的人员前往，在雇用当地员工的过程中，也应该充分尊重当地民族习惯，谨慎处理相关的民族和宗教问题，避免引起不必要的麻烦。

综合上述分析，宁夏在"一带一路"倡议推进的过程中面临诸多机遇与挑战，如何从地理优势、政策优势、经济优势、人文优势等层面，最大限度地开发并发挥它的作用，则需要政策界、经济界、企业界、文化界、学术界等，通过"政产学研用"的联动协同，根据新形势和新要求下"宁夏战略支点"的地位和作用，通过新视角、运用新方法、挖掘新资料、提出新观点、构建新理论，服务宁夏对接国家"一带一路"倡议发展研究，并为丝路宁夏战略支点的地位与作用、定位与作为的建设和发展建言献策。

第六章

宁夏参与"一带一路"建设的路径选择

"一带一路"是党中央着眼于我国对外开放和战略安全大局、优化区域开放格局、加快向西开放的重大举措。宁夏作为"丝绸之路经济带"建设中重要战略支点，主动融入国家"一带一路"倡议。经过五年的发展，"一带一路"建设进入了由"大写意"到"工笔画"的新阶段，要求有更加细致的规划与合作①。本章将从宁夏参与"一带一路"建设的整体思路入手，结合国内、区内开放，提出宁夏与中亚、西亚、东亚、欧洲等国家和地区的开放格局设想，并围绕政策沟通、设施联通、贸易畅通、资金融通和民心相通提出具体的发展规划，以加快推进宁夏融入"一带一路"建设，构建共同的"一带一路"经济走廊，促进宁夏经济高质量发展。

第一节 宁夏参与"一带一路"建设的整体思路

2017年6月6日，宁夏回族自治区书记在中国共产党宁夏回族自治区第十二次代表大会上的报告中指出，"宁夏要深入推进全方位多层次对外开放。主动融入和服务国家发展战略，积极参与'一带一路'建设，着力打造'丝绸之路经济带'战略支点，构建对内对外开放新格局。充分发挥中阿博览会的平台作用，以企业为主体，以经贸合作为重点，吸引和聚集一批国内外企业参与'一带一路'建设。用好内陆开放型经济试验区先行先试的政策优势，以综合保税区和各类开发区建设为载体，以政策创新、制度创新为突破口，大胆试验、大胆探索，积极借鉴复制自由贸易试验区改革经验，营造国际化、法治化、便利化的营商环境，全面提升开放水平。发挥宁夏在中国—中亚—西亚经济走廊的主要节点作用，积极主动'走出去'，加快贸易口岸和境外产业园区建设，推动区内企业的产品、项目、技术、服务'全产业链出口'。深化与京津冀、环渤海、长三角、珠三角等地区的战略合作，加大精准招商力度，着力引进培育一批优质市场主体。"

---

① 深化合作推动"一带一路"贸易畅通 13国政商精英在厦研修［EB/OL］.厦门网, https://news.xmnn.cn/xmnn/2018/09/18/100427318.shtml.

宁夏融入"一带一路"是全方位、多层次、宽领域的对内对外开放，要把巩固宁夏"向东开放"为基础和提高"向西开放"水平有机结合起来，着力推进以向西开放为重点，对内对外全方位开放格局的形成。宁夏必须扩宽自身的开放格局，除了要与"一带一路"相关国家进行经贸合作、文化交流外，还要看到自身与西部其他民族地区的差距，合理利用自身优势，强化国际、国内、区域三种层面的合作[①]。

对接"一带一路"倡议，宁夏应主动融入"一带一路"建设，以打造战略支点为主攻方向，将主要开放与合作交流对象界定在一个战略三角支点上，即以西亚、欧洲国家为主体，以中亚国家为延伸，以东南亚国家为辅助，坚持扩大开放与深化改革相结合、"引进来"与"走出去"相结合、全面开放与重点突破相结合，用好内陆开放型经济试验区和中阿博览会两个"金字招牌"，先行先试国家深化改革重大举措、先行先试扩大开放试点政策、先行先试国际通行规则标准、先行先试促进内陆开放体制机制、先行先试"一带一路"重大项目合作方式，着力提升开放型经济产业支撑能力，着力提升基础设施互联互通能力，着力提升开放平台辐射带动能力，着力提升市场主体国际竞争能力，着力提升人文经贸互融互动能力。进一步解放思想、创新机制、搭建平台、优化环境，着力提升对外开放水平，推动开放宁夏建设取得新突破[②]。

一、宁夏与"丝绸之路经济带"沿线国家开放格局设想

（一）宁夏与中亚五国开放格局设想

中亚五国系指哈萨克斯坦、乌兹别克斯坦、吉尔吉斯斯坦、土库曼斯坦和塔吉克斯坦，东与我国新疆维吾尔自治区相邻，南与伊朗、阿富汗接壤，北与俄罗斯联邦相接，西边与俄罗斯联邦、阿塞拜疆隔里海相望。五国总面积近 400 万平方千米，2016 年总人口约 6866 万[③]。

中亚五国主体民族是俄罗斯族、哈萨克族、柯尔克孜族、乌兹别克族、塔吉克族、鞑靼族、德意志族等。官方语言是俄语。各国皆采用共和制国体，

---

① 以中阿博览会为重要平台　积极融入"一带一路"建设双向开放新宁夏——自治区博览局工作综述 [N]. 宁夏日报，2018-01-29.
② 贾茹. 智库为宁夏在"一带一路"发展提供智力支撑 [EB/OL]. http：//nx.people.com.cn/syq/n2/2016/0929/c375881-29082856.html，2016-09-29.
③ 中华人民共和国国家统计局网站数据汇总 [EB/OL]. http：//www.stats.gov.cn/tjsj/.

实行总统制，独立以来政局稳定，独立后各国放弃计划经济体制，改行社会市场经济体制。中亚五国共同的特点是拥有丰富的土地资源、矿产资源和水利资源，具有一定的物质、技术基础，是苏联重要的能源、动力、冶金和农牧业基础，许多矿物和农业产品产量在苏联名列前茅。在苏联的产业分工中，以有色冶金、煤炭、石油、钢铁、化工、粮食种植和畜牧业等专业化方向发展为主，而重工业尤其是采矿业强大，加工业较为薄弱。长期作为矿产、农畜产品以及其他原料的生产者和供应者。其轻工业、电子业相对落后，所需日用消费品大部分依赖进口。中亚国家物产资源非常丰富，金属资源种类多、储量丰富，有潜力成为世界重要的能源供应基地；农牧业生产条件优良，是世界重要的农畜产品基地。

中亚五国经济贸易发展归纳起来具有以下五点特征：一是对外来经济依赖性较强；二是对进出口贸易持宽松、鼓励态度；三是均为原料型出口国；四是经济私有化进程较快；五是人口增长较快，市场潜力大①。

基于中亚国家的经济、资源特征，在农业领域宁夏可重点依托国内资本、技术和劳动优势，对中亚地区土地开发、农业技术合作、农产品加工等领域进行投资，促进当地农牧业生产向规模化、产业化、高附加值化方向发展。首先，利用中亚国家广袤的土地资源，探索与其开展合作种植的有效模式，满足我国和中亚国家短缺农产品的需求，重点国家是哈萨克斯坦。其次，农业和畜牧业育种，在棉花、葡萄、瓜类、饲料作物以及优良畜种育种方面开展合作。再次，农业技术合作领域，针对中亚国家温室大棚技术、膜下滴灌技术尚处于起步阶段，加大在农业技术领域与中亚国家的合作。最后，农产品加工领域，依托当地原料优势，针对当地及周边市场，在蔬果加工、饮料、奶制品、精细米面、产品包装等领域进行重点投资②。

在能源领域，应以宁夏的机械装备制造产业为基础，积极采用产量分成、联合经营、技术服务等合作模式，开拓在中亚国家的资源、能源开发。利用宁夏优势骨干企业如神华宁煤集团等在矿产勘探、采矿及煤制油等方面的科技实力，扩大宁夏矿产勘探设备及技术、现代采矿设备及技术、贵金属加工设备等的出口与配套生产服务，也可在资源勘探、开发、加工、运输等环节向中亚当地企业提供技术服务。

在服务业领域，重点是推进宁夏旅游企业与中亚国家共建丝绸之路精品

---

① 中亚五国 [EB/OL]. https：//wenku.baidu.com/view/1b8a1bf631b765ce0408142f.html.
② 徐坡岭. 2016年中亚五国宏观经济形势 [EB/OL]. http：//www.doc88.com/p-5068682842491.html.

旅游线路，共同开发、整合、构建完整的丝绸之路旅游链。

(二) 宁夏与西亚国家间的开放格局设想

西亚包括伊朗高原、阿拉伯半岛、美索不达米亚平原、小亚细亚半岛。面积约718万平方千米（包括埃及在西奈半岛上的6万平方千米，不包括土耳其在欧洲的2万平方千米），约占亚洲总面积的16%。拥有丰富的石油资源①。

随着宁夏工业化的不断推进，对西亚原油和液化石油气的进口需求将提升，宁夏的轻工业产品和机械装备产品的制造能力的提升也为开展对西亚国家的出口奠定了良好的基础，二者经济互补性将进一步加强：进口原油、成品油、天然气、初级塑料、化肥等主要商品，出口工业制成品、制造业材料和轻工业产品等类别的商品。

另外，要积极参与国家规划中的中国—中亚—西亚经济走廊建设，积极争取与丝绸之路经济带中的伊朗、土耳其等国家的经贸文化合作。抓住中巴经济走廊建设机遇，积极探索融入中国—巴基斯坦—中东经济走廊的合作渠道和重大举措。加强与内蒙古高铁的建设，积极参与中蒙边境铁路线建设，融入中蒙俄经济走廊。发挥宁夏特殊的地理位置和作为回族自治区的特殊窗口作用，架起中国与中亚、西亚国家的友谊桥梁，推动宁夏经济社会快速发展。

(三) 宁夏与欧洲国家的开放格局设想

基于欧洲国家，特别是德国和法国在技术领域的优势和对工业消费品的需求，宁夏发展与这些国家的经贸合作重点在于先进技术和生产设备的引进和工业消费品的出口，如（舍弗勒）宁夏有限公司开展相应的业务。在机械制造、机电产品、医药制品、化学制品及节能环保、绿色新能源方面宁夏可以大力加强与欧洲国家科技合作，引进先进的技术和设备；在工业消费品方面，可以突出宁夏特色优势产业，价廉物美的特性，满足欧洲国家对工业、生活消费品的需求。宁夏当地企业也可加强和扩大服务业的合作，利用宁夏大力发展云数据和信息产业的契机，打破时间和空间的限制，加强双边信息化及金融服务方面的合作交流。

---

① 搜狗百科 [EB/OL]. http://baike.sogou.com/v20857.htm?fromTitle=%E8%A5%BF%E4%BA%9A.

二、宁夏与"海上丝绸之路"国家的开放格局设想

(一) 宁夏与东南亚国家的开放格局设想

东南亚国家联盟成员有十个：印度尼西亚、马来西亚、菲律宾、新加坡、泰国、文莱、越南、老挝、缅甸、柬埔寨。总面积约444万平方千米，人口约6.24亿（2014年数据）①。宁夏在开展与东盟国家的双边经贸合作，充分考虑东盟各国的经济情况。具体而言，对于新加坡和文莱等国家，宁夏的企业应该尽量避免在这些国家进行劳动力密集型产业的投资，而以发展技术引进和学习型投资，以及劳动力资源合作等为主；对于马来西亚和泰国等的投资应重点发展高技术产业、旅游、教育等服务贸易合作、资源的开发利用；印度尼西亚、菲律宾、越南、老挝、柬埔寨和缅甸等国家，劳动力价格相对廉价、人力资源丰富，可成为宁夏转移劳动密集型产业的重要场所。

全球共有57个穆斯林国家，具有单一民族特质、地区一体化程度较高的22个阿拉伯国家固然是我们首选的经贸合作对象，但也要放宽视野，寻求与其他有合作潜力的穆斯林国家合作。印度尼西亚人口众多、国土辽阔、战略地位重要、华人有着举足轻重的作用。因此，选择印度尼西亚作为宁夏重要的合作伙伴，将有利于宁夏的牛羊肉及用品等进入马来西亚、文莱等东南亚穆斯林国家市场。

(二) 宁夏与美洲国家的开放格局设想

加拿大、美国是宁夏主要的出口市场，宁夏要积极把握特色产业的传统优势，积极开发适合市场的产品，增加出口贸易量。在机械制造、机电产品、医药制品、化学制品及节能环保、绿色新能源方面，宁夏可以大力加强与美国、加拿大科技合作，引进先进的技术和设备。

中美洲是指墨西哥以南、哥伦比亚以北的美洲大陆中部地区，东临加勒比海，西濒太平洋，也是连接南美洲和北美洲的狭长陆地。包括危地马拉、伯利兹、萨尔瓦多、洪都拉斯、尼加拉瓜、哥斯达黎加和巴拿马七个国家。南美洲位于西半球、南半球。东临大西洋，西临太平洋，北临加勒比海。北部和北美洲以巴拿马运河为界，南部和南极洲隔德雷克海峡相望。南美洲包

---

① 中华人民共和国国家统计局网站数据汇总 [EB/OL]. http://www.stats.gov.cn/tjsj/.

括13个国家（哥伦比亚、委内瑞拉、圭亚那、苏里南、厄瓜多尔、秘鲁、巴西、玻利维亚、智利、巴拉圭、乌拉圭、阿根廷）和地区（法属圭亚那）①。宁夏可利用目前中国与中美洲、南美洲部分国家签订自由贸易协议为契机，增加双边贸易机会。

中国目前正在研究的自贸区包括：中国—哥伦比亚、中国—斐济、中国—尼泊尔、中国—巴西、中国—加拿大、中国—孟加拉国、中国—蒙古国、中国—巴勒斯坦等，宁夏可依据国家自贸区协定，有针对性地开展与"一带一路"沿线国家合作，如表6-1所示。

表6-1 中国与"一带一路"沿线国家已签订和正在谈判的自贸区协定情况

签订时间	签订国家	具体情况
2002年11月4日	东盟（10国）	中国与东盟签订合作框架协议，中国—东盟FTA在2010年1月1日正式建成，是我国参与的首个实质性的FTA。2015年11月签署升级谈判《议定书》
2006年11月24日	巴基斯坦	协定包括货物贸易以及服务贸易，并建立包括"海尔—鲁巴经济区"在内的中巴投资区，2015年11月中巴自贸区服务贸易协定银行业服务议定书生效
2008年4月7日	新西兰	是中国与发达国家达成的首个自由贸易协定，于2018年9月18日举行第5轮升级谈判
2008年10月23日	新加坡	新方承诺将在2009年1月1日取消全部自华进口产品关税；中方承诺将在2010年1月1日前对97.1%的自新进口产品实现"零关税"。双方还在医疗、教育、会计等服务贸易领域做出了高于WTO的承诺。2018年7月举行第7轮升级谈判
2010年3月1日	秘鲁	货物领域开启"零关税"时代，服务贸易领域，秘鲁在90个部门、中方在16个部门开放，并于2016年11月启动升级谈判
2010年8月1日	智利	中国的计算机、管理咨询、房地产、采矿、环境、体育、空运等23个部门和分部门，以及智利的法律、建筑设计、工程、计算机、研发、房地产、广告、管理咨询、采矿、制造业、租赁、分销、教育、环境、旅游、体育、空运等37个部门和分部门将在各自WTO承诺基础上向对方进一步开放
2011年8月1日	哥斯达黎加	在货物贸易领域，中哥双方将对各自90%以上的产品分阶段实施"零关税"，共同迈进"零关税"时代，服务贸易领域，哥方在45个部门、中方在7个部门分别开放；2017年12月进行实施六年的全面评估

① 360百科［EB/OL］．https：//baike.so.com/doc/5354878-5590342．

续表

签订时间	签订国家	具体情况
2013年4月15日	冰岛	是中国与欧洲国家签署的首个自由贸易协定，2014年6月30日正式生效
2013年7月6日	瑞士	是中国与欧洲大陆及世界经济20强国家达成的首个FTA协定，于2017年1月16日启动中瑞自贸协定升级联合研究
2015年6月1日	韩国	东北亚地区的首个自由贸易区，2018年7月举行第二阶段第二轮谈判
2015年6月17日	澳大利亚	中国和澳大利亚签署中澳FTA协定，于2015年12月正式生效
2017年12月7日	马尔代夫	中马自贸协定是我国商签的第16个自贸协定，也是马尔代夫对外签署的首个双边自贸协定，在货物贸易方面，双方同意最终实现"零关税"的产品税目数和进口额占比均接近96%，我国对马尔代夫出口的绝大部分工业品及花卉、蔬菜等农产品将从中获益
2018年1月1日	格鲁吉亚	是我国与欧亚地区国家签署的第1个自贸协定，是"一带一路"倡议提出后启动并达成的第1个自贸协定。在货物贸易方面，格方对我国96.5%的产品立即实施"零关税"，我国对格93.9%的产品实施"零关税"，其中90.9%的产品（42.7%的进口额）立即实施"零关税"，其余3%的产品（51.1%进口额）5年内逐步降为"零关税"
正在谈判的自贸区协定		最新进展情况
《区域全面经济合作伙伴关系协定》（RCEP）		2017年5月2~12日，东盟10国、中国、日本、韩国、澳大利亚、新西兰、印度等国进行第18轮谈判
海合会		2016年12月19日，举行第9轮谈判，完成15个谈判议题中的9个议题的谈判
斯里兰卡		2017年1月16日，举行第5轮谈判，就货物贸易、服务贸易、投资与经济技术合作、海关程序和贸易便利化等议题交换意见
以色列		2016年3月，中国与以色列正式启动双边自贸区谈判
挪威		2018年9月25~28日，中国—挪威自由贸易协定第12轮谈判在北京举行
毛里求斯		2017年12月，正式启动，是我国与非洲国家商签的第一个自由贸易协定。双方经过4轮正式谈判和多轮会间磋商，最终于2018年8月30日在北京就协定全部内容达成"一揽子"协议
摩尔多瓦		2018年3月5~6日，首轮谈判在摩尔多瓦首都基希讷乌举行，双方初步商定，第2轮谈判将在北京举行
巴拿马		2018年10月9~13日，第3轮谈判在巴拿马首都巴拿马城举行，商定将于2018年11月举行中巴自贸协定第4轮谈判

资料来源：笔者根据http://fta.mofcom.gov.cn/整理而来，最后访问时间：2018年10月30日。

三、宁夏与国内东、中、西部地区开放格局设想

将我国划分为东部、中部、西部三个地区的时间始于1986年,由全国人大六届四次会议通过的"七五"计划正式公布。东部地区包括北京、天津、河北、辽宁、上海、江苏、浙江、福建、山东、广东和海南11个省(市);中部地区包括山西、内蒙古、吉林、黑龙江、安徽、江西、河南、湖北、湖南、广西10个省(区);西部地区包括四川、贵州、云南、西藏、陕西、甘肃、青海、宁夏、新疆九个省(区、市)。1997年,全国人大八届五次会议决定设立重庆市为直辖市,并划入西部地区后,西部地区所包括的省级行政区就由九个增加为十个省(区、市)。由于内蒙古和广西两个自治区人均国内生产总值的水平正好相当于上述西部十个省(市、区)的平均状况,2000年国家制定的在西部大开发中享受优惠政策的范围又增加了内蒙古和广西。目前西部地区包括的省级行政区共12个,分别是四川、重庆、贵州、云南、西藏、陕西、甘肃、青海、宁夏、新疆、广西、内蒙古;中部地区有八个省级行政区,分别是山西、吉林、黑龙江、安徽、江西、河南、湖北、湖南;东部地区包括的11个省级行政区没变,依然为北京、天津、河北、辽宁、上海、江苏、浙江、福建、山东、广东和海南①。

(一)宁夏与东部地区的互动合作

中国东部地区位于东亚大陆东缘,太平洋西岸,并包括中国东部和南部的海域,是中国的东北地区、华北东缘地区、华东地区和东南地区以及中国东部、南部的渤海、黄海、东海和南海的总称。2012年以来,宁夏自治区政府先后与内蒙古、江苏、浙江、四川和天津五个省区市签署了相关合作协议。主要类型有省区合作框架协议和专项合作协议,涉及能源化工、商贸物流、文化旅游、投资金融、科技教育、人才交流等几大领域,具体内容如表6-2所示。从合作的深度和广度看,宁夏与东部省市合作还有待加强。

---

① 百度百科 [EB/OL]. https://baike.so.com/doc/7606971-7881066.html.

表 6-2 2012 年以来宁夏与其他省区合作协议基本情况

合作领域	共建产业园	能源领域	产业合作	文化旅游	金融合作	农产品加工	商贸物流	水力资源开发利用	交通运输	人才交流与教育	科技合作	环境保护
内蒙古	√	√	√	√	×	√	√	√	√	√	×	√
江苏	√	×	√	√	√	√	√	√	×	×	√	×
浙江	√	√	√	√	√	√	√	√	√	×	√	√
四川	×	√	√	√	×	√	√	√	√	√	×	×
天津	√	×	√	√	√	√	√	×	√	√	√	×

资料来源：宁夏回族自治区发展和改革委员会，http://www.nxdrc.gov.cn/info/1137/3881.html.

基于宁夏产业基础与特点，未来应深入研究产业发展前沿方向，推进宁夏与东部省区的合作和产业对接，吸引东部企业参与宁夏经济建设，形成"承东启西、联南达北"的开放格局。利用国家定点对口支援政策，宁夏加大与福建、上海、山东等省市互动交流，依靠劳动力要素成本优势、资源配置优势、政策优势等，依托已有产业基础，借鉴安徽皖江城市带、广西桂东、重庆沿江等国家级承接产业转移示范区的经验和举措，积极承接东部地区制造业转移，如纺织行业、机械制造业等；依托中卫云基地、电子商务试点城市基础，营造良好营商环境，承接北京、天津、上海、福建等地现代服务业，重点放在服务外包业务基地建设；优化金融生态环境，加大政策支持力度，积极引进东部银行、保险、证券等金融机构来宁夏设立分支机构；有效开展企业招商、点对点招商、产业链招商、委托中介招商，发展循环经济，形成资源利用好、环境污染小、能耗消耗低、综合效益高的产业链，探索出适合宁夏工业经济可持续发展的合作之路。

（二）宁夏与中部省区的互动合作

中国中部地区，东接沿海，西接内陆，包括山西、吉林、黑龙江、安徽、江西、河南、湖北及湖南。中部地区历史厚重，资源丰富，交通便利，经济发达，工农业基础雄厚，现代服务业发展迅速，是中国经济发展的第二梯队，依靠全国约 10.7%的土地，承载全国约 26.51%的人口，创造全国约 21.69%的生产总值，是我国的人口大区、交通枢纽、经济腹地和重要市场，在中国地域分工中扮演着重要角色[①]。

---

① 360 百科［EB/OL］.https://baike.so.com/doc/6527800-6741532.html.

一是宁夏可以积极与吉林、黑龙江对接,抓住东北振兴机遇,在电子信息、新材料、新能源汽车及先进装备制造领域进行交流,带动宁夏当地舍弗勒(宁夏)有限公司、宁夏小巨人机床有限公司、共享铸造等企业发展。二是宁夏应积极打通与中部对接通道,降低宁夏物流成本,提高物流效率。三是学习中部地区发展经验以及山西能源转型范例,积极推进与中部地区合作交流。

(三) 宁夏与西部省区的互动合作

西部地理相邻、人文相近、利益相关,从而奠定了地方政府区域经济合作的基础。特别自中央政府实施西部大开发战略以来,已形成成渝地区、关中—天水地区、北部湾地区等11个重点经济区。在中央政府的推动下,经济区内部及经济区之间的政府合作日益密切。未来,宁夏开展与西部其他省市的合作,重点是要发挥宁夏在工业生产领域的优势,重点推动在能源、农业等领域的互动合作,持续有效推动协作区的发展,发挥各地优势,进行资源共享、产业互利。要建立健全与"丝绸之路经济带"省区交流合作机制,加强西兰青新经济带的联合协作。深化毗邻地区合作,加强宁鄂榆能源化工基地的合作开发,形成优势互补、合理分工的格局。加强宁夏与呼包银、陕甘宁经济区的合作,主动加强与关中—天水经济区的协调,着力形成区域发展新合力、新优势。

毫无疑问,就宁夏自身实力而言,单凭宁夏自身的努力是无法打通"丝绸之路经济带"的,宁夏必须积极融入西北城市群经济圈,通过与关中城市群、兰州—西宁城市群和呼包鄂榆城市群协同发展,才能通过"抱团取暖"实现自身跨越式发展,才能有效融入"一带一路"的大合唱之中。建议宁夏采取更加积极主动的姿态,主动与甘肃、陕西、西宁、内蒙古等周边省区市建立伙伴关系,跨越各种体制和机制的障碍,谋求合作共赢的发展,共同支撑起"丝绸之路经济带"的大格局。

四、宁夏区域内开放格局设想

(一) 加速大银川都市圈建设

2017年12月22日,宁夏回族自治区党委、政府召开银川都市圈建设工作推进会,并公布《银川都市圈建设实施方案》(以下简称《方案》)。《方案》提出，打造以银川为核心、辐射带动石嘴山、吴忠、宁东基地协同发展的银川都市圈。到 2030 年，将银川都市圈建成绿色都市圈、创新都市圈、智慧都市圈、宜居都市圈（见图 6-1），成为西部地区具有一定竞争力和影响力的现代化都市圈。银川作为银川都市圈的中心城市，要建设成为西北地区重要的中心城市、"丝绸之路经济带"节点城市、宜居宜业的现代化国际化城市；石嘴山要合理控制城市建设规模，建设全国老工业城市和资源型城市产业转型升级示范区、旅游休闲城市，打造银川都市圈亮丽"北翼"；吴忠要提升城市品位，建成滨河城市和健康休闲城市，打造银川都市圈亮丽"南翼"；宁东基地要进一步加强与银川、石嘴山、吴忠的产业分工协作，加快推进产城融合，打造成为国内乃至世界一流的现代能源化工基地①。

1. 银川市

银川地处中国西北地区宁夏平原中部，是宁夏省会城市。西倚贺兰山、东临黄河，是发展中的区域性中心城市，中国—阿拉伯国家博览会的永久举办地。银川历史悠久，是史上西夏王朝的首都，是国家历史文化名城，民间传说中又称"凤凰城"，古称"兴庆府""宁夏城"，素有"塞上江南、鱼米之乡"的美誉，城西有著名的国家级风景区西夏王陵。

银川定位为中心城市，银川将集聚高端人才、现代金融、先进技术等核心要素，打造区域性金融商贸中心、科技创新中心、文化交流中心，强化城市综合服务功能，提升城市承载力和竞争力，增强对银川都市圈的核心引领带动作用。注重国家历史文化名城的保护与传承，塑造"丝路明珠、魅力银川"城市形象，把银川建设成为西北地区重要的中心城市、"丝绸之路经济带"节点城市、宜居宜业的现代化国际化城市。另外，实施双创工程和"互联网+"行动。加快建设一批双创示范基地，积极推动双创支撑平台建设，完善双创政策环境，推动技术与商业模式创新相互促进。

银川应坚定不移地实施全面开放、全域开放、全方位开放战略，立足宁夏、面向全国、融入全球，提升银川在国际对阿合作中的枢纽地位，强化与东北亚、欧美等发达国家和地区的合作，拓展与东南亚、中亚等欠发达国家地区合作，巩固与京津冀、长三角、珠三角等发达地区合作，深化与宁蒙陕甘毗邻地区的合作。银川要着力打造"一带一路"建设节点城市，努力在开放宁夏建设中"走在前列，作出表率"，加快内陆开放型经济试验区核心区建设，用好银川综合保税区和中阿博览会两个平台，努力成为国家向西开放的

---

① "银川都市圈"孕育西部新增长极 [EB/OL]. http://www.ce.cn/xwzx/gnsz/gdxw/201801/24/t20180124_27874244.shtml.

图 6-1　《银川都市圈建设实施方案》提出

资料来源：《"银川都市圈"孕育西部新增长极　带动沿黄生态经济带发展》，http://district.ce.cn/zg/201801/24/t20180124_ 27880057.shtml。

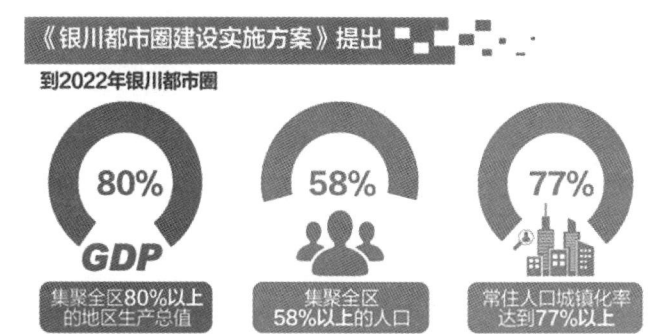

窗口，全面提升现代化、国际化水平①。

2. 石嘴山市

石嘴山因贺兰山脉与黄河交汇之处"山石突出如嘴"而得名，位于宁夏北部，曾是国家重要煤炭工业城市、宁夏能源化工和原材料工业基地。结合

---

① 银川倾力打造"一带一路"战略节点城市［EB/OL］. http://www.scio.gov.cn/ztk/wh/slxy/31200/Document/1519639/1519639.htm。

石嘴山市区位、交通、产业、开放和人才等方面条件，着力打造"丝绸之路经济带"物流关键节点、承接产业转移示范区和高技能人才培养基地，积极融入"一带一路"经济带建设。石嘴山市要合理控制城市建设规模，提升城市产业和人口集聚能力，加快老工业基地调整和循环化改造，建设全国小微企业创业创新基地示范城市，推进国家资源枯竭型城市转型发展，把石嘴山建设成为全国老工业城市和资源型城市产业转型升级示范区、旅游休闲城市，打造银川都市圈亮丽"北翼"。

一是打造"丝绸之路经济带"物流关键节点。以惠农陆港口岸为纽带，发挥石嘴山陆港经济区基础条件和区位优势，完善口岸基础设施和服务功能，创新通关模式，畅通周边物流通道；加强与天津、新疆等沿海沿边口岸的合作，培育发展口岸物流、保税物流、保税加工、国际配送、货物分拨、冷链保鲜等临港产业；鼓励引进有实力的贸易、代理企业，积极发展报关、报检、货代、船代等中介服务和金融、商贸、信息等现代服务业，打造连接西北、华北的物流关键节点。

二是打造承接产业转移示范区。以共建宁夏银川—石嘴山承接产业转移示范区为契机，以两大国家级开发区（石嘴山经济技术开发区、高新技术产业园区）和两个自治区级开发区（石嘴山生态经济区、宁夏精细化工基地）为平台，开展开放合作和产业分工协作，探索共建"飞地产业园"，积极承接东中部地区产业转移，引导产业向适宜区域集中，推进产业错位发展，形成配套条件完善的产业集群。加强两市间商务中介、文化旅游、科教卫生、金融、物流、人才培养等方面的合作，共建区域性综合服务基地，打造承接产业转移示范区。

三是打造高技能人才培养基地。依托宁夏高技能人才培养基地和中阿国际技术转移中心，发挥老工业城市职业教育和高技能人才培养方面优势，整合优质资源，建立完善人才引进、培养、激励机制和技术转移应用机制；结合经济带辐射地区所需，引进外经外贸、金融、法律、文化旅游和阿语等急需紧缺人才和高新技术，以培养各级各类技能型人才为重点，大力发展职业教育，培养各类技能型人才，加快技术转化应用和人才发展，打造面向全区乃至中亚等地区的高技能人才培养基地[①]。

3. 吴忠市

吴忠市位于宁夏中部，原为古灵州城和金积县驻地，地处宁夏平原腹地，

---

① 积极融入丝绸之路经济带 加快开放石嘴山的建设［EB/OL］. http://cpc.people.com.cn/n/2014/1027/c68742-25917032.html.

是宁夏沿黄河城市带核心区域和引黄灌区的精华地段。吴忠要完善城市综合配套服务功能，提升城市品位，推进"中国制造2025"试点示范城市、农产品生产加工基地建设，把吴忠建设成为沿黄城市带上独具特色的滨河城市和健康休闲城市，打造银川都市圈亮丽"南翼"。

吴忠要加快开放建设，要坚持把"两大任务"作为扩大开放的重中之重，积极争取项目资金，以更高水平推动招商引资，在更宽领域承接产业转型，推动经济社会又好又快发展。要坚持把产业转型作为扩大开放的核心抓手，把牛羊肉产业作为开放主导产业，推动牛羊肉产业及穆斯林用品国际化发展。要坚持把平台建设作为扩大开放的重要载体，提升开放发展的承载力和吸引力。

4. 宁东地区

宁东基地要进一步加强与银川市、石嘴山市、吴忠市产业分工协作，加快推进产城融合，完善城镇基础设施和公共服务功能，实现城市、产业、人居协同发展，将其打造成为国内乃至世界一流的现代能源化工基地。发展清洁高效煤电，加快宁夏新能源综合示范区建设，有序推进宁东基地建设。严控新增产能，确保完成钢铁、煤炭去产能目标任务，优化煤炭生产和消费结构，积极推进煤炭分级分质利用，稳步发展清洁高效煤电。开展煤制油、煤制气、煤制烯烃等升级示范工作①。

5. 加快青铜峡市和吴忠市利通区双城一体相向发展

加快青铜峡市和吴忠市利通区双城一体相向发展，实现功能有机结合、空间有效对接。加快大武口—平罗—沙湖片区、惠农—红果子片区和惠农陆港、国际物流园"双城双港"城市化建设②。

(二) 稳步推进中卫市一区三基地建设

中卫位于宁夏中西部，黄河前套之首，被誉为"沙漠水城、花儿杞乡、休闲中卫"。东临吴忠，南与固原市及甘肃靖远县相连，西与甘肃景泰县接壤，北与内蒙古阿拉善左旗毗邻。地形复杂多变，南部地貌多属黄土丘陵沟壑，北部为低山与沙漠。中卫曾是古"丝绸之路"北线的重要驿站，是多元文化的聚集地。

---

① 以产城融合为着力点 务实推进银川都市圈建设 [EB/OL]. http：//cpc.people.com.cn/n1/2018/0329/c216373-29896990.html.

② 《银川都市圈建设实施方案》发布 [EB/OL]. http：//www.yinchuan.gov.cn/xwzx/mrdt/201712/t20171223_649910.html.

自2013年起,中卫借助"一带一路"发展契机,充分发挥自身综合优势,以"前店后厂"的创新模式,规划建设宁夏中关村科技产业园西部云计算产业基地,推进"网上丝绸之路宁夏枢纽工程"建设和大数据云计算产业发展。中卫市抢抓国家实施"信息丝路"计划和军民融合发展机遇,积极探索转型升级新路,着力打造"一区三基地",即一体化国家大数据中心示范区、军民融合产业基地、国家战略数据安全灾备基地、宁夏中关村科技园西部云基地①。

(三) 固原市扎实推进脱贫攻坚工作

固原,古称大原、高平、萧关、原州,简称"固",位于宁夏回族自治区南部,省域副中心城市。公元前114年建城,丝绸之路必经之地,明代九边重镇之一。地处黄土高原上六盘山北麓清水河畔。位于西安、兰州、银川三省会城市所构成的三角地带中心,宁夏五个地级市之一和唯一的非沿黄城市。陕甘宁革命老区振兴规划中心城市,宁南区域中心城市,政治、经济、文化中心和交通枢纽。

固原市在融入"一带一路"方面,首先,要把握生态优先、富民为本、绿色发展定位,深入实施"三大战略",认真落实"五个扎实推进",坚持以脱贫攻坚统领经济发展全局,坚持稳中求进为工作总基调,坚持高质量发展要求,加快"四个示范市"建设,维护社会和谐稳定。其次,固原市文化底蕴深厚,民族特色美食众多、旅游资源丰富,是方棋发源地,是著名的红色旅游城市,是长征十大潜力城市之一,可以重点开发高质量、有特色旅游景区,吸引区内外游客。最后,固原是中国四大马铃薯种植基地之一和中国北方的特色苗木基地,西北特色农产品集散中心,"丝绸之路经济带"产品基地示范区,可把握机遇,积极将精准扶贫与"一带一路"项目对接,提升当地开放程度和经济发展水平②。

---

① 宁夏中卫:借"一带一路"大数据云计算产业快速发展 [EB/OL]. http://www.nxnews.net/zt/2017/17nxx/zw/201708/t20170812_ 4324713. html.
② 中共固原市委四届三次全体会议公报 [EB/OL]. http://www.nxgydj.gov.cn/articlc/201801/4927. html.

第二节　围绕政策沟通，着力规划项目对接

"政策沟通"既是"一带一路"倡议的"五通"之一，也是建设"一带一路"的关键环节，还是加强"一带一路"沿线国家进行务实合作的重要基础。"丝绸之路经济带"视角下的政策沟通，具有内涵深刻、外延广阔的特点，主要涉及国家间政治互信的提升，合作意愿的达成，战略决策和发展规划的有效对接，旨在将中国倡导的新型合作理念传达给沿线国家，得到沿线国家的认同和共同参与，真正做到"共商、共建、共享"。"共商"也可以理解为"沟通"，即弘扬"和平合作、开放包容、互学互鉴、互利共赢"的丝路精神，探讨一种符合沿线国家根本利益的新的合作模式。

在政策沟通的落脚点方面，应该从不同层次着手，需要特别注重有效性和针对性。政策沟通已经走过了中国单方面主动与沿线国家沟通的短暂时期，一些国家开始积极与中国沟通协商，寻求务实合作，呈现出共商、共建的良好态势。宁夏需把握机遇，以国家高层政策沟通为统领，充分发挥外交和平台优势，通过智库和大众媒体，与"一带一路"沿线国家发展规划进行有效对接，精准发力。

一、以高层政策沟通为统领

习近平主席、李克强总理等国家领导人先后出访了哈萨克斯坦、俄罗斯、蒙古、白俄罗斯等欧亚地区 20 多个国家，出席上海合作组织元首和总理会议、亚洲相互协作与信任措施会议（以下简称"亚信会议"）、博鳌亚洲论坛等大型国际会议，以及加强互联互通伙伴关系对话会、中阿部长级对话会等，多次与有关国家元首和政府首脑进行会晤深入阐释"一带一路"的深刻内涵和积极意义，就共建"一带一路"达成广泛共识。"一带一路"沿线重要大国俄罗斯从疑虑、观望到积极支持和热情参与，是政策沟通的重要成果。2014 年 3 月，习近平主席出席索契冬奥会期间，与普京总统就"丝绸之路经

济带"建设达成广泛共识。2015年5月8日，两国元首签署了《关于丝绸之路经济带建设和欧亚经济联盟建设对接合作的联合声明》，7月上海合作组织索契峰会期间，两国元首举行会晤时强调，上海合作组织将作为"丝绸之路经济带"和"欧亚经济联盟"对接合作的重要平台。哈萨克斯坦是"丝绸之路经济带"倡议发起之地，中哈两国在共建"丝绸之路经济带"方面取得的收获最早、最多。

二、充分发挥外交渠道的优势

发挥中国驻外机构的作用，出现新的情况时及时联系驻外机构。驻外机构具有沟通迅速、方便的特点，政策沟通是一个长期的过程，驻外机构熟悉所在国家的政令法规、社情民情，对中国企业"走出去"，实现与当地企业的融合有得天独厚的优势。目前，中国驻外使领馆和经济商务参赞处开设的网站介绍所在国有关情况，也提供一些信息咨询，可以向中国企业调研投资伙伴资信提供一些帮助，协助企业对拟投资项目进行可行性研究。

一是宁夏可充分借助中国驻外机构、使领馆活动，积极宣传宁夏产品及合作项目。如2016年3月外交部首个推介项目"开放的中国：从宁夏到世界"，就引起与会各方的关注，宁夏葡萄酒产业、枸杞、旅游等产业为"一带一路"沿线国家所知。

二是宁夏可充分发挥外交渠道，积极争取与阿联酋的迪拜、阿曼的马斯喀特、沙特阿拉伯的利雅得等城市建立友好城市，增进双边教育、科技、医疗、旅游等方面的交流合作。

三、积极打造"两优"环境

宁夏要积极打造"西部最优，比东部更优"的发展环境，创新体制机制，鼓励先行先试，贯穿始创精神，实行灵活的开放政策，积极探索更加务实的合作方式，全面推进对外经贸文化交流合作，构建西部地区更加开放的经贸合作区域。打造国家向西开放的战略高地、清真牛羊肉和穆斯林用品产业聚集区和承接产业转移示范区。预计到2020年，对外开放的体制机制不断完善，与阿拉伯国家及世界穆斯林地区经贸合作迈上新台阶，在国家向西开放总体战略中的作用进一步凸显，基础设施支撑能力显著增强，产业结构得到优化提升,转变发展方式取得明显成效,生态环境得到明显改善,与全国同步进入全面小康社会。为加快复制上海自贸区经验,大力推进行政审批制度改革,全面建立权力清单、责任清单和负面清单①。

四、发挥平台优势,加强与部委、地方沟通协商

宁夏应开展多层次、多渠道沟通磋商,推动与"一带一路"沿线国家全面发展。在已有的沟通平台方面,应当盘活存量资源,即充分运用现有国家间、省际间、企业间等各种委员会的机制作用,协调推动合作项目实施,推动签署合作备忘录或合作规划,建设一批具有较好合作示范作用的项目。同时,应当强化多边合作机制作用,在当前可以利用的多边合作平台中,上海合作组织、"亚信"会议当属较为成熟的机制,受到成员国的广泛重视和参与,这对于推动沿线国家加强政策沟通而言,无疑非常重要,而且对于中国引领和主导地区合作来说,也具有较好的推动作用。此外,应当继续积极参与沿线各国区域、次区域相关国际论坛、展会等交流机会,例如博鳌亚洲论坛、中国—亚欧博览会、欧亚经济论坛等,这些具体项目的对接和沟通,实际上恰恰是国家间政策沟通的基础②。

另外,宁夏地方政府要加强与部委、地方的协商机制,针对具体问题进行政策沟通。积极了解沿线国家政策变化情况,以及在贸易、投资、基础设施建设等方面的需求,有效推动地方和企业间合作。"一带一路"多数沿线国家市场规则不健全,政策不仅多变,而且合作"潜规则"很多,宁夏深处中国内陆,开放程度不高,很多时候宁夏企业不能在第一时间了解对方政策变化及由此带来的影响。宁夏地方政府可匹配重点企业需求,加强多方协商,使措施更有时效性和针对性。

五、通过智库、大众传媒进行政策沟通

智库合作可以解读、传递政策信息,解惑释疑,增进理解和共识。"丝绸

---

① 打造"两优"环境 切实增强宁夏开放发展吸引力 [EB/OL]. http://www.xinhuanet.com//local/2015-08/06/c_1116160638.htm.
② 人民日报:推进"一带一路"建设 [EB/OL]. http://opinion.people.com.cn/n/2015/1211/c1003-27913424.html.

之路经济带"倡议提出以来，国内外智库举办了一系列以"丝绸之路经济带"为主题的论坛和研讨会，增进了理解，凝聚了共识。智库通过合作研究，进一步研究沿线国家政府和各国地方政府关注的问题，了解彼此的政策需求，为各自政府决策提供咨询服务和政策依据。宁夏可积极邀请"一带一路"相关智库为宁夏开放型经济发展建言献策，也可利用宁夏自身智库来为宁夏更快融入"一带一路"建设提供政策指导和实践操作，健全组织协调机制，指导、搞好规划、政策、项目、资金的对接，争取尽快编制可操作性强的实施方案。

大众传媒在政策沟通中发挥着不可或缺的作用，媒体是双向交流的重要推动者。新媒体在平等性、直接性、公开性等方面均有传统大众传媒无法比拟的优势，在促进沿线国家进一步进行政策沟通方面还有很大的可挖掘空间[①]。

第三节 围绕设施联通，着力推进三类"丝绸之路"建设

基础设施的互联互通是"一带一路"发展的必要条件与优先领域。在"一带一路"倡议背景下，宁夏经济发展必须发挥现有的政策优势，加快推进宁夏基础设施建设，重点是建立起综合、完善、顺畅的交通网络通道，加快建设海陆空立体化综合交通运输体系；积极推进"智慧宁夏"建设，打造高效、顺畅的电子商务网络和政务系统；加快陆港、空港及银川综合保税区口岸建设，使宁夏成为"一带一路"沿线结构合理、功能完善的立体化、智能化大通道。

一、打造顺畅的陆上丝绸之路

建议宁夏以打通交通基础设施关键通道和关键节点为重点，实施铁路提速联通工程、高速公路贯通工程和机场枢纽畅通工程。建议在设计和选线过

---

① 新时期新媒体平台已成宣传思想工作不可或缺的新阵地［EB/OL］.http://www.xinhuanet.com/zgjx/2016-03/24/c_135218467.htm.

程中，除了考虑通道需求外，还需考虑沿线景区发展、自然保护区及居民区、水源地等环境敏感点如何保护。把噪声防治、沿线生态保护、水环境保护、其他环境保护措施一并考虑。

一是加快建设向西开放四条通道，西北通道以推动建设乌银高速、京呼银兰客运专线、银川（中卫）至乌力吉铁路为重点，经包兰铁路和京藏高速向北至内蒙古临河，对接新亚欧大陆桥通道北线和中蒙俄通道西线，再经新疆和内蒙古口岸出境；西向通道以推动建设中卫至武威客运专线为重点，沿干武铁路和定武高速至甘肃武威，对接新亚欧大陆桥通道中线；西南通道以加快建设中卫至兰州客专及乌玛高速、青兰高速为重点，经包兰铁路和京藏高速至甘肃兰州，再经西宁、格尔木、喀什，对接中国—中亚—西亚及中巴通道；南向通道以加快建设宝中铁路增建二线及银昆高速为重点，经宝中铁路和福银高速至陕西宝鸡，连通成渝地区后经云南、广西的沿边口岸，通往南亚、东南亚。2018年8月16日，包银高铁（宁夏段）正式开工建设，银川为枢纽站，惠农南站设在惠农区和红果子镇之间，石嘴山南站靠近大武口区，沙湖站在沙湖景区西南侧2.5千米。

二是加快建设陆海联运三条通道，东北通道以推动建设东乌铁路惠农联络线为重点，通过包兰铁路和京藏高速连接华北地区及京津冀沿海港口；东向通道以推动建设太中银铁路银川（中卫）至定边增建二线为重点，经太中银铁路及青银高速、定武高速，连接山东沿海港口；东南通道以建设银川至西安、西安至百色高速和推动银川至郑州客运专线建设为重点，经西安连接华东、华南地区及东南沿海港口。

三是加快建设区内交通网络，推进既有铁路、高速公路繁忙路段的扩能改造，打通从固原等地出省的断头公路，加快建设吴忠至中卫、银川至宁东、银川至固原等城际铁路和固原至西吉、中卫至海原等地方高速公路，构建高效、便捷、通畅、低物流成本的交通运输网络。

四是争取开通宁夏至中亚、西亚、欧洲的国际货运班列，推动设立铁路口岸，加强与长安号、渝新欧、郑新欧和蓉欧快铁等国际货运班列的协作。通过争取中央补助资金、发行债券、PPP等融资模式，筹措交通基础设施建设资金。投资宁夏交通基础设施建设的企业，可享有项目沿线地产开发、经营服务项目的优先权。

二、打造高效的空中丝绸之路

相比于其他发达地区，宁夏的航空体系依然薄弱，应进一步完善银川各个机场的基础设施建设，依据实际需要推进机场后期建设工程并与更多阿拉伯国家互设航班航线，使宁夏成为对阿的重要航空枢纽，发挥宁夏在"丝绸之路经济带"中的重要战略作用。目前，银川河东国际机场三期工程及综合交通枢纽建设主体项目已基本完工，建议要充分利用目前有利形势，完善航空服务保障体系。

一是建议增设银川与国内主要城市的空中快线，支持国内航线覆盖全国省会城市、经济发达城市及重要旅游客源地城市，增加直达航线、加密航班，优化国内航线网络布局。并充分利用第三、第四、第五航权开放政策优势，吸引国内外航空公司开通阿拉伯国家直飞银川或经停银川的国际航线。计划开通银川直航或经停乌鲁木齐等地至迪拜、多哈、开罗、吉隆坡等城市的国际客运航线；建议增设接入西安、北京直飞国际航线，逐步扩展直通海湾六国航线，推动银川至哈萨克斯坦货运包机常态化，逐步开通面向欧洲和中东国家的货运包机。

二是支持国内外大型航空公司、快递物流企业来宁设立分公司或运营基地，加快建设宁夏国际航空物流园，大力发展通航产业等临空经济。建议启动银川河东国际机场四期总规修编，促进银川空港、临空经济区与综合保税区融合发展，实现空地联运无缝对接。把银川河东国际机场打造成面向阿拉伯国家和主要穆斯林地区的门户机场、区域航空枢纽和货运集散中心。

三是支持固原六盘山机场、中卫沙坡头机场提升改造，接入高铁网络，组建宁夏地方航空公司，逐步理顺银川河东国际机场管理体制。成立宁夏航空产业投资公司，鼓励非国有资本参与组建股份制航空公司和货运航空公司，建设区域性航空货运集散地。设立航空产业发展基金，支持新开通国际航班。

四是用好第五航权[①]资源，探索购买或参股阿拉伯国家大型国际航空公司股权，积极争取推动境外旅客购物离境退税和国际中转旅客72小时过境免签政策落地。

三、打造顺畅的网上丝绸之路

与东部沿海省市相比，宁夏具有发展国际贸易的区位劣势，但互联网跨境

---

① 第五航权：航权是世界航空业通过国际民航组织制定的一种国家性质的航空运输权利。九大航权包括：第一航权，领空飞越权；第二航权，技术经停权；第三航权，目的地下客权；第四航权，目的地上客权；第五航权，中间点客或延远权；第六航权，桥梁权；第七航权，完全第三国运输权；第八航权，境内运输（连续的国内运输）；第九航权，完全境内运输权（独立的国内运输）。https：//www.sohu.com/a/205425978_810345。

电子商务,能够突破国界和空间的限制,弥补宁夏在交通、物流及地理环境上的不足。宁夏要借助现有云基地优势,吸引相关人才,打造网上丝绸之路。

一是制订"互联网+"行动计划,加强与国内外大型互联网企业战略合作,加快中卫西部云基地、银川大数据基地建设,推动建设国际电信出口局,打造国际网络通道和区域信息汇集中心。建设跨境电子商务中心,对接国家"信息丝路"计划,打造中阿网上丝绸之路,形成相互承认的电子认证和云服务体系。

二是鼓励和引导区内外电商和云计算企业在宁开展面向丝路沿线国家的跨境电子商务、云服务等业务,带动货物贸易、服务贸易快速发展。建设网上交易结算中心,加快申请本地第三方支付牌照,争取外汇支付业务资格,推动跨境电子商务外汇支付业务试点,支持跨境电商在丝路沿线国家建设海外仓和物流分拨基地。

三是建设中阿国际航空邮包和快件分拨转运中心,建成邮件快递集散枢纽。对跨境电子商务经营主体实行备案登记管理,简化报关、检验检疫、结算和退税等相关手续。鼓励和支持企业利用跨境电商平台开展跨境电商零售进出口业务。对企业在商务部推荐的知名电商平台开展电商业务的,由自治区财政给予年费补助。

四是积极推进"智慧宁夏"建设。建议借鉴"北京通"经验建设"宁夏通",打造互联互通的开放平台,对已建成系统无缝接入,通过整合各类 App,实现所有行政审批和公共服务资源共享,推行公开透明服务,提供便民高效服务①。

第四节 围绕贸易畅通,着力挖掘优势产能

贸易畅通是"一带一路"建设的重要内容。贸易畅通要加快边境口岸"单一窗口"建设,降低通关成本,提升通关能力,挖掘贸易新增长点,促进贸易平衡,消除贸易壁垒;拓展相互投资领域,推动新兴产业合作,优化产业链分工布局,消除投资壁垒,构建区域内和各国良好的营商环境,解决投资贸易不

---

① 鲍成,肖钰. 让"宁夏通"成为智慧宁夏建设先行军 [EB/OL]. 华兴时报, http://www.hxsbs.com.cn/html/nxzx/gzdt/mzdpmgsl/20180524/839507376398126144987.html.

便利的问题。加快建设便利化、自由化国际贸易物流中心，促进贸易畅通。

宁夏需根据"一带一路"建设优先推进项目清单，及早谋划工作重点。积极"引进来"，争取更多的中西亚和东欧等国家企业在宁夏设立服务机构，开展中转加工贸易；鼓励企业"走出去"，推动区内一批有品牌优势的企业"走出去"，到沿线国家设立贸易代表处、销售总部和投资建厂。鉴于宁夏向西开放口岸目前对外开放程度较低，应积极争取国家给予更多扶持政策，完善"桥头堡"服务功能。

一、重点加强经贸合作

一是加快贸易便利化建设，消除贸易壁垒，加快推进宁夏自由贸易区建设，积极借鉴上海、福建、天津、广州自贸区建设经验，加快融入中国—东盟自贸区、中国阿拉伯国家贸易发展、孟中印缅经济走廊建设和俄罗斯伏尔加河沿岸联邦区的合作，构建人畅其行、货畅其流的区域自由贸易区，释放合作潜力，做大做好合作"蛋糕"。

二是加快贸易结构优化建设，充分利用宁夏产业基础优势，依托东西协作等重点区域，推动区域互动合作和产业集聚发展，打造银川等内陆开放型经济高地。大力发展跨境电子商务等新业态，同时巩固扩大传统贸易，切实发挥七大传统优势产业优势，更多地"走出去"，积极发展七大战略新兴产业和五大高端成长型产业，在"引进来"和"走出去"中做好平衡，加快发展五大新兴先导型服务业，在创新创业中培育优势。通过经贸合作，扩大资源要素的配置空间，充分释放宁夏的发展潜力，为其他领域的合作奠定基础。

三是推动投资便利化。宁夏应加快建立"三个清单"制度[①]，创新外资管理体制，最大限度放宽外资投资准入和项目跟踪服务，提升外商投资质量，不断优化外商服务环境。宁夏各级政府应加快推进行政审批制度改革和标准化建设，优化审批流程，提高审批效率，规范执法、服务和管理，依法保护投资客商的合法权益，从而建立一个政府言而有信、企业有诺必信、个人诚实守信的社会诚信体系。

四是推动贸易服务便利化。宁夏应加快建立外贸出口基地建设，大力培育以牛羊肉和特色用品、葡萄酒、枸杞、生物医药、羊绒服装、碳基材料、

---

① "三个清单"制度即建立健全行政权力清单制度，探索推行政府责任清单制度，推行市场准入负面清单制度。

装备制造、有色金属新材料等出口产品基地，对海关、检验检疫认定的 A 类以上外贸企业，实行便捷通关，对自治区重点建设项目、特殊进出口货物开辟"绿色通道"或专门窗口办理通关。对诚信度高、质量稳定、进出口低风险产品直通放行。积极建立国际认可的产品检验和认证体系，巩固已有成果，提高宁夏"清真认证"的国际化水平，加快推进与重点出口市场检验体系和证书互认，提升国际贸易规则中宁夏话语权。积极争取试点国际贸易"单一窗口"管理模式，推动银川综保区与迪拜杰贝·阿里自贸区宽进电子商务平台深度合作，争取迪拜杰贝·阿里自贸区在银川综保区设立前置检验检疫和标准化认证机构，打造中阿贸易通关最便利的商品集散中心。

二、挖掘优势产能

宁夏要积极挖掘优势产能，完善主导集聚产业，大力发展特色农业，坚持轻重并举。

一是完善主导集聚产业的产业链，实现产业集聚质量的提升，发挥集聚产业的带动作用，从而继续释放其对经济增长的正效应；运用好"一带一路"新平台，发挥自由贸易园区的核心支撑作用，形成战略引领。发挥中阿博览会窗口平台作用，打造经贸合作平台。在此方向上，梳理长中西部区域合作网络，构建面向东部乃至更大的区域合作关系。宁夏要积极培育优势产业的集聚发展，发挥优势产业对经济增长的引擎作用，促进产业集群的可持续发展。宁夏在现有产业规模和水平基础上，要进一步建立和完善产业集群的技术创新、融资担保、市场营销、物流仓储、企业孵化、网络信息、质量检测、人才培训等产业公共服务体系，并加强产业集群的核心园区建设，形成产业集群的有力支点，吸引相关企业进入特色工业园区。

二是积极推动宁夏成为我国华北和东北地区通往丝路沿线国家的便捷中转站。目前，银川市正在建设方圆约 400 千米之内的区域中心城市，已设立综合保税区，搭建了外向型经济平台，注重吸纳特色优势产业和商贸、物流等现代服务企业集聚，大银川都市圈的建设将极大提高区内物流效率。石嘴山正在建设惠农陆港口岸，业务范围覆盖宁夏全境及蒙西地区，是宁夏与天津口岸对接的重要对外通道。中卫正在建设新亚欧大陆桥现代物流中转地[①]。

---

① 李丽. 基于"一带一路"推进宁夏农业合作的思考 [J]. 经营管理者，2015（12）.

三是在设施联通的基础上,大力发展宁夏特色农业,深入挖掘特色农产品产能。具体来说,宁夏区内存在较大的自然地理和农业生产差异性差异,北部为引黄灌溉农业区,有生产稻麦、果蔬等优质农产品的优势;中南部为干旱地区,但是地域广阔,出产羊肉、皮毛、各种杂粮等特色农畜产品,也是一种比较优势。无论从历史还是当代来看,这些产品都是宁夏同外部进行商品交换的大宗产品。因此,充分利用这种比较优势,推进特色农产品和精品农产品生产合作,应当作为一个重点领域。今后要创建国家级外贸转型示范基地和科技兴贸出口创新基地,坚持园区绿色、低碳、循环发展,打造一批开放性经济重点园区,积极推动食品和特色用品产业向规模化、集群化、国际化发展,支持冷凉蔬菜、脱水蔬菜、道地中药材等特色产业的发展。推动以宁东能源化工基地为主的煤化工上水平、上规模,推动以技术世界领先的清洁能源,光伏风电产业发展,推动这些产业与中东地区及东亚、东南亚、欧美、中亚、西亚、北非等丝路沿线的国家合作,承接国内外产业转移。

四是在重工业方面,坚持轻重并举、两轮驱动,调整工业结构,促进煤化工产业链的发展,研发高、精、尖项目。在轻工业方面,宁夏立足本区特色,坚持走新型工业化道路,抓特色、抓优势,努力打造国家现代能源化工基地和全国重要的生态纺织基地。农业方面,立足宁夏优势,坚持走特色化、品牌化的路子大力发展设施农业、节水农业,推进农产品精深加工,持续推进农业提质增效,把宁夏贺兰山东麓打造成百万亩葡萄酒产业基地,把宁夏打造成"中国枸杞之都"。在服务业方面,推动服务业扩大规模,提升档次①。

三、建设中阿服务外包基地

围绕"一带一路"倡议,以云计算和数据中心为依托,加强与亚马逊、阿里巴巴等有实力的电子商务企业合作,建设面向阿拉伯国家的电子商务贸易网站;打造中阿贸易第三方支付平台和结算中心。利用阿语人才优势,加强与大连、苏州、杭州等服务外包发达城市合作,建设中阿服务外包基地。

---

① 韩冀宁."一带一路"背景下宁夏经济发展路径研究[J].经济研究导刊,2016(8).

第五节　围绕资金融通，着力突破资金"瓶颈"

资金融通是"一带一路"建设的重要支撑。宁夏作为"一带一路"的战略支点，必须融入区域金融体系，深化区域金融合作。资金融通要扩大沿线国家双边本币互换、结算的范围以及规模，加快丝路基金的组建运营；共同推进亚洲基础设施投资银行、金砖国家开发银行的筹建，且相关各方要就建立上海合作组织融资机构进行磋商；支持沿线国家政府和信用等级较高的企业以及金融机构在中国境内发行人民币债券；鼓励符合条件的中国境内金融机构和企业在境外发行人民币债券和外币债券，且在沿线国家使用所筹资金。加强与"一带一路"沿线国家金融中心的交流合作，主动承接金融产业转移和金融功能外溢，加快建设人民币跨境业务和离岸业务的结算中心，积极开展并购贷款、异地贷款、银团贷款业务，用好国家建立丝路基金带来的机遇，推动更多企业参与"一带一路"重点项目建设。

一、加强金融基础设施建设

金融基础设施建设既是金融改革的重要组成部分，也是改革的基础。金融基础设施的主要功能是确保契约的有效实施，更加规范、优化的金融基础设施建设不仅影响到金融结构优化的深度，也是衡量金融深化发展的尺度。宁夏在金融领域目前尚有50多个牌照空白，间接融资比例超过80%。因此，要特别重视向央行申请具有独立法人地位的证券、保险、基金、金融租赁、消费金融、汽车金融、第三方支付等空缺性金融机构牌照。

一是大力拓展国际合作项目，积极争取丝绸之路基金、亚洲基础设施投资银行、金砖国家开发银行、中国—东盟银行联合体、上海合作组织融资机构和其他国际金融机构支持，为重点基础设施和项目建设提供充裕的资金支持。

二是深化投融资体制改革，完善地区投融资机制，充分调动私人资本参与的积极性，加强投融资平台建设，培育和发展区域债券市场，拓宽资金来源渠道，创新和利用 PPP 等投融资模式。

三是加强区域金融监管合作，构建区域性金融风险预警系统，完善金融风险应对和危机处置制度安排和交流合作机制①。

四是促进外汇服务贸易投资便利化。落实外汇管理改革各项措施，实施全口径跨境融资宏观审慎管理政策，便利企业境外融资。在真实合规的基础上，鼓励企业通过外债、股权投资等方式，将担保项下资金直接或间接调回境内使用。进一步发挥跨国公司外汇资金集中运营管理、跨境担保外汇管理改革等政策作用，提高涉外经济主体境内外资金的综合使用效率。

五是稳步扩大跨境人民币使用。坚持服务实体经济原则，认真落实《中国人民银行行关于进一步完善人民币跨境业务政策促进贸易投资便利化的通知》（银发〔2018〕3 号），满足客户真实合规的业务需求，促进跨境人民币业务平稳发展。坚持合规展业和市场自律，严格落实境内企业人民币境外放款，跨境双向人民币资金池等业务要求，促进跨境人民币资金流动双向平衡。

二、做强中阿基金创业园的特色金融试点

大力推广和完善轻资产运营模式，做强中阿基金创业园的特色金融试点。对接国家"信息丝路"计划。建设网上交易结算中心，加快申请本地第三方支付牌照，争取外汇支付业务资格，推动跨境电子商务外汇支付业务试点，打造中阿贸易第三方支付平台和结算中心。

三、争取将宁夏建设成为离岸结算中心

在外汇管理领域，人行银川中支积极助推宁夏对外开放，深化"放管服"改革，有力促进外汇市场健康有序运行。五年来，共取消六大项外汇管理行政审批，98%的行政审批事项实现"一次性办结"；健全外向型经济服务体系，全区 248 家银行分支机构取得结售汇业务资格，形成外汇银行、外币代兑机构等立体化的外币兑换体系；落实各项外汇管理改革措施，有力支持企业"引进来""走出去"；指导宁夏企业境外成功发行美元无抵押债券，运用

---

① "五个围绕"助力重庆融入"一带一路" [EB/OL]. http://www.docin.com/p-1431972391.html.

跨境担保等政策有效降低企业融资成本。推动宁夏跨境人民币业务涉及53个国家（地区）①。

争取央行政策性扶持将宁夏建设成为离岸结算中心，在离岸网点、离岸数额上给予更多的自由度，促进贸易便利化。建设中阿金融合作示范区，在金融市场开放、金融机构发展、金融产品创新、本币跨境结算等方面，加强与阿拉伯国家的合作，建设中阿金融合作示范区。引进阿拉伯国家金融机构在宁夏设立分支机构，并参股宁夏地方银行，鼓励有条件的宁夏金融机构在阿拉伯国家设立分支机构。争取在宁夏注册的银行开展离岸金融业务，允许在银川综合保税区注册的企业设立人民币离岸账户。推动人民币在阿拉伯国家的跨境使用。通过大量金融平台，宁夏有望被打造成为中国的对阿金融中心。

四、争取设立外资金融机构或中外合资金融机构

五、推动金融服务便利化

一是争取允许宁夏设立外资金融机构或中外合资金融机构（主要是投资银行、保险公司等），并提供配套政策支持。目前要积极向国家部委申请在宁夏设立亚投行代办处和丝路基金代办处，设立"一带一路"宁夏产业基金，重点支持各种外向型产业园区建设，打造丝绸之路经济带战略支点。积极探索宁夏与亚投行和丝路基金的对接机制。

二是支持境内外金融机构在宁夏设立分支机构。鼓励宁夏金融机构积极开展对阿金融合作，力争建立中阿贸易人民币结算中心。

三是扩大人民币跨境结算参与企业范围。支持浦发银行等金融机构拓展离岸金融诚信业务。鼓励发展互联网金融和第三方支付业务。

四是对各类金融服务项目和金融机构分类给予优惠政策，加快金融服务便利化步伐。

---

① 坚实的金融"印记"［EB/OL］. http：//www.financialnews.com.cn/qy/dfjr/201709/t20170905_124005.html.

第六节 围绕民心相通，着力推进文化和生态文明互鉴

政策沟通、道路联通、贸易畅通、资金融通说到底还需要民心相通。随着"一带一路"的逐渐推进，作为五个规划之一的民心相通，其重要性越来越凸显。"一带一路"，抓住了各国的利益要求和共赢共享共建的发展趋势。但如何让民众凝心聚力，还有很长的路要走。

民心相通是"一带一路"建设的社会根基，也是"一带一路"能否真正取得成功的根本落脚点。一方面，宁夏要高度重视文化交流、青年交流、学者交流和民间交流的重要性，积极推动城市间人文交流，从软性外交中获得持续不断的政治动力，消除硬实力的顾虑；另一方面，宁夏要发挥好海外华人华侨的作用，多渠道、多层次培养对华友好力量，使之成为促进经贸往来的"催化剂"、化解疑虑的"黏合剂"。旅游业是促进经济合作和民心相通的重要抓手，能让双方百姓更多了解对方国家，消除偏见和误解，同时带来大量的人流、物流、信息流和资金流，有力推动经贸发展，可作为"一带一路"建设的重点产业。

一、利用中阿博览会构筑互敬互信的平台

中阿博览会要传递中国"与邻为善、以邻为伴、睦邻、安邻、富邻""亲、诚、惠、容"的周边外交政策和理念，弘扬"和平合作、开放包容、互学互鉴、互利共赢"的思路精神，使博览会成为传承传统友谊、增进政治互信的桥梁；充分展示我国对外开放取得的辉煌成就，展示民族团结、宗教和顺、社会和谐稳定的大好局面，使中阿博览会成为阿拉伯国家及其他国家和地区了解中国的窗口。

二、深化教育和卫生交流合作

一是实施高等院校"国际化提升工程",支持高等院校与国外大学开展科学技术交流合作研究、学术交流、合作办学和人才联合培养,扩大高校互派留学生的规模,加强与阿拉伯国家和世界穆斯林地区高校的合作,办好中阿大学校长论坛,建设中阿国际学院、中阿科技大学、宁夏大学亚马逊云计算学院等,办好宁夏大学、北方民族大学阿语学院,打造对外科教交流新基地。支持职业教育发展,完善职业教育园区功能,大力培养实用人才,加快服务贸易人才、高技能人才培养基地建设。加大阿语人才培养力度,开展阿语水平等级和对阿专业技能人才职业技能鉴定,打造国内一流的阿语复合型国际化人才培养基地。支持共青团、妇联、工会等群团组织扩大对外交流。加强大学生创新思维和开放式教育,组织区内中小学与国外学校开展双向夏令营活动。设立教育交流合作经费,纳入自治区高等教育专项统筹。力争把宁夏打造成人才培养优质资源集聚区和中阿人文交流合作示范区。加强中阿经贸合作战略研究,整合各类研究机构资源,开展与阿智库合作,打造国内外有重要影响力的对阿研究高端智库。

二是建立中阿医疗健康合作发展联盟,鼓励中外医疗机构之间开展医学教育、人才交流、技术合作、远程医疗。引进国内外大型医疗机构和投资者来宁兴办医疗保健机构,支持自治区级医院和保健机构率先开展医疗卫生、健康养生、回医回药等领域的对外交流合作,加快宁夏国际医疗城建设。鼓励国内外医疗卫生、健康养生、养老服务等执业人员来宁开展相关业务。与"一带一路"沿线国家和阿盟国家加强医疗合作,力争把宁夏打造成主要面向阿拉伯国家的国际健康养生港湾。

三、深化文化和旅游交流合作

宁夏作为中国向西开放的桥头堡,要打好特色旅游牌。宁夏要加快建设丝绸之路文化旅游东方起点,促进民心相通。发挥银川作为主要节点城市的优势,加快旅游业与国际市场的接轨。积极创造条件,开通丝绸之路邮轮和旅游专列,拓展国内外中、高端旅游市场,联手打造丝绸之路国际旅游品牌,增强在国内外的竞争力。

积极参与"一带一路"国际文化交流合作，鼓励民间友好往来，推动中国文化和宁夏地域特色文化"走出去"。参与承接中阿友好年、文化年等系列活动，举办中阿文化艺术展示周，利用国际平台传递宁夏声音。实施"丝绸之路影视桥工程"和"丝路书香工程"，加强与丝路沿线国家和阿拉伯国家的广播电影电视、新闻通讯、报纸杂志、图书出版、互联网、电子竞技、体育赛事等领域合作，促进传统媒体与新媒体融合发展，支持文化产品"走出去"，深化沿线国家和阿拉伯国家与宁夏的相互了解和信任，促进双边、多边服务贸易发展。

办好中阿旅行商大会，深化与重点境外旅游客源地合作，引进外资开发建设旅游资源，整合旅游资源和品牌，与沿线国家联合打造具有丝绸之路特色的国际精品旅游线路和旅游产品，把宁夏打造成独具特色的中阿旅游中转港和国际旅游目的地。

在开放条件下，任何国家和地区都有持续开展科技合作交流，推动科技创新的客观要求，宁夏也不例外。宁夏是一个民族团结和睦、社会稳定进步的多民族地区，其民族教育的历史与现状呈现天壤之别，从小学、中学到大学各个层次的民族教育，不仅有特色鲜明，而且对中亚、西南亚国家的教育和社会治理是有启示的。宁夏既有沙湖、沙坡头、西夏王陵等丰富的旅游资源，也有独特的黄河文化、回族文化、西夏文化等，大力推进文化和旅游深度融合发展，"塞上江南·神奇宁夏"的旅游品牌效应已经显示出来。宁夏是一个劳动力资源丰富的地区，劳动人口具有勤奋进取的精神，经商的历史传统，灌溉、旱作两方面精湛农业技术以及从事建筑业的劳务技能，通过"走出去"从事农业开发和发展其他劳务经济都是有条件的。

自2001年教育部对口支援西部地区高等学校计划项目启动以来，宁夏已有四所高校被列入教育部对口支援西部地区高等学校计划之中，分别为上海交通大学与宁夏大学，山东大学与宁夏医科大学，华东师范大学与宁夏师范学院，东北大学、浙江工业大学与宁夏理工学院。其中，宁夏理工学院获"双校双支持"。教育部"对口支援西部地区高等学校计划"实施以来，取得了显著成效，宁夏三所受援高校深受其益。

第七节 构建共同"一带一路"经济走廊

"一带一路"框架下,国内20个省份各自确立了"一带一路"的倡议定位和布局,宁夏并非单独的个体,在践行"一带一路"倡议规划中更不能与甘肃、新疆、陕西等地割裂开来,要以"抱团取暖"的合作方式发展对阿贸易。把自己的战略支点作用与甘肃的"丝绸之路经济带"黄金段以及新疆的"丝绸之路经济带"核心区有机结合、宁夏优势与其他地区优势相互借力,建立长效联动发展机制,构建好向西北、向西、向西南、向南四条对外通道和向京津冀、山东沿海地区,以及华东、华南、东南沿海的三条陆海联运通道,以此构建全方位的"宁夏—陕西—青海—新疆"向西开放、"宁夏—山东—辽宁—黑龙江"朝东北拓展、"宁夏—江苏—浙江—福建—广东—海南"向东发展以及"宁夏—重庆—云南—四川—广西""宁夏—湖北—湖南"向西南和中部纵深,形成全面的省际经济贯通的"一带一路"经济走廊。

附录 1

推动共建丝绸之路经济带和 21 世纪海上丝绸之路的愿景与行动

(2015 年 3 月,国家发展改革委、外交部、商务部,经国务院授权发布)

前言

2000 多年前,亚欧大陆上勤劳勇敢的人民,探索出多条连接亚欧非几大文明的贸易和人文交流通路,后人将其统称为"丝绸之路"。千百年来,"和平合作、开放包容、互学互鉴、互利共赢"的丝绸之路精神薪火相传,推进了人类文明进步,是促进沿线各国繁荣发展的重要纽带,是东西方交流合作的象征,是世界各国共有的历史文化遗产。

进入 21 世纪,在以和平、发展、合作、共赢为主题的新时代,面对复苏乏力的全球经济形势,纷繁复杂的国际和地区局面,传承和弘扬丝绸之路精神更显重要和珍贵。

2013 年 9 月和 10 月,中国国家主席习近平在出访中亚和东南亚国家期间,先后提出共建"丝绸之路经济带"和"21 世纪海上丝绸之路"(以下简称"一带一路")的重大倡议,得到国际社会高度关注。中国国务院总理李克强参加 2013 年中国—东盟博览会时强调,铺就面向东盟的海上丝绸之路,打造带动腹地发展的战略支点。加快"一带一路"建设,有利于促进沿线各国经济繁荣与区域经济合作,加强不同文明交流互鉴,促进世界和平发展,是一项造福世界各国人民的伟大事业。

"一带一路"建设是一项系统工程,要坚持共商、共建、共享原则,积极推进沿线国家发展战略的相互对接。为推进实施"一带一路"重大倡议,让古丝绸之路焕发新的生机活力,以新的形式使亚欧非各国联系更加紧密,互利合作迈向新的历史高度,中国政府特制定并发布《推动共建丝绸之路经济带和 21 世纪海上丝绸之路的愿景与行动》。

一、时代背景

当今世界正发生复杂深刻的变化，国际金融危机深层次影响继续显现，世界经济缓慢复苏、发展分化，国际投资贸易格局和多边投资贸易规则酝酿深刻调整，各国面临的发展问题依然严峻。共建"一带一路"顺应世界多极化、经济全球化、文化多样化、社会信息化的潮流，秉持开放的区域合作精神，致力于维护全球自由贸易体系和开放型世界经济。共建"一带一路"旨在促进经济要素有序自由流动、资源高效配置和市场深度融合，推动沿线各国实现经济政策协调，开展更大范围、更高水平、更深层次的区域合作，共同打造开放、包容、均衡、普惠的区域经济合作架构。共建"一带一路"符合国际社会的根本利益，彰显人类社会共同理想和美好追求，是国际合作以及全球治理新模式的积极探索，将为世界和平发展增添新的正能量。

共建"一带一路"致力于亚欧非大陆及附近海洋的互联互通，建立和加强沿线各国互联互通伙伴关系，构建全方位、多层次、复合型的互联互通网络，实现沿线各国多元、自主、平衡、可持续的发展。"一带一路"的互联互通项目将推动沿线各国发展战略的对接与耦合，发掘区域内市场的潜力，促进投资和消费，创造需求和就业，增进沿线各国人民的人文交流与文明互鉴，让各国人民相逢相知、互信互敬，共享和谐、安宁、富裕的生活。

当前，中国经济和世界经济高度关联。中国将一以贯之地坚持对外开放的基本国策，构建全方位开放新格局，深度融入世界经济体系。推进"一带一路"建设既是中国扩大和深化对外开放的需要，也是加强和亚欧非及世界各国互利合作的需要，中国愿意在力所能及的范围内承担更多责任义务，为人类和平发展做出更大的贡献。

二、共建原则

恪守联合国宪章的宗旨和原则。遵守和平共处五项原则，即尊重各国主权和领土完整、互不侵犯、互不干涉内政、和平共处、平等互利。

坚持开放合作。"一带一路"相关的国家基于但不限于古代丝绸之路的范围，各国和国际、地区组织均可参与，让共建成果惠及更广泛的区域。

坚持和谐包容。倡导文明宽容，尊重各国发展道路和模式的选择，加强不同文明之间的对话，求同存异、兼容并蓄、和平共处、共生共荣。

坚持市场运作。遵循市场规律和国际通行规则，充分发挥市场在资源配置中的决定性作用和各类企业的主体作用，同时发挥好政府的作用。

坚持互利共赢。兼顾各方利益和关切，寻求利益契合点和合作最大公约数，体现各方智慧和创意，各施所长，各尽所能，把各方优势和潜力充分发挥出来。

三、框架思路

"一带一路"是促进共同发展、实现共同繁荣的合作共赢之路，是增进理解信任、加强全方位交流的和平友谊之路。中国政府倡议，秉持和平合作、开放包容、互学互鉴、互利共赢的理念，全方位推进务实合作，打造政治互信、经济融合、文化包容的利益共同体、命运共同体和责任共同体。

"一带一路"贯穿亚欧非大陆，一头是活跃的东亚经济圈，另一头是发达的欧洲经济圈，中间广大腹地国家经济发展潜力巨大。丝绸之路经济带重点畅通中国经中亚、俄罗斯至欧洲（波罗的海）；中国经中亚、西亚至波斯湾、地中海；中国至东南亚、南亚、印度洋。21世纪海上丝绸之路重点方向是从中国沿海港口过南海到印度洋，延伸至欧洲；从中国沿海港口过南海到南太平洋。

根据"一带一路"走向，陆上依托国际大通道，以沿线中心城市为支撑，以重点经贸产业园区为合作平台，共同打造新亚欧大陆桥、中蒙俄、中国—中亚—西亚、中国—中南半岛等国际经济合作走廊；海上以重点港口为节点，共同建设通畅安全高效的运输大通道。中巴、孟中印缅两个经济走廊与推进"一带一路"建设关联紧密，要进一步推动合作，取得更大进展。

"一带一路"建设是沿线各国开放合作的宏大经济愿景，需各国携手努力，朝着互利互惠、共同安全的目标相向而行。努力实现区域基础设施更加完善，安全高效的陆海空通道网络基本形成，互联互通达到新水平；投资贸易便利化水平进一步提升，高标准自由贸易区网络基本形成，经济联系更加紧密，政治互信更加深入；人文交流更加广泛深入，不同文明互鉴共荣，各国人民相知相交、和平友好。

四、合作重点

沿线各国资源禀赋各异，经济互补性较强，彼此合作潜力和空间很大。以政策沟通、设施联通、贸易畅通、资金融通、民心相通为主要内容，重点在以下方面加强合作。

政策沟通。加强政策沟通是"一带一路"建设的重要保障。加强政府间合作，积极构建多层次政府间宏观政策沟通交流机制，深化利益融合，促进政治互信，达成合作新共识。沿线各国可以就经济发展战略和对策进行充分交流对接，共同制定推进区域合作的规划和措施，协商解决合作中的问题，共同为务实合作及大型项目实施提供政策支持。

设施联通。基础设施互联互通是"一带一路"建设的优先领域。在尊重相关国家主权和安全关切的基础上，沿线国家宜加强基础设施建设规划、技术标准体系的对接，共同推进国际骨干通道建设，逐步形成连接亚洲各次区域以及亚欧非之间的基础设施网络。强化基础设施绿色低碳化建设和运营管理，在建设中充分考虑气候变化影响。

抓住交通基础设施的关键通道、关键节点和重点工程，优先打通缺失路段，畅通"瓶颈"路段，配套完善道路安全防护设施和交通管理设施设备，提升道路通达水平。推进建立统一的全程运输协调机制，促进国际通关、换装、多式联运有机衔接，逐步形成兼容规范的运输规则，实现国际运输便利化。推动口岸基础设施建设，畅通陆水联运通道，推进港口合作建设，增加海上航线和班次，加强海上物流信息化合作。拓展建立民航全面合作的平台和机制，加快提升航空基础设施水平。

加强能源基础设施互联互通合作，共同维护输油、输气管道等运输通道安全，推进跨境电力与输电通道建设，积极开展区域电网升级改造合作。

共同推进跨境光缆等通信干线网络建设，提高国际通信互联互通水平，畅通信息丝绸之路。加快推进双边跨境光缆等建设，规划建设洲际海底光缆项目，完善空中（卫星）信息通道，扩大信息交流与合作。

贸易畅通。投资贸易合作是"一带一路"建设的重点内容。宜着力研究解决投资贸易便利化问题，消除投资和贸易壁垒，构建区域内和各国良好的营商环境，积极同沿线国家和地区共同商建自由贸易区，激发释放合作潜力，做大做好合作"蛋糕"。

沿线国家宜加强信息互换、监管互认、执法互助的海关合作，以及检验检疫、认证认可、标准计量、统计信息等方面的双多边合作，推动世界贸易组织《贸易便利化协定》生效和实施。改善边境口岸通关设施条件，加快边境口岸"单一窗口"建设，降低通关成本，提升通关能力。加强供应链安全与便利化合作，推进跨境监管程序协调，推动检验检疫证书国际互联网核查，开展"经认证的经营者"（AEO）互认。降低非关税壁垒，共同提高技术性贸易措施透明度，提高贸易自由化便利化水平。

拓宽贸易领域，优化贸易结构，挖掘贸易新增长点，促进贸易平衡。创新贸易方式，发展跨境电子商务等新的商业业态。建立健全服务贸易促进体系，巩固和扩大传统贸易，大力发展现代服务贸易。把投资和贸易有机结合起来，以投资带动贸易发展。

加快投资便利化进程，消除投资壁垒。加强双边投资保护协定、避免双重征税协定磋商，保护投资者的合法权益。

拓展相互投资领域，开展农林牧渔业、农机及农产品生产加工等领域深度合作，积极推进海水养殖、远洋渔业、水产品加工、海水淡化、海洋生物制药、海洋工程技术、环保产业和海上旅游等领域合作。加大煤炭、油气、金属矿产等传统能源资源勘探开发合作，积极推动水电、核电、风电、太阳能等清洁、可再生能源合作，推进能源资源就地就近加工转化合作，形成能源资源合作上下游一体化产业链。加强能源资源深加工技术、装备与工程服务合作。

推动新兴产业合作，按照优势互补、互利共赢的原则，促进沿线国家加强在新一代信息技术、生物、新能源、新材料等新兴产业领域的深入合作，推动建立创业投资合作机制。

优化产业链分工布局，推动上下游产业链和关联产业协同发展，鼓励建立研发、生产和营销体系，提升区域产业配套能力和综合竞争力。扩大服务业相互开放，推动区域服务业加快发展。探索投资合作新模式，鼓励合作建设境外经贸合作区、跨境经济合作区等各类产业园区，促进产业集群发展。在投资贸易中突出生态文明理念，加强生态环境、生物多样性和应对气候变化合作，共建绿色丝绸之路。

中国欢迎各国企业来华投资。鼓励本国企业参与沿线国家基础设施建设和产业投资。促进企业按属地化原则经营管理，积极帮助当地发展经济、增加就业、改善民生，主动承担社会责任，严格保护生物多样性和生态环境。

资金融通。资金融通是"一带一路"建设的重要支撑。深化金融合作，推进亚洲货币稳定体系、投融资体系和信用体系建设。扩大沿线国家双边本币互换、结算的范围和规模。推动亚洲债券市场的开放和发展。共同推进亚洲基础设施投资银行、金砖国家开发银行筹建，有关各方就建立上海合作组织融资机构开展磋商。加快丝路基金组建运营。深化中国—东盟银行联合体、上合组织银行联合体务实合作，以银团贷款、银行授信等方式开展多边金融合作。支持沿线国家政府和信用等级较高的企业以及金融机构在中国境内发行人民币债券。符合条件的中国境内金融机构和企业可以在境外发行人民币债券和外币债券，鼓励在沿线国家使用所筹资金。

加强金融监管合作，推动签署双边监管合作谅解备忘录，逐步在区域内建立高效监管协调机制。完善风险应对和危机处置制度安排，构建区域性金融风险预警系统，形成应对跨境风险和危机处置的交流合作机制。加强征信管理部门、征信机构和评级机构之间的跨境交流与合作。充分发挥丝路基金以及各国主权基金作用，引导商业性股权投资基金和社会资金共同参与"一带一路"重点项目建设。

民心相通。民心相通是"一带一路"建设的社会根基。传承和弘扬丝绸之路友好合作精神，广泛开展文化交流、学术往来、人才交流合作、媒体合作、青年和妇女交往、志愿者服务等，为深化双多边合作奠定坚实的民意基础。

扩大相互间留学生规模，开展合作办学，中国每年向沿线国家提供1万个政府奖学金名额。沿线国家间互办文化年、艺术节、电影节、电视周和图书展等活动，合作开展广播影视剧精品创作及翻译，联合申请世界文化遗产，共同开展世界遗产的联合保护工作。深化沿线国家间人才交流合作。

加强旅游合作，扩大旅游规模，互办旅游推广周、宣传月等活动，联合打造具有丝绸之路特色的国际精品旅游线路和旅游产品，提高沿线各国游客签证便利化水平。推动21世纪海上丝绸之路邮轮旅游合作。积极开展体育交流活动，支持沿线国家申办重大国际体育赛事。

强化与周边国家在传染病疫情信息沟通、防治技术交流、专业人才培养等方面的合作，提高合作处理突发公共卫生事件的能力。为有关国家提供医疗援助和应急医疗救助，在妇幼健康、残疾人康复以及艾滋病、结核、疟疾等主要传染病领域开展务实合作，扩大在传统医药领域的合作。

加强科技合作，共建联合实验室（研究中心）、国际技术转移中心、海上合作中心，促进科技人员交流，合作开展重大科技攻关，共同提升科技创新能力。

整合现有资源，积极开拓和推进与沿线国家在青年就业、创业培训、职业技能开发、社会保障管理服务、公共行政管理等共同关心领域的务实合作。

充分发挥政党、议会交往的桥梁作用，加强沿线国家之间立法机构、主要党派和政治组织的友好往来。开展城市交流合作，欢迎沿线国家重要城市之间互结友好城市，以人文交流为重点，突出务实合作，形成更多鲜活的合作范例。欢迎沿线国家智库之间开展联合研究、合作举办论坛等。

加强沿线国家民间组织的交流合作，重点面向基层民众，广泛开展教育医疗、减贫开发、生物多样性和生态环保等各类公益慈善活动，促进沿线贫困地区生产生活条件改善。加强文化传媒的国际交流合作，积极利用网络平台，运用新媒体工具，塑造和谐友好的文化生态和舆论环境。

五、合作机制

当前，世界经济融合加速发展，区域合作方兴未艾。积极利用现有双多边合作机制，推动"一带一路"建设，促进区域合作蓬勃发展。

加强双边合作，开展多层次、多渠道沟通磋商，推动双边关系全面发展。推动签署合作备忘录或合作规划，建设一批双边合作示范。建立完善双边联合工作机制，研究推进"一带一路"建设的实施方案、行动路线图。充分发挥现有联委会、混委会、协委会、指导委员会、管理委员会等双边机制作用，协调推动合作项目实施。

强化多边合作机制作用，发挥上海合作组织（SCO）、中国—东盟"10+1"、亚太经合组织（APEC）、亚欧会议（ASEM）、亚洲合作对话（ACD）、亚信会议（CICA）、中阿合作论坛、中国—海合会战略对话、大湄公河次区域（GMS）经济合作、中亚区域经济合作（CAREC）等现有多边合作机制作用，相关国家加强沟通，让更多国家和地区参与"一带一路"建设。

继续发挥沿线各国区域、次区域相关国际论坛、展会以及博鳌亚洲论坛、中国—东盟博览会、中国—亚欧博览会、欧亚经济论坛、中国国际投资贸易洽谈会，以及中国—南亚博览会、中国—阿拉伯博览会、中国西部国际博览会、中国—俄罗斯博览会、前海合作论坛等平台的建设性作用。支持沿线国家地方、民间挖掘"一带一路"历史文化遗产，联合举办专项投资、贸易、文化交流活动，办好丝绸之路（敦煌）国际文化博览会、丝绸之路国际电影节和图书展。倡议建立"一带一路"国际高峰论坛。

六、中国各地方开放态势

推进"一带一路"建设，中国将充分发挥国内各地区比较优势，实行更加积极主动的开放战略，加强东中西互动合作，全面提升开放型经济水平。

西北、东北地区。发挥新疆独特的区位优势和向西开放重要窗口作用，深化与中亚、南亚、西亚等国家交流合作，形成丝绸之路经济带上重要的交通枢纽、商贸物流和文化科教中心，打造丝绸之路经济带核心区。发挥陕西、甘肃综合经济文化和宁夏、青海民族人文优势，打造西安内陆型改革开放新高地，加快兰州、西宁开发开放，推进宁夏内陆开放型经济试验区建设，形成面向中亚、南亚、西亚国家的通道、商贸物流枢纽、重要产业和人文交流基地。发挥内蒙古联通俄蒙的区位优势，完善黑龙江对俄铁路通道和区域铁路网，以及黑龙江、吉林、辽宁与俄远东地区陆海联运合作，推进构建北京—莫斯科欧亚高速运输走廊，建设向北开放的重要窗口。

西南地区。发挥广西与东盟国家陆海相邻的独特优势，加快北部湾经济区和珠江—西江经济带开放发展，构建面向东盟区域的国际通道，打造西南、中南地区开放发展新的战略支点，形成21世纪海上丝绸之路与丝绸之路经济带有机衔接的重要门户。发挥云南区位优势，推进与周边国家的国际运输通道建设，打造大湄公河次区域经济合作新高地，建设成为面向南亚、东南亚的辐射中心。推进西藏与尼泊尔等国家边境贸易和旅游文化合作。

沿海和港澳台地区。利用长三角、珠三角、海峡西岸、环渤海等经济区开放程度高、经济实力强、辐射带动作用大的优势，加快推进中国（上海）

自由贸易试验区建设，支持福建建设"21世纪海上丝绸之路核心区"。充分发挥深圳前海、广州南沙、珠海横琴、福建平潭等开放合作区作用，深化与港澳台合作，打造粤港澳大湾区。推进浙江海洋经济发展示范区、福建海峡蓝色经济试验区和舟山群岛新区建设，加大海南国际旅游岛开发开放力度。加强上海、天津、宁波—舟山、广州、深圳、湛江、汕头、青岛、烟台、大连、福州、厦门、泉州、海口、三亚等沿海城市港口建设，强化上海、广州等国际枢纽机场功能。以扩大开放倒逼深层次改革，创新开放型经济体制机制，加大科技创新力度，形成参与和引领国际合作竞争新优势，成为"一带一路"特别是21世纪海上丝绸之路建设的"排头兵"和"主力军"。发挥海外侨胞以及香港、澳门特别行政区独特优势作用，积极参与和助力"一带一路"建设。为我国台湾地区参与"一带一路"建设做出妥善安排。

内陆地区。利用内陆纵深广阔、人力资源丰富、产业基础较好优势，依托长江中游城市群、成渝城市群、中原城市群、呼包鄂榆城市群、哈长城市群等重点区域，推动区域互动合作和产业集聚发展，打造重庆西部开发开放重要支撑和成都、郑州、武汉、长沙、南昌、合肥等内陆开放型经济高地。加快推动长江中上游地区和俄罗斯伏尔加河沿岸联邦区的合作。建立中欧通道铁路运输、口岸通关协调机制，打造"中欧班列"品牌，建设沟通境内外、连接东中西的运输通道。支持郑州、西安等内陆城市建设航空港、国际陆港，加强内陆口岸与沿海、沿边口岸通关合作，开展跨境贸易电子商务服务试点。优化海关特殊监管区域布局，创新加工贸易模式，深化与沿线国家的产业合作。

七、中国积极行动

一年多来，中国政府积极推动"一带一路"建设，加强与沿线国家的沟通磋商，推动与沿线国家的务实合作，实施了一系列政策措施，努力收获早期成果。

高层引领推动。习近平主席、李克强总理等国家领导人先后出访20多个国家，出席加强互联互通伙伴关系对话会、中阿合作论坛第六届部长级会议，就双边关系和地区发展问题，多次与有关国家元首和政府首脑进行会晤，深入阐释"一带一路"的深刻内涵和积极意义，就共建"一带一路"达成广泛共识。

签署合作框架。与部分国家签署了共建"一带一路"合作备忘录，与一些毗邻国家签署了地区合作和边境合作的备忘录以及经贸合作中长期发展规划。研究编制与一些毗邻国家的地区合作规划纲要。

推动项目建设。加强与沿线有关国家的沟通磋商，在基础设施互联互通、产业投资、资源开发、经贸合作、金融合作、人文交流、生态保护、海上合作等领域，推进了一批条件成熟的重点合作项目。

完善政策措施。中国政府统筹国内各种资源，强化政策支持。推动亚洲基础设施投资银行筹建，发起设立丝路基金，强化中国—欧亚经济合作基金投资功能。推动银行卡清算机构开展跨境清算业务和支付机构开展跨境支付业务。积极推进投资贸易便利化，推进区域通关一体化改革。

发挥平台作用。各地成功举办了一系列以"一带一路"为主题的国际峰会、论坛、研讨会、博览会，对增进理解、凝聚共识、深化合作发挥了重要作用。

八、共创美好未来

共建"一带一路"既是中国的倡议，也是中国与沿线国家的共同愿望。站在新的起点上，中国愿与沿线国家一道，以共建"一带一路"为契机，平等协商，兼顾各方利益，反映各方诉求，携手推动更大范围、更高水平、更深层次的大开放、大交流、大融合。"一带一路"建设是开放的、包容的，欢迎世界各国和国际、地区组织积极参与。

共建"一带一路"的途径是以目标协调、政策沟通为主，不刻意追求一致性，可高度灵活，富有弹性，是多元开放的合作进程。中国愿与沿线国家一道，不断充实完善"一带一路"的合作内容和方式，共同制定时间表、路线图，积极对接沿线国家发展和区域合作规划。

中国愿与沿线国家一道，在既有双多边和区域次区域合作机制框架下，通过合作研究、论坛展会、人员培训、交流访问等多种形式，促进沿线国家对共建"一带一路"内涵、目标、任务等方面的进一步理解和认同。

中国愿与沿线国家一道，稳步推进示范项目建设，共同确定一批能够照顾双多边利益的项目，对各方认可、条件成熟的项目抓紧启动实施，争取早日开花结果。

"一带一路"是一条互尊互信之路，一条合作共赢之路，一条文明互鉴之路。只要沿线各国和衷共济、相向而行，就一定能够谱写建设"丝绸之路经济带"和"21世纪海上丝绸之路"的新篇章，让沿线各国人民共享"一带一路"共建成果。

附录2

宁夏空间发展战略规划

（宁政发〔2015〕50号）

第一章 总则

第一条 规划目的

为深入贯彻党的十八大和十八届三中、四中全会以及自治区第十一届三次、四次、五次全会精神，落实中央和自治区关于加快城镇化决策部署，主动承担国家向西开放战略和丝绸之路经济带建设重大历史责任，全面深化改革，扎实推进民族地区开发开放，科学安排宁夏城乡功能定位、空间布局、产业发展、基础设施建设、生态环境保护等重大事项，全面建设开放、富裕、和谐、美丽宁夏，与全国同步建成全面小康社会，编制本规划。

本规划是自治区的基础性、宏观性、战略性规划。

第二条 规划依据

《中华人民共和国城乡规划法》

《中华人民共和国土地管理法》

《中华人民共和国环境保护法》

《中共中央国务院关于深入实施西部大开发战略的若干意见》（中发〔2010〕11号）

《国务院关于进一步促进宁夏经济社会发展的若干意见》（国发〔2008〕29号）

《国务院关于宁夏内陆开放型经济试验区规划的批复》（国函〔2012〕130号）

《宁夏内陆开放型经济试验区规划》

《宁夏回族自治区空间发展战略规划条例》

《宁夏回族自治区土地管理法实施条例》

《宁夏回族自治区实施〈中华人民共和国城乡规划法〉办法》

《国家新型城镇化规划（2014—2020年）》

《全国主体功能区规划（2008—2020年）》

《全国城镇体系规划（2006—2020 年）》
《国家中长期铁路网规划（2008—2020 年）》
《国家公路网规划（2013—2030 年）》

第三条　指导思想

高举中国特色社会主义伟大旗帜，以邓小平理论、"三个代表"重要思想、科学发展观为指导，深入贯彻习近平总书记系列重要讲话精神，遵循国家发展战略，优化国土空间开发格局，促进人口资源环境相均衡、经济社会生态效益相统一，促进经济、社会、人口、城乡、资源和环境协调发展，建设开放、富裕、和谐、美丽宁夏。

抢抓国家实施"一带一路"战略重大机遇，主动适应经济发展新常态，坚持创新驱动，以改革开放为动力，以提高经济发展质量和效益为中心，以产业转型升级为主攻方向，以内陆开放型经济试验区建设为载体，以项目为抓手，推动产业科学布局，扩大开发开放，推进信息化和工业化深度融合、工业化和城镇化良性互动、城镇化和农业现代化相互协调，实现经济社会全面、协调、可持续发展。

按照把宁夏作为一个城市规划建设的思路，坚持规划引领、坚持统筹推进、坚持集约高效，突出特色优势，彰显文化内涵，以人的城镇化为核心，以城市群为主体形态，促进城镇发展与产业支撑、就业转移和人口集聚相协调，构建"结构合理、分工明确、功能互补、产城融合、生态文明"的空间格局，实现城乡统筹发展、区域协同推进。

坚持生态优先战略，依托山、原、河、川自然生态基础，整合生态资源，形成生态网络，合理开发利用水资源，防治重点地区环境污染，促进资源集约节约利用，构筑整体生态系统，改善环境质量，保护"塞上江南、秀美山川"特色风貌，构筑西部重要的生态安全屏障。

第四条　规划范围

本规划范围为宁夏回族自治区全域。

第五条　规划期限

本规划期限为 2014~2030 年。

第二章　发展定位

第六条　总体定位

积极对接《丝绸之路经济带和 21 世纪海上丝绸之路建设规划》国家重大

部署战略，主动承担国家向西开放战略和丝绸之路经济带建设重大历史责任，结合《宁夏内陆开放型经济试验区规划》对宁夏的定位，面向国内国外两个市场，充分发挥自身优势，探索内陆地区开发开放、全面转型的新路径，努力建设成为"一个支点、两个基地、一个示范区"，即丝绸之路经济带战略支点和中阿国际合作桥头堡，国家重要的现代能源化工基地，承接先进技术和产业转移基地，西部新型城镇化和生态宜居示范区。

第七条　丝绸之路经济带战略支点和中阿国际合作桥头堡

抢占丝绸之路经济带建设战略高地，挖掘宁夏区位、人文等资源优势，用好中阿博览会和内陆开放型经济试验区两块"金字招牌"，建设中阿空中、网上、陆上丝绸之路的"宁夏通道"，推进与阿拉伯国家和世界穆斯林地区深度交流合作，着力打造中阿人文交流合作示范区、中阿贸易投资便利化示范区和中阿金融合作示范区三个载体，将宁夏建成丝绸之路经济带战略支点和中阿国际合作桥头堡。

重点建设中阿（中海）自由贸易区、中阿金融商贸中心、国际清真食品与穆斯林用品研发认证生产和贸易中心、特色鲜明的国际旅游目的地、中阿国际合作产业园等。

第八条　国家重要的现代能源化工基地

科学利用煤炭资源优势，立足于能源化工产业基础，延伸产业链，推进资源循环利用，建设国家重要的现代能源化工基地。

该基地由国家现代煤化工基地、国家重要的大型煤炭基地、西电东送火电基地、新能源产业基地、国家能源储备基地和交易中心共同构成。

第九条　承接先进技术和产业转移基地

抢抓东部地区和国外产业转型升级、布局调整的机遇，发挥宁夏比较优势，依托各级各类产业园区建设"承接东部产业转移示范区"，赋予相应的扶持政策，按照产业分工统筹全区产业发展，重点发展农产品精深加工、先进装备制造、电子信息、新材料、生态纺织等产业。

第十条　西部新型城镇化和生态宜居示范区

坚持人的城镇化和生态立区相结合，优化国土空间格局，拓展城市空间，提升城市功能，突出城镇特色，建设美丽乡村，加快基础设施建设，提高公共服务水平，稳步推进生态空间网络化，人居空间宜居化，构筑功能完善、级配合理、环境优美、宜居宜业的城镇空间，走特色鲜明、内涵发展、人与自然和谐相处的新型城镇化道路，成为西部新型城镇化和生态宜居示范区。

第三章 发展战略

第十一条 总体战略

落实国家战略要求,按照"一个支点、两个基地、一个示范区"的定位,坚持全区"一盘棋"的发展思路统筹规划,为促进区域和城乡一体化发展,加快"四个宁夏"建设,规划实施"一主三副、核心带动,两带两轴、统筹城乡,山河为脉、保护生态"的总体战略。

第十二条 一主三副,核心带动

"一主":大银川都市区。由银川市、吴忠市利通区、青铜峡市、宁东能源化工基地和盐池高沙窝镇构成。通过建设大银川都市区,进一步整合空间,构建强大的区域组织核心,提升在丝绸之路经济带沿线城市中的竞争力,争取在国家对外开放战略中更强的影响力。

"三副":石嘴山市、固原市、中卫市三个副中心城市。通过副中心城市发展建设,拓展大银川都市区核心功能,带动宁北、宁南以及周边毗邻省区发展,形成功能互补、特色突出的副中心城市,提升宁夏综合实力。

"核心带动":通过增强"一主三副"的辐射带动能力,全面提升生产生活综合服务功能,打造宁夏对接丝绸之路经济带建设、实施开发开放的核心地区。

通过"一主三副,核心带动"战略,增强宁夏区域服务辐射带动能力,提升整体功能和国际化水平。

第十三条 两带两轴,统筹城乡

"两带":"沿黄城市带"和"清水河城镇产业带"。

"沿黄城市带":包括大银川都市区、石嘴山市、中卫市等沿黄河主要城市以及平罗县、中宁县等县城和若干建制镇。加强生态环境和农业资源的保护与利用,推进产业、基础设施、生态环境和公共服务一体化,成为宁夏扩大经济总量、向西开放和提升国际影响力的主要载体。

以宁东现代能源化工基地等为引领,重点发展能源化工、云计算和电子信息、装备制造、新能源、新材料、生物医药、清真食品和穆斯林用品、特色农产品、生态纺织等产业,做大做强沿黄经济区。

全面提升服务业发展水平,促进金融国际化、商贸高端化、物流便利化、会展常态化、旅游多元化。做精做特沙湖、沙坡头、镇北堡西部影城、黄河大峡谷等景区,提高旅游服务能力和水平,加强旅游公共服务体系建设,形成多姿多彩的黄河文化旅游带。

利用沿黄灌区的良好条件,建设贺兰山东麓葡萄文化长廊和中国枸杞原产地长廊,形成"特色绿色"的西部农产品产业基地。

"清水河城镇产业带":以清水河为纽带,连接固原市原州区、西吉县、彭阳县、泾源县、隆德县,中卫市沙坡头区(部分)、海原县、中宁县(部分),吴忠市红寺堡区、同心县等县(区)和建制镇。发挥清水河地区生态环境、特色农产品、加工制造等优势,培育特色产业,引导人口向城镇集中,加强与阿拉伯国家和世界穆斯林地区的经贸交流和文化旅游合作,在保护生态环境的前提下,促进产业转型升级,加快新型城镇化的发展。

依托清水河沿线城镇,鼓励发展绿色农产品加工、清真食品与穆斯林用品、先进装备制造、新能源等产业,提升产业对就业吸纳能力,带动中南部地区新型城镇化的发展。

依托六盘山旅游资源以及良好气候环境,以红色旅游和六盘山景区为重点,整合旅游资源,提高基础设施配套水平,发展度假避暑、疗养休闲等,建设固原生态文化旅游区。

充分挖掘清水河流域农业资源,规划农业产业示范区,推广规模化种植养殖、示范节水农业和设施农业技术,推进优势特色农业的产业化、规模化、品牌化、国际化发展,提高农产品附加值,增加农民收入,探索以农业现代化推动新型城镇化的发展道路。

两轴:"太中银发展轴"和"银宁盐发展轴"。

"太中银发展轴":依托太中银铁路正线等主要交通轴线,串接沙坡头区、中宁县、红寺堡区、盐池县等县(区)以及惠安堡、大水坑等城镇,保护生态环境,推动人口向沿线重点城镇集聚,整合提升现有产业园区,引导产业向县城和部分小城镇内园区集中,在太中银发展轴形成错位分工的产业格局。

"银宁盐发展轴":依托太中银铁路银川联络线,点状集聚发展。在加强白芨滩、哈巴湖等生态用地保护的前提下,以宁东能源化工基地、盐池县城和高沙窝镇为核心,充分发挥宁东能源化工基地的产业集聚和带动作用,延伸能源化工产业链,重点发展能源化工、新能源、节能环保和新型煤化工设备制造等产业。

另外,发挥盐池县的区位交通和比较优势,以生态环境保护和建设作为经济发展前提,保护和发展现有生态格局,提升生态承载力和环境质量,承接宁东能源化工基地未来产业拓展和生活配套功能。预留发展成为带动宁夏东部和陕西西北部发展的中心城市的建设空间。

"统筹城乡":发挥"两带两轴"资源聚集和辐射带动效应,在做强中心城市的同时,建设大县城,适度发展一批重点镇,有序实施美丽乡村建设,加快推进扶贫攻坚,形成大中小城市和小城镇合理分工、功能互补、协同发展的城镇格局，促进城乡一体化发展。

通过实施"两带两轴，统筹城乡"战略，统筹宁夏山川、城乡发展，向北对接呼包鄂榆地区，向南对接关中—天水经济区，向东对接太原城市群，向西对接兰州—西宁经济区，形成区域联系紧密的空间发展格局。

第十四条 山河为脉，保护生态

"山河为脉"：以山、原、河、川生态资源为载体，以贺兰山、六盘山为两基，依势连接香山、南华山、罗山等重要生态节点；以黄河、清水河为纽带，发挥支流的作用，顺势连通星海湖、沙湖、鸣翠湖等湖泊湿地，按照"串点成线，连线成面"的路径，构筑区域、城乡一体的生态空间格局，成为保障和支撑发展的永久生态屏障。

"保护生态"：划定空间管制区，明确城乡建设空间，保护重要生态功能区，维护国土生态安全、人居环境安全、生物多样性安全，巩固立区之本，实现宁夏经济、社会与环境可持续发展。抓好重点领域的环境污染整治与低碳减排，提高区域环境质量和风险防范能力。

通过实施"山河为脉、保护生态"的战略，连通黄土高原—川滇生态屏障和北方防沙带，增强涵养水源、保持水土、防风固沙等重要生态功能，提高宁夏的生态环境承载力，构筑西部重要生态屏障，为全国的生态保护和建设做出贡献，实现美丽宁夏的奋斗目标。

第四章 分区指引

第十五条 大银川都市区

大银川都市区规划建成丝绸之路经济带中阿合作先行区、国家能源化工和现代制造业基地、清真食品和穆斯林用品产业基地、区域性国际物流中心。

沿黄河形成"一河两岸三域"的空间格局。"一河"是指以黄河为轴线，串联大银川都市区核心区的各个组成部分，成为沿黄城市带的核心区域，规划突出黄河的生态景观、旅游文化功能，在加强保护的同时，凸显城市特色。"两岸"是指大银川都市区黄河东西两岸统一规划，协调联动发展。"三域"指银川市区、吴忠城区和宁东新区形成相互错位、功能互补、协调统一的发展格局。

——银川市区

功能定位：

丝绸之路经济带中阿合作核心区，中国—中亚—西亚经济走廊节点城市、现代服务业中心，突出"塞上湖城、西夏古都"的城市特色。

产业发展:

以中阿博览会为平台,推进与阿拉伯国家及世界穆斯林地区商贸文化交流常态化,拓展中阿资金交流渠道,打造中阿金融中心和能源交易平台,建设阿拉伯国家标准化研究中心、中阿金融商贸示范区。以新兴产业和服务业作为转型升级的重点,鼓励发展金融、会展、总部经济、信息服务、电子商务、现代物流、文化旅游、养老休闲、医疗健康、教育培训等现代服务业。培育壮大新一代信息技术、新能源、先进装备制造及临空经济等新兴产业。加快都市农业、酿酒葡萄等现代特色农业发展,为丝绸之路经济带中阿合作核心区筑牢产业基础。

对能源化工、冶金、生物医药(不含医药研发等)等对空气、水、噪声和固体废物等方面产生污染的产业进行严格管理,逐步外迁和淘汰,为城市营造良好的生态环境。

空间指引:

以银川城区整合贺兰和永宁,实现一体化发展。

市区中部依托中阿博览会永久会址,加快建设阅海湾中央商务区。向西依托银川经济技术开发区和高教区,建设科技创新产业园。统一规划滨河新区、综合保税区、临空经济区等区域,向东南拓展城市发展空间,积极成为沿黄城市带服务业发展的重要增长极和吸引阿拉伯国家投资的空间载体。

——宁东新区

宁东新区包括宁东能源化工基地、吴忠太阳山开发区、灵武市区、白芨滩、盐池县高沙窝镇,是宁夏能源化工产业的核心载体。

功能定位:

国家现代能源化工基地。突出"能化基地、科技之城"特色。

产业发展:

建设大型现代化矿井,利用先进开采技术,提升集约化水平。加快特高压输电工程及配套项目建设,成为国家西电东送火电基地。明确重点企业、重大项目和实施计划,建成世界最大的烯烃生产加工基地。推进企业间、行业间、产业间共生耦合,实现水资源循环利用、废物交换利用、土地集约利用,形成以"资金密集型、技术密集型、能源密集型、长产业链、高附加值、循环发展"为特征的国家现代能源化工基地。

延伸生态纺织等下游产业,依托综合保税区等服务平台,推进产业间接续互补、融合发展,构建全产业系统,做大做强,成为宁夏新的增长极。

空间指引:

宁东能源化工基地注重与银川市区的空间关系,有污染的企业向远离银川城区方向布局。按照循环发展的布局要求,将能源和化工、发电等企业适当集中,集聚发展,打造产业集群。在太阳山地区规划建设宁东能源化工基地配套产业区和煤炭资源储备基地;灵武城区强化城市服务功能,成为宁东能源化工基地的配套服务区;将盐池县高沙窝镇作为宁东国家现代能源化工基地的产业拓展区;将白芨滩自然保护区作为宁东新区发展的生态屏障。

——吴忠城区

功能定位:

清真食品和穆斯林用品产业中心,现代制造业基地。突出"水韵吴忠、滨河回乡"的城市特色。

产业发展:

大力发展以肉牛肉羊、奶牛养殖、有机大米等为主的特色种养殖业;壮大都市休闲农业、生态旅游农业,推进农产品精深加工,培育清真餐饮、奶制品、葡萄酿酒、穆斯林服饰等产业。建立健全清真食品和穆斯林用品认证、研发设计、生产加工、展示交易和集散支撑体系,扩大国内清真食品标准认证和国际互认,推动清真食品和穆斯林用品产业向标准化、集聚化、国际化发展。

抓住东部产业转移机遇,围绕精密仪表、专用设备、新材料等核心产业,构建系统完备的现代制造业产业集群。培育发展新业态,建设吴忠中阿国际商贸电子商务平台,促进服务业优化升级。限制高能耗、高水耗的低效落后产业发展。

空间指引:

构建"利青相向,一体发展"的空间格局,推动利通区与青铜峡市区相向一体化发展、同城化管理,同时注重与灵武市的空间衔接。

吴忠城区沿黄河拓展,规划建设中阿国际合作示范产业园,与滨河新区联动发展;黄河西岸以黄河楼为中心,进一步完善黄河旅游区建设,发展文化旅游、商贸等产业;黄河东岸结合银西高铁客运站、货运站规划建设吴忠商务中心、物流中心,发展现代服务、现代商贸功能;全面提升金积工业园综合功能,建设国家级清真食品和穆斯林用品生产和清真研发贸易中心。

改造提升青铜峡新材料基地,控制污染,远期搬迁电解铝等有污染企业,逐步向新材料制品领域延伸。

第十六条 石嘴山副中心城市

功能定位:

宁北及蒙西地区中心城市和物流中心,国家级承接产业转移示范区,现代装备制造和新材料产业基地。突出"山水园林、重工基地"的城市特色。

产业发展:

以承接产业转移为突破口,重点发展新材料、装备制造、电石化工、冶金四大产业集群及新能源、生物医药、新型煤化工三个特色产业，全力加快电石化工、冶金等传统产业提档升级；以陆港经济区带动现代物流、现代商贸等服务业发展，以沙湖、环星海湖开发支撑文化旅游业发展。

限制传统能源化工产业发展规模，将石嘴山生态经济开发区重化工业向黄河东岸的宁夏精细化工产业园及惠农区转移。

空间指引：

实施"一港双城，同城对接"的空间策略，规划形成大武口城区和惠农城区组成的"双城"结构；推进大武口城区与平罗县城及沙湖地区相向发展、同城对接，并积极融入大银川都市区一体化发展。

大武口城区完善城市功能，提升环境品质，提高服务和承载能力，打造国家稀有金属新材料产业化示范基地和宁夏新材料高新技术产业示范基地，建成辐射宁北、蒙西地区的山水园林新型工业城市。

惠农城区整合红果子镇，向南拓展发展空间，强化公共服务设施水平，增强对乌海等蒙西地区的服务辐射能力。依托石嘴山经济技术开发区建设东部产业转移示范园，拓展陆港口岸功能，实现产业转型发展。

第十七条　固原副中心城市

功能定位：

宁南区域中心城市，重要的特色农产品生产加工贸易基地、轻工产品制造基地、特色文化旅游城市。突出"红色六盘、绿色固原、避暑胜地"的城市特色。

产业发展：

充分挖掘丝路故道要隘的深厚文化底蕴，以生态旅游、避暑休闲、商贸流通、职业教育等现代服务业发展为核心，打造面向阿拉伯国家和世界穆斯林地区的特色旅游目的地。

以生态环境保护为前提，重点培育轻工产品制造、中药材加工、农产品加工等产业；加快草畜、马铃薯、冷凉蔬菜、苗木等现代特色农业发展。严格限制重污染、高耗能产业发展，对现有污染企业改造升级搬迁。

空间指引：

实施"一核四极，组团发展"的空间策略，以固原市原州区为核心，以西吉县、彭阳县、隆德县、泾源县为四个发展极，做大做强三营镇、兴隆镇、白阳镇、泾河源镇等一批重点镇，实现组团发展。

固原市区向西南拓展，建设新城区，提升城市功能，为周边城市提供公共服务；依托固原西部工业区，建设中阿国际合作示范园，发展轻工制造、农产品加工、通用航空制造、物流贸易等产业。

第十八条　中卫副中心城市

功能定位：

丝绸之路经济带交通物流枢纽城市、特色产业城市、生态旅游城市。突出"沙漠水城、花儿杞乡、休闲中卫"的城市特色。

产业发展：

利用中卫在欧亚大陆桥和丝绸之路经济带上的交通区位优势，努力成为新欧亚大陆桥的节点城市，构筑中阿陆上丝绸之路的区域枢纽；以电子信息制造和云计算等信息产业作为产业升级的突破方向，带动相关产业发展，打造中阿网上丝绸之路的数据中心。围绕优势农业资源，提升枸杞、硒砂瓜、草畜等特色农业发展层级。发展壮大新能源及其设备制造，适度控制发展传统原材料产业。依托沙坡头、腾格里湿地公园等特色旅游资源，建设国际影响力的旅游目的地。禁止煤化工在甘塘发展。

空间指引：

实施"一城两翼，内涵发展"的空间策略。以沙坡头区为核心，以中宁县和海原县为两翼，提升城市内涵品质，强化城市功能，提升中卫市整体实力。

中卫城区重点向东沿黄河拓展，提升城市空间承载能力。向西规划建设沙坡头旅游经济开发试验区，成为宁夏旅游产业新引擎。在太中银铁路以北建设大型综合商品交易中心和大型物流中心，成为中国对阿拉伯国家重要的商品贸易集散中心；依托中卫工业园建设东部产业转移示范区、中关村科技园，重点发展云计算产业、电子信息制造、新能源设备制造和研发等。利用甘塘地区光热和土地条件，发挥多条区域能源管线汇集的优势，规划建设国家能源（油气）战略储备基地和新能源示范基地。利用荒山、荒漠等规划建设国家新能源发电基地。加快推进大柳树水利枢纽工程建设，同时推进其旅游建设。

中宁县建设全国枸杞良种繁育基地、标准制定中心、质检中心、研发中心、交易中心和枸杞文化中心，成为中国枸杞之都。加快中宁工业园区的提质增效，加大对污染企业治理力度，实现集约高效、循环发展。

海原县合理控制县城发展规模，挖掘南华山自然保护区旅游资源，重点发展特色商贸、生态休闲度假、特色农业等功能。

第五章　产业发展与布局

抓住"一带一路"建设重大机遇，以提高经济发展的质量和效益为中心，以产业转型升级为主攻方向，以创新驱动为动力，主动适应经济新常态，充分发挥市场在资源要素配置中的决定性作用，推进内陆开放政策优势、资源富集要素优势共同发挥乘数效应，转化为宁夏新时期经济发展的综合优势，打造五大产业集群，健全产业体系，积极培育新产业和新业态，实现开放发展、创新发展、统筹发展、可持续发展。

第十九条　打造西部最具特色的现代农业产业集群

紧紧围绕引黄灌区现代农业示范、中部干旱带旱作节水农业示范区、南部黄土丘陵区生态农业示范区建设，以发展"一特三高"现代农业为重点，在稳定粮食生产基础上，整合资源优势，推进主导产业提质升级，建设西部特色农业产业基地。

优化农业资源空间布局。坚持区域化布局原则，北部引黄灌区以农业综合生产能力提高和节水型灌区建设为重点，积极推进农业产业规模化、标准化、科技化，形成以优质粮食、枸杞、葡萄、奶产业和适水产业为主的现代农业产业体系；中部干旱带推广旱作节水技术，扩大红枣、硒砂瓜、小杂粮、饲草等种植规模，发展畜牧养殖，打造农牧并重、草畜结合、特色发展的现代旱作节水农业示范区；南部黄土丘陵区重点发展设施农业、马铃薯、冷凉蔬菜、苗木、中药材和以肉牛肉羊养殖为主的草畜产业，形成具有地方特色的现代生态农业产业体系。

整合区域农业特色品牌资源。扩大种植面积，提升产品品质，建设贺兰山东麓酿酒葡萄原产地长廊和以中宁县为核心的中国枸杞原产地长廊。建立一批国际知名的酒庄、酒厂和深加工基地，推动国际交流，形成"种植—加工—贸易"的发展格局。扩大牧草种植面积，打响滩羊、优质肉牛等优质清真品牌，以引黄灌区设施蔬菜、中部干旱带硒砂瓜、固原冷凉蔬菜为重点，建成全国重要的清真牛羊肉生产加工基地和国际绿色有机食品展览交易中心。发挥宁夏农作物种业方面得天独厚的优势，以高标准生产基地、现代化种子加工中心和物流配送交易中心为重点，完善引黄灌区标准化玉米、稻麦、蔬菜种子生产基地和中南部马铃薯脱毒种薯三级繁育体系，打造西北"黄金制种产业区"。促进农业与文化会展、休闲旅游等产业深度融合，提升农业发展质量和效益。

第二十条　打造现代能源化工产业集群

以高科技、低污染、长产业链、高附加值为方向，促进煤制油、煤制烯烃、煤制气和精细化工等能源化工产业发展，加快向化纤纺织、塑料型材等下游产业延伸，建设国内最先进的现代能源化工产业集聚区。密切与蒙古国、内蒙古等周边煤炭资源富集地区联系，实施"外煤进宁"，在惠农、太阳山分别设置外煤进宁的集散物流中心，与周边资源富集地区合作发展，实现优势互补。规划甘塘国家能源（油气）战略储备基地，保障国家能源安全。

实施多元化的能源开发战略，积极发展风电、光电及相关产业，大力开发生物质能、水电等可再生能源，建设国家新能源综合示范区。

开展国际能源合作，加快建设西北煤电化交易中心和中国能源交易中心，发展壮大成为国际能源交易中心，重点与阿拉伯国家开展石油、天然气等能源交易。

第二十一条　打造承接产业转移的新兴产业集群

以建设西部地区承接产业转移基地为载体，重点承接技术成熟、附加值高的加工制造产业和劳动密集型产业，发展能源化工接续替代产业，培育一批特色鲜明、发展前景广阔的新兴产业集群，限制高污染、高耗能、产能过剩产业转移，引领宁夏产业转型升级。

延伸能源化工产业优势，依托贺兰、灵武、利通区生态纺织园等产业园，发展研发设计、展示销售等产业，构建轻工纺织产业集群，建设全国重要的生态纺织基地。

依托石嘴山市、青铜峡市、中宁县等新材料产业基础，积极承接产业转移，发展钽铌铍钛稀有金属新材料、铝镁合金及轻金属材料、高附加值的碳基和复合材料深加工、硅及电子级硅材料等产业，向航空航天、电子信息、装备制造、节能环保等产品应用领域延伸，构建新材料产业集群。

瞄准世界一流的装备制造技术，搭建信息服务平台，围绕煤炭开采设备、煤化工设备、新能源设备等领域，谋划建设银石科技创新改革试验区，逐步形成"自主创新，宁夏制造，世界出口"的发展模式，建设装备制造产业集群。

引入国内外相关企业，建设通用航空产业园，拓展通用航空小型航空器制造、组装、展销、维修和托管等领域，开展空中摄影、气象探测等一系列通用航空运营服务。在固原、石嘴山等地规划建设国家飞行员培训基地及飞行学校等职业教育基地，通过发展相关配套产业，打造通用航空产业链。

第二十二条　打造全球知名的清真食品和穆斯林用品产业集群

建立清真产品国际认证体系，扩大国内清真食品标准认证和国际互认，推动清真食品和穆斯林用品产业标准化、集群化、国际化发展。加快建设集研发认证、交易、生产等于一体的吴忠清真食品和穆斯林用品产业核心区，推进银川德胜、石嘴山长湖、固原轻工产业园等生产加工基地建设。

充分利用国际和区内外资源，吸引内外行业知名企业总部落户，扩大生产规模，提高产品附加值，完善贸易、展示、集散等功能，将宁夏打造成为中国清真食品和穆斯林用品产业组织中心、全球知名的清真食品和穆斯林用品产业集聚区。

第二十三条 打造与向西开放战略相匹配的现代服务业集群

利用内陆开放型经济试验区、银川综合保税区等发展平台，重点发展现代金融、信息服务、现代物流、文化旅游等现代服务业，构建现代服务业集群。

现代金融业。积极争取国家金融创新政策试点，以建设中阿金融合作示范区为重点，通过设立产业发展投资基金、建立人民币与周边国家货币资金双向流通机制等，打造中阿资金融通聚集地、国家级金融改革创新试验区，健全多层次资本市场，建设现代金融服务体系。

信息服务业。重点发展电子商务、服务外包、大数据、动漫创意等产业，建设中阿互联网贸易大数据平台，打造互联互通的中阿网上丝绸之路。依托中卫云计算基地，建设电子信息产业园，重点发展云计算、新型电子元器件研发、物联网、泛在网，成为中国西部信息产业"硅谷"，并以电子数码设备制造、新型显示设备制造等电子信息制造为重点，发展配套产业。

商贸物流业。结合交通枢纽节点和工业集聚区布局建设物流中心，深化无水港与沿海沿边地区口岸协作，支持中卫区域性物流中心建设，打造"丝绸之路经济带"重要物流节点。实施最优惠的投资贸易便利化政策，建设银川综合保税区分区，试点贸易自由、服务业开放等，实现综合保税区向自由贸易区转型升级，争取建设中阿（中海）自由贸易区。

文化旅游业。深度挖掘宁夏历史文化资源，积极开展西夏陵、丝绸之路固原段等申遗工作，促进文化优势与自然景观的深度结合，推进文化旅游业生活化、高端化、国际化发展。规划建设西夏文化旅游区、宁夏民族文化旅游区、湿地休闲度假旅游区、现代工业旅游区、固原生态文化旅游区、沙坡头旅游经济开发试验区等旅游板块，推动旅游和文化的融合发展，打造西部文化旅游基地和独具特色的国际旅游目的地。

第六章 支撑体系布局

第一节 综合交通体系规划

第二十四条 综合交通发展目标

充分利用国家内陆开放型经济试验区的政策优势，全方位提升交通服务水平。依托空港，打造西部门户性复合型航空枢纽；充分利用新亚欧大陆桥，打造西部国际物流中心；构建以大银川都市区为核心的区域一体化综合交通网络，形成便捷、开放、高效、多层次的综合交通体系。

第二十五条　航空运输

加快建设银川河东国际机场三期工程，推进机场四期前期工作，建设机场综合客货运枢纽，完善机场集疏运体系，提高机场服务水平。利用国家政策组建股份制航空公司，增加国内外航线覆盖范围和航班密度，用好第五航权，推动空运优化，加快航空货运和临空经济的发展，将银川河东国际机场建设成为面向阿拉伯国家及世界穆斯林地区的门户机场和丝绸之路经济带上的枢纽机场。适时开展银川第二机场前期研究。

中卫、固原支线机场重点增加与旅游客源地的直达航线。利用国家低空开放政策，规划建设通用航空机场，开发特色航空旅游产品，培育通勤航空小飞机起降、飞行培训、低空旅游、私人飞行等通用航空服务业。

第二十六条　铁路运输

1. 普通铁路

对接"一带一路"规划，通疆达海。向西增建甘武铁路二线，与包兰铁路、兰新铁路共同构成宁夏西向通道，利用新疆霍尔果斯、喀什口岸，打通通向阿拉伯国家及欧洲的国际大通道。向北建设银川（中卫）—乌力吉铁路，接"临—哈"线，通过乌力吉、策克口岸，加强与蒙古国的联系。向东新建包兰铁路东乌联络线、三新铁路复线，构建太中银—保太—津保线至天津、包兰—京包—京山线至天津和秦皇岛、东乌—东胜神木—神黄线至黄骅港、太中银—石太—石德—胶济线至青岛、宝中—陇海线至连云港五条出海通道，形成连接东部沿海港口的欧亚大陆桥通道。

规划白银—宁东铁路连接三新铁路，加强与内蒙古上海庙、甘肃白银、陕西榆林等煤炭石油富集地区的联系，支撑宁东发展。建设兰州—平凉铁路和平川—海原—环县铁路，提升中南部地区对外通达能力。加快推进太中银铁路复线、包兰铁路复线、宝中二线建设，增强铁路对经济社会发展的支撑能力。

2. 高（快）速铁路

加快建成银西高铁，推动银川—盐池—定边—郑州客专建设，争取利用太中银铁路开通动车组，实现宁夏与西安、郑州、太原等国家高铁枢纽的直接联系，融入全国高铁网。

建设京—呼—银—兰客专，打通与北京、兰州联系通道，并通过兰州—成都—昆明客专，建立起与西南地区的便捷联系。建设甘塘—张掖客专，通过兰新高铁，强化与乌鲁木齐的直接联系。

新建固原—庆阳接入银西高铁的客运联络线，实现固原和西安的便捷联系。

3. 城际铁路

石嘴山—中卫沿黄城际铁路。近期建设吴忠—中宁城际铁路，借助银西高铁和包兰铁路，开通石嘴山到中卫沿黄城际列车，远期利用京—呼—银—兰客专石嘴山至中卫段，支撑沿黄城市带快速发展。

中宁—固原沿清水河城际铁路。新建宝中二线，在中宁与京—呼—银—兰客专连接，开通沿清水河城际列车，形成贯通南北的快速客运联系通道。向南还可与兰州—西安高铁连接，带动中南部地区的快速发展。

规划建设银川—宁东轨道交通线路，利用大古铁路改造和沿黄城际，实现银川、宁东、灵武和吴忠之间的轨道交通联系，建立大银川都市区"三角形"轨道交通骨架。坚持站城一体集聚开发理念，加强与银川城市轨道交通的衔接。

第二十七条　公路运输

1. 高速公路

全区高速公路规划形成"一环八射九联"的布局框架。"一环"：大银川都市区高速环线。都市区高速环线局部利用乌海—玛沁高速和古青高速，新建宁东至乌海—玛沁高速连接线，形成环线，促进都市区一体化，分离过境交通，缓解银川—宁东交通压力。"八射"：银川至乌海、鄂尔多斯、北京；银川至太原、青岛；银川至西安、贵阳；银川至西安、福州；银川至重庆、昆明；银川至兰州、拉萨；银川至兰州、青海玛沁；银川至乌力吉。"九联"：银川至石嘴山、盐池至鄂尔多斯、盐池至中卫、中卫至海原、寨科至海原、固原经西吉至会宁、固原经彭阳至甘肃庆阳、泾源至甘肃华亭、隆德至甘肃静宁。

对接国家高速公路网系统，面向天津港、黄骅港、青岛港、连云港等主要港口，打通京藏、荣乌、青银—黄石、青银、银百—青兰、银川至西安—连霍等高速公路，建设宁夏出海大通道。加强与西安、重庆、兰州、乌鲁木齐等丝绸之路经济带沿线主要城市联系，新建银百、银昆、乌海—玛沁和银川—乌力吉高速公路，加快京藏、青银等高速改扩建工程，构建多方向的开放通道。

2. 普通干线公路规划

普通国道。规划 12 条普通国道，技术标准基本达到二级及二级以上。

普通省道。规划由 4 条放射线、5 条纵线、13 条横线组成的普通省道网，补充高速公路网和国道网，技术标准基本达到三级及三级以上。

通过普通干线公路网建设，提高宁夏公路网覆盖密度和服务水平，强化公路对宁夏城镇建设和经济社会快速发展的支撑作用。

第二十八条　综合交通枢纽

充分利用不同地区铁路、公路、机场、水路、口岸的设施优势和既有条件，形成银川、中卫、石嘴山、宁东和固原五大功能互补、特征明显的枢纽。积极争取国家政策，形成航空、铁路、公路等多方式有机衔接、便捷转换的客运、货运枢纽节点。

第二十九条　城市交通

构建以路网布局合理、公共交通发达、交通方式多样、交通管理智能的城市综合交通运输体系。完善路网级配结构，适时开展银川城市地下交通研究，构建功能清晰、层次分明的路网系统。优先发展公共交通，营造良好的慢行交通环境，采用差别化的交通需求管理政策，引导绿色出行。不同交通方式之间、不同公共交通模式之间强调通过枢纽进行换乘接驳。合理引导货运交通组织，减少与客运交通的相互干扰。

第二节　水资源综合利用规划

第三十条　水资源利用目标和原则

按照"节水优先、空间均衡、系统治理、两手发力"的思路，落实最严格的水资源管理"三条红线"制度，以节水为基础，坚持开源和节流并重、内部挖潜和外延增水相结合的原则，统筹安排全区水资源，优化用水结构，平衡空间配置，提高水资源利用效率。

第三十一条　节水增效，优化用水结构

结合宁夏气候及土壤条件，科学论证，全面建成节水型社会。大力实施农业节水工程，积极推进工业节水和城市生活节水，开展水权置换，优化用水结构，有效支撑宁夏经济、社会、生态可持续发展。

以提高灌溉水利用效率和发展高效节水农业为核心，建设高效输配水工程，推广和普及田间喷滴灌等高效节水技术，全面提高农业节水水平。合理调整工业布局，严格市场准入，推广工业节水技术，提高企业用水循环利用水平。完善城乡供水设施，加快城乡供水管网改造，提高节水器具普及率。

第三十二条　多源共济，争取客水支持

协调推进南水北调西线工程前期工作，积极争取更多的客水支持。鼓励水资源梯级循环利用，加强水源涵养和雨洪利用，实现水资源的高效利用。

合理开发利用地表水、地下水，根据水资源供需状况，逐步提高再生水、雨洪水、苦咸水、矿井水等非常规水源的利用水平。加快推进大柳树水利枢纽工程建设，进一步争取黄河水供水量指标。

第三十三条 因地制宜，完善水资源配置格局

按照"北部节水增效、中部调水集蓄、南部涵养开源"的分区治水思路，多水源、多工程联合调度，实现黄河水、泾河水、当地水和非常规水的"多水"共用，形成"山川统一配置、城乡统筹兼顾、年际丰枯相济"的水资源配置格局。

北部引黄灌区，以节水为中心，加快实施青铜峡、沙坡头灌区续建配套等节水改造工程，科学统筹使用地表水、合理利用潜水、控制开采深层承压地下水，以农业节水增效支撑重点产业区发展。加大非常规水利用量，保障用水需求。

中部干旱带，以发展特色农业节水灌溉为抓手，全面实施大型泵站更新改造和高效节水改造工程，新建骨干调蓄水库，完善供水网络体系。

南部黄土丘陵区，以当地水资源开发利用和保护为中心，科学涵养六盘山水源，加快建设固原地区水源工程、防洪减灾工程、雨洪水集蓄利用工程和水土保持生态建设工程，规划引洮工程，构建库坝井窖池联用体系。

第三节 能源开发与利用规划

第三十四条 坚持节能优先，提升能源开发利用效率

以电力、冶金、化工、建材等行业为重点，大力推进设备改造升级等工作，加大工业节能力度。积极发展绿色建筑和绿色交通，加强农业和农村节能，提高可再生能源在城乡建设用能中的比例。大力推广使用各类节能设备，积极发展城市公共交通，鼓励新能源汽车使用。

第三十五条 推进煤炭清洁利用，加快煤电集约高效发展

以宁东能源化工基地为重点，按照规模化、大型化、一体化的发展模式，稳步推进煤炭高效清洁利用。应用超临界、超超临界压力和循环流化床等先进发电技术，建设大容量高参数燃煤机组，适时发展"绿色煤电"新型发电技术，实现清洁高效的能源转换。

第三十六条 优化能源结构，大力发展可再生能源

发挥宁夏风能、光能等优势，广泛开展新能源利用技术合作，积极开发利用新能源和清洁能源。加强智能电网关键技术和设备的应用，建设适合新能源系统接入的智能电网。

第四节 大型市政管廊通道规划

第三十七条 统筹布局大型市政廊道

沿主要高速公路、干线公路、铁路等通道预留市政管廊通道用地，控制宽度为100米到300米，统筹布置高压电力线路、油气长输管线、工业长输管线等重大基础设施廊道，形成市政管廊通道网络。在为市政基础设施发展提供空间条件的同时，集约高效利用土地资源，减少对城镇用地布局的影响和分割，形成布局合理、结构优化、衔接流畅、安全可靠的基础设施生产运输和供应服务体系。

第五节 信息基础设施规划

第三十八条 构建新一代信息基础设施

加快信息网络统筹规划和建设改造，优化网络结构，提高网络性能，促进网络资源共享。实施"宽带宁夏"工程，全面建设4G宽带网络，实现公共区域无线局域网全覆盖。推进宁夏沿黄城市带无线智能城市群工程建设，拓展信息网络向中、南部地区延伸，满足全区信息化发展需要。以信息化带动市政基础设施服务现代化，推动智慧水资源、智能电网等设施建设，全面提高水资源、能源的实时监测、运行监管、智能调配和综合服务管理能力。

第三十九条 全面推进"智慧宁夏"建设

促进信息化在社会生产、生活各领域的全面应用，建设促进发展方式转变、打造"两优"环境、改善服务民生的政务云、商务云、社保云、教育云、民政云、卫生云、旅游云和家居云等云应用项目，推广智慧产业、智慧政府、智慧民生三大领域的信息化，全面推进"智慧宁夏"建设。

第六节 生态建设与环境保护规划

第四十条 生态保护目标

坚持"在保护中发展，在发展中保护"的方针，划定保障区域和城乡可持续发展的基本生态空间。到2030年，稳步实现生态空间网络化、生产空间集约化、生活空间宜居化，重点区域环境质量持续改善。

第四十一条 划定生态保护空间

依据自然山水条件和建设现状，将全区划分为禁止建设区、限制建设区、适宜建设区。

禁止建设区包括全区自然保护区核心区和缓冲区、风景名胜区、国家地质公园及地质遗迹保护区、森林公园、国家湿地公园、一级饮用水源保护区、重点生态公益林等。禁止建设区面积控制在1.16万平方千米以上。该类地区应加强生态环境保护,有计划地进行生态修复和培育,禁止一切与保护无关的开发建设活动。

限制建设区包括全区自然保护区实验区、生态走廊、滞洪区、地震断裂带、坡度大于15度以及海拔超过2000米的山地林地、水库等重要生态功能区,基本农田保护区及耕地,能源、交通、水利等基础设施的控制廊道。限制建设区面积控制在3.6万平方千米左右。该类地区应控制各类建设活动,城镇、农村居民点严格按照规划适度开发建设。

适宜建设区是沿"两轴两带"城市发展方向的重点建设地区,包括大银川都市区、各副中心城市、县城、建制镇(乡)以及独立的产业园区等规划建设用地。该类地区是城市优先发展的地区,应按照规划要求进行开发建设。

第四十二条 构筑"六廊十区"生态格局

遵循生态自然格局,构建黄河、清水河、贺兰山—沙坡头、平罗—盐池防沙治沙、南华山—哈巴湖、香山—六盘山水土涵养六条生态走廊;建设贺兰山、罗山、沙坡头、香山、南华山、火石寨、云雾山、六盘山、白芨滩、哈巴湖十个重要生态保护区,成为宁夏"生态立区"的战略基点。通过廊区建设,连通黄土高原—川滇生态屏障,对接北方防沙带,形成中国西部地区生态安全屏障,支撑国家"两屏三带一区多点"生态安全战略格局。

第四十三条 以生态经济促生态建设

构筑宁夏国家公园体系。以生态环境、自然资源保护和适度开发为基础,逐步恢复林草、湿地等生态系统,稳步提高自然保护区、风景名胜区、国家森林公园、国家地质公园、国家湿地公园的规模与质量,保护生物多样性,促进生态资源的有效保护与合理利用。

建设黄河金岸生态长廊。科学划定黄河生态保护区,明确管制要求,依托湿地,规划建设滨河公园、城市郊野公园等,建设黄河景观生态工程,构筑黄河金岸文化、景观、生态长廊。

实施十大生态工程。积极吸引社会力量参与生态工程建设,不断完善生态经济体系。重点支持荒漠化治理、中部干旱带封育、退耕还林还草、大六盘生态长廊、宁夏平原精新农品、道地中药材基地建设、小流域综合治理、重要湿地保护以及生态廊道保护与修复、自然保护区生物多样性保护等工程。

第四十四条 环境保护目标

以生态文明建设为主线,着力加强重点地区和农村环境污染防治,改善生态、水、大气、土壤环境质量,提升固体废物综合利用水平,落实国家下达的节能减排目标任务,着力解决影响群众健康和可持续发展的突出环境问题,改善生产生活环境质量。

第四十五条 综合治理环境污染

重点地区和农村地区污染治理。坚持"点上开发,面上保护"。以开发区、采矿区等主要开发地区为重点,严格节能环保准入,提高"三废"综合利用水平,改善生态环境状况。以农村饮用水安全、生活垃圾收集系统、农业面源污染、畜禽养殖污染和土壤污染为重点,加快环境基础设施建设,有效改善农村环境质量。

水和大气环境污染治理。严禁在河道干流和主要支流控制线内开发工业项目,提升城镇污水处理能力和水平,加大COD、氨氮等主要污染物控制力度,确保黄河流域水环境质量持续改善。加强电力、钢铁等高耗能行业的脱硫、脱硝和废气治理,加强燃煤供热污染治理,控制机动车尾气污染,逐步改善环境空气质量。

固体废物污染防治与循环利用。按照"减量化、资源化、无害化"原则,建立工业固体废物综合利用和安全处置体系,实现综合利用和处置管理法制化、规范化、制度化。全面控制固体废物污染,强化危险废物全过程监管和安全处置。完善工业固体废物、污泥、生活垃圾等处理处置工程。

第七节 综合防灾减灾规划

第四十六条 综合防灾减灾目标

按照"五大灾险四条链、五大分区两条线、六大系统六阶段",健全完善地震地质、洪涝、气象、消防、工业风险及其他灾害的预警、监测和应急保障系统,基本建成与全区空间格局相适应的多层次、全方位、高标准的综合防灾减灾体系。

第四十七条 地震地质灾害

落实新一代地震区划图和地震安全性评价结果,建设项目严格按照抗震设防要求和工程性建设标准进行规划设计。加大对农村基础设施、公共设施和农民自建房抗震设防监管。严格按照国家抗震设防标准,对学校、医院等人员密集场所建构筑物进行加固改造。重视组织开展震害防御基础性工作,提高抗震减灾能力。

健全地质灾害气象预警预报机制，加强崩塌、滑坡、泥石流、地面塌陷等突发性地质灾害的动态监测、预警预报和趋势预测，完善灾害防治方案、应急预案，加快防灾设施和生态防御的工程建设。

第四十八条　洪涝灾害

建成黄河宁夏段综合防洪体系，突出抓好病险水库除险加固、蓄滞洪区建设和城市防洪防凌，重点河段达到百年一遇防洪标准。建成贺兰山东麓山洪防治以及重点城镇防洪体系，大银川都市区防洪标准达到二百年一遇，中卫、石嘴山城市段达到百年一遇。加快实施中小河流治理、山洪地质灾害防治等工程建设和非工程生态修复，清水河、苦水河等行洪通道控制在二十年至五十年一遇。

加强极端天气下雨洪调蓄和应急管理能力，加紧雨污分流管网改造与建设，完善城市排水防涝工程体系。到2030年，大银川都市区及石嘴山城区排水防涝标准不低于五十年一遇的暴雨，中卫、固原城区不低于三十年一遇的暴雨。其他县市城区能有效应对不低于二十年一遇的暴雨。

第四十九条　气象灾害

提高干旱、暴雨、大风沙尘、雷电、冰雹、霜冻等气象灾害的实时监测预警能力。提升因气象灾害引发的山体滑坡、泥石流、有毒气体、环境污染等次生、衍生气象灾害的防治水平。加快实施贺兰山东麓、六盘山地质灾害区暴雨监测预警工程。建立气候容量分析评价制度，健全气象灾害风险管理体系。

第五十条　工业风险

加强采矿、化工、冶金、能源、造纸及制药等生产企业的火灾、爆炸、泄漏以及相关次生灾害区域联防联控，优化选址，强制隔离，加快改造既有敏感点，严格限制新建、扩建敏感区域。按照产业布局，规划完善宁东、石嘴山等重点工业区域的消防体系，提高灾险防控能力。

第五十一条　其他灾害

坚持"预防为主、防消结合"，加强社会防灾宣传力度，科学布局消防设施，保证消防用水、通道畅通，提高对高层建筑的消防保障能力。防范贺兰山、六盘山等林区森林火灾和中部干旱带草原火灾。强化采空塌陷、地质灾害等次生灾害多发区的生态恢复和综合治理。

第八节　地下空间规划

第五十二条　地下空间规划目标

按照"远近结合、上下结合、点线结合、平战结合、分层开发"的原则,以大型公共建筑密集区、商业设施密集区、城市公共交通枢纽设施、轨道交通换乘站的地下空间开发为重点,形成分层立体的地下空间利用结构体系,提高土地使用效率。

第五十三条　地下空间规划

1. 地下市政基础设施

区域性管廊设施。结合地上大型市政管廊通道建设,控制区域性管廊设施建设用地地下空间,集约高效的利用土地资源,减少对城镇用地的影响和分割。

城市地下综合管廊。以银川、吴忠、石嘴山、固原和中卫城区为重点,在道路和轨道交通沿线,统筹安排地下城市基础设施。结合轨道交通和道路改建,在地下管网密集路段建设共同沟。

2. 地下交通设施

在重要交通节点鼓励设置地下综合交通换乘枢纽。结合人防工程、各类建筑和广场绿地的地下空间建设地下停车场。有条件的城市和地区建设地铁及地下道路。

3. 地下公共设施

在大型商务商业和公共服务中心、重要交通换乘枢纽、地下人行交通密集地区,充分利用建筑物地下空间,促进其互联互通,建设地下街和地下多功能公共活动综合体。

4. 地下工业仓储设施

结合人防工程,建设地下工业仓储设施。

第九节　公共服务体系布局规划

第五十四条　公共服务体系规划目标

按照宁夏发展定位和空间格局,以大银川都市区和三个副中心城市为核心,建设完善区域级和自治区级大型公共服务设施,以县城为中心集中构建基本生活圈,以小城镇为载体建设农村公共服务中心,构建"自治区—市—县—镇—村"五级公共服务设施体系,形成"多中心、组团式、网络化"的公共服务设施空间格局。注重生态移民区社会治理和公共服务设施建设，在提高公共设施辐射服务能力的同时，达到基本公共服务公益性、基本性、均等性、便利性的要求。

第五十五条　文化体育

提升现有大型文化设施服务水平，扩大公共文化产品和服务的供给能力，促进文化设施建设向基层特别是农村和中南部地区倾斜。

完善体育设施配置，大银川都市区建成具备承办国际性专项和全国性大型综合运动会能力的体育设施；提升副中心城市的体育场馆设施水平，大力挖掘地方特色，积极承办国内外特色赛事。完善群众文体娱乐设施，逐步开放学校体育场馆，满足群众文体活动需求。

第五十六条　教育

坚持教育优先发展，建设教育强区。高等教育统筹发展，大银川都市区建设高等教育中心，其他副中心城市形成"一本一专"或"一本多专"的高校格局。大力发展中等职业教育，建设西部职业教育高地。县城全面普及高中阶段教育，小城镇根据人口分布、设施服务半径等合理设置中小学；农村新社区加快寄宿制学校建设，解决边远地区、交通不便地区学生上学远问题，逐步实现义务教育均衡化发展。强化城镇学前教育设施建设，合理布局，满足适龄幼儿就近入园需求，加快形成以镇中心幼儿园为示范，独立幼儿园为主体，附设幼儿班为补充的农村学前教育格局。

实施重大人才工程，创新国内外人才引进机制，大力培养和引进高层次科技人才、高水平创作团队、高素质管理人才、高技能实用人才，加强阿拉伯语人才教育培养，建设银川人才特区，为经济社会高水平发展提供人才保障。

第五十七条　医疗卫生

加快建立健全公共卫生服务体系、城乡医疗服务体系、药品供应和安全保障体系，提高基本医疗卫生服务的公平性、可及性和质量水平。提升大银川都市区医疗服务设施水平，辐射服务全区及周边城市；保证副中心城市有至少一家三级医院，县城有至少一家二级医院，镇卫生院和村卫生室逐步转型为农村社区卫生服务中心（站），实行一体化管理。

第五十八条　社会保障

完善覆盖城乡居民的社会保障体系，健全城乡居民最低生活保障制度，完善城镇基本养老保险制度，加快建立农村新型养老保险制度。逐步完善老年人、孤儿、残疾人的福利机构基础设施。

实施更加积极的就业政策，大力拓宽就业渠道，促进就业增收，实施积极的住房保障措施，稳步推进进城务工人员均等享有城市社会保障。

第七章 战略实施

第五十九条 明确战略规划的法定地位

空间发展战略规划是自治区发展的基础性、宏观性、战略性规划。各级人民政府和有关部门要严格遵守空间发展战略规划，积极参与跨区域协调规划，保证空间发展战略规划的连续性、严肃性。规划的编制、实施、修改和监督管理要遵照《宁夏回族自治区空间发展战略规划条例》规定的程序进行，未经法定程序，任何单位和个人不得擅自改变空间发展战略规划确定的空间布局。自治区人民政府应当建立考核评价制度，对设区的市、县（市）人民政府和自治区政府有关部门实施空间发展战略规划情况进行考核评价。

第六十条 创新规划管理体制机制

加强组织领导，成立专门机构，统一负责全区规划编制、审批和实施管理工作，做到"规划、建设、管理"三同步。探索推行规划管理"条块结合"的双重领导体制，建立完善开发区、乡镇一级规划管理派出机构，明确各级规划行政主管部门管理权限。建立战略规划实施评估机制，定期进行总结和评估。建立项目审查规划辅助决策系统，对各城市建设用地实施统一的规划管理，破除碎片化、同质化的空间发展模式。

第六十一条 加快编制战略规划的配套规划

依据空间发展战略规划，对现行规划编制体系和既有规划进行评估，建立健全规划编制体系，明确各层次规划编制内容，制定配套规划编制年度计划和项目库，有序推进配套规划编制。

发挥战略规划的总体统筹作用，推进经济社会发展规划、城乡规划、土地利用总体规划等各类规划相互协调、相互衔接，多规融合。

第六十二条 加快制定区域协调发展政策

建立实施空间发展战略规划的协调制度，推进基础设施、公共服务设施共建共享，加强产业、交通、能源、水资源、信息资源、公共服务资源和生态保护、环境联防联治等方面的跨区域协调合作，促进生产要素自由流动和优化配置，加快区域一体化发展。

加强水、土地、矿产和森林、湿地等生态环境资源的统筹保护和综合利用，严格执行建设项目水土保护方案制度，减少地貌植被破坏和可能造成的水土流失，加强对战略性空间资源的保护控制和预留。

构建科学合理的利益调整补偿机制，完善财政转移支付政策，建立健全生态补偿政策，在水资源调配、生态环境建设、财政转移支付等方面研究制定区域平衡政策，加强对中南部地区的政策倾斜，对禁止开发区、限制开发区及对区域发展产生重要影响的项目给予资金和政策支持。建立以"两型"社会建设为主题的产业投资基金，制定鼓励研究开发、技术转让的政策，扶持和促进各类企业创新发展。建立完善利益共享机制，统筹全区招商引资工作，按照产业布局引导项目落地。探索创新农村产权制度、土地制度、户籍制度，推进新农村建设。

第八章　附则

本规划自批准之日起生效。

附录 3

关于融入"一带一路"加快开放宁夏建设的意见

(2015年7月,中国共产党宁夏回族自治区第十一届委员会第六次全体会议通过)

为深入贯彻落实党的十八大和十八届二中、三中、四中全会及自治区党委十一届三次、四次、五次全会精神,主动融入"一带一路",加快实施开放带动战略,努力构建内陆开放型经济新体制,全面推进开放、富裕、和谐、美丽宁夏建设,提出如下意见。

一、总体要求和目标任务

1. 总体要求

对外开放是我国的基本国策,扩大开放是加快发展、强区富民的战略选择。必须以更加开放的理念和胸襟,加快开放步伐,提升开放水平,以开放促改革、促发展、促创新,才能为宁夏与全国同步建成小康社会奠定坚实基础。加快开放宁夏建设,要全面贯彻党的十八大和十八届二中、三中、四中全会精神,以邓小平理论、"三个代表"重要思想、科学发展观为指导,深入贯彻习近平总书记系列重要讲话精神,主动融入"一带一路"建设,以打造"丝绸之路经济带"战略支点为主攻方向,坚持扩大开放与深化改革相结合、"引进来"与"走出去"相结合、全面开放与重点突破相结合,用好内陆开放型经济试验区和中阿博览会两个"金字品牌",进一步解放思想、创新机制、搭建平台、优化环境,着力提升对外开放水平,推动开放宁夏建设取得新突破。

2. 目标任务

全面落实宁夏内陆开放型经济试验区规划,先行先试国家深化改革重大举措、先行先试扩大开放试点政策、先行先试国际通行规则标准、先行先试促进内陆开放体制机制、先行先试"一带一路"重大项目合作方式,着力提升开放型经济产业支撑能力,着力提升基础设施互联互通能力,着力提升开放平台辐射带动能力,着力提升市场主体国际竞争能力,着力提升人文经贸互融互动能力。到 2017 年，全区进出口总额、实际利用外资、引进区外实际到位资金、对外经济合作营业额比 2013 年翻一番，到 2020 年再翻一番，开放型经济主要指标增速明显高于全国和西部平均水平，把宁夏回族自治区打造成辐射西部、面向全国、融入全球的中阿合作先行区、内陆开放示范区、"丝绸之路经济带"战略支点。

二、加快培育开放经济

3. 实施"双十"产业培育工程

发挥现有产业和资源禀赋优势，充分利用国内国外"两个市场"和"两种资源"，着力打造新型煤化工、先进装备制造、清真食品和穆斯林用品、新能源、新材料、石油化工、现代纺织、生物医药、葡萄、枸杞等优势产业，延长产业链条，壮大产业规模，形成产业集群，提升国内外市场竞争力；适应现代服务业发展趋势，挖掘潜力，补齐"短板"，创新业态，大力培育现代物流、现代金融、信息产业、电子商务、服务外包、文化旅游、会展经济、医疗保健、通用航空、检验检测认证等服务业，带动对外产业合作，拓宽交流合作领域，扩大服务贸易规模，提升服务产业比重，以服务带动发展。通过择优培育，重点突破，推动开放型经济转型升级，到 2020 年，基本形成结构优化、特色鲜明、竞争优势明显的现代经济发展格局。自治区对开放宁夏建设做出突出贡献的外向型企业给予表彰和重点支持。

4. 创新产业引导方式

建立稳定的财政资金保障机制，设立自治区政府对外开放产业引导基金，利用市场化机制吸引社会资本参与，重点投向外向型产业的市场开拓、技术引进、产品研发、服务体系建设和支持企业"走出去"。自治区政府设立的工业、农业、服务业、科技、文化、旅游等产业引导基金，用于支持本领域开放型经济发展的比重不低于 30%。各市、县（区）人民政府建立本级开放型经济发展资金财政投入机制，与自治区政府对外开放产业引导基金配套使用，实现的收益及退出资金，原则上要继续用于补充该基金，实现滚动发展。积极争取国家丝路基金支持，力争在宁夏回族自治区设立中阿合作基金，用于基础设施、资源勘察开发、产业合作等重大项目建设。

5. 打造产业园区升级版

坚持产业园区绿色、低碳、循环发展，按照《宁夏空间发展战略规划》，强化园区整合、特色培育、产业配套和防止同质化竞争的理念，加快国家级和自治区级高新区、开发区转型升级，创建国家级外贸转型示范基地和科技兴贸出口创新基地。市、县要科学定位、分类管理、改造提升工业园区、物流园区、慈善园区的承载功能，大力发展开放型经济。实施开放强园工程，培育千亿级、百亿级、十亿级产业园区，打造一批开放型经济重点园区，发挥好开放引领示范作用。加快建设内陆开放型经济核心区；推进宁东国家能源化工基地、银川滨河新区、银川综合保税区、银川空港物流园区、纺织产业园区等深度融合发展，争取成立国家级新区；积极申建中阿自由贸易区，打造西部对外开放新高地。加快中国（吴忠）清真产业园建设，创建国家级清真食品安全综合服务示范区，推动清真食品和穆斯林用品产业规模化、集群化、国际化发展。支持冷凉蔬菜、脱水蔬菜、道地中药材等农业特色产业发展，积极扩大出口规模。加快与兰州铁路局共建现代铁路物流园。创新产业园区管理体制机制，探索委托战略投资者和跨国公司成片开发等多元化开发机制，通过直管、托管、代管和共建等模式，开发建设产业园区。扩大对内对外开放，推进与中东地区及东亚、东南亚、欧美、中亚、西亚、北非等丝路沿线国家合作，加强与京津冀、长江经济带、珠三角、港澳台合作，深化与福建、浙江、上海、山东等合作，密切能源金三角、陕甘宁革命老区、六盘山集中连片特困地区、呼包银榆毗邻城市等合作，谋划建设在空间布局、产业特色及生活配套设施等方面符合投资者意愿的中阿产业园等国别和区域合作园区，承接国内外产业转移。鼓励园区实行企业化经营管理，开发工业地产。开放型经济比重达到50%以上的园区可享受自治区给予综合保税区相关优惠政策。

三、加快建设开放通道

6. 建设陆上丝绸之路

以打通交通基础设施关键通道和关键节点为重点，实施铁路提速联通工程、高速公路贯通工程和机场枢纽畅通工程。加快建设向西开放四条通道，西北通道以推动建设乌银高速、京呼银兰客运专线、银川（中卫）至乌力吉铁路为重点，经包兰铁路和京藏高速向北至内蒙古临河，对接新亚欧大陆桥通道北线和中蒙俄通道西线，再经新疆和内蒙古口岸出境；西向通道以推动建设中卫至武威客运专线为重点，沿干武铁路和定武高速至甘肃武威，对接新亚欧大陆桥通道中线；西南通道以加快建设中卫至兰州客专及乌玛高速、青兰高速为重点，经包兰铁路和京藏高速至甘肃兰州，再经西宁、格尔木、喀什，对接中国—中亚—西亚及中巴通道；南向通道以加快建设宝中铁路增建二线及银昆高速为重点，经宝中铁路和福银高速至陕西宝鸡，连通成渝地区后经云南、广西的沿边口岸，通往南亚、东南亚。加快建设陆海联运三条通道，东北通道以推动建设东乌铁路惠农联络线为重点，通过包兰铁路和京藏高速连接华北地区及京津冀沿海港口；东向通道以推动建设太中银铁路银川（中卫）至定边增建二线为重点，经太中银铁路及青银高速、定武高速，连接山东沿海港口。

东南通道以建设银川至西安、西安至百色高速和推动银川至郑州客运专线建设为重点，经西安连接华东、华南地区及东南沿海港口。加快建设区内交通网络，推进既有铁路、高速公路繁忙路段的扩能改造，打通从固原等地出省的断头公路，加快建设吴忠至中卫、银川至宁东、银川至固原等城际铁路和固原至西吉、中卫至海原等地方高速公路，构建高效、便捷、通畅、低物流成本的交通运输网络。争取开通宁夏至中亚、西亚、欧洲的国际货运班列，推动设立铁路口岸，加强与长安号、渝新欧、郑新欧和蓉欧快铁等国际货运班列的协作。通过争取中央补助资金、发行债券、PPP等融资模式，筹措交通基础设施建设资金。投资宁夏交通基础设施建设的企业，可享有项目沿线地产开发、经营服务项目的优先权。

7. 搭建空中丝绸之路

加快银川河东国际机场三期和综合交通枢纽建设，建立银川与国内主要城市的空中快线，支持国内航线覆盖全国省会城市、经济发达城市及重要旅游客源地城市，增加直达航线、加密航班，优化国内航线网络布局。开通直达迪拜、新加坡和马来西亚等航线，逐步扩展直通海湾六国航线，推动银川至哈萨克斯坦货运包机常态化，逐步开通面向欧洲和中东国家的货运包机。支持国内外大型航空公司、快递物流企业来宁设立分公司或运营基地，加快建设宁夏国际航空物流园，大力发展通航产业等临空经济。启动银川河东国际机场四期总规修编，促进银川空港、临空经济区与综合保税区融合发展，实现空地联运无缝对接。把银川河东国际机场打造成面向阿拉伯国家和主要穆斯林地区的门户机场、区域航空枢纽和货运集散中心。支持固原六盘山机场、中卫沙坡头机场提升改造，加快石嘴山沙湖机场前期准备工作，组建宁夏地方航空公司，逐步理顺银川河东国际机场管理体制。成立宁夏航空产业投资公司，设立航空产业发展基金，支持新开通国际航班。用好第五航权资源，探索购买或参股阿拉伯国家大型国际航空公司股权。推动境外旅客购物离境退税和国际中转旅客72小时过境免签政策落地。

8. 打造网上丝绸之路

制定"互联网+"行动计划，加强与国内外大型互联网企业战略合作，加快中卫西部云基地、银川大数据基地建设，推动建设国际电信出口局，打造国际网络通道和区域信息汇集中心。建设跨境电子商务中心，对接国家"信息丝路"计划，打造中阿网上丝绸之路，形成相互承认的电子认证和云服务体系。鼓励和引导区内外电商和云计算企业在宁夏开展面向丝路沿线国家的跨境电子商务、云服务等业务，带动货物贸易、服务贸易快速发展。建设网上交易结算中心,加快申请本地第三方支付牌照,争取外汇支付业务资格,推动跨境电子商务外汇支付业务试点,支持跨境电商在丝路沿线国家建设海外仓和物流分拨基地。建设中阿国际航空邮包和快件分拨转运中心,建成邮件快递集散枢纽。对跨境电子商务经营主体实行备案登记管理,简化报关、检验检疫、结算和退税等相关手续。鼓励和支持企业利用跨境电商平台开展跨境电商零售进出口业务。对企业在商务部推荐的知名电商平台开展电商业务的,由自治区财政给予年费补助。

四、加快构筑开放平台

9. 提升中阿博览会国际影响力

创新中阿博览会办会机制,探索政府引导、企业为主、民间互动、市场运作的办会方式,完善会议秘书处、主宾国、主题省办会制度,发挥中阿博览会顾问委员会作用,积极承接中阿合作论坛项下的会议和活动。提升中阿博览会永久性会址功能,推动阿拉伯国家在宁夏设立领事机构和商务代表处。以中阿博览会为龙头,带动会展经济发展,引导各地市在中阿合作中突出特色优势,明确功能定位,优化产业布局,提高对外经贸文化交流合作的专业化、市场化、国际化水平。积极与丝路沿线国家缔结友好城市,推动创办沿线国家节点城市市长圆桌会议,提升中国回商大会的国际影响力。深化能源化工、信息产业、现代农业、清真食品和穆斯林用品、装备制造、工程承包领域的交流合作,打造中阿博览会核心板块,推动中阿商品贸易、服务贸易、金融投资、技术合作、文化旅游向纵深发展。加快建设中阿产业园、中阿文化园、中阿商贸园、中阿科技园、中阿信息港等,把中阿博览会办成中阿高层对话、政策沟通、经贸合作、人文交流的战略平台。

10. 提升银川综合保税区开放引领作用

完善银川综合保税区管理体制,扩展综合保税区功能,重点发展保税加工、保税物流、保税服务,鼓励开展研发、配送、采购、结算、融资租赁、境内外维修、跨境电商、转口贸易等业务,培育葡萄酒、现代纺织、清真食品和穆斯林用品、黄金珠宝、生物医药、保税物流等一批产业特色突出、出口规模较大、外向度较高的骨干企业。加快建设进境肉类指定口岸和进境水果/种苗口岸,提高进口牛羊肉保税加工和物流分拨能力,尽快建成国内最大的进口清真牛羊肉加工基地。完善海关、检验检疫监管场所配套设施,统筹规划建设综合保税区配套产业区。根据需要逐步在自治区内增设保税监管区域和场所,增强综合保税区辐射功能。

11. 提升口岸通关服务能力

在银川综合保税区、惠农陆路口岸、中宁陆路口岸等有条件的口岸率先建立宁夏电子口岸平台，实行海关申报、检验检疫、征税退税、外汇结算、物流管理等业务"一站式"办理。实施通关一体化改革，推动口岸管理相关部门各作业系统横向互联，实现口岸管理相关部门信息互换、监管互认、执法互助。加快海关特殊监管区域和场所整合优化，推动申请药品、水产品、粮食和整车进口等指定口岸，丰富银川综合保税区进出口商品类型，争取在固原六盘山机场、中卫沙坡头机场设立航空口岸。鼓励社会资本参与口岸基础设施、仓储物流、信息服务等项目投资和经营。引进航运公司、沿海港口、出口货物代理公司和物流公司与口岸开展协作，提高口岸通行效率，降低通关和航运成本。对在区内各口岸作业的集装箱运输车辆免除自治区内过路过桥费。

五、加快"引进来""走出去"

12. 加大招商引资力度

实施引进央企入宁、民企入宁、外企入宁行动计划，开展建链、补链、延链、强链集群式招商。对新落户区内的外向型科技企业，拥有自主知识产权、创新能力强、成长性好、符合自治区产业技术发展方向的，经认定后由自治区政府给予研发支持。对在宁投资新办且从事国家不限制或鼓励发展的产业，企业自用土地的城镇土地使用税和自用房产的房产税实行"三免三减半"优惠；符合西部大开发税收优惠政策的企业，除减按15%税率征收企业所得税外，从其取得第一笔生产经营收入所属纳税年度起，第1~3年免征企业所得税地方分享部分，第4~6年减半征收企业所得税地方分享部分。对自治区开放型经济重点项目建设用地指标，由自治区"点供"保障，使用自治区级年度计划指标，因季节原因有工期要求急需开工的控制性单体工程项目，按有关规定给予办理先行用地。土地审批时不再将地质灾害危险性评估作为前置条件。对进入产业园区项目的灾评、环评、安评、震评等共性评估，由园区统一组织实施，费用由园区所在地政府承担，不再对单个项目审核审批。在产业园区内，符合规划、不改变用途的原有低效工业用地改造提高容积率的，不再增收土地出让价款。国内外大型企业在宁夏设立总部，按照实际到位注册资本金情况适当给予开办费补助。鼓励企业按照国家有关政策建设热电机组，在发电计划等方面予以倾斜，优先支持符合产业政策和节能减排要求的企业参与电力直接交易，降低用电成本。推进电力体制改革，探索工业园区微电网自供模式，鼓励民营资本参与售电侧经营。加强和规范自备电厂监管，企业自备电厂不以企业总需电量收取电费，备用费标准按照合理补偿的原则确定。在全区城乡实行各类用电同网同价，执行同一电价标准、同一电价制度。

13. 加大企业"走出去"力度

发挥企业主体作用，创新对外投资合作方式，鼓励宁夏回族自治区优势企业和产业园区通过企业自建、园区合建等方式,在哈萨克斯坦、沙特阿拉伯、巴基斯坦、毛里塔尼亚、约旦、阿曼、阿联酋等丝路沿线国家建设境外产业园区和经贸合作区,带动宁夏回族自治区发电与输变电、水利工程建设、冶金化工、建筑建材、装备制造、农副产品加工、现代农业、防沙治沙等优势产业和先进技术"走出去"。支持区内国有大中型企业和有实力的民营企业率先"走出去",与央企合作"走出去",带动各类中小企业联合"走出去",在全球范围内配置资源、开拓市场、拓展企业发展新空间。对企业在境外开展绿地投资、资源开发、跨境并购、营销网络等项目,按中方当年投资额给予补助,支持企业在境外新设宁夏名优产品、特色农产品销售窗口。对并购国外高新技术企业,以控股方式获取国外先进技术并将先进设备运回国内的企业,依据国家税收优惠政策减免进口设备关税。完善"走出去"服务体系,建立对外合作投资信息服务平台,为企业提供国外市场、项目、投资环境等信息咨询,对自治区确定的重点"走出去"项目前期商务咨询、资产评估、信用评级、法律服务等,采用政府购买服务方式给予支持。设立宁夏外经贸企业担保公司,引进中国进出口银行和中国出口信用保险公司来宁夏设立省级分支机构,为企业提供项目融资、并购贷款、内保外贷、出口信用保险等融资服务,鼓励并支持区内担保公司开展对进出口企业融资担保业务。鼓励并支持在宁夏注册的企业,在出口产品、境外投资、对外经济技术合作、工程承包和劳务输出等方面投保出口信用保险和人身意外伤害保险。

六、加快推进人文交流

14. **深化科技和人才交流合作**

大力培育国家重点(工程)实验室、工程(技术)研究中心、企业技术中心等各类科技创新平台,建设产业化示范基地、科技转化服务示范基地和科技创新改革试验区。积极争取国家有关部委支持,成立中国—阿拉伯国家科技合作与技术转移促进会,加快建设中国—阿拉伯国家技术转移中心和分中心,实施中阿科技伙伴计划,加快建设宁夏国际科教城。搭建国内科研机构、大专院校、企业与丝路沿线及阿拉伯国家开展科技合作、成果展示、技术转移、技术贸易、科技培训、人才交流的国家级平台,共建共享中阿研究院、重点研究实验室、工程(技术)研究中心、信息交流平台、科技示范园区等。对设立国家重点(工程)实验室、国家工程(技术)研究中心的企业,建立政府补助长效机制。坚持海外引才和国内引才并重,加大招才引智力度,健全科技、管理、贸易、法律、经纪等各类人才引进机制,为各类人才提供"一站式"服务。完善外国人永久居留制度。落实自治区出台的促进人才发展有关政策,探索建立"柔性引进,刚性干事"的人才引进办法,加快引进一批熟悉外经外贸、精通国际规则、适应国际市场竞争的开放型人才，努力打造西部人才高地。根据产业升级需要，通过项目引进和培育科技创新团队。积极探索职业资格国际、地区间互认。实施"外语+"复合型人才回乡创业"千百十"行动计划，比照小额担保贷款政策，自治区财政每年安排1000万元创业基金，通过贷款贴息支持100名"外语+"复合型人才回乡创业，形成10个以上业绩突出、带动力强的外向型创新企业。实施"大众创业、万众创新"带头人行动，深化科技特派员、农村科技创新创业工作，支持事业单位、科技人员开展创新创业活动，对创办的科技合作实体，凡被认定为高新技术企业的，除减按15%税率征收所得税外，对所得税地方分享部分给予"三免三减半"优惠。被认定为自治区科技型中小企业，自治区科技计划给予重点支持。加快构建以众创空间为载体，适应大众创新创业需求和特点的新型创业服务平台，鼓励各类创新主体兴办线上与线下、孵化与投资相结合的新型孵化机构。对高校、科研院所等事业单位专业技术人员，自主离岗创业的，经原单位批准，可在3年内保留人事关系，与原单位其他在岗人员同等享有参加职称评定、岗位等级晋升和社会保险等方面的权利，在改革期间，对工作年限满30年，距国家规定退休年龄不足5年且工作年限满20年的，按国家和自治区有关规定，经本人提出申请，单位同意后，可以办理提前退休进行创业。

15. **深化教育和卫生交流合作**

实施高等院校"国际化提升工程"，支持高等院校与国外大学开展科学技术交流合作研究、学术交流、合作办学和人才联合培养，扩大高校互派留学生的规模，加强与阿拉伯国家和世界穆斯林地区高校的合作，办好中阿大学校长论坛，建设中阿国际学院、中阿科技大学、宁夏大学亚马逊云计算学院等，办好宁夏大学、北方民族大学阿语学院，打造对外科教交流新基地。支持职业教育发展，完善职业教育园区功能，大力培养实用人才，加快服务贸易人才、高技能人才培养基地建设。加大阿语人才培养力度，开展阿语水平等级和对阿专业技能人才职业技能鉴定，打造国内一流的阿语复合型国际化人才培养基地。支持共青团、妇联、工会等群团组织扩大对外交流。加强大学生创新思维和开放式教育，组织区内中小学与国外学校开展双向夏令营活动。设立教育交流合作经费，纳入自治区高等教育专项统筹。力争把宁夏打造成人才培养优质资源集聚区和中阿人文交流合作示范区。加强中阿经贸合作战略研究，整合各类研究机构资源，开展与阿智库合作，打造国内外有重要影响力的对阿研究高端智库。建立中阿医疗健康合作发展联盟，鼓励中外医疗机构之间开展医学教育、人才交流、技术合作、远程医疗。引进国内外大型医疗机构和投资者来宁兴办医疗保健机构，支持自治区级医院和保健机构率先开展医疗卫生、健康养生、回医回药等领域的对外交流合作，加快宁夏国际医疗城建设。鼓励国内外医疗卫生、健康养生、养老服务等执业人员来宁开展相关业务。与"一带一路"沿线国家和阿盟国家加强医疗合作，力争把宁夏回族自治区打造成主要面向阿拉伯国家的国际健康养生港湾。

16. 深化文化和旅游交流合作

发挥宁夏回族自治区人文资源优势，积极参与"一带一路"国际文化交流合作，鼓励民间友好往来，推动中国文化和宁夏地域特色文化"走出去"。参与承接中阿友好年、文化年等系列活动，举办中阿文化艺术展示周，利用国际平台传递宁夏声音。实施"丝绸之路影视桥工程"和"丝路书香工程"，加强与丝路沿线国家和阿拉伯国家的广播电影电视、新闻通讯、报纸杂志、图书出版、互联网、电子竞技、体育赛事等领域合作，促进传统媒体与新媒体融合发展，支持文化产品"走出去"，深化沿线国家和阿拉伯国家与宁夏的相互了解和信任，促进双边、多边服务贸易发展。办好中阿旅行商大会，深化与重点境外旅游客源地合作，引进外资开发建设旅游资源，整合旅游资源和品牌，与沿线国家联合打造具有丝绸之路特色的国际精品旅游线路和旅游产品，把宁夏回族自治区打造成独具特色的中阿旅游中转港和国际旅游目的地。

七、加快优化开放环境

17. 推动投资服务便利化

加快建立"三个清单"制度。坚持法无授权不可为，加快推行政府权力清单；坚持法定职责必须为，加快推行权力运行责任清单；坚持法无禁止即可为，加快建立行政审批负面清单。创新利用外资管理体制，最大限度放宽投资准入，建立外商投资企业网上联合年检、信息报告和信息公示制度，加强外商投资项目跟踪服务，扩大外商投资规模，提高外资引进质量。在涉外服务场所提供国际通信、外文报刊、电视国际频道等服务，优化外商服务环境。推进行政审批制度改革和标准化建设。凡属自治区主管部门核准或备案的企业投资项目和前置审批原则上一律下放到市、县（区）；全面清理非行政许可审批事项，自治区不再保留该类审批；除国家和自治区批准以外的政府性基金和行政事业性收费一律取消，收费标准有上下限的一律按下限收费。加快建设宁夏"政务云"等平台，推动审批服务事项网上办理，全面建设和应用行政权力电子监察系统，强化执纪监督问责，建立事中事后监管制度，确保权力规范运行。以建设项目"多规合一"、企业设立"三证合一""一照一码"为重点，优化并联审批流程，减少申报材料、精简审批环节、压缩办理时限、提高审批效率。加强法治建设，规范行政执法，规范服务管理，规范市场秩序，净化市场环境，依法保护投资者特别是区外境外来宁投资客商的合法权益，严厉打击破坏市场经济秩序的行为。加大环境保护执法力度，完善生态环境监管体系。大力培育法律、咨询、评估等涉外中介服务市场主体，对在宁夏开办1年以上、实际发挥作用的涉外中介机构给予奖励。充分运用民族自治地方的立法权，适时制定促进开放发展的地方性法规，加大知识产权保护力度。建立政府言而有信、企业有诺必信、个人诚实守信的社会诚信体系，营造统一开放、公平竞争、诚实守信、有效监管的法治化、国际化营商环境。

18. 推动贸易服务便利化

加快外贸出口基地建设，培育清真食品和穆斯林用品、葡萄酒、枸杞、生物医药、羊绒服装、供港蔬菜、碳基材料、装备制造、有色金属新材料等出口产品基地。对海关、检验检疫认定的A类以上外贸企业实施优先办理货物申报、查验和放行等便捷通关措施。对自治区重点建设项目、特殊进出口货物开辟"绿色通道"或专门窗口办理通关手续。对诚信度高、质量稳定、进出口低风险产品的企业，实施直通放行制度。积极建立国际认可的产品检测和认证体系，提高宁夏"清真认证"的国际化水平，加快推进与重点出口市场检验体系和证书互认，提升国际贸易规则中宁夏话语权。积极争取试点国际贸易"单一窗口"管理模式，加快贸易促进平台建设，推动银川综合保税区与迪拜杰贝·阿里自贸区跨境电子商务平台深度合作，争取迪拜杰贝·阿里自贸区在银川综合保税区设立前置检验检疫和标准化认证机构，打造中阿贸易通关最便利的商品集散中心。发挥国内外知名度高、影响力高、专业性强的会展、商业协会、行业协会作用。完善自治区质量奖励制度，建立自治区级品牌推广中心，培育拥有核心技术的区域性、行业性、国际性产品品牌。建立开放型经济综合服务体系，完善出口产品售后服务标准，鼓励企业培育研发服务、技术转移等服务业新业态，延伸产品售前售后增值服务。加强贸易摩擦预警信息公共服务，积极提供法律技术咨询和服务，指导相关行业和企业应对贸易摩擦和投资风险。

19. 推动金融服务便利化

进一步放开市场准入，支持境内外金融机构在宁夏设立分支机构，引进境内外战略投资者参股（合作）地方银行、股权（产业）投资基金、金融租赁、消费金融、期货等机构。鼓励宁夏金融机构积极开展对阿金融合作，力争建立中阿贸易人民币结算中心。扩大人民币跨境结算参与企业范围，简化跨境贸易和投资人民币结算业务流程。支持浦发银行等金融机构拓展离岸金融创新业务。鼓励发展互联网金融和第三方支付业务。探索宁夏与亚洲基础设施投资银行和丝路基金的对接机制。鼓励企业在境内外发行债券,对在境内外资本市场挂牌、上市的企业给予奖励。对从事符合国家产业结构调整指导目录中鼓励类列举的金融服务项目,实行一次性审核、"一揽子"申报、快捷办理兑现西部大开发税收优惠政策的制度。对未列入指导目录的金融服务项目,争取列入国家指导目录。激发金融业创新潜力和创新动力,对新设立的银行、证券、保险、信托、期货、财务、金融租赁、融资租赁、消费金融、资产管理、第三方支付、小额贷款、融资性担保以及股权投资类企业等现代金融服务企业,从取得第一笔收入纳税年度起,免征企业所得税地方分享部分五年。

20. 加强组织领导

各级党委、政府要从全局和战略高度,加强对开放宁夏建设工作的领导。自治区成立开放宁夏建设领导小组,统筹制定扩大开放政策措施,研究决定重大开放事项,完善管理体制,建立工作机制,强化督促检查,形成统一规划、统一推进开放宁夏建设的合力。加强党风廉政建设和干部教育培训力度,培养、选拔、使用一支视野开阔、勇于创新、适应开放型经济发展的"内外兼修"的干部队伍。开放宁夏建设工作作为自治区效能考核和各级领导班子考评的重要内容,对不作为、乱作为加大问责力度。各地各部门要以改革创新的精神、开放包容的胸襟、求真务实的作风,坚定信心,主动作为,制定实施细则,落实工作责任,精心组织实施。加大宣传力度,在全社会营造支持开放、参与开放、投身开放的浓厚氛围,推动对外开放取得新突破,不断开创宁夏开放发展的新局面。

附录 4

关于金融支持宁夏融入"一带一路"加快开放宁夏建设的意见

(2016年2月,宁政办发〔2016〕30号)

为深入贯彻落实党的十八大和十八届三中、四中、五中全会以及《自治区党委关于融入"一带一路"加快开放宁夏建设的意见》(宁党发〔2015〕22号)精神,充分发挥金融的资源配置功能,助推宁夏融入"一带一路"战略,加强与"一带一路"沿线国家(以下简称沿线国家)经济金融合作,提出以下意见。

一、总体原则和目标任务

(一)**总体原则**。坚持"对内开放"与"对外开放"并举,"走出去"与"引进来"并重的原则,充分利用境内、境外两个市场、两种资源,加强金融开放合作,支持开放宁夏建设。坚持市场运作、鼓励创新的原则,发挥市场在金融资源配置中的决定性作用,鼓励基于市场需求的金融服务创新,提高金融服务质量。坚持政府引导、政策支持的原则,发挥政府的引导激励作用,创造良好的政策环境,建立多部门协调机制支持开放型经济发展。坚持防范风险、稳健经营的原则,提高风险防范和处置能力,守住风险底线,持续稳定服务开放型经济发展。

(二)**目标任务**。全面落实宁夏内陆开放型经济试验区建设规划,着力提升金融业对内对外开放程度,有效满足宁夏融入"一带一路"过程中跨境资本流动、基础设施融资、贸易融资、产业融资、对外投资、风险管理等金融服务需求。在保持信贷总量较快增长的基础上,利用资本市场发展直接融资水平明显提高,人民币跨境使用覆盖面进一步扩大,金融业助力开放型经济发展和金融资源配置能力明显提升。

二、主要措施

(一)**完善开放的金融服务组织体系**。鼓励全国性银行机构充分利用全球化经营和全牌照发展的优势,加强在宁分支机构与海外分行以及证券、信托、租赁等子公司联动,互通投融资信息,拓宽投融资渠道。支持地方性银行机构深化改革,拓展同业合作,完善金融服务功能。积极支持境内外各类金融机构在宁夏设立(参股)机构、开展业务,争取设立中国进出口银行分支机构,推动设立民营银行、证券、期货、保险、信托、金融租赁等法人金融机构,支持条件成熟的企业集团设立财务公司。鼓励申请第三方支付牌照,鼓励设立消费金融公司。银行业金融机构对接各类股权投资基金,积极参与设立中阿合作、对外开放等子基金。

(二)把握支持开放型经济的功能定位。国开行宁夏分行要充分发挥主要对外投资合作银行作用,充当宁夏与沿线国家的沟通桥梁,发挥开发性金融在重大基础设施建设和重点项目中的支持和引领作用。农发行宁夏分行要强化政策性职能定位,加大农村基础设施建设信贷支持,推动城乡一体化发展。各国有商业银行、股份制商业银行在宁夏分支机构要通过调整额度、创新产品、扩大担保等方式盘活存量、用好增量,加强海内外经营联动,支持重点项目和重点领域建设。各地方性银行机构要立足自身优势,扩大产业链支持在开放型经济融资中的运用,引入沿线国家战略投资者,提高自身开放水平。

(三)创新开放通道建设的投融资模式。加强政府部门与金融机构的互通互联,通过银团贷款、PPP项目贷款、结构化融资、股权投资、发行企业债、私募债、融资租赁、引入保险资金等多渠道融资,助推实施铁路提速联通、高速公路贯通、机场枢纽畅通等工程,建设"向西开放"四条陆路通道和空中丝绸之路。支持国发行宁夏分行、农发行宁夏分行积极对接总行重点项目基金,为宁夏符合条件的重大项目提供资本金投资,并通过"投贷结合"方式扩大融资。

(四)重点支持"双十"产业发展。依托自治区政府对外开放产业引导基金以及工业、农业、服务业、科技、文化、旅游等产业引导基金的引领带动作用,主动对接"双十"产业培育工程。加强对外向型企业的贸易融资支持力度,开展打包贷款、出口押汇、进口押汇、出口发票融资、出口信保融资、福费廷等本外币贸易融资产品,提高企业资金周转效率。积极开展商圈融资、园区融资、行业协会融资等融资模式创新,提升产业综合实力,助推开放型经济转型升级。

(五)提升企业"引进来"的配套金融服务水平。依托中阿博览会、综合保税区等优势开放平台,引入境内外资金对接宁夏企业和项目,在保税区先行先试可行的金融创新产品。发挥智力和金融资源优势,积极介入前期招商引资,坚持绿色金融发展理念,及时提供财务顾问、项目贷款、并购融资等配套金融服务方案，重点引进技术含量高、能耗低、附加值高的产业在宁夏落地发展。加强总分行联动，将供应链金融应用范围扩展至区内外产业合作，开展对核心企业、上下游企业、第三方物流服务供应商的信息管理和资源整合，支持产业链的空间延伸。

（六）满足企业"走出去"的金融服务需求。积极加强与沿线国家金融同业合作，跟进后续投融资金融服务。组织国际银团贷款，探索境外资产、境外应收账款等融资抵押方式，支持宁夏回族自治区企业在沿线国家建立生产研发基地和飞地工业园、开展承包工程劳务合作。积极对接亚洲基础设施投资银行、金砖银行、丝路基金、国家开发银行、中国进出口银行、中国出口信用保险公司及各金融机构海外分支等，开展跨境项目投资和境内外金融产品联动，帮助"走出去"企业拓宽融资渠道。

（七）营造支持"大众创业、万众创新"的金融环境。进一步加大创业类金融产品和服务方式创新力度，主动对接相关部门的创业基金项目，探索"创业担保贷款+商业贷款"模式，逐步简化贷款流程，放大贷款额度，为不同发展阶段的创新型企业提供差异化的金融支持。实施小微企业全客户、全业务、全流程管理，以"信贷工厂"模式实现批量化信贷业务的快速办理。加快推进小微企业信用体系建设，开展应收账款质押、保理、股权质押贷款和信用贷款等业务，支持培育现代纺织、清真食品、穆斯林用品、生物医药、保税物流等中小微企业。

（八）积极发展离岸金融业务。发挥浦发银行银川离岸业务创新中心的优势，鼓励交通银行、招商银行在宁夏分支机构争取总行支持，充分利用离岸端资金平台，通过离岸、在岸联动，拓宽宁夏离岸金融服务范围，为"走出去"企业提供低成本高效率的结算服务、内保外贷业务和跨境融资租赁保理服务等，助力宁夏企业国际化经营。主动引入沿线国家的企业开立离岸账户（OSA），支持宁夏离岸金融业务发展。

（九）大力开发跨境人民币产品。各银行业金融机构要关注外向型企业及其境外的交易对手，加大结算、融资、担保、风险管理等领域人民币产品开发力度，推出更多的人民币跨境贸易与投融资产品、人民币跨境现金管理产品，创新更加便捷高效的人民币支付工具和方式。为符合条件的企业在沿线国家发行人民币债券，鼓励在境外使用所筹资金，扩大宁夏与沿线国家的金融合作。充分利用丰富的海外联行资源，探索采取同业授信、增加对手方等方式开展多边金融合作，为企业提供境外结算和投资信息咨询、担保、在当地开立账户、兑换和结算服务等，全力支持宁夏开放型经济发展。

（十）扩展人民币跨境使用的广度和深度。各银行业金融机构要用足用好跨境人民币业务政策，提供更加符合企业需要的各项人民币金融服务。推动我区跨国企业开展跨境人民币双向资金池业务，使跨国企业集团享受到办理经常项下跨境人民币集中收付款及净额轧差结算的政策红利。推动跨境电子商务活动使用人民币计价结算。各银行业金融机构在为企业提供汇率避险服务的同时，要规范和细化"展业三原则"要求，提升业务合规水平，防范企业开展无真实交易背景的跨境套利交易，促进跨境人民币业务健康发展。

（十一）**深化外汇改革与服务**。加快管理转型，简政放权，全面落实货物贸易、服务贸易、直接投资政策措施，降低涉外主体经营成本，促进贸易投资便利化。深化外汇改革，积极争取自贸区可复制改革试点经验落地，帮助企业提高外汇资金集约利用和管理效率。优化服务效能，充分发挥外汇局与银行服务企业联动机制作用，集中优势力量和资源，为重点涉外企业提供经常项目与资本项目"一站式"服务。综合运用短期外债余额指标、跨境担保、外汇保险、贸易融资政策，拓宽投融资渠道，搭建直接投资绿色通道，切实满足企业多元化的业务需求。完善外汇市场，丰富外汇服务手段，灵活运用远期结售汇、外汇期权、本外币掉期等交易，为企业提供集结算方式、币种选择、产品运用、风险管理为一体的"一揽子"金融服务。

（十二）**加强债务融资全流程管理**。成立宁夏债券融资工作指导小组，统筹推进、协调指导债券融资工作。健全债券融资工具推介培训机制。全面梳理公司债、企业债、银行间市场债务融资工具等，定期组织产品推介会、债务融资培训班及"一对一"对接，增强企业债券融资的知识储备和主动意识。健全企业筛选推荐机制。根据企业的融资结构、意愿和能力，建立动态的潜在债券融资企业信息库，实行名单式管理，对重点企业实施关注培养，力争潜在债券融资企业实现全覆盖。健全债券融资推进通道。深化银政企合作，从融资项目策划、财务辅导、融资方案设计、债券承销、增信、注册、发行、债券募集资金后续跟踪监测等，实行专人负责，一企一策，推动宁夏债券融资加快发展。

（十三）**加大股权投融资工作力度**。推进具有主板、中小板、创业板上市潜力企业的上市进程，支持上市公司并购重组、再融资。推动更多企业在"新三板"和区域性股权交易市场挂牌。支持宁夏股权托管交易中心规范发展，充分发挥其服务中小微企业的功能作用。鼓励银行业金融机构加强与证券、保险、担保、交易市场等合作，密切关注产业引导基金及其子基金、中阿产业投资基金等股权投资基金，探索开发更加灵活的股、贷、债联动产品，投资于特色优势产业、现代服务业、重点基础设施等。

（十四）**鼓励保险产品服务创新**。各保险公司要加强与银行业金融机构、融资性担保机构的合作，细化企业在经营借贷、贸易赊销、预付账款、合约履行等方面的风险，创新开发信用保险、贷款保证保险产品，探索"政府+银行+保险"多方参与、风险共担的合作经营模式。支持保险机构开展出口信用保险和海外投资保险，为企业"走出去"提供投资、运营、用工等方面的保险服务。

（十五）加快发展互联网金融。各金融机构要依托互联网技术和理念，实现传统金融业务与服务转型升级，开发基于互联网技术的金融产品和服务，积极发展运用"大数据"分析的信用贷款产品，为第三方支付机构和网络贷款平台等提供资金存管、支付清算等配套服务。支持宁夏企业依法合规设立互联网支付机构、网络借贷平台、股权众筹融资平台等，争取外汇支付业务资格，推动跨境电子商务外汇支付业务试点，建立服务开放型经济的多层次金融服务体系。

（十六）做好金融风险防范化解。构建区域性金融风险预警系统，引导金融机构加强对行业性、区域性金融风险的研判，加大对重点领域、重要业务及风险事件的监测评估。严格贯彻落实重大事项报告制度，及时预警提示、快速化解处置异常情况和风险苗头，守住不发生区域性、系统性金融风险的底线。

三、保障机制

（一）加强配套政策支持。建立自治区商务厅、发展改革委、经济和信息化委等相关部门与金融机构、企业三方联动机制，设立宁夏外向型企业库和项目库，定期向金融机构提供有关企业和项目信息。推动建立自治区与各全国性银行总行高层定期会晤机制、自治区相关部门与分行的业务对接机制，邀请各类金融机构参与对外招商引资活动，针对境内外投资者的金融服务需求设计融资服务方案，进一步提高宁夏招商引资的竞争力。充分发挥财政资金的撬动和补偿作用，设立区内企业境外融资担保基金，为企业"走出去"提供融资担保和增信服务；鼓励大众创业、万众创新，设立小微企业贷款风险补偿基金，用于对金融机构发放小微企业贷款形成的损失进行一定比例的补偿。自治区每年安排资金，对金融机构支持开放型经济发展的各类金融产品和服务方式创新进行奖励。

（二）加强金融监管协调。建立金融风险管理协调合作机制，加强"一行三局"和自治区金融工作局的监管合作，密切关注跨行业、跨市场、交叉性金融风险，定期开展沟通协调，在推动金融业稳健发展、维护市场主体合法权益、防范重大金融风险、打击违法违规行为等方面形成监管合力。进一步明确人民银行、外汇局、商务、税务、海关等部门在市场准入、业务管理、违规处理等方面的职责，协调本外币管理政策，形成本外币监管联合执法机制，防范跨境资本流动风险。

（三）**加强金融开放研究**。坚持研究先行和问题导向，发掘整合各类研究资源，搭建多层次、高质量学术研究平台。围绕"一带一路"建设中的中阿金融合作、金融改革创新、金融风险管理等重大金融改革发展问题，开展富有前瞻性、具有针对性的调查研究工作，为"开放宁夏"建设发挥研究支撑作用。

（四）**加强人才引进培养**。积极引进、培养熟悉国际金融业务及管理规则，从全球视角把握中国金融发展的复合型金融人才，通过交流和委托培养等形式加强金融人才队伍建设，为宁夏发展内陆开放型经济、打造"一带一路"战略支点提供智力支持。

各地、各有关部门、各金融机构要高度重视金融支持宁夏融入"一带一路"倡议工作，结合本地、本部门实际研究具体落实措施，加强组织领导，抓好协调推动，形成工作合力，强化督导落实，引导加大对开放型经济的金融支持力度，为"开放宁夏"建设做出积极贡献。

附录 5

振奋精神　实干兴宁
为实现经济繁荣民族团结环境优美人民富裕
与全国同步建成全面小康社会目标而奋斗

——在中国共产党宁夏回族自治区第十二次代表大会上的报告

同志们：

现在，我代表中国共产党宁夏回族自治区第十一届委员会向大会作报告。

这次大会，是在全面建成小康社会决胜阶段召开的一次重要会议。大会的主题是：紧密团结在以习近平同志为核心的党中央周围，高举中国特色社会主义伟大旗帜，深入贯彻习近平总书记系列重要讲话精神和治国理政新理念新思想新战略，团结带领全区各族人民，振奋精神、实干兴宁，为实现经济繁荣、民族团结、环境优美、人民富裕，与全国同步建成全面小康社会目标而奋斗。

一、五年砥砺奋进，各项事业发展取得显著成就

自自治区第十一次党代会以来，我们在以习近平同志为核心的党中央坚强领导下，团结带领全区各级党组织和广大干部群众，全面贯彻党的十八大和十八届三中、四中、五中、六中全会精神，深入贯彻习近平总书记系列重要讲话精神和治国理政新理念新思想新战略，认真贯彻落实习近平总书记视察宁夏时的重要讲话精神，牢固树立政治意识、大局意识、核心意识、看齐意识，主动适应经济发展新常态，自觉践行新发展理念，按照"五位一体"总体布局和"四个全面"战略布局要求，奋力推进开放宁夏、富裕宁夏、和谐宁夏、美丽宁夏建设，全区各项事业发展取得新的重大进展。

综合实力显著增强。全区地区生产总值达到3150亿元，年均增长9.1%；累计完成全社会固定资产投资1.54万亿元，年均增长18.4%；地方一般公共

预算收入达到 388 亿元，年均增长 12%。供给侧结构性改革取得初步成效，产业结构不断优化，煤化工、现代纺织、新能源等新型工业集聚发展，特色农业品牌效益凸显，服务业对经济增长的贡献率达到 50%。相继实施或建成一批交通、水利、能源等重点项目。新型城镇化和城乡发展一体化扎实推进，城镇化率达到 56.3%，提高 6.5 个百分点。

人民生活明显改善。城镇居民人均收入达到 27153 元，年均增长 9.4%，农村居民人均收入达到 9852 元，年均增长 10.7%。35 万生态移民基本完成，累计减贫 59.7 万人。社会事业全面发展，教育发展主要指标高于全国平均水平，在全国率先实现基本医疗保险、大病保险、疾病应急、医疗救助制度"四个全覆盖"，城乡就业持续扩大，保障性住房和危窑危房改造惠及 220 万群众，社会保障能力明显增强。

改革开放持续深化。重点领域和关键环节改革取得重要进展，空间规划（多规合一）、司法体制、综合医改等国家级改革试点取得阶段性成果。积极参与"一带一路"建设，中阿博览会成为中阿共建"一带一路"的重要平台，内陆开放型经济试验区、银川综合保税区建设积极推进，对外交流合作不断扩大。

生态建设不断加强。深入实施重点生态工程，大力整治环保突出问题，水土保持、节水型社会、防沙治沙"三个示范区"建设加快推进，节能减排目标任务顺利完成，空气质量优良天数达到 75% 以上，生态环境和城乡人居环境进一步改善。

民主法治有序推进。人民代表大会制度、中国共产党领导的多党合作和政治协商制度、民族区域自治制度、基层群众自治制度不断完善，爱国统一战线巩固发展，群团组织作用有效发挥，国防动员和后备力量建设持续加强，依法治区深入推进，科学立法、严格执法、公正司法、全民守法取得新的进展。

文化建设富有成效。深入开展社会主义核心价值观和中国梦宣传教育，群众性精神文明创建活动蓬勃开展。意识形态引导管理不断加强，主流思想舆论巩固壮大，网络空间不断净化。公共文化服务体系进一步完善，文化体制改革深入推进，文化事业和文化产业加快发展。

社会大局和谐稳定。民族团结进步创建活动持续开展，党的民族政策深入人心，全区各族人民共同团结奋斗、共同繁荣发展的良好局面更加巩固。宗教工作法治化水平明显提升，宗教领域和谐稳定。社会治理能力不断提升，平安宁夏建设扎实推进，安全生产形势总体稳定。

党的建设全面加强。深入推进全面从严治党，党员干部"四个意识"不断增强。党的群众路线教育实践活动、"三严三实"专题教育和"两学一做"学习教育成效明显。市县乡换届圆满完成,各级领导班子建设不断加强,基层党组织战斗堡垒作用和广大党员先锋模范作用有效发挥。党内监督不断强化,"四风"问题有效遏制,党风政风持续好转,反腐败斗争成效明显,政治生态不断净化。

五年来取得的成绩来之不易、令人振奋。这是以习近平同志为核心的党中央坚强领导的结果,是历届自治区党委持续奋斗的结果,是全区各族人民团结拼搏的结果。在此,我代表中共宁夏回族自治区第十一届委员会,向全区广大党员和干部群众,向各民主党派、各人民团体和社会各界人士,向人民解放军驻宁部队和武警部队,向中央各部委、中央驻宁单位和各兄弟省区市,向长期关心支持宁夏建设发展的同志们、朋友们,表示衷心的感谢并致以崇高的敬意!

五年来积累的经验尤为深刻、弥足珍贵。这就是:坚持用中央精神指引宁夏发展,坚决向党中央看齐,始终在思想上政治上行动上同以习近平同志为核心的党中央保持高度一致;坚持把发展作为解决一切问题的关键,推动经济发展不断迈上新台阶;坚持深化改革开放,不断增强发展的动力和活力,在"一带一路"建设大格局中加快内陆开放步伐;坚持以人为本、执政为民,让全区人民共享改革发展成果;坚持与时俱进做好民族宗教工作,加强依法治区,不断创新社会治理;坚持党要管党、从严治党,不断增强各级党组织的创造力凝聚力战斗力。

在前进的道路上,我们还面临着不少困难和问题。主要是:发展不足的问题仍然突出,产业层次较低,基础设施建设滞后,城乡区域发展不平衡,资源环境约束趋紧;基本公共服务水平较低,脱贫攻坚任务艰巨,城乡居民收入低于全国平均水平;制约发展的体制机制障碍依然存在,创新能力不强,开放水平不高,市场活力不足,人才资源短缺;全面从严治党有待加强,有的基层党组织软弱涣散,有的党员干部宗旨意识淡薄,"三不为"现象不同程度存在,党风廉政建设和反腐败斗争形势依然严峻复杂。对这些困难和问题,我们必须高度重视,切实加以解决。

二、明确奋斗目标,增强全面建成小康社会的责任感和使命感

未来五年,对宁夏发展至关重要。我们要全面打赢脱贫攻坚战,全面建成小康社会,实现中华民族伟大复兴中国梦的第一个百年目标。完成这一历史使命,我们必须深刻认识并准确把握发展面临的条件、内涵和阶段性要求的新特点、新变化。当前,世界经济仍在深度调整,我国经济发展新常态的特征更加明显。总的来看,我们仍处于可以大有作为的重要战略机遇期,正处在经济转型发展的重要关口。新一轮科技革命、产业变革和我国加快转变经济发展方式、全面推进"一带一路"建设为我区发展带来了新的历史性机遇，同时我们也面临着在创新发展大潮中与东部发达地区发展差距进一步拉大的严峻挑战，面临着发展不足与生态脆弱的双重压力，面临着扩大总量与提升质量的双重任务，面临着培育竞争优势与补齐发展"短板"的双重难题。机遇与挑战交织并存，我们必须增强忧患意识，坚持问题导向，抢抓新机遇、应对新挑战、创新思路、创新举措，牢牢把握发展主动权，在新的历史起点上奋力前行。

党的十八大以来，以习近平同志为核心的党中央带领全党全国各族人民，进行具有许多新的历史特点的伟大斗争，开创了中国特色社会主义伟大事业和党的建设伟大工程新局面。习近平总书记围绕改革发展稳定、内政外交国防、治党治国治军发表了一系列重要讲话，形成了一系列治国理政新理念新思想新战略，为我们推进各项事业发展提供了强大思想武器。2016年7月习近平总书记视察宁夏，为我们明确了"努力实现经济繁荣、民族团结、环境优美、人民富裕，确保与全国同步建成全面小康社会"的奋斗目标，厘清了发展的思路和重点，指明了发展的方向和路径。我们要紧扣这一目标定位，全面贯彻落实，坚定自觉地用习近平总书记视察宁夏时的重要讲话精神统一思想、统揽全局、统领发展。

今后五年，我区工作的总体要求是：紧密团结在以习近平同志为核心的党中央周围，高举中国特色社会主义伟大旗帜，以邓小平理论、"三个代表"重要思想、科学发展观为指导，深入贯彻习近平总书记系列重要讲话精神和治国理政新理念新思想新战略，认真学习贯彻党的十九大精神，按照"五位一体"总体布局和"四个全面"战略布局要求，牢固树立和践行新发展理念，坚持稳中求进工作总基调，以供给侧结构性改革为主线，大力实施创新驱动战略、脱贫富民战略、生态立区战略，扎实推进民主法治建设，扎实推进民族宗教工作，扎实推进文化繁荣发展，扎实推进改革开放，扎实推进全面从严治党，振奋精神、实干兴宁，为实现经济繁荣、民族团结、环境优美、人民富裕，与全国同步建成全面小康社会目标而奋斗。

到2020年全面建成小康社会，是我们党向人民、向历史作出的庄严承诺；确保与全国同步建成全面小康社会，是习近平总书记对宁夏提出的明确要求，是全区各族人民群众的共同意愿。虽然宁夏是欠发达省区，但我们在全面小康路上绝不能掉队，必须切实增强责任感和使命感，保持必胜的信心、昂扬的斗志，在创新中加速、在转型中追赶、在实干中突破，确保如期建成全面小康社会。

今后五年，我们的主要奋斗目标是：

（1）经济繁荣。打造西部地区转型发展先行区，供给侧结构性改革取得重要突破。经济增长高于全国平均水平，到2020年地区生产总值比2010年翻一番，人均地区生产总值超过6万元；产业结构更加优化、竞争力显著增强，发展方式加快转变，发展质量效益明显提升；市场活力迸发，创新创业涌动，内陆开放型经济试验区建设取得新进展，非公经济比重达到50%以上，科技进步对经济增长的贡献率达到55%，R&D经费投入强度达到2%以上，逐步缩小与全国的差距。

（2）民族团结。打造全国民族团结进步示范区，民族团结、宗教和顺的名片更加靓丽。"三个离不开""五个认同"思想深入人心，各民族交往交流交融、手足相亲、守望相助，共同团结奋斗、共同繁荣发展的生动局面进一步巩固；坚持宗教中国化方向，宗教工作法治化规范化水平有新提升，宗教关系更加积极健康，宗教领域保持和谐稳定。

（3）环境优美。打造西部地区生态文明建设先行区，筑牢西北地区重要生态安全屏障，生态环境保护和治理取得重大成果。万元GDP能耗、碳排放和主要污染物排放总量控制在国家下达的指标以内；黄河干流宁夏段Ⅲ类水体比例保持在100%，空气质量优良天数达到80%以上，森林覆盖率达到16%，城市建成区绿地率达到38.5%。

（4）人民富裕。打造全国脱贫攻坚示范区，全区人民的获得感、幸福感不断增强。贫困人口全部如期脱贫，脱贫后的收入稳定、生活质量提高；到2020年城乡居民人均收入比2010年翻一番，年均增长8%以上，社会保障、基本公共服务走在西部前列；人民群众物质生活更加殷实，精神文化生活更加丰富，享有更充分的就业、更好的教育、更高水平的卫生与健康服务、更舒适的居住条件、更可靠的社会保障、更安全的社会环境。

实现新的奋斗目标，必须始终坚持坚定正确的政治方向。习近平总书记系列重要讲话精神和治国理政新理念新思想新战略，是指导全党推进伟大事业、伟大工程、伟大斗争的行动指南。我们要全面准确领会精神实质，学思践悟、融会贯通，引领宁夏各项事业沿着正确方向前进。我们要坚决维护以习近平同志为核心的党中央权威，坚决维护党中央的集中统一领导，把宁夏各项事业发展放在全党全国大局中去把握、去推进、去落实，确保中央政令在宁夏畅通无阻。

实现新的奋斗目标，必须始终以新发展理念引领发展。发展不足是宁夏最大的实际，我们必须坚持发展第一要务不动摇，做大经济总量、提高发展质量、增强综合实力。宁夏要实现新发展、新跨越，必须把新发展理念贯穿到经济社会发展全过程、落实到全面建成小康社会各方面,通过创新发展解决发展动能问题,通过协调发展解决发展不平衡问题,通过绿色发展解决人与自然和谐问题,通过开放发展解决内外发展联动问题,通过共享发展解决社会公平正义问题。要把创新作为驱动发展的新引擎,着力推进发展理念、体制机制等全方位、多层次、宽领域的全面创新,在创新上争当探索者、在转型上争当先行者,让创新成为宁夏发展最鲜明的时代特征。

实现新的奋斗目标,必须始终贯彻以人民为中心的发展思想。人民对美好生活的向往,就是我们的奋斗目标。必须把增进人民福祉、实现人民幸福作为我们的工作追求。要把打赢脱贫攻坚战作为全面建成小康社会的底线任务,在精准、稳定、可持续上下功夫,确保贫困地区和贫困群众与全区一道迈入全面小康社会。要大力发展富民产业,落实富民举措,千方百计增加城乡居民收入,确保居民收入与GDP同步增长,努力使农村贫困人口收入增速高于全区农村居民收入增速,农村居民收入增速高于城镇居民收入增速。要顺应民生需求新变化,保障人民平等参与、平等发展权利,促进人的全面发展,切实做好与人民群众息息相关的教育、文化、医疗卫生、社会保障等工作,多办民生实事,多解百姓难事,让人民群众有更强获得感和幸福感。

实现新的奋斗目标,必须始终保持奋发有为的精神状态。良好的精神状态,是做好一切工作的重要前提。面对全国你追我赶、竞相发展的态势,宁夏能不能闯出发展的新路,冲出转型的关口,翻过脱贫的大山,看的就是干部的担当,拼的就是全区人民的精气神。走好新的长征路,必须大力弘扬"不到长城非好汉"的精神。实现新的奋斗目标,不能靠等,不能靠要,必须振奋精神、擂鼓出征。要有等不起的危机感、慢不得的紧迫感、坐不住的责任感,有"明知山有虎、偏向虎山行"的胆识,不自满、不懈怠、不停滞,不断解放思想、开拓奋进,在转型发展上只争朝夕,在脱贫攻坚上精益求精,在深化改革上敢闯敢试,在打造创新发展高地、优化发展环境上持续用力,形成党员群众创先争优、各行各业比学赶超、各个市县百舸争流的浓厚氛围。

实现新的奋斗目标,必须始终践行实干兴宁。习近平总书记视察宁夏时发出"社会主义是干出来的"伟大号召,为我们不忘初心、继续前进注入了强大动力。要大力弘扬求真务实的作风,拿出人一之我十之、人十之我百之的干劲,拿出抓铁有痕、踏石留印的劲头,苦干实干加巧干,不空喊口号,不急功近利,不搞表面文章,不搞虚假政绩,不搞数字攀比,扎扎实实做出增强竞争力、增进百姓福祉的业绩。要坚持领导干部带头干,以上率下,以扎实干事的过硬作风、担当作为的过硬能力,决战决胜全面小康。

三、聚焦主要任务，奋力开创各项事业发展新局面

新起点开启新征程，新目标赋予新任务。实现新的奋斗目标，必须明确重点任务、抓住关键环节，统筹推进经济、政治、文化、社会、生态文明建设取得新突破、迈上新台阶。

（一）大力实施创新驱动战略，加快经济转型发展

越是欠发达地区，越需要实施创新驱动。宁夏的发展不足，从深层次看，主要是创新不足。在新一轮竞争中，我区传统的发展优势正在减弱，有的已经丧失，不创新就要被淘汰，创新慢了就要落伍、掉队。必须把发展的基点放在创新上，紧紧牵住科技创新这个"牛鼻子"，着力形成以创新为引领的经济体系和发展方式。通过创新驱动，解决制约经济发展的深层次问题，增强自我发展能力，让创新成为宁夏未来发展的核心竞争力，推动经济持续健康发展。

着力推进产业转型发展。产业转型升级是适应经济发展新常态的必然选择。必须从供给侧结构性改革上发力，充分发挥市场在资源配置中的决定性作用，更好发挥政府作用，持续推进"去降补"，着力解决产业层次不高、结构上倚重倚能、市场竞争力不强的问题，减少无效和低端供给，扩大有效和中高端供给，提高全要素生产率，增强产业整体实力。实施传统产业提升工程，加快用新技术新业态改造提升传统产业，煤炭、电力、冶金、化工、建材等传统产业，要坚持高端化、智能化、绿色化方向改造提升，全区工业企业技术改造投资年均增长15%。对过剩产能、落后企业，要加大兼并重组力度；对优势企业要延长产业链、提高附加值，做大做强。加快宁东能源化工基地建设，推动煤化工向精细化工方向发展，建好国家循环经济示范区，打造技术领先、行业领军、世界一流的国家级现代煤化工基地。发挥现代纺织园的聚集作用，推动现代纺织向上对接能源化工、向下开发高端产品。加快国家新能源综合示范区建设，坚持集约化、规模化、园区化发展方向，推动新能源产业聚集发展。对接《中国制造2025》，突出"专、精、特、新"，推进智能制造、装备制造业总体技术水平向国内先进行业迈进。推进宁夏东北部老工业城市和资源型城市产业转型升级示范区建设。实施特色产业品牌工程，着力构建现代农业产业体系、生产体系、经营体系，重点发展优质粮食、现代畜牧、酿酒葡萄、枸杞、瓜菜等产业，打造现代农业全产业链，培育一批质量上乘、科技含量高、市场容量大的特色农产品品牌，把宁夏"枸杞之乡""滩羊之乡""甘草之乡""硒砂瓜之乡""马铃薯之乡"和葡萄酒等品牌做大做响。实施新兴产业提速工程，加快发展大数据产业，推进西部云基地、新型智慧城市建设，争取建设国家级军民融合产业示范区，打造中阿网上丝绸之路经济合作试验区暨宁夏枢纽。做好"互联网+"的文章，推动大数据产业与工业、农业、现代服务业融合发展；推动生物医药产业集群化、产品多元化发展，扩大高端产品的研发生产，不断形成新的增长点和动力源。实施现代服务业提档工程，加快全域旅游示范区建设，把旅游业融入经济社会发展全局，推进旅游向全景全业全时全民的全域旅游转变，建设一批精品旅游景区，优化旅游综合配套服务，创新多形式、多业态、多元化商业模式，发展休闲旅游、体验旅游、康养旅游，吸引游客、留住游客，打造西部独具特色的旅游目的地。加快现代金融发展，实施"引金入宁"计划，培育多层次的资本市场，切实解决融资难、融资贵问题。加快发展电子商务、现代物流、会展博览、健康养老等产业，推进房地产业平稳健康发展，推动服务业发展提速、比重提高、水平提升。

着力推进创新驱动发展。以科技创新带动全面创新，着力解决创新投入不足、创新活力不强、创新人才缺乏等问题，切实增强发展的竞争力。强化企业科技创新主体地位，加大政策支持力度，引导各类创新资源和创新要素向企业聚集，支持企业采用新技术新工艺新流程，鼓励企业开展产学研协同创新，与科研院所、高校联合建设高水平的创新平台，培育一批"科技型小巨人"企业，发展一批有竞争力的高新技术领军企业，推进大中型企业研发机构全覆盖，力争全区国家级高新技术企业达到100家以上。加大创新投入力度，建立稳定支持科技创新的财政投入增长机制，健全创新创业投资引导基金，创新科技投入方式，构建灵活有效的科技投融资机制，激励引导企业加大研发投入力度，基本形成财政投入为引导，企业投入为主体，金融、风险投资等多元化的投资结构。实施人才强区工程，大力培养创新创业人才，不求所有、不求所在，但求所用。实施更加灵活的人才政策，完善人才评价激励机制，优化人才发展环境。大力倡导创新精神、企业家精神和工匠精神，为创新人才搭建平台、搞好服务，最大限度发挥现有人才作用，着力培养本土人才、实用技术人才，积极引进高端人才、急需紧缺人才，努力打造更有吸引力的西部人才高地，汇集一批能够抢占科技制高点的创新力量。打造风生水起的创新生态，深化科技体制改革，完善创新政策，加强知识产权保护，优化科技创新服务环境，打通科技成果转化通道。大力营造勇于探索、鼓励创新的社会氛围，形成人人参与创新、支持创新、推动创新的生动局面，推动大众创业、万众创新，最大限度地释放全社会创新活力。宁夏创新资源短缺，要以创新的思维探索创新驱动发展新路。坚持走开放创新之路，加强与东部科技强省的创新联动，加强与国内外科研院所、科技型企业的创新合作，通过创新资源、创新成果合作共享，增加科技创新力量，提升创新发展水平。坚持走特色创新之路，有所为有所不为，围绕产业转型突出技术创新，重点在引进消化吸收再创新、实用技术创新、创新成果转化应用上下功夫。提升国家级和自治区级高新区、经开区、农业科技园区和各类创新载体带动创新、引领转型的能力，推动政策集成、资金聚集、资源整合，着力建设沿黄科技创新改革试验区，培育形成有竞争力的创新集群。

着力构建区域城乡协调发展新格局。协调是持续健康发展的内在要求。要强化全区"一盘棋"的理念，发挥宁夏空间规划的引领作用，坚持山川统筹、城乡一体，优化生产力布局，在协调发展中形成发展优势、增强发展后劲。中部干旱带和南部山区要立足于各自资源禀赋，扬长补短，摆脱传统发展路径依赖，积极探索生态优先、富民为本、绿色发展的新路子。沿黄城市带是我区推进新型工业化、新型城镇化和农业现代化的核心地带，要顺应以城市群为主体形态推进城市化的大趋势，以城际快速轨道交通为纽带，集约发展、集群发展、融合发展、引领发展，在新技术、新产业、新业态、新模式上率先突破。大力推进银川都市圈建设，发挥银川首府城市的辐射带动作用，推动银川、石嘴山、吴忠和宁东一体化发展，推进产业发展协作互补、基础设施互联互通、生产要素统筹配置、公共服务共建共享，形成同城效应、整体优势。着力推进城乡统筹发展，有序推进以人为核心的新型城镇化，加快农业转移人口市民化。城市发展要树立精明增长理念，尊重城市发展规律，创新城市治理方式，全面提高城市规划建设管理水平。城乡建设要更加注重自然生态保护和历史文化传承，更加注重发掘特色优势，不搞大拆大建、盲目扩张，不搞贪大求洋、破坏文脉，不搞统一模式、千城千村一面，推动城市乡村特色发展、错位发展、个性发展，让居民望得见贺兰山、看得见黄河水、记得住塞上江南风情。深入推进城乡发展一体化，统筹推进新农村建设，把基础设施、社会事业、公共服务的重点放在农村，着力培育一批具有生产效益、生活品质、生态价值的美丽宜居村庄。

着力推进基础设施建设。全面建成小康社会，基础设施建设要先行。抓住机遇，实施一批城乡重大基础设施项目，增强长远发展后劲。加快交通基础设施建设，打通主动脉，畅通微循环，促进公路、铁路、航空有效衔接，加快构建以快速交通为骨干、连通全国交通网络的综合交通运输体系。铁路建设要加快推进银西、中兰、包银等高铁项目建设和宝中快铁建设，到2022年地级市全部通高铁（快铁），全面融入全国高铁网，早日实现宁夏人民的"高铁梦"。航空建设要加快建立银川与国内主要城市空中快线，增加国内航班，增开国际航线，开通一批国内外直飞航线和货运包机，大力发展临空经济、通航产业,打造区域航空枢纽和货运集散中心。公路建设要进一步优化路网结构,提高路网密度,畅通省际出口通道,实现内联外通。加快推进重大水利工程建设,坚持开源和节流并重,构建节水、引水、供水"三位一体"水利基础设施体系,建设好全国省级节水型社会示范区,全面提升水资源保障能力和利用效率。实施西海固地区脱贫引水工程、高效节水现代化灌区建设工程,积极推进黄河黑山峡河段开发,从根本上缓解全区水资源紧缺矛盾,努力解决发展用水问题。加快推进新一代信息基础设施建设,强化信息资源综合开发利用,实施宽带乡村工程、城市基础网络完善工程,实现县乡村宽带网络全覆盖,大力提升经济社会信息化水平。

(二) 大力实施脱贫富民战略,增强人民群众的获得感和幸福感

全面建成小康社会最直接的体现是人民富裕。现在,宁夏还有41.8万贫困人口尚未脱贫,全区居民收入和生活质量与经济发展水平还不够相称。如果这种状况不改变,与全国同步建成全面小康社会就不可能得到人民群众的认可。必须把脱贫富民作为今后五年发展的价值取向和工作导向,全力打赢脱贫攻坚战,大力实施富民工程,下大力气解决社会事业发展滞后、居民收入偏低等事关群众切身利益的问题,在提高经济发展水平的同时,实实在在提高人民群众的富裕程度和生活质量,让经济发展的成果更多转化为富民成果,让广大老百姓得到更多实惠。

坚决打赢脱贫攻坚战。确保2020年现行标准下农村贫困人口全部脱贫,这是自治区党委、政府向党中央立下的军令状,向全区人民作出的庄严承诺。要充分认识脱贫攻坚的艰巨性、复杂性,把打赢脱贫攻坚战作为民生工作的重中之重,坚定信心,一步一个脚印,稳扎稳打、扎实推进。要克服超越实际盲目乐观、急于求成的倾向,不搞层层加码、急躁冒进,防止"数字脱贫""被脱贫",确保小康路上一户不少、一人不落。在精准脱贫上下功夫,紧盯建档立卡贫困人口,因地制宜、因情施策、因势利导,统筹实施"五个一批"工程,做到扶持对象精准、项目安排精准、资金使用精准、措施到户精准、因村派人精准、脱贫成效精准。积极稳妥推进8万建档立卡贫困人口易地搬迁脱贫,统筹解决自发移民、劳务移民中存在的问题,做到搬得出、稳得住、管得好、逐步能致富。在稳定可持续上下功夫,完善贫困地区基础设施、公共服务,基本消除现有农村危窑危房,大力推进教育扶贫、健康扶贫、就业扶贫、科技扶贫,解决好因病因灾返贫问题,降低返贫率。建立支持贫困地区发展的长效机制,坚持不懈抓产业扶贫、金融扶贫、生态扶贫,推动资源要素向西海固聚集,加快移民安置区发展,发展壮大村级集体经济,增强贫困地区和贫困群众自我发展能力,用勤劳的双手创造脱贫致富奔小康的幸福

生活。落实中央东西部扶贫协作战略部署，深化闽宁对口扶贫协作。争取部委、央企帮扶支持，动员社会力量广泛参与脱贫攻坚。在落实责任上下功夫，实行最严格的脱贫责任制，更好发挥区市县领导干部包抓、定点帮扶和驻村工作队、第一书记作用，真扶贫、扶真贫、真脱贫，做到领导工作实、任务责任实、资金保障实、督查验收实，使脱贫成效经得起检验。

大力实施富民工程。必须把增加城乡居民收入作为民生工作的关键来抓，让人民群众的生活更加殷实。推进产业富民，大力发展本地特色产业，把资源优势有效转化为富民优势，多发展适销对路、能给老百姓带来"真金白银"的致富产业，多实施一批增加老百姓收入的"短平快"项目，多培育一些吸纳就业能力强的企业，打牢群众增收的基础。实施更加积极的创业就业政策，提高劳动者创业能力和就业本领。要把创业富民作为重点来突破，抓创业机会、创业群体、创业培训，帮助引导更多的人在家门口创新创业，八仙过海——各显神通、各尽其能。建立健全覆盖城乡的公共就业服务体系，统筹做好重点群体就业，努力扩大中等收入群体，多渠道增加低收入劳动者收入，逐步缩小城乡、区域、行业收入差距。落实好强农惠农富农政策，挖掘农业生产经营性收入，增加务工工资性收入，释放财产性收入红利，拓展农民收入增长空间。

加快推进公共服务均等化。公平充足的公共服务供给是民生福祉的重要内容，必须坚持普惠性、保基本、均等化、可持续发展，增加优质公共服务供给。推进基本公共服务标准化，明确基本公共服务清单和分类建设标准，科学确定公共设施服务半径和覆盖人群，努力实现布局优化、普惠可及。推进教育现代化，推动教育资源均衡配置，加快发展普惠性学前教育，健全城乡一体的义务教育发展机制；完善现代职业教育体系，打造西部职业教育高地；加快一流大学、一流学科建设，增强服务地方经济社会发展能力，努力办好人民满意的教育。推进健康宁夏建设，全面推进综合医改，加强医疗联合体建设，促进优质医疗资源下沉，加强基层医疗服务能力建设，努力为人民群众提供全方位、全周期的卫生和健康服务。坚持计划生育基本国策，促进人口长期均衡发展。广泛开展全民健身运动。推进全民参保，稳步提高统筹层次和保障水平，加快住房保障和供应体系建设，加大社会救助力度，增强养老服务供给能力，大力发展残疾人和慈善公益事业，建立更加公平更可持续的社会保障制度。

（三）大力实施生态立区战略，深入推进绿色发展

良好的生态环境是最公平的公共产品、最普惠的民生福祉。必须立足宁夏生态环境脆弱的实际，牢固树立尊重自然、顺应自然、保护自然的绿色发

展理念，像保护眼睛一样保护生态环境、像对待生命一样对待生态环境，坚决摒弃损害甚至破坏生态环境的发展模式，坚决摒弃以牺牲生态环境换取一时一地经济增长的做法，承担起维护西北乃至全国生态安全的重要使命，让宁夏的天更蓝、地更绿、水更美、空气更清新。

打造沿黄生态经济带。宁夏因黄河而生、因黄河而兴，我们要自觉承担起保护母亲河的重要责任，全力打造生态优先、绿色发展、产城融合、人水和谐的沿黄生态经济带。严格落实空间规划，科学布局沿黄地区生产、生活、生态空间。严格控制开发强度、提高开发水平，实行最严格的水生态保护和水污染防治制度，让母亲河永远健康。按照绿色循环低碳的要求，推动沿黄地区产能改造提升、园区整合发展、产业有序转移，发展节能环保的高端产业和循环经济，建设一批生态产业园区，构建科技含量高、资源消耗低、环境污染少的生态经济体系。推广绿色生活，普及绿色消费，推动生活方式向绿色低碳转变。

构筑西北生态安全屏障。把山水田林湖作为一个生命共同体，统筹实施一体化生态保护和修复，全面提升自然生态系统稳定性和生态服务功能。要构筑以贺兰山、六盘山、罗山自然保护区为重点的"三山"生态安全屏障，持续推进天然林保护、三北防护林、封山禁牧、退耕还林还草、防沙治沙等生态建设工程。贺兰山自然保护区要加大生态环境整治力度，突出构建绿色生态屏障，加强生态保护与修复，带动北部平原绿洲生态系统建设，营造多区域贯通的生态廊道。六盘山自然保护区突出构建水源涵养和水土保持生态屏障，带动南部山区绿岛生态建设，形成山清水秀、环境优美的生态廊道。罗山自然保护区突出构建防风防沙生态屏障，带动中部干旱带荒漠生态系统建设，确保人口和产业不突破环境承载能力。

铁腕整治环境污染。保护环境就是保护生产力，就是保障和改善民生。必须从源头抓起，依法依规治理污染问题，持续改善环境质量。提高环保准入门槛，严格控制"两高一资"行业发展，严格落实节能减排约束指标，促进各类资源节约高效利用，从源头上为生态环境减负。深入实施蓝天、碧水、净土"三大行动"，加强环境监管体系和能力建设，坚决打好污染防治战役，持续推进城乡环境综合整治，着力解决群众关心和影响经济社会可持续发展的突出环保问题。

完善生态文明制度体系。保护生态环境，必须实行最严格的制度、最严密的法治。坚持源头严控、过程严管、后果严惩，对重点生态功能区、敏感区和脆弱区实行红线管控，实行严格的耕地保护制度，开展生态保护补偿试点，大力推行河长制，构建产权清晰、多元参与、激励约束并重、系统完整的生态文明制度体系。完善绿色发展长效投入机制、科学决策机制、政绩考核机制、责任追究机制，落实党政同责、一岗双责，推行领导干部自然资源资产离任审计，实行领导干部生态环境损害责任终身追究制度。严格生态环保执法司法，落实生态环境损害赔偿制度，对各类违法行为"零容忍"，绝不能把污染成本转嫁给社会。

（四）扎实推进民主法治建设，凝聚起全区上下共同奋斗的智慧和力量

人民民主是社会主义的生命。要坚持中国特色社会主义政治发展道路，坚持党的领导、人民当家做主、依法治国有机统一，充分发扬人民民主，深入推进依法治区，加强和创新社会治理，巩固和发展政通人和、安定有序、生动活泼的好局面。

坚定不移推进民主政治建设。坚持和完善人民代表大会制度，支持人大及其常委会依法行使职权，充分发挥人大代表作用。坚持和完善中国共产党领导的多党合作和政治协商制度，支持人民政协积极履行政治协商、民主监督、参政议政职能。加强同各民主党派和无党派人士的团结合作，重视做好党外知识分子、新的社会阶层人士等工作。落实基层群众自治制度，大力推进党务、政务、村务公开和各领域办事公开，扩大公民有序政治参与。加强和改进党对群团工作的领导，扎实推进群团改革。坚持党管武装，加强国防教育，促进军政军民团结。

坚定不移推进法治宁夏建设。法治是国家治理体系和治理能力的重要依托，必须加快依法治区进程，让法治成为宁夏未来发展核心竞争力的重要标志。加强党委对地方立法工作的领导，深入推进科学立法、民主立法，健全立法工作机制，加强重点领域立法，提高立法质量。加快法治政府建设，深化行政执法体制改革，提高政府工作法治化水平。全面深化司法体制改革，切实解决执行难问题，努力让人民群众在每一个司法案件中感受到公平正义。加强法治教育，扎实开展"七五"普法，实施法治惠民工程，让法治思维和法治方式成为宁夏人生活方式的重要内容。

坚定不移推进社会治理创新。创新社会治理是全面建成小康社会的重要方面，要创新社会治理体制和治理方式，完善社会治安防控体系，推进基层管理服务网格化智能化社会化，有效防范和打击敌对势力渗透破坏活动，严厉惩治各类违法犯罪行为，健全社会矛盾纠纷多元化解机制，建设平安宁夏，确保人民安居乐业、社会安定有序。全面加强安全生产和食品药品安全，落实企业主体责任和政府监管责任，增强防灾减灾救灾能力，维护人民群众生命财产安全。

（五）扎实推进民族宗教工作，维护社会大局和谐稳定

民族团结是各族人民的生命线。要始终高举民族团结旗帜，全面贯彻党的民族政策和宗教工作基本方针，着力打造全国民族团结进步示范区。

推动民族团结工作走在全国前列。坚定不移走中国特色解决民族问题的正确道路，坚持民族区域自治制度，巩固和发展民族团结的大好局面。深入开展民族团结进步宣传教育，继承和发扬民族团结优秀历史文化传统，唱响"中华民族一家亲、同心共筑中国梦"的时代主旋律，积极培育中华民族共同体意识，使"三个离不开""五个认同"思想深深扎根各族群众心中。积极促进各民族交往交流交融，广泛建立相互嵌入式的社会结构和社区环境，创造各族群众共居、共学、共事、共乐的良好氛围。深化民族团结进步创建活动，创新活动载体和工作方式，推进"585"创建行动计划，大力培育和宣传民族团结进步先进典型，让民族团结之花开遍宁夏大地。

推动宗教工作走在全国前列。始终从党和国家工作大局上把握宗教，坚持宗教中国化方向，努力在"导"上想得深、看得透、把得准，牢牢掌握宗教工作主动权，不断提高宗教工作水平。依法加强宗教事务管理，保护合法、制止非法、遏制极端、抵御渗透、打击犯罪，加强场所、活动、人员规范管理，依法妥善处置涉及宗教因素的矛盾纠纷，坚决抵御境外宗教渗透，严防宗教极端主义影响，切实维护现有宗教格局稳定。着力构建积极健康的宗教关系，任何宗教不得干预行政、司法、教育等国家职能的实施，不得干预和影响社会生活。重视解决宗教领域的突出问题，准确把握政策尺度，切实解决和防止清真概念泛化等苗头性、倾向性问题，加强网络涉民族宗教舆情的管控引导工作。坚持寓管理于服务，支持宗教团体更好地发挥作用，加强宗教人士教育培养，倡导和谐共融的宗教关系，深入开展和谐寺观教堂创建活动，积极推进社会主义核心价值观、国旗、报刊、文化书屋进宗教场所，引导宗教界人士和信教群众爱党爱国、尊法守法、正信正行，创造和顺平静的宗教氛围。

（六）扎实推进文化繁荣发展，构筑共有精神家园

文化是民族的血脉，是凝聚人心的精神纽带。要坚定文化自信，增强文化自觉，促进文化繁荣发展。

全面提升社会主义核心价值观建设水平。深入开展中国特色社会主义和中国梦宣传教育，大力弘扬民族精神和时代精神，用社会主义核心价值观引领社会思潮、凝聚社会共识。注重落细落小落实，推动社会主义核心价值观融入社会生活，融入法规政策制度和社会治理。加强公民道德建设和社会诚

信体系建设，深化群众性精神文明创建活动，大力倡导移风易俗，加强高校思想政治工作和青少年思想道德建设，推动学雷锋志愿服务活动制度化常态化，选树一批道德模范、最美人物，引导全社会崇德向善、见贤思齐。

全面提升新闻宣传和舆论引导工作水平。坚持党管宣传、党管媒体不动摇，坚持团结稳定鼓劲、正面宣传为主的基本方针，提升舆论引导能力和水平。牢牢把握正确的政治方向、舆论导向和价值取向，弘扬主旋律、传播正能量，及时解疑释惑、疏导情绪、增进共识，讲好宁夏故事、传播宁夏声音、展示宁夏形象。加强舆论阵地建设，建强主流媒体，加快传统媒体和新兴媒体融合发展，打造拥有强大影响力、竞争力的新型主流媒体。提升网络建设、管理、运用水平，营造风清气正的网络环境和舆论氛围。

全面提升文化发展水平。深入推进文化惠民工程，加快基层公共文化服务体系标准化、均等化建设，实现区市县乡村五级公共文化设施全覆盖。促进优秀传统文化传承发展。深化文化体制改革，加快推进文化产业发展，培育文化新兴业态，打造一批有实力、有活力、有竞争力的骨干文化企业。大力推进文艺创作，多出无愧于时代的精品力作。

（七）扎实推进改革开放，激活发展动力活力

深化改革、扩大开放是内陆地区破解发展"瓶颈"、增创未来发展新优势的必然选择。必须坚定不移推进改革开放，努力打造更具活力的体制机制，拓展更加广阔的发展空间。

推进全面深化改革取得新突破。全面落实国家深化改革战略布局，紧密结合我区实际，以国家赋予的各项改革试点任务为引领，全力攻坚克难，推动重点领域和关键环节各项改革取得更多实质性成效。以经济体制改革为重点，处理好政府与市场的关系，深化行政管理体制改革，加快政府职能转变，充分发挥市场在资源配置中的决定性作用，着力解决市场体系不完善、政府干预过多、服务管理不到位问题，用行政权力的减法换取市场活力的加法。大力推进"放管服"改革，严格落实"两个清单"制度，更加彻底地"放"、更加有效地"管"、更加优质地"服"。大力推广"互联网+政务"，加快政府服务网上线运行，加快构建"不见面、马上办"的审批模式，力争做到网上办、集中批、联合审、区域评、代办制、不见面。持续深化国企国资改革，稳妥推进混合所有制改革，健全现代企业制度，充分发挥国有资本投资运营集团作用，做大做强一批国有骨干企业，促进国有资产保值增值。鼓励支持引导民营经济发展，鼓励民营企业依法进入更多领域，公开公平公正参与市场竞争。要为民营经济发展创造良好的环境，切实帮助解决民营经济发展面临的准入难题、融资难题、降本难题，拓宽民营经济发展空间，推动我区民

营经济"破冰前行"。深化农村改革，稳步推进集体产权制度改革，统筹推进"三权分置"，发展适度规模经营，让农民的"死资产"变成"活资本"。稳步推进城镇化、林业、水利、科技、财税、金融、商事、教育、社保等领域改革，为经济社会发展提供动力、增添活力。各级领导要亲力亲为抓改革，敢于担当，推动各项改革落地见效。

推进全方位多层次对外开放。主动融入和服务国家发展战略，积极参与"一带一路"建设，着力打造丝绸之路经济带战略支点，构建对内对外开放新格局。充分发挥中阿博览会的平台作用，以企业为主体，以经贸合作为重点，吸引和聚集一批国内外企业参与"一带一路"建设。用好内陆开放型经济试验区先行先试的政策优势，以综合保税区和各类开发区建设为载体，以政策创新、制度创新为突破口，大胆试验、大胆探索，积极借鉴复制自由贸易试验区改革经验，营造国际化、法治化、便利化的营商环境，全面提升开放水平。发挥宁夏在中国—中亚—西亚经济走廊的主要节点作用，积极主动"走出去"，加快贸易口岸和境外产业园区建设，推动区内企业的产品、项目、技术、服务"全产业链出口"。深化与京津冀、环渤海、长三角、珠三角等地区的战略合作，加大精准招商力度，着力引进培育一批优质市场主体。

四、扎实推进全面从严治党，为全面建成小康社会提供坚强保证

实现新的奋斗目标，根本靠加强党的领导，靠各级党组织坚强有力、各级干部示范带头，靠党执政的思想基础、组织基础、群众基础牢固扎实。全区各级党组织要自觉担当起全面从严治党的政治责任，把全面从严治党要求贯穿于全面小康建设全过程、落实到党的建设各方面，着力营造风清气正的政治生态。

（一）提高思想政治建设水平

坚持思想建党，提高政治站位，加强党性锤炼，切实提高广大党员干部的思想政治觉悟和理论水平。加强理想信念教育。理想信念是共产党人的政治灵魂和精神支柱。全区各级党组织要教育引导广大党员干部筑牢信仰之基、补足精神之钙、把稳思想之舵，始终保持对党绝对忠诚，坚定"四个自信"，传承红色基因，永远保持共产党人的本色。加强理论武装。推动党员干部深入学习马克思列宁主义、毛泽东思想和中国特色社会主义理论体系，深入学习贯彻习近平总书记系列重要讲话精神和治国理政新理念新思想新战略，深入学习党章党规。发挥党委中心组示范带头作用，推进"两学一做"学习教育常态化制度化，用马克思主义中国化最新理论成果武装干部、教育群众。

加强意识形态工作。坚持党管意识形态,认真落实意识形态工作责任制,管好阵地、管好导向、管好队伍,牢牢掌握主动权,让正能量充沛、主旋律高昂。加强党内政治文化建设。倡导和弘扬忠诚老实、光明坦荡、公道正派、实事求是、艰苦奋斗、清正廉洁等价值观,推动形成清清爽爽的同志关系、规规矩矩的上下级关系。

(二)提高党内政治生活水平

认真执行党内政治生活若干准则,着力增强党内政治生活的政治性、时代性、原则性、战斗性。严格执行民主集中制。大力发展党内民主,完善党委(党组)议事规则和决策程序,做到科学决策、民主决策、依法决策。严格党的组织生活。认真落实"三会一课"、民主生活会和组织生活会、谈心谈话、民主评议党员等制度,用好批评和自我批评有力武器,确保党的组织生活经常、认真、严肃,充满活力。加强党内法规制度建设。着力构建内容科学、程序严密、配套完备、运行有效的制度体系,强化制度执行。严格党内监督。认真执行党内监督条例,突出对"一把手"和重点领域、重要岗位、关键环节的监督,织密监督之网,增强监督实效,做到有权必有责、用权必担责、滥权必追责。

(三)提高各级领导班子和领导干部的素质和能力

树立正确用人导向。坚持党管干部原则,坚持德才兼备、以德为先,全面落实"20字"好干部标准,注重选拔理想信念坚定、"四个意识"强的干部,注重选拔求真务实、勤政为民、道德品行和群众口碑好的干部,注重选拔认真负责、敢于担当、善于谋发展促改革、工作实绩突出的干部,注重选拔廉洁从政、廉洁用权、廉洁修身、廉洁齐家的干部,注重把明辨大是大非立场特别清醒、维护民族团结行动特别坚定、热爱各族群众感情特别真挚的优秀少数民族干部选拔到领导岗位上,让忠诚干净担当务实的干部有舞台,让不守规矩、不干实事的干部没有市场;深化干部人事制度改革,破除论资排辈、求全责备等陈旧观念,克服"四唯"倾向,严肃选人用人纪律,坚决防止和纠正选人用人不正之风。选优配强各级领导班子。突出抓好党政正职和关键岗位、专业干部的配备,加强后备干部、优秀年轻干部培养使用,合理使用各年龄段干部,统筹女干部、少数民族干部、党外干部培养选拔,加强干部交流,优化班子结构,增强整体功能。强化干部教育管理。发挥党校、行政学院主渠道作用,大规模培训干部;认真落实领导干部个人有关事项报告和提醒、函询、诫勉等制度,健全干部考核评价体系,推进干部能上能下,加强干部正向激励,鼓励干部干事创业;完善容错纠错机制,鼓励探索,宽容失败，大力营造想干事、能干事、干成事的浓厚氛围。

（四）提高基层党组织建设水平

牢固树立重视基层、关心基层、支持基层的鲜明导向，推动全面从严治党向基层延伸，夯实党的全部工作和战斗力的基础。加强组织建设。以基层服务型党组织建设为统领，强化党的基层组织的政治功能、服务功能，持续做好抓党建促脱贫攻坚工作，大力整顿农村软弱涣散党组织，构建城市区域化大党建格局，推动机关党建走在前、作表率，加强国有企业、高校党的建设，扩大非公有制经济组织、社会组织党的组织覆盖和工作覆盖，充分发挥基层党组织的战斗堡垒作用。加强基层保障。开展农村村级党组织"三大三强"行动，推动力量、投入、资源和工作向基层下沉，确保基层党组织有人干事、有钱办事、有场所议事。加强党员管理。从严加强日常管理，强化党员意识，提高党员发展质量，积极稳妥处置不合格党员，推动党员更好发挥先锋模范作用，保持党员队伍的先进性和纯洁性。

（五）提高党风廉政建设和反腐败工作水平

认真履行"两个责任"，把党风廉政建设和反腐败斗争引向深入。坚持作风建设永远在路上。推动作风建设常态长效发展，认真践行党的群众路线，落实领导干部调查研究、联系基层、接访下访等制度，引导党员干部深入基层一线、多办实事好事，推动转型发展向上攀登、联系群众向下扎根；深入贯彻中央八项规定精神，防止"四风"反弹回潮，着力解决不作为、慢作为、乱作为问题，调动党员干部干事创业的积极性创造性。切实加强党员干部家风建设，坚决反对特权思想、特权现象。坚持把纪律挺在前面。认真执行廉洁自律准则、纪律处分条例、问责条例，正确运用监督执纪"四种形态"，抓早抓小、防微杜渐，让"咬耳扯袖"成为常态，使纪律成为管党治党的戒尺和不可逾越的底线；强化对政治纪律和政治规矩执行情况的监督检查，督促党员干部自觉做到"四个服从"，牢记"五个必须"，防止"七个有之"。坚持旗帜鲜明反腐倡廉。保持惩治腐败高压态势，严肃查处领导干部违规插手建设项目招投标、政府采购、土地出让、侵吞国有资产、买官卖官、以权谋私、腐化堕落、失职渎职案件，严肃查处"小官大贪"、侵占挪用、克扣强占等侵害群众利益的腐败问题，加大追逃追赃力度，绝不让腐败分子有藏身之地。加强纪检监察干部队伍建设，推进纪检体制和监察体制改革，发挥巡视"利剑"作用，全面推开巡察工作，着力构建不敢腐、不能腐、不想腐的有效机制，持续释放正风反腐的正能量。

同志们，蓝图已经绘就，目标振奋人心，奋斗正当其时。宁夏发展已站到新的历史起点上，党中央对我们寄予厚望，全区人民对我们充满期待。让我们更加紧密地团结在以习近平同志为核心的党中央周围，高举中国特色社会主义伟大旗帜，振奋精神、实干兴宁，以更加坚定的自信、更加饱满的热情、更加昂扬的斗志，走好新的长征路，为实现经济繁荣、民族团结、环境优美、人民富裕，与全国同步建成全面小康社会目标而努力奋斗！

附录6

宁夏回族自治区国民经济和社会发展第十三个五年规划纲要

(宁政发〔2016〕30号)

《宁夏回族自治区国民经济和社会发展第十三个五年(2016~2020年)规划纲要》,根据党的十八届五中全会精神和自治区党委关于制定国民经济和社会发展第十三个五年规划的建议编制,主要阐明自治区党委战略意图,明确政府工作重点,引导市场主体行为,是今后五年宁夏经济社会发展的宏伟蓝图,是全区人民共同的行动纲领,是政府履行职责的重要依据。

第一章 与全国同步建成全面小康社会

"十三五"时期是全面建成小康社会的决胜期,是全面深化改革、扩大开放的攻坚期,是爬坡过坎、转型升级的机遇期,是缩小差距、追赶发展的关键期,必须抓住"十三五"发展的有利因素,积极应对各种挑战,奋力推进开放、富裕、和谐、美丽宁夏建设,确保实现与全国同步进入全面小康社会目标。

第一节 "十二五"发展成就

"十二五"时期是我区改革发展进程中极不平凡的五年,也是经济社会发展取得巨大成就的五年。在党中央国务院的正确领导下,自治区党委政府团结带领全区各族人民,面对艰巨繁重的改革发展稳定任务,深入学习贯彻习近平总书记系列重要讲话精神和中央重大决策部署,积极应对错综复杂的形势和前所未有的经济下行压力,牢牢把握稳中求进工作总基调,主动适应经济发展新常态,解放思想,抢抓机遇,攻坚克难,开拓创新,统筹推进稳增长、促改革、调结构、惠民生、防风险等各项任务,基本完成了"十二五"

规划确定的预期目标，夺取了全面建成小康社会的阶段性胜利，为"十三五"发展奠定了坚实基础，创造了良好条件。

——综合实力大幅提升。到"十二五"末，地区生产总值达到2911.8亿元，年均增长9.9%，人均地区生产总值达到43805元；地方公共财政预算收入达到373.7亿元，年均增长19.4%；累计完成固定资产投资13179亿元，是"十一五"时期的2.9倍，年均增长22.9%；科技创新对产业转型的支撑能力明显提高，科技进步贡献率达到49%。

——结构调整取得积极进展。三次产业比重由2010年的9∶49∶42调整到8.2∶47.4∶44.4。"一优三高"引领现代农业发展，特色优势农业产值占农业总产值的比重达到86.3%，主要农产品加工转化率达到60%。工业转型升级稳步推进，战略性新兴产业增加值占GDP比重达到8.2%，轻工业增加值占工业比重提高到17.9%；电力装机增长116%，建成了宁东至山东±600kV直流输电工程，正在建设宁东至浙江±800kV特高压直流输电工程；新能源装机占电力装机的比重达到36%，被列为全国首个国家新能源综合示范区；新型煤化工产能增加2.9倍，宁东成为全国最大的煤制烯烃生产基地，正在建设的400万吨煤制油将成为世界最大的煤炭间接液化示范项目。服务业就业比重达到36%。民营经济活力不断增强，非公经济比重达到47%。

——基础设施明显改善。全区铁路通车里程达到1131千米，铁路网密度达到1.7千米/百平方千米；高速公路通车里程达到1527千米，改造国省道1200千米，新改建农村公路1万千米，公路密度提高到50千米/百平方千米；开通了61条国内航线和10条国际与地区航线，初步形成连接全国大中城市和部分国际都市的航空网络，旅客吞吐量达到539万人次。建设了一批重大水利骨干工程，新增供水能力2.9亿立方米/年，新增高效节水灌溉面积230万亩，农业灌溉用水有效利用系数提高到0.48，水利保障能力进一步增强。

——城乡面貌显著变化。在全国率先编制实施全省域空间发展战略规划，进一步优化了国土空间开发格局。沿黄城市带和山区大县城建设步伐加快，大银川都市区和石嘴山、中卫、固原三个副中心城市综合承载能力明显提升，银川阅海湾中央商务区、滨河新区、固原西南城区建设全面铺开，400千米滨河大道全线贯通；实施美丽乡村建设"八大工程"，累计改造危窑危房28.7万户，建成新村365个，综合整治旧村1880个，建设改造小城镇75个，实现行政村环境综合整治全覆盖，进村主干道硬化率、农村自来水入户率、垃圾集中收集率均达到80%以上。常住人口城镇化率达到55.2%，城镇建成区绿化覆盖率达到35%。

——生态环境得到改善。坚持全面封山禁牧，实施生态建设与环境保护重大工程，累计完成造林面积685万亩，治理沙化土地250万亩，全区森林覆盖率达到13%。启动实施环境保护、大气污染防治、节能降耗和宁东基地环境保护4个行动计划，单位GDP能耗、单位GDP二氧化碳排放和化学需氧量、二氧化硫、氨氮、氮氧化物排放完成"十二五"目标任务。成为全国唯一省级节水型社会示范区。

——社会事业长足进步。各级各类学校办学条件显著改善，教育普及程度不断提高，率先在西部地区基本普及高中阶段教育，建成西部最大的职业教育园区，营养改善计划"宁夏模式"在全国得到推广，教育综合指数居西部前列。城乡医疗卫生服务体系不断完善，每千人口床位数达到4.7张，城乡居民基本医疗保险参保率达到96%，群众"看病难、看病贵"问题得到缓解，人口自然增长率控制在9‰以内。文化体制改革扎实推进，文化产业加快发展，创作生产了一批群众喜闻乐见的文艺精品。建成了宁夏大剧院等公共文化设施，基本实现直播卫星"户户通"、农村电影放映无盲点、公共文化场所全免费、农民健身工程全覆盖。社会主义核心价值观深入人心，民族团结、宗教和顺成为宁夏亮丽名片。

——民生福祉不断增强。坚持实施民生计划，每年为民办30件实事，地方财政用于民生领域的支出比重达到70%以上。实施中南部城乡饮水安全工程等一批重大民生项目，解决了139万人口饮水安全问题，实施各类保障性安居工程43.24万套，搬迁安置生态移民32.9万人，减少贫困人口43.37万人。率先在全国实现城乡居民基本养老省级统筹，城乡居民大病医疗保险经验在全国推广，被征地农民养老保险制度走在了西部乃至全国前列，实现全区社保"一卡通"。5年城镇新增就业37万人，城镇登记失业率控制在4.5%以内；城镇和农村常住居民人均可支配收入分别达到25186元和9119元，年均分别增长10.8%和12.2%，人民生活水平迈上了一个新台阶。

——改革开放深入推进。深化行政审批管理体制、商事制度改革，取消、调整和下放行政审批事项500多项，重点领域和关键环节改革取得实质性进展，发展环境进一步优化。内陆开放型经济试验区建设稳步推进，银川综合保税区建成运营，中阿博览会的国际影响力不断提升，与38个国家的51个地方政府建立国际友城关系，与130多个国家和地区开展经贸文化合作交流，在30个国家和地区设立境外企业，外贸出口总额年均增长20.5%，对外开放取得重大进展。

专栏1 "十二五"规划主要指标实现情况

指标	2010年	规划目标 2015年	规划目标 年均增长（%）	实现情况 2015年	实现情况 年均增长（%）
地区生产总值（2010年价，亿元）	1690	2900	12左右	2911.8（现价）	9.9
地方财政一般预算收入（亿元）	154	310	15	373.7	19.4
全社会固定资产投资（亿元）	1465	(15000)	25左右	(13179)	22.9
外贸出口总额（亿美元）	11.7	24	15	29.76	20.5
常住人口城镇化率（%）	48	55	—	55.2	—
居民消费率（%）	33.5	40	—	38	—
三次产业结构比例	9∶49∶42	6∶53∶41	—	8.2∶47.4∶44.4	
战略性新兴产业增加值占GDP比重（%）	3.8	>8	—	8.2	—
服务业就业比重（%）	33.8	36	—	36	—
研究与试验发展（R&D）支出占GDP比重（%）	0.68	>1.2	—	0.92	—
每百万人口发明专利授权数（件）	9.6	15	10	67	—
科技进步贡献率（%）	42.8	>48	—	49	—
小学六年义务教育巩固率（%）	83.49	90	—	94	—
初中三年义务教育巩固率（%）	91.34	93	—	93	—
高中阶段教育毛入学率（%）	84.71	87	—	91	—
高等教育毛入学率（%）	25.1	36	—	31.5	—
城镇居民人均可支配收入（元）	15345	27000	12	25186	10.8
农村居民人均可支配收入（元）	4675	8200	12	9119	12.2
城镇登记失业率（%）	4.35	<4.5	—	4.02	—
五年城镇新增就业（万人）	(32.7)	(36)	—	(37)	—
城镇保障性住房（万户）	2.79	(12.44)	—	(17.37)	—
城乡参加基本养老保险人数（万人）	253	380	8.5	340.5	—

续表

指　标	2010年	规划目标		实现情况	
		2015年	年均增长（%）	2015年	年均增长（%）
城乡居民基本医疗保险参保率（%）	90	95	—	96	—
全区年末总人口（万人）	633	675	—	668	—
人口自然增长率（‰）	9.04	9	—	8	—
耕地保有量（万亩）	1650	1650	—	1920	—
万元工业增加值用水量（吨）	91	64	(−30)	49	(−46)
农业灌溉用水有效利用系数	0.42	0.48	—	0.48	—
非化石能源占一次能源消费比重（%）	2.7	5左右	—	7.5	—
森林覆盖率（%）	11.89	15	—	13	—
单位GDP能耗（吨标煤/万元）（不含宁东煤化工项目）	2.096	1.782	(−15)	1.76	(−16)
单位GDP二氧化碳排放（吨/万元）（不含宁东煤化工项目）	5.36	4.5	(−16)	4.5	(−16)
化学需氧量排放（万吨）	24	22.6	(−5.8)	21.1	(−12.1)
二氧化硫排放（万吨）	38.29	36.9	(−3.6)	35.76	(−6.6)
氨氮排放（万吨）	1.82	1.67	(−8.2)	1.62	(−11)
氮氧化物排放（万吨）	41.76	39.8	(−4.7)	36.76	(−12)

注：( ) 表示累计数。

第二节　"十三五"时期面临的形势

"十三五"时期，和平与发展仍然是时代主题，全球治理体系深刻变革，世界经济在深度调整中曲折复苏，新一轮科技革命和产业变革蓄势待发，蕴含着新的增长空间和机会。我国经济发展进入速度变化、结构优化、动力转换的新常态，经济长期向好基本面没有改变，仍处于可以大有作为的重要战略机遇期。国家实施"一带一路"，深入推进西部大开发，加快推进结构性改革，全面部署打赢脱贫攻坚战，不断加大对民族地区、贫困地区、革命老区全方位的扶持，为宁夏回族自治区加快发展提供了重大机遇。经过多年努力，宁夏回族自治区工业化、城镇化、农业现代化新动能正在形成，新的增长点和增长动力正在培育，深化改革的红利正在释放，开放开发的空间正在拓展，全区上下加快建设开放富裕和谐美丽宁夏的信心更加坚定，完全有条件在新的起点上，实现更高质量、更有效率、更可持续的发展。

宁夏回族自治区"十二五"虽然取得了巨大成就，但必须清醒地看到，经济社会发展中还存在一些深层次问题和明显"短板"，突出表现为：经济社会发展整体水平不高，产业发展层次低，链条短，竞争力不强，发展方式粗放，资源环境约束日益加大，结构调整任重道远；创新型人才短缺，自主创新能力不强，科技对经济的贡献率低；山川发展不平衡，基本公共服务供给不足，脱贫攻坚任务艰巨；基础设施现代化水平不高，对外开放通道不畅，水资源"瓶颈"突出等。这些问题和"短板"，严重制约了我区经济社会的发展。

综合分析判断，发展不足仍然是最大的区情，加快发展仍然是最紧迫的任务。对标全国平均发展水平，我们的差距仍然十分明显，对标全面建成小康社会目标，我们的任务十分艰巨。必须坚持目标导向和问题导向，自觉把我区发展置于全国大格局中，进一步解放思想，科学谋划，准确定位，着力在优化结构、增强动力、破解难题、补齐"短板"上取得突破，在全区上下形成咬定目标、不等不靠、奋力追赶、竞相发展的生动局面。

第三节 指导思想和基本原则

"十三五"时期宁夏回族自治区经济社会发展的指导思想是：高举中国特色社会主义伟大旗帜，全面贯彻党的十八大和十八届三中、四中、五中全会精神，以马克思列宁主义、毛泽东思想、邓小平理论、"三个代表"重要思想、科学发展观为指导，深入贯彻习近平总书记系列重要讲话精神，按照"五位一体"总体布局和"四个全面"战略布局，以创新、协调、绿色、开放、共享发展理念统领开放富裕和谐美丽宁夏建设，以创新发展转型追赶为主线，以提高质量和效益为中心，大力实施开放引领、创新驱动、富民共享、生态优先战略，加快形成适应经济发展新常态的体制机制和发展方式，统筹推进经济建设、政治建设、文化建设、社会建设、生态文明建设和党的建设，确保实现与全国同步进入全面小康社会目标。

实现与全国同步进入全面小康社会的目标，推动经济社会持续健康发展，必须遵循以下原则：

坚持以人为本。以人民为中心，切实保障改善民生，增进人民福祉，促进人的全面发展，让全区人民共建共享改革发展成果。

坚持科学发展。以发展理念的转变推动发展方式的转变，以发展方式的转变推动发展质量和效益提升，努力走出一条速度快、结构优、生态美、人民富的发展新路。

坚持深化改革。充分发挥市场在资源配置中的决定性作用和更好发挥政府作用，先行先试，勇于突破，创新体制机制，为经济社会发展提供持续动力。

坚持扩大开放。把扩大开放作为强区富民的战略抉择，全方位融入国家"一带一路"战略，加快内陆腹地走向开放前沿步伐，以大开放引领大发展。

坚持依法治区。把法治贯穿经济发展和社会治理各方面，坚持和完善民族区域自治制度，加快建设法治经济、法治社会和法治政府。

坚持党的领导。贯彻全面从严治党的要求，不断增强各级党组织的创造力、凝聚力、战斗力，为开放、富裕、和谐、美丽宁夏建设提供坚强保证。

第四节　发展目标和基本理念

按照党的十八届五中全会和自治区党委十一届七次全委会总体要求，"十三五"时期经济社会发展的主要目标是：实现"一个翻番、三个同步、一个增强"，即到2020年地区生产总值在2010年基础上翻一番；城乡居民收入增长与经济增长同步，财政收入增长与经济增长同步，劳动报酬提高与劳动生产率提高同步；基础设施支撑能力显著增强。

（1）经济保持中高速增长。经济增长的平衡性、包容性和可持续性进一步提高，实现投资有效益、产品有市场、企业有利润、员工有收入、政府有税收。经济年均增速保持在7.5%以上，人均地区生产总值接近1万美元，固定资产投资年均增长10%以上。

（2）创新驱动能力显著提升。大众创业万众创新的生动局面基本形成，创业创新在全社会蔚然成风，各方面人才队伍基本适应经济社会发展需要，科技创新能力明显增强，科技成果转化率大幅提高。R&D经费投入强度达到2%以上，科技进步贡献率达到55%。

（3）产业转型升级取得重大进展。现代产业体系基本建立，三次产业协调发展，产业技术装备水平和竞争力明显提高。服务业占地区生产总值的比重达到50%左右，非公经济比重达到50%以上。

（4）生态环境持续改善。能源、土地、水资源综合利用水平不断提升，国家西部生态安全屏障的地位和作用更加凸显，蓝天绿水青山的生态名片更加亮丽，人居环境质量在全国排名靠前。全区森林覆盖率达到15.8%，地级城市空气质量优良天数比例达到78%以上，万元GDP能耗、碳排放和主要污染物排放总量控制在国家下达的指标以内。

（5）改革开放取得重大突破。重点领域和关键环节改革取得实质性突破，推动科学发展的新体制基本建立，发展环境进一步优化。内陆开放型经济试验区建设取得重大进展，中阿博览会影响力大幅提升，对外经贸合作和人文交流更加广泛深入，进出口总额和外商直接投资年均增长25%。

（6）人民生活质量全面提升。全区提前两年实现现行标准下农村贫困人口脱贫，贫困村全部销号，贫困县全部摘帽。社会保障、基本公共服务走在西部前列。累计新增就业36万人，就业更加充分更有质量。城镇和农村常住居民人均可支配收入年均分别增长8%和9%，收入差距缩小。人民群众喝上干净的水、吃上放心的食品、呼吸清新的空气，幸福指数明显提高。

（7）社会文明程度明显提高。中国梦和社会主义核心价值观更加深入人心，精神文明和物质文明建设协调推进，人民思想道德素质、科学文化素质、健康素质全面提升，全社会法治意识、诚信意识不断增强，法治政府基本建成，各方面制度更加健全，社会治理体系更加完善，民族团结、宗教和顺、社会安定的局面进一步巩固发展。

"十三五"时期经济社会发展必须坚持的基本理念：

实现"十三五"时期发展目标，破解发展难题，厚植发展优势，必须牢固树立创新、协调、绿色、开放、共享的发展理念，把创新作为引领发展的第一动力，把协调作为持续健康发展的内在要求，把绿色作为永续发展的必要条件，把开放作为繁荣发展的必由之路，把共享作为和谐发展的本质要求，将五大发展理念贯穿于全面建成小康社会的全过程。

专栏2 "十三五"时期经济社会发展主要指标

类别	序号	指标	2015年	2020年	年均增速[累计]	属性
经济发展	1	地区生产总值（亿元）	2911.8	4200	>7.5%	预期性
	2	人均地区生产总值（元）	43805	59400	6.3%	预期性
	3	地方公共财政预算收入（亿元）	373.7	540	7.5%	预期性
	4	全社会固定资产投资（亿元）	3533	[23800]	>10%	预期性
	5	社会消费品零售总额（亿元）	789.6	1160	8%	预期性
	6	全员劳动生产率（万元/人）	8	10.8	6.2%	预期性

续表

类别	序号	指标		2015年	2020年	年均增速[累计]	属性
经济发展	7	城镇化率	常住人口城镇化率（%）	55.2	60	[4.8]	预期性
			户籍人口城镇化率（%）	40.6	52	[11.4]	
	8	对外开放	外贸进出口总额（亿美元）	37.9	116	25%	预期性
			外商直接投资（亿美元）	1.86	5.6	25%	
结构调整	9	服务业增加值比重（%）		44.4	50	[5.6]	预期性
	10	非公经济占GDP比重（%）		47	>50	[3]	预期性
创新驱动	11	研究与试验发展经费投入强度（%）		0.92	>2	[1.08]	约束性
	12	每万人口发明专利拥有量（件）		1.74	3.5	[1.76]	预期性
	13	科技进步贡献率（%）		49	55	[6]	预期性
	14	互联网普及率	固定宽带家庭普及率（%）	41	75	[34]	预期性
			移动宽带用户普及率（%）	68	90	[22]	
民生福祉	15	农村贫困人口脱贫（万人）		[43.37]	[58.12]	—	约束性
	16	居民收入	城镇常住居民人均可支配收入（元）	25186	37000	8%	预期性
			农村常住居民人均可支配收入（元）	9119	14000	9%	
	17	劳动年龄人口平均受教育年限（年）		9.6	10.8	[1.2]	约束性
	18	城镇新增就业人数（万人）		[37]	[36]	—	预期性
	19	基本养老保险参保人数（万人）		340.5	395		预期性
	20	城镇棚户区住房改造（万套）		[19.77]	[15.5]		约束性
	21	人均预期寿命（岁）		74.3	76	—	预期性
资源环境	22	耕地保有量（万亩）		1920	1747		约束性
	23	新增建设用地规模（万亩）		[50.4]	[55]		约束性
	24	万元GDP用水量下降（%）		—	—	[25]	约束性
	25	非化石能源占一次能源消费比重（%）		7.5	10	[2.5]	约束性
	26	单位GDP能源消耗降低（%）		[16]	完成国家下达目标任务		约束性
	27	单位GDP二氧化碳排放降低（%）		[16]	完成国家下达目标任务		约束性

续表

类别	序号	指标		2015年	2020年	年均增速[累计]	属性
资源环境	28	森林发展	森林覆盖率（%）	13	15.8	[2.8]	约束性
			森林蓄积量（万立方米）	824	995	[171]	
	29	空气质量	地级城市空气质量优良天数比率（%）	74	>78	—	约束性
			细颗粒物（PM2.5）未达标地级城市年均浓度下降（%）	—	完成国家下达目标任务		
	30	地表水质量	达到或好于Ⅲ类水体比例（%）	66.7	73.3	—	约束性
			劣Ⅴ类水体比例（%）	0	0	—	
	31	主要污染物排放总量减少	化学需氧量（%）	[12.1]	完成国家下达目标任务		约束性
			氨氮（%）	[11]			
			二氧化硫（%）	[6.6]			
			氮氧化物（%）	[12]			

注：①GDP、人均GDP、全员劳动生产率绝对数和增速，按2015年可比价。②[ ]内为5年累计数。③未达标地级城市是指细颗粒物年均值超过35微克/立方米的城市。

第二章　以创新发展为引领　着力推动转型升级提质增效

实施创新驱动战略，加快建设富裕宁夏，坚持把创新摆在发展全局的核心位置，以创新发展引领转型升级，以转型升级推动提质增效，打造宁夏经济升级版。

第一节　推进以科技创新为核心的全面创新

以科技创新引领全面创新，突出企业创新主体地位和主导作用，推动大众创业万众创新，激发创新创业活力，加快实现发展动力转换，力争在关键核心技术和科技成果转化推广应用上取得重大突破，促进人力资本与创新发展相匹配，劳动力素质与转型升级相适应，人才队伍与经济社会发展相协调。

一、加强科技创新和成果转化

增强科技创新能力。推动省部共建沿黄经济带科技创新改革试验区，建设创新城市、打造创新园区，开展创新改革试验。围绕产业结构调整需求，实施传统产业改造、新兴产业培育、自主创新能力提升三大科技支撑计划，推进产业链、创新链、资本链、人才链、政策链"五链融合"。开展新型煤化工、装备制造、现代农业、生态建设等领域科技攻关，组织实施煤电化一体化、煤制油制气、先进装备和智能制造、稀有金属和镁铝轻金属、新能源发电、农业优良品种选育、节水高效农业、节能环保、生态环境治理和修复等重大科技专项。建立企业主导的产业技术创新机制，健全产学研用协同创新机制，强化创新链和产业链有机衔接，激发企业创新活力。

加快科技成果转化应用。建立市场化的科技成果转化机制，建设科技成果展示、技术评估、成果交易、科技金融、创业服务五大科技市场。建立科技成果转化基金，支持区外科研院所、高校、企业、园区、领军人才带科研成果来宁孵化、转化，推动科技成果产业化。完善企业研发费用计核方法，扩大研发费用加计扣除优惠政策适用范围。加强知识产权保护和应用。完善职务发明制度和奖励报酬制度，推行股权分红激励政策、促进国有企业创新的激励制度、企事业单位成果转化奖励办法，完善技术转移机制。加大政府对创新产品和服务的采购力度，完善相关政策体系。

培育科技型龙头企业。实施科技型龙头企业培育计划，筛选培育一批主业突出、关联度大、创新力强的科技型行业龙头企业。引导创新资源向龙头企业集聚，形成龙头引领、链条延伸、集群共进的发展局面。鼓励龙头企业建设研发机构、加大研发投入、构建产业技术创新战略联盟。支持行业龙头企业牵头组织实施重大产品开发、应用技术研究和成果转化项目。引导中小微企业围绕龙头协作配套，拓展延伸产业链条。加大政府科技投入力度，完善政府科技投入绩效考核评价机制。到2020年，全区各类科技创新平台达到500个左右，高新技术企业达到100家左右，科技型中小企业达到1000家左右。

专栏3 科技创新重点项目

（1）科技创新平台：新建和完善新材料、装备制造、现代农业、生物医药、电子信息、能源环保等领域创新平台，建成宁夏工程技术研究院。

（2）中阿技术转移中心：建设集信息云平台、科技成果展示、科技交流、中阿科技研发服务、中阿青年创业孵化等功能为一体的中阿技术转移中心。

（3）科技创新云服务平台：建设宁夏科技创新云服务中心、宁夏中关村科技产业园中卫云中心、宁夏科技资源统筹中心、宁夏科技金融服务中心、宁夏创新创业孵化器、创客空间等。

（4）高新技术开发区：改造提升银川、石嘴山国家高新技术产业开发区，推进宁夏中关村科技产业园西部云基地建设，提升吴忠清真食品及穆斯林用品产业示范区、宁夏纺织产业园科技支撑能力和水平。

（5）农业科技园区：改造提升银川、吴忠、石嘴山、固原国家农业科技园区，建设中卫国家农业科技园区。

二、造就创新型人才队伍

培养引进创新创业人才。实施人才强区战略，造就一支结构合理、素质优良、富有创新精神的高素质人才队伍。开展启发式、探究式、研究式教学方法改革试点，大力营造鼓励创新、宽容失败的创新文化。改革基础教育培养模式，尊重个性发展，强化创造性思维培养。发挥企业在人才发展中的主体作用，建立企业与学校合作育人模式，开展校企联合招生培养人才试点。实施院士后备人才培养、领军人才培养、青年拔尖人才培养、急需紧缺人才引进等人才工程，推进银川人才管理改革试验区建设，培养造就一批科技领军人才、企业家人才、金融高端人才和高技能人才，使创新型人才队伍基本适应经济社会发展需要。

推进科研人才双向流动。加快高等院校和科研事业单位去行政化改革。改进科研人员薪酬和岗位管理制度，鼓励符合条件的科研人员带项目带成果、保留基本待遇到企业开展创新工作或创办企业，鼓励有创新实践经验的企业家和企业技术人才到高校和科研机构兼职，促进科研人才双向自由流动。

提高人才管理和服务水平。着力构建政府引导服务、市场有效配置、单位自主用人、人才自主择业有机统一的人才管理服务机制。建立健全人才培养开发、评价发现、柔性引进、选拔任用、流动配置和激励保障机制。完善科技奖励评审制度，注重科技创新质量和实际贡献，建立有利于培养中青年优秀科技人才的评审机制。完善人才服务保障体系，在各级政务服务中心设立"一站式"人才服务窗口，为人才提供便捷高效服务。

专栏4　人才重点工程

（1）领军人才培养工程：培养科技创新型和产业领军型人才150名左右，选拔10名左右具备申报院士潜质的领军人才进行重点培养。

（2）急需紧缺人才引进工程：引进海外高层次科技人才200名左右，引进急需紧缺高层次人才100名左右，引进外国专家1800人次。

（3）青年拔尖人才培养工程：选拔100名国家级、300名自治区级学术技术带头人后备人选，500名自治区优秀青年后备骨干人选进行重点培养。

（4）科技创新团队建设工程：引进5个国（境）外、10个国内科技创新团队，培育30个左右自治区科技创新团队，全区科技创新团队达到100个以上。

三、推进大众创业万众创新

激发企业创新活力。加大企业创业资金支持，建立创业创新投资引导基金，与国家新兴产业、科技型中小企业创业、科技成果转化、中小企业发展等投资引导基金协同捆绑、联动推进。支持以企业为主，承担重大科技专项等创新项目。加大科技创新在国有企业经营业绩考核中的比重。扩大小微企业"助保贷"规模，推进小微企业贷款保证保险试点，完善小微企业贷款风险分担机制。开展股权众筹融资试点。积极探索发展互联网金融，引导社会资金和金融资本支持创业创新活动。

优化创业创新服务。完善创业创新孵化和技术支撑服务，发展创新工场、创客空间、创业咖啡、众创空间等；引导和推动创业孵化与高校科研院所技术成果转移相结合。发展"互联网+"创业创新网络服务体系，建设一批小微企业创业创新基地，促进创业与创新、创业与就业、线上与线下相结合，推广众包、用户参与云设计等新型研发组织模式和创业创新模式。实施"塞上骄子回乡行"计划，支持宁夏籍人才返乡创业创新，建设同心县阿语翻译回乡创业园区；建立科技特派员创业制度，鼓励科研人员带头创业；引导大学生自主创业、农村青年创业，激发全社会创业创新活力。

打造创业创新平台。建设银川区域性创业创新城市，加快推进石嘴山小微企业创业基地城市建设，提升银川 iBi 育成中心、银川科技园孵化功能，将其建成西部重要的创业创新平台。建立创业政策集中发布平台、创业者交流平台，向社会开放国家级、自治区级科研平台，开展面向创业者的社会服务。

第二节 推进体制机制改革创新

坚持社会主义市场经济改革方向，使市场在资源配置中起决定性作用和更好发挥政府作用，推进供给侧结构性改革，优化要素资源配置，降低实体经济企业成本，建立富有创造力、充满活力的体制机制。

一、推进供给侧结构性改革

鼓励市场主体通过科技创新、产品创新和商业模式创新，提高产品质量，扩大新产品和服务供给，创新并扩大有效供给。推动企业以消费意愿为导向，开发适销对路的新产品，探索开展个性化定制、柔性化生产，从创意设计、品种花样、品牌质量等方面求突破，创造和拓展新需求，使生产和消费在更高层次上实现互动和平衡。推动产业重组，处置"僵尸企业"，运用市场机制、经济手段和法治手段，通过严格环保、能耗、技术标准，倒逼落后产能、过剩产能退出。合理调整保障房建设规模，通过政府购买方式，将部分商品房转化为保障性住房，努力减少商品房库存。引导房地产企业提高房屋质量和品质，优化居住环境，提升物业服务水平，提供与市场需求相匹配的供给产品。加强政府债务监管和金融风险监测预警，坚决守住不发生系统性、区域性金融风险的底线。落实营改增、资源税从价计征、环境保护税等改革措施，规范清理涉企收费，扩大电力直接交易，降低物流成本、制度性交易成本、财务成本和非生产性管理成本，开展工业园区低成本化改造试点。努力破解交通水利"瓶颈"制约，有效增加公共服务供给，着力补齐明显"短板"。进一步盘活要素，实现劳动力、土地、资本、创新等全要素的优化配置，提高全要素生产率。全面放开竞争性领域商品和服务价格，稳步放开具备竞争条件的政府定价项目，最大限度减少政府对价格的干预。强化供给侧结构性改革政策的协调配套，形成有利于消费升级和产业升级协同发展的政策环境。

二、深化行政审批制度改革

大力推行权力清单、责任清单、负面清单制度并实施动态管理。进一步减少行政审批事项和审批环节，加强事中事后监管。全部取消非行政许可审批，规范行政审批行为。对自治区权限内的企业投资项目一律实行备案制管理，大幅缩减企业投资项目核准范围，精简审批前置，规范中介服务，实行并联审批。

三、深化投融资体制改革

政府投资重点向基础设施、生态环境、公共服务等领域倾斜，对竞争性产业改政府直接投资为基金投入滚动发展，更好发挥财政资金的引导和杠杆作用。完善政府投资决策机制和绩效评价机制。支持铁路、公路、机场、能源、棚户区改造等领域重点项目通过债券市场筹措资金。引导社会资本采用PPP等模式参与公用事业建设。建立融资担保机构担保、政策性保险、村级互助担保基金等多种形式并行的增信机制，提高"三农"融资能力。

四、建立现代财政制度

实施全面规范、公开透明的预算制度。建立事权与支出责任相适应的财政管理制度，健全县级基本财力保障体系。调整完善财政转移支付制度，增加一般性转移支付规模。增加政府产业引导基金规模，促进产业资本和金融资本集聚。加大政府购买服务推进力度。建立年度部门预算编制与政府购买服务相衔接的配套措施及奖补机制，逐步提高政府购买服务占公共服务项目资金的比重。进一步规范政府非税收入管理，完善非税收入征缴制度和监督体系。加强政府债务管理，提高全区政府性债务的管控能力。

五、深化国资国企改革

全面完成区属企业脱钩改革和整合重组,通过组建改建国有资本投资、运营集团公司,搭建起两级授权的国有资产监管体系架构,实现以管资本为主的经营性国有资产集中统一分类监管,积极发展混合所有制经济,逐步开展董事会选聘经理人,建立完善现代企业制度,规范企业法人治理结构,深化企业内部机制改革,使企业真正成为市场经济主体。加强和改进企业党的建设,明确党组织在公司法人治理结构中的法定地位。优化和完善企业经营业绩考核,强化企业信息公开和监督,加强重大资产损失责任追究,严格防止国有资产流失,切实维护国有资产安全,努力提高国资监管质量和效率,确保国有资产保值增值。

六、激发非公经济发展活力

废除各种形式的不合理规定和隐性壁垒,推动民营资本进入特许经营领域。创新合作模式、回报方式,形成民间资本以多种方式进入基础产业、社会事业以及特许经营领域的体制机制。完善鼓励民营企业以股权、知识产权等非货币方式扩大投资的制度。更加重视激发民营资本活力。

第三节　加快发展现代农业

实施农业提质增效工程,以"一特三高"为引领,聚焦"1+4"主导产业,通过精耕细作、精深加工、精准扶持,打造精品农业,构建产出高效、产品安全、资源节约、环境友好的现代农业发展新格局。

一、做优做强特色农业

实施农业提质增效工程,突出绿色、精品、高端,重点发展优质粮食、草畜、蔬菜、枸杞、葡萄等支柱产业。大力推进清真牛羊肉生产基地扩量增效、优质奶源基地提升改造、千万亩优质饲草料基地建设,形成肉牛饲养量300万头、肉羊饲养量2000万只、奶牛存栏80万头、优质饲草饲料1000万亩、产值180亿元的产业集群,建成全国重要的清真牛羊肉生产基地。坚持设施与露地并重、内销与外销协调、基地与直销对接、品种与季节适宜,巩固提高100万亩设施农业生产基地,配套完善100万亩越夏冷凉蔬菜生产基地,稳定提质100万亩西甜瓜生产基地,建设25万亩智能化控制高效节水灌溉硒砂瓜基地,形成外向型、多元化、精品化的园艺产业发展格局。培育贺兰山东麓、清水河流域枸杞产业带,建立枸杞产业地方标准,保护"宁夏枸杞"知名品牌,深度开发枸杞多功能产品,再造枸杞产业新优势,形成100万亩种植基地、200亿元产值的产业集群,把我区建成全国最大的枸杞产业基地。充分发挥贺兰山东麓土壤气候优势，优化产业布局，形成100万亩标准化葡萄种植基地。到2020年，特色优势农业产值占农业总产值的比重达到90%。

二、稳定增强粮食产能

落实最严格的耕地保护制度，坚守基本农田红线，实施藏粮于地、藏粮于技战略，稳定增强粮食产能。加快建设引黄灌区现代农业综合开发、银北地区盐碱地改良、中南部地区高效节水和旱作节水农业工程；继续推进国土综合整治；实施农业资源休养生息行动计划和农地生态保护工程。稳定水稻、小麦等口粮种植面积，结合永久基本农田划定，建设高产绿色粮食生产基地，开展粮油绿色高产高效创建活动。加强粮食烘干、仓储设施建设。到2020年，建成高标准农田774万亩，改造中低产田150万亩，新增高效节水灌溉面积170万亩，建成优质高效的粮食生产基地600万亩，全区粮食总产量稳定在370万吨以上。

三、创新农业经营方式

培育种养大户、家庭农场、农民专业合作社等新型农业经营主体，发挥多种形式适度规模经营引领作用。健全教育培训、规范管理和政策扶持相结合的新型职业农民培育体系。鼓励农民通过合作与联合的方式发展规模种养业、农产品加工业和农村服务业，发展一村一品、村企互动的产销对接模式，创建农业产业化示范基地。积极推广合作式、托管式、订单式服务，提升农业社会化服务水平。创新农产品营销服务，加快农业电子商务发展，加大农产品品牌培育力度。加快农产品加工转化，力争农产品加工转化率达到70%。

四、强化农业科技支撑

从技术研发、试验示范、集成推广等全过程推进农业科技创新和应用。加强粮食、枸杞、葡萄等优质高产抗逆新品种选育，加快优质肉牛、肉羊新品种、滩羊新品系培育，集成推广标准化养殖、粮食高产创建、旱作节水、生态环保等技术。完善农业科技服务体系，增强科技服务能力。完善农机化发展政策，提高主要农作物全程机械化水平。加强农业生产领域信息技术应用。推进无公害农产品、绿色食品和有机农产品认证，大力推进农产品标准化生产。到2020年，农作物、畜禽良种率分别达到95%和90%，农业机械化综合水平达到80%，农业科技贡献率达到63%。

专栏5　农业重点工程

（1）粮食产能保障建设工程：建成高标准农田774万亩，改造中低产田150万亩，新增高效节水灌溉面积170万亩；每年创建粮油绿色高产高效增产万亩示范片100个、开展病虫害统防统治500万亩。完善优势制种区域田间基础建设，发展农作物制种基地60万亩，实现主要作物良种更新换代。

（2）现代草畜产业体系建设工程：加快高产奶牛培育、肉牛肉羊杂交改良和滩羊保种选育，加强标准化规模养殖基础设施建设，加大基础母畜扩群增量力度，开展粮改饲试点。新建标准化规模养殖场、养殖村各500个。

（3）奶产业提质增效工程：加快推进奶牛标准化规模养殖场、高产奶牛核心选育群建设，全面推行节本增效、信息化管理、粪污资源化利用、生产性能测定服务，积极开发高端乳制品，打造宁夏优质乳制品品牌。

（4）枸杞产业基地提升工程：建设新品种繁育基地；改造低产园，加快高标准基地建设，构建"一核两带十产区"枸杞产业格局，种植规模发展到100万亩。

（5）葡萄标准化基地提升工程：建设脱毒种苗繁育基地；加大低产园改造，推进高标准基地建设，种植规模发展到100万亩。

（6）蔬菜产业提质增效工程：新建设施15万亩、永久性蔬菜基地300个；发展精准水肥一体化技术5万亩、生物反应堆技术5万吨；推动10个产业大县提档升级；建设西吉6万吨芹菜深加工项目。

（7）现代渔业提升工程：推广池塘标准化高产高效养殖和大水面生态养殖模式，建设3个10万亩标准化养殖大县，五大生态养殖基地。

（8）第一、第二、第三产业融合工程：扶持2500家新型农业经营主体开展农产品冷藏保鲜、分级分选、整形包装、烘干制干等商品化处理和产地初加工。自治区级示范休闲农庄100家、休闲农业示范园100个，全区休闲农庄（农园）发展到1000家。

（9）农产品市场体系建设工程：加大农产品冷链物流体系建设，认证绿色食品达到300个，有机农产品达到50个。

（10）农业机械化推进工程：以农机化示范县、示范园区为重点，着力推进农机农艺融合和机械装备的集成配套示范；建立农机社会化服务组织100个，年作业服务规模600万亩以上。

（11）农业信息化推进工程：建立6级农业信息服务体系；集成农业信息资源，构建宁夏农业数字中心；率先在300个蔬菜标准园、畜禽标准化示范场、水产健康养殖场、农业标准示范区和标准化生产基地开展智慧农业服务。

（12）循环农业示范工程：建设3个循环农业示范县，50个示范乡镇；养殖粪污综合利用率95%；化肥和农药使用量零增长，使用效率提高5个百分点，秸秆综合利用率提高10个百分点。

（13）新型农业经营主体培育工程：培育家庭农场3000家、合作社6500个和龙头企

> 业380个,每年建设农业技术服务站30个、农民田间学校10所,建设农村实用人才实训基地10个;年培育新型职业农民2万人。
>
> (14)农业气象服务体系建设工程:建设特色农业气象和农村气象灾害监测网,建立农村气象信息预警发布系统,建立农村气象条件适宜度评价、农业气象灾害损失评估、风险评估和灾害防御专家决策等系统。

第四节 加快构建现代工业体系

实施工业强基工程,以提高质量效益和竞争力为目标,推动工业由价值链低端向中高端迈进,构建结构优化、技术先进、绿色安全、优质高效的现代工业体系。

一、做强做大优势主导产业

建设国家级宁东现代煤化工基地。统筹能源、水资源和环境容量,高效清洁利用煤炭资源,重点发展煤制油、煤制烯烃,实施煤制油领跑者计划,建成400万吨煤炭间接液化示范项目,争取开工建设二期400万吨,打造世界煤制油高地,把宁东基地建设成为千万吨级大型现代煤化工基地;按照精细化发展方向,积极引进国外先进技术和大型企业,推进煤化工产品向下游延伸,构建煤化工及精细化工产业体系;加快建设PTA项目,促进煤化工与石油化工融合发展,形成煤化工、石油化工、现代纺织产业链,打造宁东基地升级版。到2020年,煤化工产能达到2000万吨以上,新型煤化工产能达到1200万吨以上。

建设现代纺织示范区。以宁夏现代纺织产业园等为载体,通过承接东部产业转移,以特色化、精品化、系列化为方向,提升产品设计研发能力,扩大品牌产品和精深加工产品比重,培育壮大羊绒纺织、棉纺、麻纺、化纤、服装等现代纺织产业集群,构建现代纺织产业体系,打造国际重要的羊绒产业核心区,建设现代纺织示范区。

建设东方葡萄酒之都。以培育品牌、提升品质、开拓市场为主攻方向,完善质量监督、标准制定、市场信息等支撑体系,加快葡萄文化长廊、特色葡萄列级酒庄和专业人才队伍建设。加强与国际葡萄和葡萄酒组织成员国及国内外大企业的合作,在种植、酿造、营销等环节与国际全面接轨,培育发展葡萄酒储存、包装等配套产业。鼓励企业通过创建自主品牌、收购国内外企业和品牌等方式,提高品牌影响力;支持有品牌优势的企业在国内外建立地区性营销中心、并购销售渠道，提高产品国际市场占有率。到2020年，打造100家左右的高品质酒庄，建设100千米葡萄文化长廊，实现产值300亿元。

建设清真食品和穆斯林用品基地。加强清真食品质量安全保证体系建设，实施标准化生产，扩大清真食品标准认证国内国际互认范围。健全清真食品和穆斯林用品产业研发、生产、交易支撑体系，以吴忠为重点，打造中阿产业园、中阿商贸城，做特做优清真食品和穆斯林用品，努力开拓以清真食品为重点的国内市场、以穆斯林用品为重点的国际市场，打造一批年销售收入过百亿龙头企业。到2020年，清真食品和穆斯林用品制造业总产值达到800亿元以上，基本形成全国重要的清真食品和穆斯林用品产业集中区。

专栏6　优势主导产业重点项目

（1）宁东现代煤化工项目：建成神华宁煤400万吨/年煤炭间接液化示范项目、100万吨煤化工副产品制烯烃项目、100万吨煤泥制甲醇，宝丰能源焦炭气化制30万吨乙烯、30万吨丙烯项目，建设庆华集团20万吨乙二醇项目，昊华骏华集团245万吨系列化工生产及热电联产项目，瑞科化工60万吨甲醇制烯烃、通达20万吨轻烃项目，争取开工建设神华宁煤400万吨/年煤炭间接液化二期、100万吨煤化工副产品制烯烃项目，神华宁煤与沙比克70万吨煤制烯烃及120万吨煤化工精细化工项目。

（2）现代纺织项目：建设银川滨河如意年产3000万件高档衬衫、300万套高档西装、年产8万吨涡流纺精梳纱线项目，宁夏如意科技年产5000万米高档衬衫面料项目，吴忠恒和纺织3500万米织布建设项目，中银绒业面料服装深加工项目，宁夏恒丰纺织面料精深加工、500万件民族服饰生产项目，吴忠百万纱锭千台织机百亿产值生态纺织项目，宁夏恒达30万锭高档纺纱项目，固原1万锭毛纺织生产线项目。

（3）清真食品和穆斯林用品项目：建设宁夏皓月国际清真产业园、固原市五朵梅全谷物食品产业园区项目，固原宏晨龙1500万吨清真肉制品项目，吴忠恒利500万套阿拉伯服饰加工项目、吴忠中盛农牧1亿只肉鸡全产业链项目，吴忠中民恒丰农牧科技基地项目，涝河桥清真肉食品产业链项目。

（4）葡萄酒项目：新建150个特色酒庄，建设产区及园区基础设施，实施葡萄生产机械化、葡萄酒质量检测中心等项目。

二、改造提升传统支柱产业

调整优化煤炭生产结构。压缩无烟煤、炼焦煤产量，适度扩大电力化工用煤产能。探索推广充填开采、保水开采等绿色采煤技术，建成一批智能化、现代化矿井。推进宁东现有煤矿产业技术升级，推广运用数字化矿山信息技术,实现采掘、洗选智能化管理。关闭一批与自然保护区范围重叠的小煤矿,引导退出一批长期亏损、安全条件差的老矿井,关停一批煤质差、暂无市场需求的大中型矿井。支持发电、化工企业通过收购、参股等方式参与煤矿建设生产,推动煤电、煤化联营。到 2020 年,形成宁东亿吨级现代化煤炭生产能力。

推动煤电清洁高效发展。围绕扩大电力外送规模,建成宁东至浙江特高压直流输电工程,配套建设 6 个大型现代化燃煤发电厂,把宁东建成千万千瓦级的"西电东送"火电基地;建成 5 个城市热电和 4 个大型燃煤火电厂,满足区内用电、用热需求;新建机组严格执行能效和环保准入标准,采用超临界、超超临界和高效脱硫、脱硝、除尘、空冷、超低排放等先进技术。实施燃煤电厂节能减排升级改造行动计划,对现役机组全部进行升级改造,提高发电效率,降低污染物排放。到 2020 年,全区煤电装机达到 3600 万千瓦。

提升冶金化工建材行业发展水平。对标国内外先进水平,推进电解铝、金属镁冶炼、电解金属锰、铁合金、钢铁等行业技术改造,加快发展高性能铝合金、镁合金、优质钢棒材线材,推进产品链延伸,促进冶金行业循环发展,力争冶金行业综合技术水平达到国内先进水平,重点大型骨干企业主要技术装备达到或接近国际先进水平;实施成品油质量升级改造行动计划,支持现有焦炭企业实施循环化改造,促进焦化一体化发展;鼓励现有水泥企业利用矿渣、钢渣、粉煤灰等工业固废,发展矿渣微粉、微晶玻璃、新型墙体材料。

专栏 7　传统支柱产业重点项目

（1）亿吨级煤炭基地建设工程：建成金家渠、银星一矿、银星二矿等大型安全现代化矿井,形成宁东亿吨级现代化煤炭生产能力。

（2）千万千瓦级煤电基地建设工程：建成神华国能鸳鸯湖电厂二期、浙能枣泉、中铝银星、国华宁东二期、华能大坝四期、国电方家庄、华电永利、大唐平罗、京能中宁等大型燃煤电厂,新增火电装机规模 1700 万千瓦。

（3）宁东电力外送工程：建成宁东至浙江±800kV 特高压直流输电工程,形成 1200 万千瓦的电力外送规模。

（4）兴尔泰 120 万吨/年硝基复合肥综合系列项目：建设硝基复合肥一期项目,配套 15 万吨硝酸、20 万吨硝酸铵溶液、10 万吨氮化硅、24 万吨合成氨项目。

(5) 宁夏宝塔 120 万吨 PTA 项目：依托现有 500 万吨/年炼油炼化能力，建设 80 万吨/年芳烃联合装置、120 万吨/年 PTA 装置。

(6) 宁夏紫光天化蛋氨酸项目：建设 2 万吨×5 万吨/年蛋氨酸及产业配套项目装置。

(7) 宁夏银钛科技城项目：建设年产 3000 吨热等静压制高端领域用特殊钢材、5000 吨热等静压处理能力生产线及 3D 打印用合金粉末项目。

(8) 宁夏大地化工轮胎项目：建设年产 2000 万条子午线轮胎、10 万条航空轮胎。

(9) 中利科技阻燃耐火软电缆项目：建设年产 50 万千米软电缆。

(10) 宁夏贝利特氰胺下游产品深加工项目：建设 4.5 万吨氰胺下游产品、3 万吨胍盐类农药医药中间体系列产品。

(11) 宁夏天元锰业电解金属锰系列项目：建设 60 万吨电解金属锰二期及 10 万吨锰酸锂、1 亿支锂离子电池项目。

(12) 锦宁巨科铝板带箔加工项目：建设 80 万吨铝板带箔加工和 80 万吨高精度铝板带箔材深加工项目。

(13) 宁夏哈纳斯天然气输气管道项目：建设从鄂尔多斯至银川天然气管道，形成 60 亿立方米/年输气能力。

(14) 宁夏哈纳斯 500 万吨 LNG 项目：建设年产 500 万吨液化天然气项目。

三、培育壮大战略性新兴产业

建设国家新能源综合示范区。大力发展太阳能，有序开发风能。坚持集中开发和分布式相结合，统筹土地资源和电网接入条件，重点建设十大光伏发电园区，培育一批龙头企业；支持企业在工业园区、大型公共建筑及民用住宅屋顶、采煤沉陷区、煤炭备采区、农业大棚上建设分布式光伏发电。以风火打捆外送为重点，科学选址，稳步推进风电发展。加快推进地热能资源勘探开发利用。依托新能源资源开发，推动新能源先进装备制造业发展。到 2020 年，新能源发电装机规模达到 2100 万千瓦，建成国家新能源综合示范区。

建设西部新材料产业基地。依托拥有领军人才、国家重点实验室、企业技术中心的创新型企业和院所，研发应用前沿技术，加快钽铌铍钛稀有金属新材料、铝镁锰合金及轻金属新材料、碳基材料、光伏材料、电池正负极材料和复合材料产业链群发展，建成西部特色鲜明、技术水平领先的重要新材料产业基地。

提升装备制造业核心竞争力。加快推动信息技术与制造技术深度融合，着力发展智能装备和智能芯片。以高档数控机床、智能仪器仪表、机器人、高端变电设备、成套矿山机械、煤化工装备、高端基础件等为重点，推广应用人机智能交互、智能物流管理、增材制造等技术和装备，加快推进智能化生产；加大技术攻关和科技成果应用，提升产品的智能化水平。培育一批具有核心竞争力的企业，扩大在国内外市场的占有率。到2020年，装备制造业技术水平总体迈入国内先进行列。

推动生物医药产业升级。以产业集群化、产品多元化为方向，开发生产系列功能发酵产品、维生素及抗生素类系列原料药，鼓励企业研发抗生素类原料药产品的衍生物，推动优势原料药升级换代，扩大化学制药制剂等高端产品生产。加快生物产业技术创新和科研成果转化，将银川打造成生物医药生物发酵产业基地。加快以特色中药材为原料的新药研发，推进甘草、肉苁蓉、秦艽、黄芪、柴胡等道地中药材产业化；重点发展枸杞、葡萄籽、红枣等系列高端保健品产品，形成独具优势特色的新兴产业。

发展节能环保产业。以煤电、化工、冶金等耗能产业节能环保技术开发应用为重点，加大实用环保技术和装备推广力度，实施环保科技示范工程，发展资源综合利用、节能环保装备制造等环保产业。建立激励制度体系，建立政府优先采购环境标志产品制度，构建引导激励企业向绿色生产转型的外部制度体系，促进企业加大绿色产品供给规模。

专栏8　战略性新兴产业重点项目

（1）国家新能源综合示范区建设工程：新增风电装机300万千瓦、太阳能光伏发电700万千瓦、太阳能光热发电50万千瓦。

（2）新材料项目：建设宁夏中晶光电科技年产1亿毫米大尺寸蓝宝石衬底材料项目，宁夏协鑫晶体科技年产3850吨（1000MW）单晶方棒项目，银川隆基硅业年产10GW单晶硅棒硅片、500MW电池组件项目，天通银厦年产5000万毫米智能移动终端应用大尺寸蓝宝石晶体项目，杉杉集团10万吨级动力电池正极材料项目。

（3）先进装备制造项目：建设西北轴承年产400万套高端轴承项目、宁夏共享模具公司铸造用增材制造设备及智能工厂项目、舍弗勒公司超长寿命双列滚子轴承、汽车用轴承生产项目，吴忠仪表年产10万台高端智能控制阀产业化项目和年产10万吨高端装备承压合金材料项目，西部（银川）通用航空年产300架通航飞机和1000套新材料航空零部件项目、宁夏维尔铸造轨道交通装备及相关配套件产业化项目，大河高档数控机床制造项目，宁夏菲斯克汽车轮毂轴承公司汽车零部件制造产业园项目、宁夏银峰年产10000台铝合金专用汽车挂车项目、宁夏威骏年产2000台多功能根茎收获机项目、华电固原风机叶片制造项目等。

(4) 生物医药项目：建设宁夏泰益欣生物科技年产 1550 吨盐酸克林霉素及其衍生物建设项目、宁夏金诺生物制药年产 10 吨腺苷钴胺、10 吨甲钴胺原料药建设项目、宁夏医科大学附属医院脐带血库、宁夏基因检测技术应用示范中心、启元药业阿奇霉素和克拉霉素项目、吴忠万盛生物小品种氨基酸项目、吴忠怡健生物螺旋藻项目、吴忠润德生物枸杞酵素项目。

(5) 节能环保项目：建设紫荆花 10 万吨秸秆造纸循环经济示范项目。

四、淘汰化解落后过剩产能

按照"总量控制、扶优汰劣、上大压小、等量或减量置换"的原则，限制新建、扩建铁合金、电石等高耗能产业产能，实施强制性能源审计，对不符合环保、安全标准的企业坚决关停，为新型工业发展腾出空间。"十三五"期间，六大高耗能行业淘汰落后产能约 500 万吨，节约能源消耗约 300 万吨标煤。

五、培育一批特色园区和骨干企业

实施园区低成本战略。以宁东基地和五市工业园区为试点，通过改善园区物流、公共服务、基础设施、金融支撑、局域电网运作等手段，按园区产业定位，统一招商，集中布局，促进产业集聚配套，生产要素优化配置，形成园区、产业、企业循环发展。以低消耗、高产出、特色化为目标，对全区所有工业园区实施土地节约集约利用、产业间上下游衔接、企业间废物交换利用、集中供热、污水处理和循环利用、分布式光伏发电等循环化改造。建立科学的评价、激励机制，突出考核园区投资强度、投入产出比、能耗产出比、主业比，推动一批重点园区做特做强。建设宁东基地低成本生活服务区，承载产业工人 3 万~5 万人。

实施千亿元企业培育计划。选择一批特色鲜明、成长性好，发展潜力较大，能够带动产业升级和结构调整的重点骨干工业企业，采取集中政策、集中资源、挂牌保护等方面的政策措施，加大扶持力度，使其尽快做大做强。继续实施 1000 家科技型小微企业培育工程。

第五节 加快发展现代服务业

实施加快发展现代服务业行动计划，顺应消费结构升级换代、消费需求多元化发展趋势，推进生产性服务业向专业化和价值链高端延伸，推进生活性服务业向精细化、标准化、品质化、便利化转变，促进服务业规模扩大、结构优化、层次提升。到 2020 年，服务业增加值比重提高到 50% 左右。

一、加快发展生产性服务业

打造区域性国际物流中心。对接陆路丝绸之路和空中丝绸之路，构建公路、铁路、航空相互配套的国际物流体系。提升银川机场航空口岸、惠农、银川开发区、中宁陆路口岸综合服务功能，加强与天津、青岛、新疆、内蒙古等沿海沿边口岸的互联互通，打通东西向出海出境物流通道；加快建设宁夏国际航空物流园和银川通航产业园，大力发展空地、公铁、铁水等多式联运，实现口岸、中心、市场、企业"四位一体"无缝对接。培育发展第三方物流。完善物流配送体系，促进城乡物流网络一体化，打造区域性国际物流中心。

建立支持实体经济的金融体系。健全促进经济稳定增长、支持实体经济发展的现代金融体系，引导银行、证券、保险等金融机构加大对"三农"、工业转型升级、战略性新兴产业、现代服务业、科技自主创新、低碳循环经济等领域的融资支持。实施资本市场提升工程，持续推动企业上市、挂牌、发债，力争新增主板上市企业 3 家以上，挂牌"新三板"企业累计达到 80 家以上，区域股权交易市场挂牌企业累计达到 1000 家，年均新增债券融资额 200 亿元以上。实施担保体系建设工程，鼓励宁夏担保集团在市、县（区）设立分支机构，参股或控股市、县（区）担保机构，引导民间资本介入，争取每个地级市及全区一半以上县（市、区）至少发展 1 家国资参（控）股的融资担保机构。完善再担保机制，有效分散融资担保风险。实施金融风险防控工程，按照"积极、规范、有序、安全"的原则，推进小额贷款公司、担保公司规范化、特色化发展。强化各市县（区）金融风险处置责任，化解经济下行和产业结构调整引发的企业资金链断裂，以及关联互保的区域性金融风险。实施困难企业融资辅导工程，实行分类指导、因企施策，组织"银企对接"和"资金项目对接沙龙"，提供精准融资服务。

提升商务服务业水平。积极发展商务会展业，以中阿国际博览会为主平台，重点培育文化旅游、清真食品穆斯林用品、葡萄酒、羊绒制品、枸杞产品等专业品牌展会，拓展系列展会，引进国际化、国家级和行业内知名展览和会议来宁举办。加快发展设计研发和检验检测服务，培育各类研发设计机构，大力发展工业设计，鼓励发展独立、权威、专业的第三方检验检测机构和认证机构，扩大国际国内清真标准认证范围，争取更多省份加入清真标准"丝路联盟"，加强国家级农副产品加工、羊绒制品等质检中心、宁夏产品质量综合检验检测中心建设。提升商务咨询业发展水平，积极发展项目策划、工程咨询、财务顾问、并购重组、企业上市等投资与资产管理服务，规范发展会计、审计、税务、资产评估、校准、验货等中介服务。

二、加快发展生活性服务业

改造提升传统生活性服务业。拓展商贸流通服务，加快商贸流通城乡一体化示范项目建设，开展电子商务进农村综合示范，加快公益性农产品市场体系建设，在全区60%的县（区）建成三级公共服务平台和四级物流快递体系，健全覆盖全区的农村日用消费品、农资销售配送网络。实施便利消费进社区、便民服务进家庭"双进工程"，布局建设邻里商业、居住区商业和社区商业中心，打造"51015"商业生活服务圈。优化住宿餐饮服务，鼓励发展面向大众的绿色饭店、主题饭店、大众快捷酒店、客栈民宿；制定宁夏清真名菜名小吃标准，推动配方标准化、加工工厂化、生产批量化、营销网络化、市场外向化，推动清真餐饮业传承创新，打响宁夏清真特色餐饮品牌。发展居民家庭服务，完善社区服务网点，多方式提供家庭服务、美容美发、电器维修等服务，规范房地产中介、物业管理、家用车辆保养维修等服务，提高居民生活便利化水平。

培育壮大新兴生活性服务业。围绕人民群众的普遍关注和迫切期待，深度开发群众从衣食住行到身心健康、从出生到终老各个阶段各个环节的生活性服务，重点发展健康服务、养老服务、旅游服务、文化服务、体育服务、法律服务、教育培训服务等新的消费市场。加大财税、金融、价格、土地政策引导支持，鼓励和引导各类社会资本投向新兴生活性服务业，创新激发生活性服务业发展活力的体制机制；健全以质量管理制度、诚信制度、监管制度和监测制度为核心的服务质量治理体系，保护消费者权益；实施新兴生活性服务业重点领域职业化行动计划，鼓励从业人员参加依法设立的职业技能鉴定或专项职业能力考核；加强基础设施建设，支撑新兴生活性服务业加快发展和结构升级。

专栏9　服务业重点工程

（1）宁夏国际航空物流中心：建设国际快件分拨集散中心、农产品保鲜仓储配送中心、仓储物流中心、信息中心、航空铁路堆货场等，为中阿空中丝绸之路提供仓储、集拼、配送、加工等全方位的增值国际物流服务。

（2）宁夏交通物流园：具有运输组织、城市配送、区域中转分拨、仓储、装卸搬运、流通加工及包装、设计咨询等服务功能，货物吞吐量达到780万吨。

（3）石嘴山物流园：建设惠农、平罗铁路物流中心，构筑以惠农物流中心为主，平罗物流中心为辅的"一主一辅"铁路物流节点。

(4) 中卫物流园区项目：建设镇罗公铁物流园、中国物流中卫物流园、中宁星火物流园等。完善园区的贸易流通、加工配套、中转分拨、集成配送、物流金融等复合功能。

(5) 吴忠物流园区项目：建设银西高铁物流仓储中心、青铜峡西部煤炭物流综合贸易中心、红寺堡铁路物流项目等。

(6) 公益性农产品市场项目：以农产品流通信息平台为支撑，以不同层级的农产品批发市场为节点，建设覆盖全区、辐射毗邻地区的公益性农产品批发市场，产销地集配中心，公益性标准化菜市场、农贸市场、"菜篮子"连锁超市等。

(7) 宁夏供销合作社现代农业综合服务体系：建设1个自治区级综合服务平台、20个县级综合服务站、100个乡镇综合服务中心、1000个村级综合服务社，为农业生产经营主体提供"耕、种、管、收、加、销、金融"等全程托管或半托管服务。

(8) 中阿跨境电子商务综合服务平台：建设中阿跨境电商B2B出口、银川跨境电商B2C进口、宁夏丝路通宝支付、中阿大数据信息服务、跨境进出口物流供应链管理等五大平台和国际HALAL物联网追溯系统；建设中阿青年创业园、中阿卫星数据产业园及中阿信息港；建设O2O进口商品全国连锁体验店。

(9) 银川城市综合体建设项目：建设银川大阅城商业综合体、新华联银川火车站商业综合体、银川绿地中心等。

(10) 固原西兰银物流园：建设农产品物流园区、物流信息平台等。

三、建设特色鲜明的国际旅游目的地

构建全域旅游发展新格局。科学整合旅游资源、线路、产品，构建"一核三廊六板块"发展格局，将大银川都市区建成宁夏全域旅游核心区，打造贺兰山东麓、黄河金岸和清水河流域旅游廊道，培育葡萄文化旅游板块、沙湖度假休闲板块、塞上回乡文化体验板块、大六盘红色旅游生态度假板块、腾格里沙漠休闲运动板块、东部环线边塞旅游板块，完善回乡风情、西夏探秘、塞上江南、红色之旅、绿岛消暑、沙漠极地、丝路古韵七大产品体系，优化旅游发展空间布局。大力发展乡村旅游，实施乡村旅游扶贫工程，全面推进六盘山旅游扶贫试验区建设。开展全域旅游示范市（县）创建工作，将中卫市打造成为全国全域旅游示范市，青铜峡市、平罗县、泾源县打造成为全域旅游示范县。

推动旅游业全面升级。鼓励发展自驾游、商务游、健康游、产业游等新业态，大力开发冬季旅游产品，积极培育研学考察、阳光温泉、婚庆度假游等一批适应各层次游客需要的新产品，形成全年、全业旅游发展新格局。积极发展生态旅游，合理开发生态旅游资源。实施旅游服务质量提升"十百千

万"行动计划,全面推行旅游服务标准化,推进宁夏特色旅游商品品牌建设,为旅游者提供更加优质的服务。提升旅游公共服务水平,加快构建高标准、全覆盖、无缝衔接的旅游交通体系,完善游客集散中心、标识系统等设施,加强旅游景区周边环境整治,建设旅游数据中心和移动智能服务平台,促进智慧旅游发展。实施龙头企业培育工程。坚持做优增量,加快复合型旅游景区开发建设,做精存量,实施重点旅游景区升级改造工程。到2020年,争取建成2个国家级旅游度假区,国家5A级旅游景区达到5个;全区游客接待量突破3000万人次,旅游总收入突破300亿元,旅游业成为我区国民经济的支柱产业。

拓展国内外旅游市场。以目的地形象打造与营销创新为重点,加强和改进旅游宣传,进一步提升"塞上江南·神奇宁夏"旅游名片的知名度和影响力。壮大国内及港澳台客源市场,拓展日韩及东南亚市场,开发欧美等发达国家市场,开拓阿拉伯国家和穆斯林地区旅游市场,吸引更多游客走进美丽中国、畅游神奇宁夏。

专栏10　旅游重点工程

(1) 全域旅游综合开发工程:将中卫市、平罗县、泾源县、青铜峡市、永宁县打造成为全区首批全域旅游示范市(县);实施旅游集散体系工程、旅游厕所提升工程、自驾游服务体系工程、景区(点)旅游标识系统工程、旅游标准化示范工程;打造10个旅游特色街区,建设30个乡村旅游特色村、1000家星级农家乐和一批特色旅游小镇。

(2) 旅游全面升级工程:开发建设六盘山国际旅游休闲度假区、三沙源国际生态文化旅游度假区、沙坡头腾格里沙漠湿地国家级旅游度假区、沙坡头旅游新镇等景区;实施重点景区升级改造工程和重点旅游板块开发工程;建设滨河新区自驾车旅游基地、沙坡头国际汽车露营基地等10个自驾车营地,建设沙坡头沙漠运动基地。

(3) 旅游公共服务建设工程:实施旅游服务质量提升"十百千万"工程;建设5市及重点区域旅游集散中心、旅游购物美食一条街;推进旅游道路交通畅通工程;建设东部环线边塞旅游基础设施;实施旅游数据中心、移动智能服务平台、旅游自助服务终端平台、旅游商品在线销售平台等智慧旅游项目。

第六节　推进信息化与经济社会融合发展

统筹推进现代信息技术与产业深度融合,与新型工业化、新型城镇化、现代服务业和农业现代化同步发展,全方位提升经济社会信息化水平。到

2020年，信息产业产值达到1350亿元，其中，电子信息制造和软件服务业产值达到180亿元。

一、构建信息产业体系

优化信息产业布局。银川市依托 iBi 育成中心重点发展软件研发、服务外包、游戏动漫、数据处理等信息服务产业，依托大数据应用示范基地发展集成电路、数字终端、电子元器件等电子信息制造；中卫市依托宁夏中关村科技产业园，建设服务全国的枢纽型云计算及大数据产业基地，吸引云计算及大数据企业落户聚集发展；石嘴山市重点发展面向新材料、新能源、化工、装备制造、生物医药、纺织等工业行业企业的云应用服务，建设工业软件和智能硬件产业园；吴忠市重点发展以中国小商品及清真食品、穆斯林用品为主的电子商务产业；固原市重点发展特色农产品电子商务产业，建设农村电商精准扶贫试验区。

增强云设施服务能力。推进西部云基地200万台服务器和亚马逊、奇虎360新一代云计算数据中心建设；针对国内重点行业和企业的海量数据存储、开发及应用需求，打造国家数据安全储备基地；发展配套云设施制造，吸引高端制造业厂商，围绕数据中心建设配套发展先进装备制造产业与制造服务业，增强产业配套能力；推进物联网在工业制造、农业生产、节能环保、商贸流通、交通能源、公共安全等领域的集成应用，推动智能供水、供电、供暖、供气和城市地下管线综合管理体系建设，提高公用事业智能化运行水平。

培育大数据产业。充分发挥数据作为生产资料的重要作用，推动数据的规范生产、集中汇聚、分类共享、全面应用、集成再造，以政府数据开放为引领，推动大数据产业快速发展。吸引和培育一批数据分析和数据应用企业，构建大数据采集、加工、处理、整合和深加工的完整产业链。探索建立数据资产标准规范、登记制度、交易规则和新型商业模式，推动形成数据资产交易市场。

二、推动互联网与产业融合发展

加快信息技术向制造业、农业、服务业的渗透拓展和深度融合。将信息化嵌入现代农业产业体系和价值链，推动精准农业、安全农业和高效农业发展；通过设计数字化、产品智能化、生产自动化和管理网络化改造提升传统制造业，推动传统产业向高端制造和智能服务型转变；建立完善智能化的物流配送体系，引导金融机构和互联网企业依法开展网络借贷等业务，大力发展体验经济、社区经济等以互联网为载体、线上线下互动的新兴消费服务。发挥信息化创新驱动作用，推动传统产业生产组织方式重构和商业模式创新，促进各类要素资源集聚、开放和共享，促进分散化生产与个性化消费的高效对接，加快形成新的经济增长点。

三、打造政务民生信息化服务平台

建设电子政务外网和公共云平台，推进网络互联互通和应用集中部署，消除信息孤岛，克服安全隐患；整合各地各部门的数据库，统筹建设人口、地理空间、法人和宏观经济等基础数据共享库及社会信用等专题业务数据库；深化政务、社保、信用、扶贫等"8+N朵云"的覆盖广度和应用深度，为公众提供跨部门、一站式的便捷信息服务；建立完善统一的大数据服务平台，推进政府信息公开、资源共享和数据开放；建立面向公众一站、一卡、一号的一体化在线公共服务体系，为群众提供高效便捷的政务服务。

专栏11　信息化与信息产业重点项目

（1）电子政务基础设施项目：完善全区统一的电子政务外网，实现各级部门互联互通；在银川和中卫两地建设互为备份、融合统一的电子政务公共云平台，为各级部门业务应用系统提供统一的部署环境；建设政府大数据服务平台，作为政府数据开放的主要渠道。

（2）基础信息资源共享库建设项目：建设全区人口、法人、地理空间、宏观经济等基础信息共享库；建设全区视频资源监控共享系统。

（3）智慧云应用项目：实施"8+N朵云"应用项目，继续拓展政务、商务、卫生、社保、民政、旅游、教育、政法等"8朵云"覆盖范围和应用深度，逐步启动扶贫、交通、水利、信用、科技、家庭、生态、安全、文化、气象等"N朵云"应用建设。

（4）中卫骨干网络优化升级项目：建设中卫西部云基地直达国家互联网骨干节点城市的传输网络，提升中卫市网络节点等级。

（5）智慧银川项目：构建智慧政务、智慧社区、智慧家庭、企业云、智慧交通、智慧旅游、平安城市、一卡通、智慧环保、智慧气象、智慧网络、大数据中心等系统，支撑银川企业运营服务、城市政务应用、公众服务等创新发展，催生城市产业链创新与产业集聚。

（6）银川滨河新区大数据中心二期工程：建设业务机房、动力中心和生产生活配套设施，建筑面积约41600平方米。

（7）智慧中卫云应用项目：建设标准的信息集和代码集；中卫信息化支撑云平台工程；建设环卫管理系统；建设农业云智慧灌溉、灾害预警系统；建设社区安全云平台；建设智慧票务云应用平台。

（8）中卫云基地数据中心：建设西部云公司、云创公司、移动公司、联通公司4个数据中心。

（9）宁夏宽带乡村及中小城市（县）基础网络完善工程：实施宽带乡村工程，中小城市（县）基础网络完善工程，实现广电网区、市、县、乡、村五级贯通，推进基层公共文化信息服务均等化、标准化。

第七节　强化水资源支撑保障

坚持"节水优先、空间均衡、系统治理、两手发力"治水方针和"北部节水高效、中部调水集蓄、南部涵养开源"治水方略，着力破解水资源制约"瓶颈"，为经济社会发展提供支撑保障。

一、推进资源水利建设

以水定产、以水定城、量水而行，实行最严格水资源管理制度和水资源消耗总量、强度双控行动，开展水效领跑者引领行动。推行合同节水管理。调整用水结构，通过农业节水，优先保证城乡居民生活用水，适度增加工业、生态用水。加大再生水、矿井疏干水、雨洪水等非常规水综合利用，统筹配置黄河水、当地地表水、地下水、非常规水等多水源，建成全国省级节水型社会示范区。

二、推进工程水利建设

以引扬黄灌区续建配套和泵站更新改造为重点，配套灌区调蓄工程，完善骨干灌排体系。加快实施北部贺兰山东麓葡萄长廊供水、设施农业灌溉，中部扬黄灌区节水改造、集雨补灌，南部库井灌区节水增效等高效节水灌溉工程、坡耕地整治，建设现代化节水灌区。实施六盘山连片特困地区扶贫开发水资源高效利用工程，推进中部干旱带贫困片区西线供水工程建设，实施水库建设及库坝连通工程，努力解决中南部地区发展用水问题。加快宁东、太阳山等能源化工基地供水续建工程和清水河城镇产业带供水工程建设，推进水务一体化进程。加快推进黄河黑山峡河段开发治理前期论证工作，力促国家尽快决策立项。

三、推进民生水利建设

实施农村饮水安全巩固提升工程，加快城乡供水管网改造，实现城乡居民饮水安全全覆盖，让全区老百姓喝上安全、洁净水。继续推进农田水利提质增效、中低产田改造和高标准农田建设，打造宁夏农田水利建设升级版。进一步完善贺兰山东麓和重点城市防洪体系。实施黄河宁夏段二期综合治理、清水河综合治理工程，完成中小河流治理、病险水库除险加固和抗旱应急水源工程，全面提升防洪减灾能力。

四、推进生态水利建设

坚持山、水、林、田、湖综合治理，建立水生态保护与修复体系。加强城市及农村重要水源地保护和城市备用水源地建设，实施银川市、石嘴山市地下水超采区治理，关闭集中供水区现有自备井。加快三河源水源涵养林、小流域综合治理等水土保持工程建设。严格控制入河湖排污总量，实施银川、石嘴山等城乡水环境治理和河湖库水系连通改造工程，开展农村河道综合整治，持续改善水生态、水环境。建立水土保持补偿机制。到2020年，全区水土流失面积减少至1.5万平方千米，主要河流、湖泊水质达到水功能区标准。

五、推进智慧水利建设

加快宁夏智能水网建设，以智能化节水灌溉、水资源智能调度、水利工程智能化控制、水资源三条红线在线监测、山洪灾害预警等系统为重点，实施高速、移动、安全的新一代水利信息化工程，以信息化推动水利现代化。

专栏12　水利重点工程

（1）水资源配置工程：青铜峡、固海、七星渠、沙坡头、红寺堡等灌区现代化改造与建设工程，扁担沟等中型灌区节水配套改造项目，引扬黄灌区、库井灌区智能化节水灌溉工程，盐环定、红寺堡、固扩等大中型灌排泵站改造项目。

（2）城乡供水工程：清水河城镇产业带供水工程，六盘山连片特困地区扶贫开发水资源高效利用工程，中部干旱带贫困片区西线供水工程，饮水安全巩固提升工程，新建水库工程，宁东、太阳山等城乡水务一体化工程，非常规水利用工程。

（3）防灾减灾工程：贺兰山东麓防洪体系，黄河宁夏段二期防洪，清水河综合治理，重点城市防洪，中型水库除险加固，抗旱应急水源等工程。

（4）水生态建设工程：水生态文明城市示范工程，水生态系统保护和修复项目，银北地区盐碱地治理工程，小流域综合治理，坡耕地综合整治及水源涵养林等水土保持工程、河湖库水系连通工程、饮用水水源地保护工程、银川市、石嘴山市地下水超采区治理、入河排污口整治。

（5）智慧水利工程：水资源智能调度、水资源智能控制、山洪灾害预警、水文和水资源监测设施。

（6）人工影响天气作业能力建设二期工程：建设宁夏人工影响天气作业基地和人影实验室；建设中部干旱带防雹增雨集结地；更新地面人影装备；购置增雨飞机1架及配套机载人影专用设备，提升宁夏人工增雨作业能力，最大限度开发利用空中云水资源。

第三章　以开放发展为先导　着力拓展内陆发展空间

实施开放引领战略，加快建设开放宁夏，主动融入国家"一带一路"建设，努力把我区建成辐射西部、面向全国、融入全球的内陆开放示范区、中阿合作先行区和"丝绸之路经济带"战略支点。

第一节　打通对外开放通道

按照"向西出境、向东出海、协调周边、整体融入"的战略构想,以打通对外开放通道、建设陆路空中网上丝绸之路为重点,着力构建多层次、现代化综合交通运输体系,全面提升在全国综合交通网络布局中的战略地位。

一、建设通疆达海铁路网

构建以银川为中心,辐射周边重要节点城市四通八达的高速客运网、功能完善的干线铁路网和方便快捷的城际铁路网。重点推进银川连通呼和浩特(北京)、兰州、郑州、乌鲁木齐、西安、青岛六个方向的高速铁路通道建设。建成银西铁路,打通银川至西安的高铁通道;建成中卫至兰州铁路,打通银川至兰州、乌鲁木齐的高铁通道;争取建成银川至呼和浩特铁路,打通银川至北京的高铁通道;开工建设宝中铁路平凉至中卫段、太中银铁路扩能、海原至环县、定西经固原至庆阳、银川至巴彦浩特等铁路工程;积极争取银川至郑州铁路纳入国家规划,实现银川至北京、西安、兰州等方向3~6小时到达。建成吴忠至中卫等城际铁路,依托国铁实现五市"同城化",形成1~2小时通行圈并覆盖全区主要景区。推进银川市城市轨道交通和旅游专线铁路前期工作,适时启动建设。

二、构建内外通达航空网

以提升机场基础设施服务能力、加密和新开航线、优化拓宽空域为重点,逐步完善空中通道。完成河东国际机场三期扩建工程、适时启动四期前期工作,建设银川河东国际机场货运物流中心,推动中阿国际航空邮包和快件分拨转运中心建设,培育银川河东国际机场区域枢纽功能,积极拓展面向阿拉伯国家和穆斯林地区的航线航班。改造建设固原、中卫支线机场,推进通用机场建设,加大民航空域资源协调力度。银川至北京、上海、西安空中快线每天达到12班以上,加密和新开广州、成都、郑州、乌鲁木齐等40个重要城市航线,通航城市达到100个,省会城市直飞比例提高到90%以上;新开多哈、阿拉木图、莫斯科等5条国际航线,国际地区航线达到18条,基地航空公司达到2家以上,驻场运力增加10架以上,达到20架。到2020年,力争全区民航旅客吞吐量达到1000万人次左右,国际地区旅客达到30万人次,货邮吞吐量超过5万吨。

三、完善互联互通公路网

以提升等级、加密路网为重点,实施内联外通的大通道建设,构建"三环四纵六横"高速公路网。建成京藏、青银高速宁夏境内重点路段改扩建工程、固原至西吉、同心至海原、石嘴山至平罗等高速公路；开工建设银川至百色、乌海至玛沁、银川至昆明高速宁夏境内路段，早日打通省际"断头路"。实施"1222"普通干线直接连通工程，新建和改造一批普通干线公路，完善区内普通干线公路网。到2020年，全区公路通车里程达到3.6万千米，公路密度达到每百平方千米54.2千米，新增高速公路里程500千米，既有高速公路扩容240千米，高速公路通车里程达到2000千米，实现区内所有县城通高速；新建和改造普通干线2800千米，国省道覆盖所有县（市）、85%以上的乡镇、2A级以上旅游景区及重要产业园区。国道二级公路达到85%，省道达到三级以上公路标准。

四、打造现代综合交通枢纽

推进银川国际航空港综合交通枢纽建设，形成公路、铁路、航空融为一体的综合客运换乘枢纽和多式联运的货运枢纽系统，建成客运集散中心和航空货运重要集散枢纽；打造银川全国性的综合交通枢纽，建设中卫、石嘴山区域性综合交通枢纽，提高客货运集散能力和增强对外通道疏解能力。

专栏13　综合交通重点项目

1. 铁路建设

（1）快速铁路。建设银川至西安客运专线、银川至呼和浩特客运专线、中卫至兰州客运专线、宝中线中卫至平凉段扩能、太中银银川（中卫）至定边增建二线、定西经固原至庆阳铁路、银川至巴彦浩特铁路。

（2）普通铁路。建设干武增建二线、海原至环县铁路。

（3）城际铁路。重点建设吴忠至中卫铁路、宁东铁路开行旅客列车等。

2. 公路建设

（4）高速公路。建成通车青兰高速东山坡至毛家沟、固原至西吉、东山坡经源至泾河源、同心至海原、石银高速石嘴山至平罗联络线，完成青银高速银川至宁东段、京藏高速石嘴山至中宁段扩容改造，开工建设银百、乌玛、银昆新增国家高速宁夏段、银川河东机场专用高速公路，推进彭阳至镇原、泾河源至华亭、海原至平川、西吉至会宁等地方高速公路建设。

（5）普通干线公路。实施国省道改造2800余千米，其中一级公路110千米、二级公路1760千米、三级公路900千米。

（6）黄河公路大桥。建成银川兵沟、滨河、永宁、叶盛、红崖子等黄河大桥，推进下河沿、高仁、贺兰（月牙湖）、宣和、中卫南站等黄河大桥建设。

> 3. 机场建设
> （7）建设银川河东机场三期扩建工程和T1国际航站楼改建，改造固原六盘山机场、中卫沙坡头机场，新建银川、红寺堡、同心、隆德等通用机场。
> 4. 枢纽建设
> （8）建设银川河东国际机场综合交通枢纽，银川火车站综合客运枢纽，银川火车站客运东站综合枢纽，吴忠客运枢纽，中卫客、货运枢纽等。

第二节 提升对外开放水平

坚持全面开放与重点突破相结合、"引进来"与"走出去"相结合，围绕优化开放格局、拓展开放空间、打造开放平台、深化务实合作，全面提升对外开放水平。

一、构建全方位对外开放格局

加强与丝绸之路沿线国家的经贸文化往来，重点推进与阿拉伯国家和穆斯林地区在清真食品及穆斯林用品、能源化工、新能源、农业、人文等领域合作；深化与欧美、日韩、东南亚、中国港澳台等国家和地区务实合作，开拓俄罗斯、印度、南非等新兴国家市场。加强与京津冀、长三角、珠三角及中部地区的合作，建设银川、石嘴山承接产业转移基地；完善宁蒙陕甘毗邻地区协同发展机制，推动基础设施共建、产业发展联动、生态环境共治、公共服务共享、片区扶贫协作，合力推进南水北调西线工程，打造西部大开发新高地。

二、提升中阿博览会国际影响力

完善政府引导、企业为主、民间互动、市场运作的办会机制，积极承接中阿合作论坛项下的会议和活动。推动阿拉伯国家在宁夏设立领事机构和商务代表处。积极与丝路沿线国家缔结友好城市，创办沿线国家节点城市市长圆桌会议。打造中阿博览会核心板块，推动中阿商品贸易、服务贸易、金融投资、技术合作等向纵深发展。

三、增强银川综合保税区核心带动能力

加快银川综合保税区二期工程建设，加强综保区与区内外海关监管场所、产业园区联动，拓展综合保税区功能。发展以通用航空、黄金珠宝、生态纺织、清真食品和穆斯林用品为重点的保税加工，发展以仓储分拨、中转集拼、

高端物流为重点的保税物流,发展以跨境电商、医药研发、融资租赁、贸易结算为重点的保税服务。加快建设进境肉类指定口岸和进境水果、种苗指定口岸,建成国内最大的进口清真牛羊肉加工基地和交易中心。争取设立主要面向阿拉伯国家和穆斯林地区的自由贸易园区,打造引领全区外向型经济发展的综合服务平台。

四、打造外向型产业园区

探索委托战略投资者和跨国公司成片开发等多元化开发机制,通过直管、托管、代管和共建等模式,开发建设中阿产业园等国别和区域合作园区;加快国家级和自治区级高新区、开发区转型升级,推动宁东能源化工基地、银川综合保税区、银川空港物流园、纺织产业园区深度融合发展,争取设立国家级新区;改造提升市县工业园区、物流园区、慈善产业园区的承载功能,积极承接产业转移,发展外向型经济。

五、加快"引进来""走出去"

实施优进优出计划,引进一批大企业大集团来宁投资发展,整合延伸产业链。鼓励国内外500强企业与宁夏回族自治区建立战略合作关系,在宁设立总部或分支机构。鼓励有条件的企业走出去,积极参与国际产能合作,开展新能源、农业、矿产资源开发和产业园区建设,扩大工程承包、技术服务、清真产业等领域贸易和投资合作。壮大对外贸易和投资主体,鼓励在境外设立名优产品展示中心和营销网络,带动我区优势产能、特色产品"走出去"。推动建设阿曼、沙特、毛里塔尼亚合作产业园。

六、深化中阿人文交流合作

发挥人文优势,以丝绸之路沿线国家为重点,以促进民心相通为核心,建设中阿人文交流合作示范区。加快中阿国家技术转移中心建设,共建联合实验室、信息交流平台,建设中阿科技园、阿拉伯国家研究院,全方位推动中阿科技和人才交流合作;办好中阿大学校长论坛,建设中阿国际学院,扩大留学生和外籍教师规模,加快宁夏国际医疗城建设,全方位推动中阿教育和卫生交流合作;推进中阿文化园建设,深化广播、影视、新闻、出版、文学、艺术、体育等领域的合作,传播弘扬中华文化,推动宁夏特色文化"走出去";推动与丝路沿线国家旅游线路相通、客源共享、互为市场、共同发展,打造中阿旅游中转港和国际旅游目的地。

第三节 优化对外开放环境

对接国际投资贸易规则,创新体制机制,着力推动投资、贸易、金融服务便利化,打造优质、高效、便捷的开放环境。

一、推动投资服务便利化

创新利用外资管理体制,实行准入前"国民待遇+负面清单"为重点的投资管理制度,加强外商投资项目跟踪服务,扩大外商投资规模,提高外资引进质量,构建开放型经济新体制,建立稳定、公平、透明、可预期的营商环境。

二、推动贸易服务便利化

加快贸易促进平台建设,推行国际贸易"单一窗口"管理模式试点。建立开放型经济综合服务体系,完善出口产品售后服务标准。加强贸易摩擦预警信息公共服务、法律技术咨询服务,指导相关行业和企业应对贸易摩擦和投资风险。培育和引进外贸综合服务企业,提供集检验检疫、报关、货代、退税、融资为一体的外贸供应链服务。

三、推动金融服务便利化

多途径搭建中阿金融对接平台,拓展中阿金融合作领域,力争建立中阿贸易人民币结算中心,扩大人民币跨境结算参与企业范围,简化跨境贸易和投资人民币结算业务流程。鼓励发展互联网金融和第三方支付业务,对符合国家产业结构调整鼓励类的金融服务项目,实行一次审核,"一揽子"申报,快捷办理,兑现相关优惠政策,将我区建成国家承接阿拉伯国家金融投资的重要平台和中阿金融合作示范区。

专栏14 对外开放重点项目

(1) 人文交流合作工程:建设阿拉伯国家研究院,打造中阿合作高端智库;建设中阿国际学院、宁夏大学亚马逊云计算学院、自治区阿语学院,提升高等教育国际化水平,打造阿语复合型人才培养基地;建设宁夏国际医疗城,打造主要面向阿拉伯国家的健康养生港;建设中阿文化创意产业园、六盘山国际旅游休闲度假区等文化旅游项目,培育融入国内国际文化旅游产业链新载体,打造独具特色的国际旅游目的地。

(2) 对外开放平台建设工程:加快银川综合保税区二期工程建设,拓展综合保税区功能;加快建设进境肉类指定口岸和进境水果、种苗指定口岸,建成国内最大的进口清真牛羊肉加工基地和交易中心。

(3) 中阿产业园区建设工程:重点建设中阿产业园、中阿商贸园、中阿科技园、中阿文化园等,在阿曼、沙特、毛里塔尼亚等国合作建设产业园。

第四章 以协调发展为方式 着力形成均衡发展格局

实施空间发展战略,立足全区"一盘棋",坚持区域协调、城乡一体、物质文明和精神文明并重,促进经济社会协调发展。

第一节 推进区域协调发展

坚持把宁夏作为一个城市规划建设的理念,推动国土空间高效协调可持续开发,塑造要素自由流动、功能定位明确、基本公共服务均等、资源环境可承载的区域协调发展新格局。

一、优化总体空间布局

以《宁夏空间发展战略规划》为引领,着力构建"一主三副、两带两轴"的总体空间战略格局。统筹推进大银川都市区和石嘴山、固原、中卫副中心城市建设,形成区域空间组织核心;依托黄河和清水河,以沿线城市和产业园区为支撑,加快产城融合,推进形成沿黄城市带、清水河城镇产业带;依托太中银铁路正线和银川联络线,以城镇为支撑,以资源开发和生态保护为重点,推进形成太中银发展轴、银宁盐发展轴。

二、加快沿黄城市带发展

以建设国际化、现代化的精品城市带为目标,做大做强区域中心城市。按照"一城两岸三域"的格局,加快银川滨河新区、阅海湾中央商务区建设,把银川市建成丝绸之路经济带重点城市、中国—中亚—西亚经济走廊节点城市、现代服务业中心,突出"塞上湖城、西夏古都"的城市特色;推动利通区与青铜峡市一体化发展、同城化管理,加快清真食品和穆斯林用品产业基地建设,把吴忠市建成清真食品和穆斯林用品产业中心、现代制造业基地,突出"水韵吴忠、滨河回乡"的城市特色;加快惠农、大武口、平罗"一港双城,同城对接",推进石嘴山市资源枯竭型城市转型发展,把石嘴山市建成宁北及蒙西地区中心城市和物流中心、国家级承接产业转移示范区、现代装备制造和新材料产业基地,突出"山水园林、重工基地"的城市特色;推进中卫、中宁、海原"一城两翼,内涵发展",把中卫市建成丝绸之路经济带交通物流枢纽城市、特色产业城市、生态旅游城市,突出"沙漠水城、花儿杞乡、休闲中卫"的城市特色。推进沿黄城市带基础设施、生态环境和公共服务一体化,推动太中银发展轴和银宁盐发展轴建设。充分发挥沿黄城市带的承载功能,积极承接国内外产业转移、中南部地区人口转移,加快农业现代化、新型工业化、信息化和国际化步伐,使其成为带动宁夏全面建成小康社会的"火车头"。

三、加快清水河城镇产业带发展

坚持生态环境保护优先，举全区之力建设清水河城镇产业带。抓住固原市国家新型城镇化综合试点的重大机遇，推进"一核四极、组团发展"，把固原市建成宁南区域中心城市，重要的特色农产品生产加工贸易基地、轻工产品制造基地、特色文化旅游城市，突出"红色六盘、绿色固原、避暑胜地"的城市特色。实施区域中心城市和大县城建设，优化布局公共设施，引导人口向城镇、中心村及近水临路地区集聚，产业向园区集聚，实现小面积开发、大面积保护；推进产城融合，壮大特色优势产业，支持异地共建飞地园区，鼓励沿黄地区企业到中南部地区投资兴业，探索一条特色产业发展与经济社会、生态效益相统一的新型城镇化发展之路，把清水河城镇产业带打造成中南部地区经济增长极。

第二节 推进城乡协调发展

推进以人为核心的新型城镇化，健全城乡一体化发展体制机制，推进城乡要素平等交换、合理配置和基本公共服务均等化。

一、健全城乡一体化发展体制机制

深化户籍制度改革，建立健全实际居住人口登记制度，完善城乡统一的户口登记管理制度；有序放宽银川市区入户限制，全面放开其他城市落户限制，鼓励和引导农业转移人口就地就近向城镇集聚；促进有能力在城镇稳定就业和生活的农业转移人口举家进城落户，并与城镇居民有同等权利和义务；实施居住证制度，实现基本公共服务常住人口全覆盖。实施农业转移人口融入工程，依法将农业转移人口纳入城镇职工或城乡基本养老、医疗保险范畴。对符合条件未落户的农业转移人口采取公共租赁住房、租赁补贴等形式改善住房条件。建立健全由政府、企业、个人共同参与的市民化成本分担机制，将政府分担的市民化成本纳入财政预算，监督企业为农民工缴纳"五险一金"、培训费用和有关补贴。探索建立财政转移支付同农业转移人口市民化挂钩机制，财政资金对城市公共服务的投入与城市吸纳农业转移人口的情况相适应，城镇建设用地增加规模与农业转移人口落户数量挂钩机制。稳定并保护进城落户农业转移人口的农村土地承包经营权和宅基地用益物权，完善农村土地流转制度、宅基地有偿退出制度，有效实现进城落户农业转移人口的土地价值，使城镇人口增加与农村建设用地减少、农业规模化经营互相促进。加快推进固原市、平罗县、宁东镇国家新型城镇化综合试点和石嘴山市、吴忠市中小城市综合改革试点，发挥试点示范带动作用。

二、优化新型城镇化布局形态

提升中心城市综合功能。优化中心城市空间布局和功能定位，推动中心城市与周边区域在交通、信息、网络等方面的连接和产业分工协作，强化城市之间产业、基础设施、公共服务、生态资源、环境保护等有效衔接，促进可持续协调发展。全面推行城市设计，传承历史文脉，提升城市建设水平，加强城市公共管理，推进城市生态修复，打造城市风貌特色，培育城市"精气神"。高效利用地下空间，指导开展城市地下空间资源调查与评估，及时更新和动态维护地下空间开发利用信息，推进地下空间资源信息的共建共享。有序推进旧城改造，统筹实施棚户区、城市危房、老旧小区、城乡结合部改造和综合管廊、海绵城市、综合交通、城市慢道、园林绿化、老旧管网改造等，不断完善城市功能，解决好"马路拉链"、交通拥堵等人民群众反映强烈的现实矛盾和问题。

加快推进大县城建设。发展壮大县域经济，依托优势资源发展特色产业。加强市政设施和公共服务设施建设，推动优质教育医疗等公共资源向县城倾斜。分类发展小城镇，优化重点中心镇布局，引导小城镇走特色化、集约化发展道路，集中建设42个重点小城镇。加强中心城市周边小城镇的统筹配套发展，带动周边农村就地城镇化。

三、建设美丽宜居乡村

以改善生产生活环境为重点，实施美丽乡村"规划引领、农房改造、收入倍增、基础配套、环境整治、生态建设、服务提升、文明创建"八大工程。统筹生态移民迁入地村庄建设。加快农村饮水安全建设。继续实施农村电网改造升级工程，鼓励发展农村清洁能源。完善农村公路网络，实现所有行政村通客车。实施新农村现代流通网络工程。推进农村生态示范区建设，开展生态县、生态乡镇、生态村创建活动。到2020年，全区所有乡（镇）、村庄达到美丽宜居乡村标准。

专栏15 城乡基础设施重点工程

（1）保障性安居工程：完成棚户区改造15.5万套，配套建设相关的城市道路和公共交通、通信、供电、供水、供气、供热、停车库（场）、污水及垃圾处理等基础设施。

（2）老旧住宅小区改造项目：改造城镇老旧小区1000万平方米。

（3）石嘴山城区老工业区搬迁改造工程：搬迁改造10个城区老工业区，腾退土地2860公顷；实施石炭井居民下迁工程。

(4) 地下综合管廊项目：建设全区城市地下综合管廊 170 千米，改造现有老旧管网，推动城市地上地下空间综合开发利用。

(5) 海绵城市建设项目：推进城市雨水积存、渗透和净化系统及雨水花园、下沉式绿地、透水铺装等示范项目建设，提升城市汇聚雨水、蓄洪排涝、净化生态等功能。

(6) 美丽乡村建设项目：完成 100 个乡镇和 1000 个中心村、2000 个一般村建设改造，全区所有乡（镇）、村庄达到美丽宜居乡村标准；完成农村危房改造 6 万户，基本消除农村危房；实施农村垃圾治理、改厕及生活污水处理、绿化美化亮化、基础设施配套等农村环境整治项目，行政村垃圾处理率达到 90%；完成 60 个小城镇、1000 个村庄生活污水处理设施建设和 30 万户厕所改造。

(7) 既有居住建筑节能改造项目：完成 2500 万平方米既有居住建筑供热计量和节能改造，力争率先在全国实现省域应改尽改。

(8) 美丽宁夏城市气象保障工程：建设雾、霾等城市环境气象和城市周边区域湖泊湿地气象要素梯度监测网及卫星遥感动态监测平台；开展湖泊湿地修复和重建的气候效应评估；建设城市内涝、空气质量、交通等气象灾害监控和风险预警平台；建设海绵城市气象服务平台。

第三节 推动两个文明协调发展

坚持社会主义先进文化前进方向，坚持以人民为中心的工作导向，坚持把社会效益放在首位、社会效益和经济效益相统一，加强社会主义精神文明建设，推动两个文明协调发展。

一、提高社会文明程度

大力培育和践行社会主义核心价值观，使之成为全区各族人民的共同价值追求。弘扬以爱国主义为核心的民族精神和以改革创新为核心的时代精神，巩固强化全区各族人民对祖国、对中华民族、对中华文化和对中国特色社会主义道路的认同。实施哲学社会科学创新工程，建立社会科学智库。完善文明城市、文明行业、文明单位、文明校园、文明家庭创建机制。健全社会信用体系，建立守信激励和失信惩戒机制。健全社会舆情引导机制，加强互联网管理，净化网络环境，发展积极健康的网络文化。大力倡导以文明礼貌、助人为乐、保护环境、遵纪守法为主要内容的社会公德；大力倡导以爱岗敬业、诚实守信、办事公道、服务群众、奉献社会为主要内容的职业道德；大力倡导以尊老爱幼、男女平等、夫妻和睦、勤俭持家、邻里团结为主要内容的家庭美德；大力倡导以为人正直、对人友善、待人宽容、自立自强为主要内容的个人品德，集聚全社会向上向善的正能量。深入开展以扶贫济困、西部大开发、环境保护、关爱弱势群体为主要内容的志愿服务，弘扬"美丽宁夏·志愿尚善"的新风正气。

二、健全公共文化服务体系

完善公共文化服务设施网络。加快构建覆盖城乡、便捷高效、保基本、促公平、具有宁夏特色的现代公共文化服务体系，更好保障人民群众基本文化需求。引导公共文化资源配置向基层倾斜，加强县乡村三级公共文化设施建设，夯实公共文化服务体系基础。优先支持中南部地区公共文化设施建设，补齐我区公共文化服务体系的"短板"。加强广播电视基础设施建设，改善高山台站设施设备条件，增补地面数字广播电视发射站点，建成农村智能应急广播网，全区地面电视实现数字传输全覆盖。

丰富公共文化产品供给。拓展图书馆、博物馆、科技馆、文化馆（站）等公共文化设施全年免费开放内容，为群众提供更加优质的服务。实施农村电影放映、流动舞台等文化惠民工程，活跃城乡文化生活。实施文化精品创作工程，创作生产更多体现民族特色、富有时代精神、群众喜闻乐见的文化精品。实施"书香宁夏"工程，倡导全民阅读，普及科学知识，提高公民科学素质。加强文化遗产保护，全力推进西夏陵申报世界文化遗产、丝绸之路宁夏（固原）段申报世界文化遗产扩展项目，争取申报成功。

增强公共文化服务发展活力。建立文化消费补贴机制，向低收入群众发放文化消费卡，为城乡居民提供"普惠式"文化消费。分类推进文化事业单位改革，在图书馆、博物馆、文化馆等文化事业单位建立法人治理结构。构建现代传播体系，推动传统媒体与新兴媒体融合发展，加快媒体数字化建设，增强主流媒体传播力、影响力。支持社会力量参与公共文化服务体系建设，健全政府向社会力量购买公共文化服务机制，推动公共文化产品生产和服务供给市场化、多元化。

三、构建现代文化产业体系

增强市场主体实力。继续深化转制国有文化企业改革，鼓励企业跨地区、跨行业、跨所有制兼并重组，做大做强骨干文化企业。支持优秀民营文化企业发展壮大，引导中小文化创意和设计服务企业向专、精、特、新方向发展，使文化产业成为大众创业、万众创新的重要舞台。

培育多层次文化市场。推动文化创意和设计服务与制造业、特色农业、旅游业、体育产业等相关产业融合发展。创新文化投融资体制，促进文化资源与金融资本有效对接。发展游戏动漫、数字服务、创意设计等新业态，打造银川世界电子竞技之都,扩大和引导文化消费。

发展体育事业。推广全民健身计划,在城乡主要公共场所免费安装健身设施,建设一批便民利民中小型体育场馆和健身活动中心。在城乡社区建设小型多样、就近就便的青少年室外活动场所。以沙漠运动、水上运动、山地运动为重点,建设创新型体育产业区。

专栏16　文化重点工程

(1) 公共文化体育设施建设工程:建设隆德等9个县(区)图书馆、文化馆,50个标准化乡镇文化站,600个左右行政村综合文化服务中心;建设银川市中心图书馆、固原市图书馆和文化馆等地市级公共文化设施;建设宁夏美术馆,实施宁夏图书馆综合服务能力提升工程、宁夏文化馆改扩建工程、固原博物馆改扩建工程,建设宁夏文艺之家。改造自治区体育场,建设10个体育健身公园、60个社区(乡镇)多功能运动场、100千米全民健身步道,新建改扩建一批市县级体育场馆,建成宁夏体育运动学校和体育运动训练管理中心。

(2) 广播电视基础设施建设工程:新建地面数字电视发射站点44个,实施罗山广播电视转播台改扩建、六盘山广播电视转播台改造工程。

(3) 媒体融合发展工程:建设全区统一的媒体"云平台",建设宁夏日报客户端、宁夏网络广播电视台和宁夏IPTV集成播控平台,实施智慧家庭云项目、中小城市基础广电网络完善工程,推进党报电子阅报屏建设,建设集报纸、电视、互联网、移动多媒体为一体的宁夏全媒体报道平台。

(4) 文化和自然遗产保护工程:西夏陵申报世界文化遗产环境整治、文物本体保护、博物馆迁建及配套基础设施项目;丝绸之路宁夏(固原)段申报世界文化遗产环境整治、文物本体保护及配套基础设施项目;固原市战国秦长城、开城遗址等文物本体保护、环境整治及保护性基础设施项目。

(5) 文化产业重点工程:依托华夏河图、中华回乡文化园,建设中阿文化产业园,打造银川东部文化旅游长廊;建设宁夏新闻文化传播产业园、宁夏印刷文化产业园、广播电视传输发射中心、石嘴山煤城印象、中卫阳光文化产业园、中宁枸杞文化产业园、海原回族文化产业园等文化产业发展孵化基地。

第五章　以绿色发展为方向　着力改善生态环境

实施生态优先战略,加快建设美丽宁夏,坚持把生态文明建设融入经济社会发展全过程,推动形成绿色生产方式和生活方式,建设全国生态文明示范区，使宁夏的天更蓝、地更绿、水更净、空气更清新。

第一节 加强生态保护修复

坚持保护优先，严守生态红线，加大生态保护修复力度，把我区建成西部生态安全屏障。

一、构建生态安全屏障

围绕"两屏两带多点"生态安全格局，把山水田林湖作为一个生命共同体，遵循全区降雨线分布和不同区域水资源分布规律，大力推进精准造林，开展国土绿化造林，大幅提升全区绿量绿效绿质。继续实施三北防护林、天然林保护、新一轮退耕还林等国家重点生态林业工程，加快实施生态修复、防沙治沙、灌区绿网、城乡增绿、湿地保护五大生态建设工程，加快建设大六盘、防沙治沙、平原防护林和城镇绿化美化四大生态安全体系。六盘山区以生态修复为重点，以小流域综合治理为单元，分片推进六盘山土石质山区、黄土丘陵区综合治理，构建六盘山水源涵养和水土流失防治生态屏障；贺兰山东麓以加快生态防护林和百万亩葡萄文化长廊建设为重点，构建贺兰山防风防沙生态屏障；中部干旱带以封育为主，综合整治荒漠化沙化土地，构建中部防沙治沙带；北部平原以农田防护、水源涵养为主，加强湿地、灌区农田和城市绿地的保护与建设，推进退化防护林改造及交通主干道、主要灌溉渠系绿化，构建平原绿洲生态带。城镇乡村以改善人居环境为主，加强城市、乡村及工业园区等人口聚居地绿化美化，构建城镇乡村绿化美化体系。到2020年，新增营造林面积500万亩，新增水土流失治理面积4000平方千米。

二、保护自然生态系统

优化生态布局，严格自然生态空间用途和管制，保护和恢复森林、草原、荒漠、湿地、河湖自然生态系统，发挥生态系统自我修复能力，促进生态系统良性循环，确保重要生态功能区、重要生态系统以及主要物种得到有效保护。推进自然保护区建设，加强自然保护区、森林公园、风景名胜区等典型自然景观保护。保护和恢复生物多样性。到2020年，森林蓄积量达到995万立方米，天然草原改良1000万亩，草原围栏3093万亩，全区湿地面积稳定在310万亩。

三、加快移民迁出区生态修复

在先行实施全域封禁管护的基础上，坚持生态效益优先，自然恢复为主，封造管结合，自然修复与人工治理相结合，针对不同土地类型，合理布局各类生态修复工程项目，改善生态移民迁出区生态环境质量。到2020年，生态移民区修复面积达到1272万亩，其中人工修复380万亩。

专栏17　生态保护修复重点工程

（1）生态修复工程：以实施生态移民迁出区生态修复、黄土高原综合治理林业示范、贺兰山东麓非煤矿山地质环境治理和生态修复、六盘山外围百万亩油松水源涵养林、南华山水源涵养林、清水河流域生态修复治理、未成林地补植补造、六盘山国家重点生态功能区保护和修复等工程为重点，完成人工修复680万亩。

（2）防沙治沙工程：以实施防沙治沙综合示范、新一轮退耕还林、沙化封禁保护、沙漠公园、防沙治沙技术平台等建设工程为重点，完成防护林及人工修复工程270万亩。

（3）天然草原生态保护工程：以实施退牧还草工程为重点，补播改良中度和重度退化草原300万亩，建立补播打草示范基地5万亩；加强草原鼠虫病害防治，建立完善草原火灾监测防控体系。

（4）灌区绿网工程：以银北百万亩盐碱地生物护坡治理、贺兰山东麓葡萄长廊防护林、农田防护林改造提升、黄河金岸绿色长廊等工程为重点，建设防护林50万亩。

（5）城乡增绿工程：创建森林、园林城市，建设公园绿地、城市绿道、休闲广场、市民休闲森林公园、自然保护区、城乡绿色通道、美丽乡村，完成绿化美化5万亩，建成26个市民休闲公园，500个绿色村庄。

（6）湿地保护工程：以国家湿地确权、退耕还湿、湿地保护与恢复等为重点，创建4个湿地类型自然保护区，12个国家湿地公园，10个自治区级湿地公园、退耕还湿15万亩。

（7）自然保护区能力建设工程：加强9个国家级和4个自治区级自然保护区基础设施和能力建设，提高保护区资源管理、科研监测、防灾预警、社区共管、生态旅游能力。

（8）南部山区水土流失综合防治工程：重点加强对坡面和沟道水土流失和坡耕地水土流失的综合治理，治理水土流失面积2575平方千米。

第二节　推动绿色低碳循环发展

坚持减量化、再利用、资源化的原则，以循环化改造促进产业结构调整，大力发展环保产业，加快建设资源节约型、环境友好型社会。

一、构建绿色低碳循环产业体系

大力推进绿色清洁生产，实施循环发展引领计划，推行"源头减量、过程控制、末端再生"的生产方式，推进企业循环式生产、产业循环式组合、园区循环式改造，实现资源共享、"三废"集中处理与综合利用。鼓励种养加一体化、都市农业、休闲农业循环化发展。构建循环型服务业体系，推进服务主体绿色化、服务过程清洁化，生产系统和生活系统循环链接。

二、推进生活方式绿色化

大力传播生态文明理念，增强全民节约意识、环境意识、生态意识，推动全社会形成绿色消费和勤俭节约的生活方式。实行公共交通优先，加强轨道交通建设，实施新能源汽车推广计划，合理布局、有序建设电动汽车充电设施，鼓励绿色出行。构建社会行动体系，全面推进政府环境信息公开，保障公众知情权，引导公众积极承担环保责任、履行环保义务。

三、健全资源回收利用体系

健全各类废旧物资交易市场，完善再生资源储运系统，形成"回收站点—分拣中心—集散市场"三位一体的再生资源回收网络。推进餐厨废弃物等垃圾资源化利用和无害化处理。推进在线收废平台建设，推动回收行业信息化与规范化建设。到2020年，万元生产总值水耗能耗明显降低，废水废气排放量明显下降，工业用水重复利用率明显提高，工业固体废物综合利用率达到80%以上。

第三节　持续改善环境质量

实施"蓝天、绿水、净土"三项行动，加大环境污染治理力度，积极应对气候变化，切实保障公众健康，有效防范环境风险。

一、构建空间环境管控体系

强化宁夏空间发展战略规划、主体功能区划约束作用，科学划分环境功能区，构建科学合理的城市化格局、农业发展格局和生态安全格局。划定生态保护红线，优化红线区域管理体制机制，严控各项开发建设活动。制定清水河城镇产业带和太中银、银宁盐发展轴环保准入负面清单，建设六盘山生态效益补偿试验区，增强重要生态功能。根据资源环境承载力调整沿黄城市带发展规模和开发强度，控制城市增长边界。建立差异化的考核评价和责任追究机制，探索生态补偿和排污权交易制度。加强地理国情监测，促进国土空间精细化管理。

二、加大重点领域污染治理

加强大气污染治理，推进大气污染防治行动计划，全面开展燃煤机组超低排放改造，加大燃煤锅炉、工业烟粉尘、机动车尾气、城市扬尘治理力度，全面开展重点行业和区域挥发性有机物污染治理，降低可吸入颗粒物（PM10）浓度，加快推进城市集中供热、热电联产，继续淘汰城市建成区燃煤小锅炉，到 2020 年，重点行业排污强度比 2015 年下降 30%以上。加强水环境治理，落实水污染防治行动计划，推进黄河干支流、主要排水沟、城市黑臭水体、湖泊湿地等重点流域污染治理，对黄河入河水系进行全面排查，确保达标。依法保护饮用水源地，推进地下水污染防治。提高再生水回用率，实现城镇及工业园区污水处理设施全覆盖。全面推进城市污水处理厂技术改造，推进城镇污水集中治理，到 2020 年，地级市建成区和县城污水基本实现全收集、全处理，重点镇污水收集处理能力达到 85%以上。建立水资源、水环境承载能力监测评价体系。加强固体废弃物污染治理，加强重金属污染防治，重点防控区禁止新建扩建增加重金属污染物排放项目。强化工业固体废物运输、贮存、处置和利用各环节的环境监管，提高危险废物规范化管理水平。加强农村农业污染治理，实施农村生活垃圾、污水处理、畜禽粪便污染治理、清洁能源、生态保护等工程，改善农村人居环境。实施土壤污染防治行动计划，建立土壤环境监测体系，优先保护耕地土壤环境。大力提高农业污染防治水平，普及测土配方施肥技术，全面推广低毒低残留农药，加强农用残膜回收利用，加快畜禽养殖污染治理及废弃物综合利用设施建设。到 2020 年，80%规模化畜禽养殖场配套完善粪污贮存设施，30%养殖专业户实施粪污集中收集处理和利用。

三、防控重大环境风险

严守环境质量底线，实施环境风险全过程管理，完善区域开发和项目建设环境风险评估。严控石油化工、医药制造、有色金属冶炼、纺织印染等重点行业污染物排放，降低重金属、危险废物、化学品、核与辐射等重点领域环境风险。强化重污染天气、饮用水水源地、有毒有害气体等关系公众健康的重点领域风险预警。健全环境应急监测体系，提高环境应急响应能力。妥善处置突发环境事件，确保不发生大规模环境污染事件。

四、积极应对气候变化

全面提高应对气候变化能力，加强生态建设，增加森林、草原、湿地碳汇。增强农业、林业、水资源等重点领域适应气候变化能力，降低气候风险。完善应对气候变化政策体系和体制机制，建立温室气体排放统计核算体系。编制省级和市（县）级温室气体清单。继续推进具有示范意义的低碳城市、低碳园区和低碳社区建设。开展二氧化碳捕集利用试点示范。推广具有良好减排效果的低碳技术和产品，控制温室气体排放。开展重点企（事）业单位温室气体排放核算、报告、初始盘查与核查，与全国同步建立碳排放权交易市场。完成国家下达的碳减排目标任务。

五、改革生态环境保护治理制度

推进环境法治建设,实行最严格环境保护制度,按照源头严防、过程严管、后果严惩的要求,健全生态保护红线管控制度、排污许可制度、生态补偿制度、生态文明考核评价制度、生态环境损害责任追究制度,健全环境监测、预警、预防、应急机制。开展环保督察巡视,实施自治区以下环保机构监测监察执法垂直管理。制定大气、土壤等地方性环保法规,全面建立司法联动机制

专栏18 环境治理重点工程

(1) 大气环境治理工程:全面开展燃煤电厂超低排放改造工程,淘汰地级市建成区20吨/时及以下燃煤锅炉,淘汰所辖县市10吨/时及以下燃煤锅炉;开展20吨/时以上燃煤锅炉除尘、脱硫、脱硝改造;全力推进城市热电联产及集中供热,银川市完成燃煤企业余(废)气集中供热改造;完成全区铁合金、电石矿热炉污染综合治理工程等。

(2) 水环境治理工程:实施银川、石嘴山、吴忠、中卫入黄排水沟及固原清水河、葫芦河、渝河等重点流域环境污染综合治理工程,对全区城镇生活污水处理厂进行升级改造,完成全区工业园区污水处理厂建设、提标改造工程及集污管网建设,完成全区城市段黑臭水体治理,推进环境污染第三方治理模式,建设城镇生活污水及工业园区污水处理项目。

(3) 固体废物治理工程:实施吴忠市、固原市、青铜峡市废物处置及综合利用项目,宁夏环保产业聚合区项目,宁夏危险废物和化学品物流园项目,宁夏危险废物收集转运中转站项目,宁夏危险废物和医疗废物处置中心综合治理能力建设工程,宁东能源化工基地四号渣场等项目。

(4) 环境能力建设工程:建设环境信息化智慧环保项目、工业园区环境质量智能感知监管项目、应急能力标准化建设项目、环境检测重点实验室项目、环境监测预警超级站及环境空气质量预报预警系统等环境监测能力建设。

(5) 农村环境综合整治工程:建设提升全区300个行政村生活垃圾和生活污水处置处理项目,开展农用地土壤污染状况调查工程、土壤环境监管能力建设工程、土壤污染治理修复试点工程。

第四节 全面节约和高效利用资源

严守制度红线,强化总量控制,转变生产生活方式,破解资源瓶颈制约,推进节能降耗和资源高效利用。

一、构建水资源高效利用体系

严守取水总量、用水效率、水功能区限制纳污"三条红线",完善水资源使用权配置机制,积极推进水资源价格改革,大力发展节水农业,深入推进工业节水,不断强化生活节水,提高水资源利用效率,农业高效节水灌溉面积累计达到400万亩以上,全区农业灌溉用水有效利用系数提高至0.55,万元GDP用水量下降25%。

二、构建清洁高效的能源利用体系

实行能源消耗总量和强度双控行动,强化节能目标责任考核,深入推进工业、建筑、交通、公共机构等领域节能,健全节能标准体系,加大节能监察力度,严格执行产品能耗限额等强制性节能标准,强化固定资产投资项目节能评估和审查。加强节能能力建设,建设智慧能源管理平台。实施全民节能行动计划,实施重点用能行业效能提升行动计划,落实绿色建筑行动方案,推进"新城镇、新能源、新生活"行动计划,实施川区城市燃煤供热锅炉代替工程、山区城镇天然气联通工程,推动全社会用能方式变革,力争能源消费总量控制在国家下达指标内。

三、健全节约集约的土地利用制度

落实最严格的耕地保护制度和节约集约用地制度,推进城镇、各类开发区(园区)低效土地开发利用,通过改造输电线路等途径,节约置换工业用地。促进生态移民迁出区建筑物、构筑物拆除,严格控制农村集体建设用地规模。强化土地利用总体规划管控作用,规范和完善土地市场,盘活存量土地资源,开展国土整治,严格土地管理。实施石嘴山市矿山生态修复治理工程,加快重点区域矿山地质环境治理。

第六章 以共享发展为根本 着力增进民生福祉

实施富民共享战略,加快建设和谐宁夏,着力解决好人民群众关注的民生问题,使更多的人参与发展过程、分享发展成果,不断增强人民群众的获得感、安全感和幸福感。

第一节 打赢脱贫攻坚战

坚持精准扶贫、精准脱贫基本方略,把扶贫开发作为重大政治任务,实施"五个一批"脱贫行动,层层落实脱贫攻坚责任,举全区之力打赢脱贫攻坚战,力争提前两年实现农村贫困人口脱贫、贫困县全部摘帽的目标。

一、发展生产脱贫一批

按照宜农则农、宜林则林、宜牧则牧、宜商则商的原则，因地制宜发展扶贫产业。实施贫困村"一县一特、一乡一业、一村一品"产业行动计划，重点发展优质粮食、草畜、蔬菜、枸杞、酿酒葡萄、苗木、中药材等特色产业，积极探索发展休闲观光农业、林下经济、光伏产业、农村电商、乡村旅游等新业态，确保有劳动能力的贫困户每户有1~2个稳定增收的产业项目。鼓励和支持龙头企业在中南部地区建立产业基地，促进企业和贫困户结成利益共同体。加大产业扶贫投入，较大幅度增加专项扶贫资金规模，设立扶贫再贷款，并实行比支农再贷款更优惠的利率，通过税收优惠、贴息支持、财政奖补及过桥贷款、融资担保、风险补偿等机制，鼓励金融机构创新扶贫产品和服务。通过发展特色产业，力争使30万左右贫困人口实现脱贫。

二、易地搬迁脱贫一批

对"一方水土养不起一方人"、生态脆弱、地质灾害频发地区及居住过于分散、就地脱贫难度大的贫困群众，按规划、分年度、有计划组织实施易地搬迁。通过县内就近安置、劳务移民安置、小规模开发土地安置、农村插花安置等方式，对建档立卡的8万左右贫困人口实施易地搬迁，确保搬得出、稳得住、管得好、能致富。

三、发展教育脱贫一批

把教育扶贫作为长远脱贫的根本之策，教育经费向贫困地区倾斜、向基础教育倾斜、向职业教育倾斜，支持中南部地区贫困家庭子女更多地依靠教育走出去。实施贫困人口技能致富计划，实行川区城市优质学校同山区学校结对帮扶政策，对建档立卡的家庭经济困难学生，实行普通高中全部免除学杂费，未升学初高中毕业生全部接受职业教育，所有家庭经济困难学生资助全覆盖。广泛开展农村适用技术、职业技能、就业创业指导培训，实现贫困户技能培训全覆盖。鼓励引导贫困群众到城镇、沿黄地区、工业园区就业创业。通过发展教育，力争使4万左右贫困人口实现脱贫。

四、生态补偿脱贫一批

实施新一轮退耕还林还草工程，争取将25度以上坡耕地全部纳入退耕还林还草范围。依托天然林保护、防护林建设、防沙治沙、水土保持、小流域综合治理、退牧还草等生态工程，支持贫困县设立生态公益岗位，利用生态补偿和生态保护工程资金，将生态移民迁出区遗留户和生态保护核心区的部分贫困人口转为产业工人和护林员等生态保护人员，发展林下经济和生态旅游产业，有效增加贫困群众收入，实现生态补偿脱贫1万人左右。

五、社会保障兜底一批

完善农村最低生活保障制度，推动贫困地区农村扶贫线和低保线"两线合一"。加强农村低保申请家庭经济状况核查工作，将所有符合条件的贫困家庭纳入低保范围，做到应保尽保。推进大病医疗保险全覆盖，对因病致贫、因病返贫的建档立卡贫困人口，实施医疗救助和其他形式的社会救助。通过社会保障兜底，确保15万左右贫困人口脱贫。

六、完善精准扶贫脱贫机制

坚持扶贫对象精准、项目安排精准、资金使用精准、措施到户精准、因村派人精准、脱贫成效精准，实行定点定向扶贫攻坚，做到分工明确、责任清晰、任务到人、考核到位。完善基础设施到村、产业扶贫到户、培训转移到人、帮扶责任到单位的整村推进"四到"机制，引导资金、土地、人才、技术、管理等各种要素向贫困地区集聚。创新闽宁协作机制，拓展协作领域，丰富协作形式，提升协作层次。建立扶贫开发投资长效机制和融资平台，创新扶贫开发投融资模式。抓住国家支持革命老区脱贫攻坚的机遇，加快我区革命老区发展。继续组织实施好以工代赈项目。

专栏19　脱贫攻坚行动计划

（1）金融脱贫行动计划：巩固发展互助资金；设立扶贫小额贷款风险补偿金，使建档立卡贫困户、生态移民户获得5万元以下免抵押、免担保的扶贫小额信贷；用好国家扶贫再贷款资金，设立金融扶贫融资平台，争取获得更多国家低息、长期扶贫贷款资金，努力将宁夏回族自治区建成国家金融扶贫试验区。

（2）能力提升脱贫行动计划：每年安排2亿元，重点支持建档立卡贫困人口和生态移民通过技能培训取得职业资格证书，确保贫困家庭劳动力至少掌握一门致富技能，实现靠技能脱贫。

（3）交通脱贫行动计划：推进农村道路提升工程，完成贫困乡镇和建制村公路安全防护和危桥改造，加快产业路、旅游路、资源路和村组道路建设等。

（4）水利脱贫行动计划：2016年建成中南部城乡饮水安全工程，基本解决所有贫困村饮水安全问题。实施六盘山连片特困地区扶贫开发水资源高效利用工程和清水河综合治理工程。小型农田水利、水土保持、生态整治等工程建设向贫困村倾斜。

（5）危窑危房改造和人居环境整治脱贫行动计划：完成1100个建档立卡贫困村中自治区《镇村体系规划（2013～2020）》确定的规划中心村和保留自然村危窑危房改造任务，在有条件的贫困村完成阳光沐浴工程。实施改水、改厨、改厕、改圈"四改"工程。

(6) 医疗保障和卫生脱贫行动计划：对贫困人口参加城乡居民基本医疗保险个人缴费部分由财政给予补贴，将患大病贫困人口全部纳入重特大疾病救助范围。建立全区三级医院与贫困县县级医院稳定持续的一对一帮扶关系。

(7) 人才和科技脱贫行动计划：设立技术创新产业引导子基金，支持先进适用技术成果在贫困地区转化。组织科技人员到贫困村驻点开展科技扶贫，培养本土科技人才。鼓励科技人员到贫困地区领办创办产业项目。

(8) 旅游脱贫行动计划：推进六盘山旅游扶贫试验区建设，实施乡村旅游富民工程，加快推进休闲农庄建设向贫困村倾斜布局，推动建立旅游扶贫与贫困人口脱贫致富利益联结机制。

(9) "互联网+"脱贫行动计划：推进贫困地区行政村接通宽带网络。实施电子商务进农村综合示范工程，加快贫困地区物流配送体系建设，对贫困家庭开设网店给予网络资费补助。

(10) 文化脱贫行动计划：加快建设基层综合性文化活动中心，到2018年实现全覆盖。扶持文化产业发展，加大回族剪纸、刺绣、妇女手工制品等文化产品开发。

(11) 光伏和电力脱贫行动计划：在有条件的贫困村建设屋顶、养殖圈舍、设施农业等分布式光伏项目。加快推进贫困地区农网升级改造，提高贫困地区农网供电能力和保障水平。

(12) "三留守"和贫困残疾人关爱行动计划：健全贫困地区留守儿童、留守妇女、留守老人和残疾人关爱服务体系，不断提高救助水平。

(13) 社会帮扶脱贫行动计划：深化中央单位定点帮扶工作，进一步加强闽宁协作，引导鼓励企业、社会组织和个人参与脱贫帮扶。

第二节 推动就业创业和居民增收

实施就业优先战略和城乡居民增收工程，推动形成更加充分和更高质量的就业，努力提高城乡居民收入，让人民群众有更多的获得感。

一、推动更高质量的就业

实施更加积极的就业政策。综合运用财税、金融、产业、社保补贴等措施，推进高校毕业生、农村转移劳动力、城镇困难群体充分就业。加强就业援助，开发和购买公益性岗位，帮助城镇就业困难人员实现就业。扶持以大学生为主的青年群体创业和农民工返乡创业，推进石嘴山"双创"示范城市建设，以创业带动就业。"十三五"期间，力争实现城镇新增就业36万人，城镇登记失业率控制在4.5%以内。

开展精准职业技能培训。构建面向城乡全体劳动者，符合就业需要和职业生涯发展需要的终身职业技能培训制度体系。加强紧缺型技能人才培训、城乡劳动者岗前培训、职业技能提升培训和失业人员转业转岗培训。依托行业、企业和职业院校，建设一批具有公共实训功能的就业培训基地，开展多种形式校企合作。实施新生代农民工职业技能提升计划，开展贫困家庭子女、失学青少年、失业人员、退役军人等免费接受职业培训行动。推进职业资格管理改革，探索建立适应经济社会发展需要的职业能力评价体系。

健全覆盖城乡的公共就业创业服务体系。建设自治区人力资源发展促进中心，建立统一规范灵活的人力资源市场，健全统一的市场监管体系。加快公共就业信息服务平台建设，实施就业管理和就业服务全程信息化。积极预防和有效调控失业风险，完善失业监测预警和就业应急预案机制。

构建和谐劳动关系。维护职工和企业的合法权益，依法保障职工劳动报酬、休息休假、劳动安全卫生保护、社会保险和职业技能培训等基本权益。全面实行劳动合同制度，推进集体协商和集体合同制度。建立完善劳动保障监察、争议调解仲裁、群体性事件预防和应急处置等劳动关系矛盾调处机制。健全工资支付监控、工资保证金和欠薪应急周转金制度，保障劳动者按时足额领取工资报酬。

二、实施城乡居民增收行动

促进农民收入持续较快增长。大力发展特色种养业、农产品加工业、农村服务业，带动农民增收致富。提高农业生产效益，增加农民生产性收入。因地制宜发展特色鲜明、形式多样的休闲农业和乡村旅游等农村服务业，增加农民经营性收入。鼓励农民外出务工经商和转移就业，增加农民工资性收入。持续稳定增加农民土地流转收益，增加农民财产性收入。

深化薪酬制度改革。完善企业工资指导线制度，健全统一规范的企业薪酬调查和信息发布制度，健全反映劳动力市场供求关系和企业经济效益的工资决定及正常增长机制。建立与经济发展相适应的最低工资标准调整机制，促进中低收入职工工资合理增长。健全机关事业单位工资正常增长机制。深化事业单位绩效工资制度改革。

合理调节收入分配。完善以劳动、知识、资本、技术、管理等要素按贡献参与分配的初次分配机制，健全以税收、社会保障、转移支付等为主要手段再分配调节机制，明显增加低收入者收入，持续扩大中等收入群体，逐步缩小城乡、行业和社会成员之间收入分配差距。

第三节 建立更加公平可持续的社会保障制度

实施社会保障提标工程，以统筹城乡、完善功能、强化服务为重点，加快建设与经济社会发展水平相适应的社会保障体系，织好基本民生安全保障网。

一、构建城乡一体社会保险体系

推进养老、医疗保险从制度全覆盖向适龄人员全覆盖。巩固完善基本养老保险自治区级统筹，开展城乡居民基本养老保险基金省级管理，完善基本养老关系转移接续政策和城乡养老保险制度衔接办法，全面实施机关事业单位养老保险制度，建立兼顾各类人员的养老保障待遇确定机制和正常调整机制。完善统一的城乡居民基本医疗保险制度，参保率稳定在95%以上；实现职工基本医疗保险与城乡居民基本医疗保险转移接续；根据经济发展水平和基金承受能力，逐步提高城乡居民大病保险报销比例；推进基本医保与商业健康保险相互补充和衔接发展。提高失业、工伤、生育保险统筹层次，到2020年，全区失业保险参保人数达到85万人，工伤保险参保人数达到85万人。创新和加强社会保障管理和经办服务，实现社会保险"五险合一"经办管理，优化服务流程，推进社会保障卡综合应用，为参保单位和群众提供方便快捷无差别的服务。完善社保基金监管机制，保证基金安全完整。

二、稳步提高社会保障水平

健全社会保障待遇标准与物价水平挂钩、与城乡居民收入水平相协调的联动机制。建立养老金正常调整机制，稳步提高养老保险待遇水平。建立稳定的医疗保险个人缴费增长机制，建立职工医疗保险退休人员缴费机制，稳步提高基本医保待遇水平。完善失业保险金待遇调整机制。提升工伤保险定期待遇水平。加快发展企业年金、职业年金、商业保险，生育保险与职工基本医疗保险合并实施。完善住房保障体系，加大保障性安居工程建设和棚户区改造力度，改善中低收入家庭居住条件，到2020年，城镇常住人口保障性住房覆盖率达到23%以上。

三、完善城乡社会救助和社会福利体系

规范城乡低保管理，完善救助申请家庭经济状况核对机制，提高认定准确率，实现对生活困难家庭的分类救助。统筹城乡特困人员供养制度和医疗救助制度，开展重特大疾病医疗救助。健全临时救助制度，加强城市生活无着落的流浪乞讨人员救助管理。加大未成年人救助保护力度，做好困境儿童、农村留守儿童的福利和保护工作。统筹推进扶老、助残、救孤、济困等福利事业发展，进一步提高优抚安置保障水平，推进社会福利由补缺型向适度普惠型转变。完善残疾人福利补贴制度，改善残疾人康复托养设施条件，保障残疾人享有基本公共服务。创新发展慈善事业，鼓励社会各界参与公益慈善，

加强慈善监管，更好发挥慈善事业扶贫济困作用。

第四节　办好人民满意的教育

坚持把教育摆在优先发展的战略地位，深化教育领域综合改革，促进教育公平，提高教育质量，努力满足人民群众对优质教育资源日益增长的需求，推进教育现代化。到2020年，劳动年龄人口平均受教育年限达到10.8年。

一、提高基础教育发展水平

实施学前教育办学能力提升工程，加大政府购买学前教育服务力度，鼓励引导普惠性民办幼儿园发展，增加质优价廉的学前教育供给；实施西海固地区义务教育均衡攻坚计划，实现所有县（市、区）域内义务教育基本均衡发展目标，逐步缩小区域、城乡、校际差距，保障所有适龄儿童少年享有平等受教育权利；巩固普及高中阶段教育成果，提高普及程度，加快推进普通高中特色多样化发展，普通高中教育与中等职业教育并重协调发展；重视和支持民族教育发展，办好一批民族骨干中小学校，提高基础教育阶段少数民族在校生巩固率。到2020年，学前三年毛入园率达到75%以上，小学六年巩固率达到96%，初中三年巩固率达到95%，高中阶段毛入学率达到95%。

二、加快发展现代职业教育

优化职业教育结构布局。重点支持地级市建好区域内职业技能公共实训中心，支持县（市、区）办好县级职业学校；鼓励现有行业部门和社会力量办好中等职业学校。根据产业布局和结构调整，建设一批有特色的精品专业。

提升职业教育基础能力。以社会需求和产业转型升级为导向，加大师资、专业和实训基地等资源整合力度，建立健全资源共享机制，推进"11+N"现代职业技能公共实训中心建设，打造西部领先、机制一流的职业教育园区。

创新人才培养模式。推进产教融合、校企合作、工学结合，引导和支持学校与企业合作办学、合作育人、合作就业、合作发展，推动专业设置与产业需求对接，课程内容与职业标准对接，毕业证书与职业资格证书对接，鼓励职业院校在企业设立对口实习基地，支持企业与学校开展"订单培养与订单培训"现代学徒制试点。

打通职业教育人才培养通道。畅通应用技术类型本科院校招收高职和中职学校毕业生、高职招收中职毕业生的深造渠道，积极开展本科层次的职业技能教育，搭建学生多样化选择、多路径成才的"立交桥"。到2020年，基本建成具有宁夏特色的现代职业教育体系。

三、促进高等教育内涵式发展

打造品牌学科专业。实施优势学科专业建设工程和一流学科争创计划，重点培育若干个在全国和西部具有一定知名度与影响力的品牌学科专业，支持高校在不同办学层次和学科专业领域办出优势、各展所长。

提高人才培养质量。深化创新创业教育改革，建设一批高水平高校科研创新平台，培育新的学位授予单位和授权点，增强人才培养的针对性、应用性，提高学生创新精神、实践能力和社会责任感。

提升高校综合实力。把宁夏大学办成西部一流高校，宁夏医科大学成为省部共建高校，北方民族大学建成博士学位授予单位，宁夏师范学院进入教育部对口支援西部地区高校计划，全区民办高校和独立学院办学水平显著提升。到2020年，高等教育毛入学率达到36%。

四、形成惠及全民的公平教育

提高教育均等化水平。全面推进中小学标准化建设，在财政拨款和师资配置等方面向农村倾斜、向山区和生态移民区倾斜，使全区各级各类学校的教师、设备、图书、校舍配备达到国家标准；实施优质教育学校"扩面提升"工程，加快教育信息化建设步伐，扩大优质教育资源覆盖面，逐步破解择校难题；实施特殊教育提升计划，完善特殊教育办学体系，提高残疾儿童受教育水平；实施乡村教师支持计划，造就一支高素质、专业化的乡村教师队伍。

健全教育资助体系。完善从学前教育至研究生教育资助政策链，分类推进中等职业教育和普通高中建档立卡的家庭经济困难学生"三免一补"政策，进一步扩大学前教育资助覆盖面，完善学生资助制度。

五、建立充满活力的教育体制

深化考试招生制度改革，逐步建立分类考试、综合评价、多元录取的制度；实施素质教育行动计划，推进以创新精神和实践能力为核心的学生素质教育；加快教育管办评分离，扩大和落实学校办学自主权；强化教育督导，完善督学责任区和责任督学挂牌督导制度；支持和规范民办教育发展，引导社会力量提供多样化教育服务；探索建立个人学习账号和学分累计制度，促进学校和社会教育的融通，构建灵活开放的终身教育体系；健全以政府投入为主、多渠道筹集教育经费的体制机制，优先安排教育领域财政资金，确保财政性教育经费投入稳步增长。

> **专栏20 教育重点工程**
>
> （1）基础教育办学能力提升工程：实施幼儿园建设工程，新增学前教育学位5.5万个；实施中小学标准化建设工程，新建、改扩建学校校舍90万平方米，改造运动场地260万平方米；实施民族小学标准化建设工程，完成200所标准化民族中小学建设任务；实施学校安全保障改造计划，改造维护全区中小学和幼儿园安全设施。
>
> （2）职业教育基础能力提升工程：实施西海固地区职业院校建设计划，扩建固原民族职业技术学校等；实施职业院校特色建设项目，创建3~5所在国内具有较强影响力的高水平职业技术院校，打造26个以上中职骨干示范专业，建设好国家和自治区级示范（骨干）高职院校；实施"11+N"现代职业技能公共实训中心建设项目，推动产教融合发展。
>
> （3）高等教育综合实力提升工程：实施优势学科专业建设工程，建设自治区重点学科20个、优势特色学科30个、重点专业（群）40个；实施人才培养层次提升工程，一级学科博士学位点达到15个，一级学科硕士学位点达到50个，专业硕士学位门类达到15个；实施基础能力提升工程，改善宁夏大学、宁夏医科大学、宁夏师范学院和民办高校、独立学院办学条件。
>
> （4）教育信息化工程：实施"宁夏教育信息化达标县"和"宁夏教育信息化示范校"建设，全区各级各类学校基本实现"宽带网络校校通"，全区中小学80%以上的班级实现"优质资源班班通"；大力推进"网络学习空间人人通"，85%以上的专任教师开通人人通空间；完善教育管理公共服务平台和教育资源公共服务平台，建设精品开放课程资源平台。

第五节 提高居民健康保障水平

实施健康宁夏行动，实行医疗、医药、医保联动，着力解决好群众"看病难、看病贵"的问题，确保基本医疗公平可及普惠，实现人人拥有基本医疗保障，人人享有基本公共卫生服务。

一、提升公共卫生服务能力

实施公共卫生服务能力提升工程，逐年提高人均基本公共卫生经费标准，做好艾滋病等传染病和慢性病、职业病、地方病、精神疾病防治工作。完善覆盖全面、调度有序、反应灵敏、保障有力的卫生应急体系，切实增强突发公共卫生事件应急处置能力。深入开展爱国卫生运动和健康城市建设活动，建立城乡居民普惠性健康体检制度和电子健康档案，建立全区人口健康信息平台，实现医疗卫生服务信息开放共享。到2020年，人均预期寿命达到

76岁。

二、健全新型医疗卫生服务体系

构建体系完整、分工明确、功能互补、密切协作的整合型医疗卫生服务体系，每千常住人口医疗卫生机构床位数达到6张，每千常住人口执业（助理）医生数达到2.68人，注册护士数达到3.35人。进一步强化医疗卫生服务"网底"，实现标准化村卫生室和城市社区卫生服务中心（站）全覆盖、实现"先诊疗后付费"模式在基层全覆盖；推进县级公立医院标准化建设，每县建设1~3个县级重点专科；推行上级医院对口支援、托管基层医疗机构，促进优质医疗资源下沉，加强基层全科医生培养和职业化乡村医生队伍建设，建立上下联动、分工协作的分级诊疗制度，完善远程医疗信息网络，力争使县域内就诊率达到90%左右，解决好群众"看病难"的问题。实施疑难病症诊治能力提升工程，推进医疗卫生科技创新，解决好群众"看大病"的问题。加强中（回）医医疗服务体系建设，提升基层医疗卫生机构中（回）医药服务能力。健全药品供应保障体系，做好各种医疗保障制度的衔接，减轻群众医药费用负担，解决好群众"看病贵"的问题。

三、发展健康服务业

完善社会办医政策，支持社会资本举办非营利性医疗机构，鼓励社会力量投资医疗服务业，形成以非营利性医疗机构为主体、营利性医疗机构为补充，公立医疗机构为主导、非公立医疗机构共同发展的多元办医格局。丰富商业健康保险产品，扩大人群覆盖面。发展健康体检、咨询等健康服务，扩大中医预防保健服务。积极推进医疗养老融合发展，建立医疗卫生机构与养老服务机构合作机制，推动医疗卫生服务延伸至社区、家庭，加快建立医养结合服务网络。以中心城市为依托，培育完善产业链条，发展壮大健康服务产业，到2020年，基本建立覆盖全生命周期、内涵丰富、结构合理的健康服务业体系。

四、深化医药卫生体制改革

推进医药分开、管办分开。全面推进公立医院综合改革，破除"以药补医"逐利倾向，理顺医疗服务价格，完善科学补偿机制，建立符合医疗行业特点的人事薪酬制度，探索实行医师多点执业，建立维护公益性、调动积极性、保障可持续的运行新机制。创新医保支付方式，巩固国家基本药物制度，健全药品集中采购机制，有效控制医疗费用不合理增长，区内异地就医费用即时结算，基本卫生医疗制度和现代医院管理制度实现城乡全覆盖。

> **专栏 21　医疗卫生重点工程**
>
> （1）公共卫生服务能力提升工程：提升疾病预防控制能力，建设 2 个市级和 3 个市辖区疾病预防控制中心，建设 10 个县级疾病预防控制机构实验室；提升卫生应急救援处置能力，建设自治区和 4 个地级市紧急救援中心；提升精神疾病防治能力，建设吴忠市、中卫市精神疾病康复医院；提升妇幼卫生服务能力，建设自治区人民医院儿科中心，建设自治区妇产医院，新建改扩建 13 所妇幼保健院。
>
> （2）医疗卫生服务体系建设工程：健全基层医疗卫生服务体系，实施全区村卫生室供暖设施改造工程和乡镇卫生院配套辅助设施建设工程，建设 22 所城市社区卫生服务中心、80 所城市社区卫生服务站，迁建灵武市和永宁县人民医院，每县打造 1~3 个县级重点专科；健全中（回）医服务体系，新建自治区回医医院，新建改扩建 15 所市县级中医院；建设宁夏医科大学总医院西区医院、银川市第一人民医院滨河医院等大型综合医院；建设自治区康复医院和 5 市康复医院、银川 iBi 生命健康产业园、利通区健康产业园等健康服务业发展项目。
>
> （3）人口健康信息化工程：构建全区"264112"人口健康信息化框架体系，建立自治区和地市两级区域信息云平台；建设公共卫生、计划生育、医疗服务、医疗保障、基本药物管理、综合管理六项业务应用系统；建设人口信息、电子健康档案、电子病历、卫生综合管理四大基础数据库；搭建一条卫生专网；推行一张居民健康卡；逐步建设和完善信息安全体系和信息标准体系，实现人口信息、健康信息、就诊信息跨机构、跨区域、跨业务的数据交换、业务协同与共享。

五、促进人口长期均衡发展

调整完善人口政策。统筹解决好人口数量、素质、结构和分布问题，实现人口与经济社会协调发展。全面实施一对夫妇可生育两个孩子政策，健全计划生育利益导向机制，落实计划生育目标管理责任制，全区人口总量控制在 710 万人以内。做好计划生育特殊困难家庭人文关怀和帮扶工作。开展打击"两非"专项治理行动。加强出生缺陷综合防治。

推动妇女儿童事业全面发展。健全妇幼健康服务体系，更好满足母婴保健、生殖健康需求；健全儿童福利保障制度，加强基层儿童福利设施建设，确保孤儿得到妥善安置和良好抚育；关爱农村留守妇女和儿童，切实保障妇女儿童合法权益。

健全养老服务体系。强化政府提供基本养老服务的责任，实施基本养老服务体系建设工程，大力推进居家和社区日间照料服务设施、养老护理机构、农村"五保"供养机构建设，确保广大老年人特别是特殊困难老年群体人人享有基本养老服务。支持社会力量建设和运营养老服务机构，提供方便可及、价格合理的各类养老服务和产品。健全完善政府为高龄和失能失智老年人购买基本健康养老服务补贴制度。开展养老服务机构责任保险、老年人意外伤害保险和护理保险。加快发展智能化养老服务。改善自治区老年大学办学条件，办好老年大学。到2020年，全区每千名老年人拥有养老床位35张以上，其中护理型床位占养老床位的30%以上，建成功能完善、规模适度、覆盖城乡、医养结合的养老服务体系，基本满足日益增长的养老服务需求。

专栏22　养老服务体系重点工程

（1）基本养老服务体系建设工程：建设25所市、县级老年活动中心，25所中心敬老院，110个城市社区老年人日间照料中心，34个互助养老院，新增公益性养老机构床位数1万张以上。

（2）社会养老服务建设工程：建设吴忠路捷千人养老公寓、固原康复养老健康服务中心、石嘴山永峰养老院二期工程、平罗县银北老年公寓、三沙源老年公寓、宁夏乐龄养老中心、中卫金沙医养结合养老中心等大型综合性养老服务设施，全区新增民办养老机构床位数1万张以上。

第六节　提升社会治理能力

着眼于维护最广大人民根本利益，最大限度增加和谐因素，加强和创新社会治理，推进社会治理精细化，构建全民共建共享的社会治理格局。

一、建设法治政府法治社会

依法全面履行政府职能。全面贯彻落实《法治政府建设实施纲要（2015～2020年）》，坚持政企分开、政资分开、政事分开、政社分开，简政放权，放管结合，优化服务，到2020年，基本建成职能科学、权责法定、执法严明、公开公正、廉洁高效、守法诚信的法治政府。

健全依法决策机制。严格履行公众参与、专家论证、风险评估、合法性审查、集体讨论决定的法定程序，推进行政决策科学化、民主化、法治化。健全重大行政决策监督实施、跟踪评价、终身责任追究及倒查机制。推行政府法律顾问制度，充分发挥法律顾问在制定重大行政决策、推进依法行政中的积极作用。

完善行政执法体制机制。完善依法行政制度体系，积极探索跨部门综合执法,严格落实行政执法人员资格管理制度,建立执法全过程记录制度,健全行政执法与刑事司法衔接机制。推进行政执法网上运行,行政执法进网办理,加强行政执法监督,促进严格规范公正文明执法。健全维护司法权威的工作机制,健全行政执法与刑事司法有效衔接机制。

强化对行政权力的制约和监督。加强政府内部监督,规范权力运行程序,对财政资金分配使用、国有资金资产监管、政府投资、政府采购、公共资源交易、公共工程建设等权力集中的部门和岗位强化内部流程控制。加强司法、行政和审计监督,重视社会和舆论监督。

全面推进政务公开。积极推进行政决策、执行、管理、服务、结果"五公开"。重点推进财政预算、重大建设项目、社会公益事业等领域的政府信息公开。建立健全政府信息公开工作考核、社会评议、年度报告、责任追究等制度。

加强民主建设。坚持对人大及其常委会负责并报告工作,自觉接受监督。重视和支持人民政协履职,主动与政协协商。密切与各民主党派、无党派、工商联的联系。充分发挥工会、共青团、妇联等在社会治理中的作用,拓展群团组织参与社会管理和公共服务的领域。拓宽社会协商渠道,引导社会组织、社区组织和基层群众开展双向和多向民主协商,探索建立广泛参与、多元化多层次的社会协商机制,在协商中凝聚社会力量、形成社会共识。

培育法治文化。深入实施"七五"普法。完善国家公务人员学法用法制度。将法治教育纳入国民教育体系,在中小学设立法治知识课程。健全媒体公益普法制度,开展群众性法治文化活动,建设一批各具特色的法治文化阵地。

完善公共法律服务体系。整合公共法律服务资源,建设覆盖城乡、惠及全民的公共法律服务体系。深入开展法治城市、法治县(市、区)创建活动。健全法律援助和司法救助体系。完善公证执业规范体系。

二、加强和创新社会治理

改进社会治理方式。按照"四个全面"战略布局,统筹社会治理全局,尊重社会规律,依靠社会公众,创新体制机制,推动政府治理与社会自我调解、居民自治良性互动,形成多元共治局面。坚持系统治理、依法治理、综合治理、源头治理,标本兼治,重在治本,以网格化管理、社会化服务为方向,健全基层综合服务管理平台,推进社会组织、社会工作和社区单位"三社联动",及时反映和协调人民群众各方面、各层次利益诉求,提高社会治理的精准性和有效性。深入推进社会治安综合治理,建设宁夏特色的社会治安防控管理体系,建设平安宁夏。积极运用网络媒体等新型方式,拓展群众利益诉求和协商渠道。

夯实社会治理基础。加强乡镇（街道）治理，完善乡镇（街道）行政权力的制约和监督机制，探索推进职能转变和服务管理方式创新，建立乡镇（街道）公共服务和政务公开目录。深化基层群众自治，强化村级民主监督。建好社区公共服务综合信息平台，完善社区服务体系，拓展服务内容和领域。

激发社会组织活力。稳妥推进向社会组织转移部分行业管理和社会管理中的技术性、事务性、辅助性职能。建立以政府采购、定向委托等多元化方式向社会组织购买服务的新机制。推进事业单位、行业协会、商会去行政化。发挥社会组织团结社会成员、规范社会秩序和发展公益服务的作用。强化社会组织监管，建立多部门协作的综合监管体制和联合执法机制，规范社会组织行为。

健全矛盾纠纷预防化解机制。落实重大决策社会稳定风险评估制度。加强重点行业、重点人群的管理，排查管控劳资关系、城市管理、环境保护等重点领域的社会矛盾，完善调解、仲裁、行政裁决、行政复议和诉讼等有机衔接、相互协调的多元化纠纷解决机制，提高防范化解社会矛盾的实效。加强和改进信访和调解工作，建立畅通有序的诉求表达、矛盾调处、权益保障机制，使广大人民群众问题能反映、矛盾能化解、权益能保障。

三、健全公共安全体系

增强突发公共事件应急能力。强化源头预防，有效应对突发公共事件。坚持预防与应急并重、常态与非常态结合，建立健全与公共安全风险相适应的突发事件应急体系。提高应急管理基础能力，健全应急管理组织体系，加强应急队伍建设，完善应急物资储备制度。加强综合防灾减灾体制机制建设，提升防灾减灾信息化管理水平。建立突发事件监测预警机制、防范应对联动机制，最大限度减少损害和损失。

全方位强化安全生产。完善安全生产责任体系、预防控制体系和法治体系，加强安全生产基础能力保障。改革交通管理模式，构建严密、高效的公路交通安全防控体系。实行党政同责、一岗双责、失职追责，落实企业安全生产主体责任。健全预警应急机制，加强监管执法力度。持续推进安全生产监管监察能力、应急救援能力、标准化信息化、宣传教育和安全文化建设，有效防范公共安全事故发生。

确保食品药品安全。用最严谨的标准、最严格的监管、最严厉的处罚、最严肃的问责，加快建立科学完善的食品药品安全治理体系，完善以检验检测和风险防控为重点的食品药品日常监管制度，构建食品药品全流程、全环节信息化体系和全程追溯机制，重点抓好食品药品突出问题专项整治。严把从农田到餐桌、从实验室到医院的每一道防线,确保人民群众饮食用药安全。

强化产品质量安全。开展质量品牌提升行动,夯实标准、计量、认证认可等质量基础,完善产品质量检验检测体系,加强产品质量安全管理。

四、巩固发展民族团结大好局面

全面贯彻落实党的民族政策,坚持和完善民族区域自治制度,加强少数民族干部队伍和人才队伍建设,以"七进"活动为抓手,广泛深入开展民族团结进步宣传教育,以争创民族团结进步模范自治区为目标,层层开展民族团结进步创建活动,促进各民族交往交流交融,不断巩固和发展平等、团结、互助、和谐的社会主义民族关系。全面贯彻落实党的宗教工作基本方针,依法加强和创新宗教事务管理,形成科学有效的宗教事务治理体系,提高宗教工作的法治化水平,切实维护我区现有宗教格局;积极推进社会主义核心价值观进宗教活动场所,加强爱国宗教人士队伍建设,努力培养更多政治上靠得住、宗教上有造诣、品德上能服众、关键时起作用的宗教界代表人士,发挥宗教人士和广大信教群众在促进经济社会发展中的积极作用,引导宗教与社会主义社会相适应。

五、推进军民融合发展

落实军民融合发展战略,推进全要素、多领域、高效益的军民融合,提升军地资源共享水平。加强全民国防教育、国防动员基础设施、后备力量和人民防空建设,做好退役官兵移交安置工作,推进双拥共建,巩固发展军政军民团结。

第七章 切实保障规划实施

本规划是未来五年我区经济社会发展的宏伟蓝图,是与全国同步进入全面小康社会的行动纲领,要举全区之力,确保完成规划确定的目标和任务。

第一节 完善规划实施机制

一、明确政府责任

各级各部门要合理配置公共资源,加强规划实施的组织、协调和督导,切实落实好本规划涉及本地区、本领域的目标和任务。对规划确定的约束性指标以及重大工程、重大项目、重大政策和重要改革任务,要明确责任主体、实施进度要求,确保如期完成。对纳入本规划的重大工程项目,要简化审批程序,优先保障规划选址、土地供应和融资安排。

二、加强衔接协调

推进规划体制改革和创新，建立完善以国民经济和社会发展规划纲要为引领，以专项规划、区域规划、城乡规划、土地利用规划为支撑，各类规划定位清晰、功能互补、统一衔接的发展规划体系。完善空间规划体系，编制更为细致、精准的各类空间专项规划，推进市县"三规合一"和"多规融合"，做到一张蓝图绘到底。

三、注重政策配套

用好用足国家政策，充分释放政策效应。按照规划纲要确定的目标和任务，加强政策研究和储备，坚持短期调控政策和长期发展战略相结合，打好产业、财税、金融、土地、环保、投资、人才、科技等相关政策组合拳，注重定向施策、精准施策。

四、强化财政保障

加强财政预算与规划实施的衔接协调，年度预算安排要充分考虑本规划实施的年度需要，中期财政规划滚动调整要统筹考虑本规划实施需要，强化公共财政对规划实施的保障作用。

第二节　强化重大项目支撑

一、谋划实施重大项目

建立"十三五"全区重大项目库，精心谋划储备一批既利当前又益长远、符合转型升级、增进民生福祉的好项目大项目，特别是自治区成立60周年献礼项目。建立"十三五"重大项目库与年度重点项目滚动实施机制，根据国家宏观政策、经济运行和项目前期工作等情况，分年度更新项目库，形成"谋划一批、开工一批、投产一批"滚动发展态势，为"十三五"经济社会发展提供有力的项目支撑。

二、强化要素资源保障

全力保障规划实施项目在用地、用水、用电、用气、环境容量等方面的指标需求，注重提高要素保障效率，提升要素利用效益。以创新和改革破解融资难题，拓宽投融资渠道。

三、提升项目管理水平

落实重点项目分级管理和目标责任制，加强项目动态管理。严格项目基本建设程序，规范招投标管理，强化安全质量监管，加强重大项目建设社会稳定风险防控。

第三节　健全监测考评体系

一、完善考核评价制度

根据不同资源禀赋、发展任务、工作重点，完善差别化的绩效评价考评体系，强化对创新驱动、对外开放、转型升级、协调发展、生态文明、民生福祉等目标任务完成情况的综合评价考核。考核结果作为领导干部选拔任用、奖励惩戒的重要依据。

二、强化监测评估

完善监测评估制度，强化对规划实施情况跟踪分析。区直有关部门要加强对约束性指标和主要预期性指标完成情况、相关领域实施情况的评估。在规划实施中期和终期阶段，组织开展全面评估，引入第三方评估。对规划实施中存在的问题，有针对性地制定落实措施。

三、充分调动全社会积极性

规划提出的预期性指标和产业发展、结构调整等任务，主要依靠市场主体的自主行为实施。充分发挥社会各界参与规划实施的主动性和创造性，最大限度地汇聚人民群众的力量和智慧，健全规划重大事项实施情况社会监督机制和公众评议机制，形成群策群力、共建共享的生动局面。

实现"十三五"时期发展目标，任务艰巨，责任重大，使命光荣。全区各族人民要更加紧密地团结在以习近平同志为总书记的党中央周围，在自治区党委的坚强领导下，抢抓机遇、凝心聚力、真抓实干、奋力追赶，加快开放、富裕、和谐、美丽宁夏建设，夺取与全国同步建成全面小康社会的胜利！

参考文献

[1] 袁瑛. 论西部民族地区特色经济发展 [J]. 特区经济, 2007 (5).

[2] 索伶俐, 王玉主. 黑龙江省与"一带一路"国家经贸合作现状及"龙江丝路带"建设融入"一带一路"的战略思考 [J]. 对外经贸, 2016 (7).

[3] 张春林. 丝绸之路经济带框架下促进新疆对外开放与经济发展的建议 [J]. 中国经贸导刊, 2013 (33).

[4] 张进海. 建设开放宁夏, 推动宁夏经济社会又好又快发展 [J]. 宁夏社会科学, 2014 (1): 32-36.

[5] 胡鞍钢, 马伟, 鄢一龙. "丝绸之路经济带": 战略内涵、定位和实现路径 [J]. 新疆师范大学学报 (哲学社会科学版), 2014 (2).

[6] 郭晓兵, 高志刚. 新疆丝绸之路经济带核心区建设探析 [J]. 新疆财经大学学报, 2014 (2).

[7] 唐立久, 穆少波. 中国新疆: "丝绸之路经济带"核心区的建构 [J]. 新疆师范大学学报 (哲学社会科学版), 2014 (2).

[8] 冯宗宪. 中国向欧亚大陆延伸的战略动脉——丝绸之路经济带的区域、线路划分和功能详解 [J]. 人民论坛·学术前沿, 2014 (4).

[9] 闫海龙, 胡青江. 关于推进新疆丝绸之路经济带"核心区"建设的思考与建议 [J]. 经济研究参考, 2014 (61).

[10] 李向阳. 构建"一带一路"需要优先处理的关系 [J]. 国际经济评论, 2015 (1).

[11] 陆建明, 杨宇娇, 梁思焱. 美国负面清单的内容、形式及其借鉴意义——基于47个美国BIT的研究 [J]. 亚太经济, 2015 (2).

[12] 毛丽旦·安尼瓦尔. "一带一路"为新疆经济社会发展带来的新机

遇［J］．中共伊犁州委党校学报，2015（4）．

［13］王正伟．民族地区要在服务"一带一路"战略大局中大有作为［J］．民族论坛，2015（7）．

［14］杨帆．河南全面融入国家"一带一路"战略研究［J］．经济研究导刊，2015（16）．

［15］李东洲，李甲龙．宁夏工业扶持政策实施效果及对策建议［J］．中共银川市委党校学报，2016（1）．

［16］朱廷珺，孙睿．"一带一路"沿线西部省份开放型经济运行效率研究［J］．经济经纬，2016（2）．

［17］张磊．"一带一路"战略与中国少数民族地区社会经济发展［J］．中央民族大学学报（哲学社会科学版），2016（4）．

［18］赵亚琼，程云洁．新疆外向型经济区域差异分析及均衡发展对策——基于"丝绸之路经济带"的背景［J］．新疆财经大学学报，2016（3）．

［19］高友才，汤凯．"丝绸之路经济带"节点城市竞争力测评及政策建议［J］．经济学家，2016，7（5）．

［20］李晓娜．宁夏对外贸易发展的现状及对策分析［J］．中国市场，2017（17）．

［21］毕夫．世界经济2017年景况概览与浅评［J］．对外经贸实务，2018（1）．

［22］强力．内陆型自贸试验区与"一带一路"倡议的深度融合——以陕西自贸试验区为例［J］．国际商务研究，2018（5）．

［23］陈林，邹经韬．中国自由贸易区试点历程中的区位选择问题研究［J］．经济学家，2018（6）．

［24］宋洋．宁夏回族自治区经济开放研究［D］．中央民族大学博士学位论文，2013.

［25］韩帅．宁夏参与中阿经贸合作的前景分析［D］．北京外国语大学博士学位论文，2014.

［26］赵明．宁夏资源优势转化为经济优势问题研究［D］．宁夏大学博士学位论文，2014.

[27] 张磊. "一带一路"战略与中国少数民族地区社会经济发展[J]. 中央民族大学学报（哲学社会科学版），2016（4）：70-77.

[28] 张馨月. 咸阳融入"一带一路"建设研究报告[D]. 浙江大学博士学位论文，2016.

[29] 杨泽林. 中国—阿拉伯国家博览会功能研究[D]. 中央民族大学博士学位论文，2016.

[30] 肖林林. "丝绸之路经济带"建设中新疆开放型经济发展战略研究[D]. 南京大学博士学位论文，2016.

[31] 冯海辉. "一带一路"建设与西藏跨越式发展研究[D]. 西南民族大学博士学位论文，2016.

[32] 张伟. 中国"一带一路"建设的地缘战略研究[D]. 吉林大学博士学位论文，2017.

[33] 白景辉. 宁夏经济社会发展发生巨大变化[N]. 宁夏日报，2008-06-09（1）.

[34] 李莹. 宁夏工业经济走向"优"和"强"——我区"十三五"工业发展及两化融合规划出炉[N]. 华兴日报，2017-04-20（1）.

[35] 宁夏工业经济发展概况[N]. 经济日报，2018-09-23（10）.